Os filósofos

Clássicos da filosofia

CB010748

Dados Internacionais de Catalogação na Publicação (CIP)
(Câmara Brasileira do Livro, SP, Brasil)

Os filósofos : clássicos da filosofia, v. II :
    de Kant a Popper / Rossano Pecoraro (org.). 2. ed. – Petrópolis,
    RJ : Vozes ; Rio de Janeiro : PUC-Rio, 2013.

    Vários autores.
    ISBN 978-85-326-3654-6
    1. Filosofia – História 2. Filósofos I. Pecoraro, Rossano. II. Título.

08-01268
                                               CDD-109

Índices para catálogo sistemático:
1. Filosofia : História   109
2. Pensamento filosófico : História   109

Rossano Pecoraro
(org.)

Os filósofos

Clássicos da filosofia

Vol. II
De Kant a Popper

2ª Reimpressão

Petrópolis

© 2008, Editora Vozes Ltda.
Rua Frei Luís, 100
25689-900 Petrópolis, RJ
www.vozes.com.br
Brasil

Diretor editorial
Frei Antônio Moser

Editores
Aline dos Santos Carneiro
José Maria da Silva
Lídio Peretti
Marilac Loraine Oleniki

Secretário executivo
João Batista Kreuch

Em coedição com:
Editora PUC-Rio
Rua Marquês de S. Vicente, 225 – Projeto Comunicar
Praça Alceu Amoroso Lima, casa Editora
Gávea
22453-900 Rio de Janeiro, RJ
Telefax: (21) 3527-1838-1760/3527-1760
Site: www.puc-rio.br/editorapucrio
E-mail: edpucrio@vrc.puc-rio.br

Conselho editorial
Augusto Sampaio, Cesar Romero Jacob, Fernando Sá, Luiz Roberto A. Cunha, José Ricardo Bergmann, Maria Clara Lucchetti Bingemer, Miguel Pereira e Renaldo Calixto de Campos.

Editoração: Dora Beatriz V. Noronha
Diagramação: AG.SR Desenv. Gráfico
Capa: WM design

ISBN 978-85-326-3654-6 (Vozes)
ISBN 978-85-87926-38-8 (PUC-Rio)

Editado conforme o novo acordo ortográfico.

Este livro foi composto e impresso pela Editora Vozes Ltda.

Sumário

Prefácio

Ao longo dos séculos muitas foram as tentativas de se confrontar com a interrogação sobre a essência do clássico. Do ponto de vista axiológico e normativo, o único que nos interessa aqui, e recorrendo a uma tradição de pensamento que de Winckelmann e Schlegel vai até Eliot e Calvino, é possível indicar os motivos pelos quais os autores evocados nestes volumes representam os alicerces, os clássicos, da filosofia ocidental. Eles são-no porque o seu pensamento é *inesgotável*, *exemplar*, *universal*. Deixando-se conduzir pelo *thauma* (a um só tempo espanto e maravilha, sobressalto e encantamento) do qual nasce todo conhecimento e pelo "amor ao saber" (*philosophia*), o leitor atento não tardará a compreender as razões e os significados mais profundos desta ideia de classicidade que nos norteou.

Os filósofos - Clássicos da filosofia destina-se a dois tipos de público (ou de leitores ideais, lembrando aqui a célebre expressão de Umberto Eco), ou seja, estudantes de graduação tanto da área de filosofia como de outras áreas, e pessoas cultas que desejem se iniciar de maneira suficientemente completa em autores e questões do horizonte filosófico ocidental. No intuito de oferecer não só um comentário introdutório às ideias de cada clássico, mas também as suas próprias palavras, todos os textos são compostos por duas seções: 1) Um ensaio claro e acessível no qual as relações do filósofo com o seu tempo, a sua filosofia, os conceitos-chave da sua reflexão, a sua influência, são delineados e explicados por um conceituado e reconhecido especialista em seu pensamento; 2) Uma seleção de textos do próprio filósofo traduzidos *ad hoc*, especialmente para esta obra.

É evidente que não caberia, nas poucas linhas de um prefácio, elucidar os propósitos, as inquietações, as urgências que subjazem à idealização desse projeto editorial inédito e pioneiro (não somente em relação ao cenário cultural brasileiro). No entanto, ao menos um ponto deve ser destacado. Trata-se da constatação de uma estranha e parodoxal situação: o alto grau de amadurecimento, refinação e autonomia alcançado pelos estudos filosóficos entre nós não se converteu na realização de iniciativas editoriais capazes de suprir a ausência de *obras essenciais de base* que fazem parte do imprescindível patrimônio cultural de um país e de uma língua. Manuais de história da filosofia, coletâneas introdutórias, enciclopédias, dicionários, léxicos etc. vêm surgindo – com algumas exceções – não como projetos idealizados e produzidos no interior do nosso cenário filosófico, mas sim como mera importação de textos alheios, que não raramente pecam por traduções superficiais e/ou pela ausência de qualquer aparato didático, explicativo e bibliográfico. Esperamos que *Os filósofos - Clássicos da filosofia* possa oferecer uma contribuição importante para a inversão desta tendência.

Por fim, a grata obrigação dos agradecimentos: aos autores – por terem acreditado no projeto e pela competência e pelo entusiasmo com os quais se consagraram à elaboração dos ensaios; e aos professores Antonio Gargano, Bento Prado Júnior, Cândido Mendes, Davide Tarizzo, Déborah Danowski, Fernando Sá, Felipe Gomberg, Gianni Vattimo, Jayme Paviani, Jaqueline Engelmann, Jean-François Mattei, Luis Alberto de Boni, Luiz Carlos Pereira, Marco Zingano, Maura Iglésias, Oswaldo Chateaubriand Filho e Raul Landim Filho – pelas valiosas contribuições para a realização da obra.

Rossano Pecoraro
PUC – Rio

Kant

Christian Hamm *

 **O filósofo e o seu tempo**

Immanuel Kant é considerado, geralmente, o pensador mais importante e mais influente da era moderna. Sua fama de ser "simplesmente o maior de todos"[1] se deve não só ao fato histórico de seu pensamento representar, por um lado, a concepção mais madura e o ponto culminante da filosofia do Esclarecimento do século XVIII e, por outro, a fonte inspiradora determinante para os grandes projetos filosóficos posteriores do chamado Idealismo Alemão (Fichte, Schelling, Hegel) do século XIX, mas se deve também, e sobretudo, ao próprio caráter da sua proposta filosófica, à sua forma inovadora e até "revolucionária" de ver e de tratar quase todos os temas e problemas da filosofia clássica tradicional. Conhecida como "Idealismo Transcendental", a doutrina kantiana se tornou assim não só histórica, mas também sistematicamente uma espécie de divisor das águas entre duas formas de pensamento, um pensamento "pré-moderno" ou "pré-crítico", e um pensamento genuinamente "crítico". Não obstante as numerosas tentativas da parte das mais variadas correntes filosóficas pós-kantianas ou antikantianas dos séculos XIX e XX, de superar ou corrigir certos teoremas centrais ou de refutar a concepção kantiana ao todo, esta tem se mostrado bastante resistente a tais investidas, de modo que também no âmbito da discussão contemporânea a concepção crítico-transcendental continua figurando, indubitavelmente, entre os paradigmas filosóficos mais relevantes e mais frutíferos, tanto na área teórica (epistemologia, teoria do conhecimento), como na prática (ética, filosofia política e do direito, estética).

Kant nasceu em 24 de abril de 1724 num subúrbio da cidade de Königsberg (hoje Kaliningrado), a capital economicamente próspera da Prússia Oriental, situada no litoral do Báltico, no extremo nordeste dos países de língua alemã, com um porto de comércio internacional, frequentado sobretudo por comerciantes da Inglaterra e da Rússia. Era o quarto de nove filhos de um modesto artesão que trabalhava couro e fabricava selas. Foi educado no espírito religioso do pietismo, um movimento protestante surgido no século XVII com o fim de uma reforma da Igreja

---

* Doutor em Filosofia pela Universidade de Hamburg. Professor do Departamento de Filosofia da Universidade Federal de Santa Maria (UFSM).

sobre a base de uma vida piedosa. Sua mãe, muito admirada por ele pela sua inteligência natural e pela sua autêntica religiosidade, faleceu em 1737, quando Kant tinha 13 anos. Foi, sem dúvida, sua experiência familiar da infância e da juventude que fez com que Kant, apesar da sua postura rigorosamente crítica referente a qualquer forma de culto, continuasse a mostrar, em toda a sua vida, grande estima pela atitude de uma "religiosidade natural", fundada não em estatutos, mas em princípios puramente morais. Muito mais decisivo para sua formação intelectual e espiritual resultou, no entanto, um outro fato importante, e de caráter político, a saber: de ter vivido a maior parte da sua vida sob o reinado do rei Frederico II, "O Grande" (1740-1786), representante declarado de um "absolutismo esclarecido", e, enquanto tal, garantia firme de uma atmosfera social estritamente liberal e tolerante – atmosfera essa que indubitavelmente tem contribuído muito para a realização feliz de um empreendimento tão ousado e tão ambicioso como o kantiano. A partir de 1732, Kant frequenta o Colégium Fridericianum da sua cidade natal; oito anos depois, ingressa na universidade de Königsberg para o curso de filosofia. Após a morte do pai, em 1746, sai da universidade e ganha sua vida como professor particular. Em 1755, obtém o doutorado com a tese *De igne* (Sobre o fogo) e inicia, no mesmo ano, sua atividade como docente universitário durante 40 anos, ensinando diversas disciplinas de filosofia.

Nessa época, seus estudos científicos são fortemente influenciados, por um lado, pela filosofia natural mecânica de Isaac Newton (1643-1727) – para Kant o modelo por excelência de toda ciência exata – e, por outro, pela filosofia racionalista da escola de G.W. Leibniz (1646-1716) e Christian Wolff (1679-1754). Os seus primeiros escritos tratam, sobre a base da física newtoniana, de diversos problemas da geografia física, culminando no grande ensaio *História natural geral e teoria do céu* (1755), no qual Kant desenvolve a hipótese (posteriormente defendida, com poucas modificações, também por Laplace) da origem do sistema planetário unicamente sob influência da gravitação, uma "cosmologia mecânica" prescindindo totalmente de considerações teleológicas. Por outro lado, tenciona justificar, nos seus primeiros escritos filosóficos, os princípios fundamentais da física newtoniana, muito questionados na época, e, nomeadamente, as doutrinas basilares do espaço vazio e do tempo vazio; na sua "monadologia física", empreende construir a própria matéria de modo puramente dinâmico, como suma de centros de força pontuais no espaço. Nos anos 1760, produz-se uma importante mudança: Kant censura duramente a filosofia wolffiana pela sua pretensão de edificar um sistema do conhecimento do mundo só a partir de poucas proposições metafísicas preestabelecidas e baseado apenas no princípio lógico-formal da contradição. É nessa crítica que se anuncia, pela primeira vez e com toda clareza, um dos motivos mais importantes da sua filosofia crítica posterior: o de que, através da análise puramente *lógica* de conceitos, não será possível conhecer algo referente à *realidade* de objetos, ou seja, que a partir de operações lógicas não se deixam desenvolver os fundamentos seguros e definitivamente válidos de uma ciência da natureza. E também um outro motivo começa a tornar-se cada vez mais central no pensamento kantiano: a preocupação com a possível conciliação entre uma autêntica ciência natural, concebida nos moldes newtonianos, isto é, segundo princípios rigorosamente causais e matemáticos, e a ideia prática da "realidade" de um outro mundo, um "mundo livre", em que o homem, enquanto ser *racional*, vive e age segundo princípios fundados na sua própria "autonomia moral".

Em 1770, Kant ascende a professor catedrático com o trabalho *Sobre a forma e os princípios do mundo sensível e do mundo inteligível*, a célebre "Dissertação de 1770", em que os dois referidos motivos também são retomados e, em parte, já mais desdobrados na perspectiva crítica posterior. Depois de um período de 11 anos sem publicação, aparece, em 1781, seu *opus magnum*, a *Crítica da razão pura*, em que Kant fundamenta e desenvolve sistematicamente a sua doutrina "crítico-transcendental". Essa obra o faz, em pouco tempo, um dos mais conhecidos e mais discutidos filósofos da sua época; fruto dessa discussão são, entre outros, os *Prolegômenos a toda metafísica futura* (1783), uma versão condensada e mais popular da própria *Crítica*, e a segunda edição desta mesma obra, ampliada e modificada em alguns dos seus teoremas centrais (1787). Ainda na década de 1780, seguem outros escritos basilares, como a *Fundamentação da metafísica dos costumes* (1785) e a *Crítica da razão prática* (1788), nas quais Kant desenvolve sua concepção de uma ética "pura", isto é, baseada exclusivamente em princípios puros da razão. Em 1790, publica sua terceira obra crítica, a *Crítica da faculdade do juízo*, e, em 1793, o polêmico ensaio *A religião nos limites da simples razão*, obra esta que lhe traz conflitos com a censura prussiana por considerar que o texto vai contra o cristianismo e a Bíblia. Outras obras publicadas nesta última década da sua vida acadêmica são, além da *Metafísica dos costumes* (1797) e da *Antropologia de um ponto de vista pragmático* (1798), uma série de escritos de caráter histórico-político, como *Teoria e prática* (1793), *À paz perpétua* (1795) e *A disputa das faculdades* (1798), em que retoma e aprofunda, à luz dos acontecimentos históricos reais da época, suas reflexões, já iniciadas no ensaio *Ideia de uma história universal de um ponto de vista cosmopolita*, de 1784, sobre a questão de um possível progresso político-moral da humanidade. Em 1797, Kant renuncia ao ensino, devido ao seu fraco estado de saúde. A partir de 1799, aparecem os primeiros sintomas de declínio e, durante os últimos anos da sua vida, as forças físicas e intelectuais se esvaem cada vez mais. Após contrair uma doença grave em outubro de 1803, Kant morre quatro meses depois, em 12 de fevereiro de 1804.

 ## A filosofia de Kant

A "revolução copernicana" do pensamento

A questão principal que Kant tenciona resolver na sua primeira *Crítica*: "Como é possível a Metafísica como ciência?"[2], fica estreitamente ligada à própria ideia de uma crítica que se entende, declaradamente, não como crítica "dos livros e dos sistemas", senão "da faculdade da razão como tal", e cuja tarefa primordial tem que consistir, portanto, além da investigação "das fontes", na "determinação [...] da extensão e dos limites da mesma"[3]. Em outras palavras: para poder falar sobre a possibilidade, isto é, sobre o possível "conteúdo" de uma metafísica que pretende ser "ciência", é necessário demarcar, primeiro, o terreno em que tal disciplina deve ser localizada – o que implica, ao mesmo tempo, a outra tarefa, mais complicada ainda, de mostrar onde *não* pode haver lugar para ela, e *por que* não o pode. Ora, se Kant resume o resultado do seu trabalho crítico no conhecido dito: "tive que abolir o *saber* a fim de abrir espaço para a *crença*"[4], ele está se referindo exatamente a essa operação, considerada necessária por ele, de um "deslocamento" da metafísica (tradicional) de uma área que ela sempre ocupava – mas *ilegitimamente*, segundo ele – para uma outra, nova, bem longe e estritamente separada da primeira.

Para entender melhor a lógica peculiar do raciocínio kantiano a que tal operação se deve, vale enfocar uma figura central do seu pensamento, que encontramos exposta, pela primeira vez, já no Prefácio à *Crítica da razão pura*, a saber, a conhecida fórmula da "revolução copernicana do pensamento", segundo a qual nós, como seres finitos no espaço e no tempo e dotados de uma razão também finita, temos que abandonar a ideia de que "todo nosso conhecimento se regula necessariamente pelos objetos", e admitir, em vez disso, que "os objetos têm que se regular pelo nosso conhecimento"[5]. – O que é que Kant quer dizer com isso? O que significa, primeiro, que nosso conhecimento "é regulado pelos objetos"? – Kant se refere aqui a uma característica principal do pensamento filosófico tradicional, a saber, a de pressupor, como ideia básica, a *realidade* indubitável dos objetos do mundo e, mais, a *acessibilidade* desse mundo objetivo pelo nosso conhecimento humano. Mas, na verdade, essa ideia – eis a objeção de Kant – não pode fundamentar nada pelo fato de ela não ser suscetível de nenhum exame crítico, ou seja, de se tratar de um mero pressuposto "dogmático", sendo, assim, não o que parece, a saber, uma base segura, mas, bem pelo contrário, uma fonte de confusões e contradições para qualquer raciocínio sério a respeito; motivo esse pelo qual ela tem que ser superada – superada, no entanto, não através de uma correção ou de uma nova interpretação do conceito daquele "mundo objetivo", mas por meio de uma mudança radical da *nossa relação* com esses "objetos", da nossa *perspectiva* do raciocinar, ou seja, pela já referida "revolução no pensamento". Ora, o primeiro passo para tal revolução consiste numa distinção sistemática entre dois níveis, ou melhor, entre duas esferas diferentes de reflexão, as quais sejam a) a esfera das próprias *coisas* "reais", seja que for a sua razão de ser, e b) a de um possível *conhecimento* dessas coisas, ou, já em termos kantianos, a distinção entre as esferas das "coisas em si" e das "coisas para nós" (ou "fenômenos"). Feito isso, a primeira parte da referida citação deixa-se entender mais precisamente no sentido de que não podemos "admitir que nosso conhecimento se regule pelas 'coisas em si', simplesmente pelo fato de que estas não são 'coisas *para nós*', ou seja, porque elas não constituem 'fenômenos'".

Se perguntamos quais são essas "coisas para nós", a resposta parece, à primeira vista, relativamente fácil: são, sem dúvida, sobretudo aquelas coisas que podemos perceber pelos sentidos, são dados e fatos empiricamente observáveis. Porém, se falamos assim, é evidente que não estamos nos referindo à *totalidade* dos fatos, a todos os fatos possíveis, mas apenas a um certo grupo deles – sem dúvida, bastante grande –, a saber, àqueles fatos que podem ser *observados* (por nós e por outras pessoas). Em outras palavras: falando assim, pressupomos implicitamente sempre algum "outro" em relação ao qual tudo o que é observável se distingue. Esse "outro" pode ser caracterizado de dois modos, ambos negativos: ou ele representa simplesmente aquele grupo "alheio" de outros fatos, certamente também grande ou até maior, que, à diferença dos primeiros, *não* podemos observar; ou ele representa algo de que nem sabemos que se trata de "fatos", algo que, talvez, se manifeste também de uma ou outra forma no nosso mundo, mas não como *fato*.

É óbvio que qualquer investigação séria referente aos possíveis objetos do nosso conhecimento não se resume na mera constatação e observação de dados e fatos, mas implica também a reflexão sobre as possíveis causas desses fatos observados. E, na medida em que pretendemos sistematizar nossas observações e transformá-las em conhecimento, temos que nos ocupar também com a questão de possíveis "estruturas" e relações gerais ou universais entre os fatos observados. Essas causas, no entanto, são, como se sabe, nem sempre percebíveis pelos sentidos, e o que chamamos de universal é, certamente, algo cuja observação é simplesmente impossível, algo que fica, por assim dizer, de princípio, escondido à percepção sensível – mas, eis o problema, algo que requer, por ser, não obstante isso, elemento indispensável de reflexão, uma justificação própria, isto é, uma justificação que não pode se basear na mera observação dos objetos.

O protótipo de toda investigação séria, sistemática e orientada por conhecimentos é, sem dúvida, a investigação "científica"; são, nomeadamente na área dos objetos empíricos da natureza, as ciências naturais. É verdade que elas se ocupam também com a observação, a coleção e a comparação de dados, mas seu ofício primordial consiste, sem dúvida, na fundamentação de hipóteses e princípios e na elaboração de modelos que devem permitir uma sistematização e uma avaliação daqueles dados; sua tarefa é, portanto, como podemos dizer segundo o anterior, resolver a questão da relação sistemática entre o mundo dos fatos (particulares), do fisicamente percebível, e o mundo das "relações" (gerais ou universais), este último não acessível à nossa percepção. A filosofia – que, aliás, se entendeu também, por muito tempo, não só como ciência, mas até como "mãe de todas as ciências" – começou, como se sabe, sua reflexão sobre o caráter "verdadeiro" das coisas da natureza já na época antiga, quando os chamados filósofos jônicos da natureza desenvolveram as primeiras grandes teorias empíricas sobre a estrutura e a origem do cosmo. Também estas teorias se baseiam, no entanto, como muitas outras que seguem, na ideia de um vínculo necessário entre o mundo físico dos objetos particulares e aquele outro não físico (ou "meta-físico"), constituído só de "formas" ou "ideias", em recorrência ao qual as leis e princípios universais são formulados, mas que, como já foi dito, exige, por sua vez, uma justificação própria.

Uma das propostas tradicionais mais comuns de "justificar" a necessidade de um vínculo entre esses dois mundos, é, sem dúvida, a de interpretar também aquilo que pertence ao "mundo não sensível" como algo (de certa forma) "dado". Tal interpretação permanece – e nisto consiste seu charme argumentativo – sistematicamente imune a qualquer determinação da relação específica entre esse próprio "dado" suprassensível, por um lado, e a multiplicidade dos dados empíricos, percebíveis pelos sentidos, pelo outro – na medida, é claro, que essa determinação se abstém rigorosamente de qualquer recorrência a supostas qualidades "internas" dos respectivos dados e, nomeadamente, da determinação prévia daquele "dado" peculiar que representa a esfera não física ou não sensível do mundo. Com efeito, se nos ocupamos com a questão de *como*, de *por que* e *para que*, e, sobretudo, *por quem* esse mundo nos foi "dado", no seu todo, isto é, física *e* "metafisicamente", abrangendo todos os "objetos", enquanto "fatos" particulares, *e* todos os princípios segundo os quais os objetos ou fatos se interligam e funcionam em conjunto, então vemos rapidamente que nos encontramos num terreno extremamente frágil, em que qualquer resposta positiva pode ser refutada ou seu contrário defendido, e isso aparentemente com o mesmo direito. Cabe, assim, perguntar aqui *se temos*, de fato, *o direito* de responder a essas questões, e de refutar ou de defender certas respostas a respeito; ou, em outras palavras, se temos o direito de falar sobre algo para que não há resposta, ou, pior ainda, para que há muitas respostas, mas todas elas diferentes ou até contrárias.

Ora, essa é, no fundo, a pergunta central de Kant. É a pergunta pela *legitimidade* do nosso conhecimento, ou melhor, pelo (pretenso) direito de fazer uso da nossa razão não só dentro, mas também fora dos limites da experiência empírica. Para caracterizar a sua empresa crítica, Kant usa, muitas vezes, a metáfora do "tribunal": é um tribunal a que a própria razão tem que se submeter e em que ela mesma, por assim dizer, como juiz em causa própria, tem que deliberar sobre a forma legítima do seu uso. Kant vê a necessidade e o motivo para processar a razão não em um defeito originário da mesma, mas numa certa falta de autocompreensão ou autocrítica, que se manifesta justamente na reclamação indevida do direito de julgar sobre questões que não são da sua competência. *Que* a razão se ocupe com esse tipo de questões é, no entanto, não culpa dela, mas trata-se, antes, de uma "disposição natural" dela, ou, como lemos na primeira *Crítica*[6], é o "*destino* da razão humana [...] sent(ir)-se importunada por questões a que não pode esquivar-se, pois elas lhe são propostas pela própria natureza da razão", mas que "também não pode resolv(er)", já que ultrapassam toda a capacidade da razão humana" – só que, usando os princípios "inevitáv(eis) no curso da experiência e, ao mesmo tempo, suficientemente comprovado(s) por esta", ela vai-se "elevando gradativamente [...] a condições mais remotas", e envolvendo-se assim, cada vez mais, em "trevas e contradições".

Mais uma vez: trata-se aqui não de um problema da própria razão, mas do seu *uso*. As "trevas e contradições" em que ela se envolve são trevas e contradições produzidas por ela mesma, que se devem, antes, à não observação das regras do seu uso, ou seja, nos termos já introduzidos inicialmente, à confusão fundamental entre "coisas em si" e "coisas para nós". Com isso, estamos de volta à "revolução copernicana", ou, mais precisamente, à segunda parte da citação inicial que disse que "os objetos têm que se regular pelo nosso conhecimento". Quais são esses objetos que têm que se regular pelo nosso conhecimento? Não podem ser as coisas em si, pois estas devem ser tratadas, segundo Kant, como Copérnico tratou os astros: este os deixou simplesmente "em repouso"[7]. Na verdade, não há outra opção a não ser esta, quer dizer: nós também *temos que deixar as coisas em si* "em repouso", não podemos tratá-las de outro modo, simplesmente pelo fato de que são, segundo Kant, de princípio, fora do alcance do nosso conhecimento, quer dizer, no fundo, *não são objetos* (para nós). Objetos que se regulam *pelo nosso conhecimento* podem ser, portanto, somente objetos da nossa possível experiência; e eles *têm que se regular* pelo nosso conhecimento porque não há mais outra instância pela qual eles poderiam fazê-lo. Também o termo "regular-se" precisa ser entendido aqui à letra: *regular-se* pelo conhecimento, isso os objetos vão poder só na medida em que tal conhecimento tiver ou se basear, por sua vez, em algo que possa determinar objetivamente a forma desse "regulamento", isto é, em certas "regras" e princípios fundamentais em que *toda experiência empírica possível* deve repousar e que devem garantir, por isso mesmo, a indubitabilidade, ou "objetividade", dessa mesma experiência.

Tais regras ou leis não podem ter, como se vê facilmente, caráter meramente lógico-formal, já que, neste caso, a sua verdade e validade universal se fundariam apenas sobre a sua qualidade analítica de não ser contraditória em si; diriam, assim, só algo sobre a verdade ou falsidade da forma do nosso juízo *sobre* objetos, mas nada sobre a verdade, isto é, a realidade objetiva, dos próprios *objetos* do nosso conhecimento. Mas também não podem ser de caráter meramente empírico, uma vez que a nossa experiência – necessariamente particular – de objetos só permite, a partir da generalização de seus conhecimentos particulares, a formulação de regras e leis de validade limitada, *subjetiva*, isto é, apenas *relativa*, e não de leis *objetiva* e *universalmente* válidas.

A forma de legislação que Kant nos propõe, e a cuja exposição e fundamentação ele se dedica, sobretudo na sua primeira *Crítica*, é uma legislação fundada em um tipo de conhecimento que, de certo modo, tem que "preceder" o conhecimento empírico e cuja função seria proporcionar aquelas regras através das quais o conhecimento empírico particular se torne em conhecimento *objetivo*. É um dos teoremas centrais da filosofia kantiana que esse conhecimento realmente existe e que a nossa razão também faz uso dele, exatamente com esse fim de "legalizar" o conhecimento empírico. Kant chama tal conhecimento que "ocorre [...] de modo *absolutamente* independente de toda a experiência"[8], de *a priori*, ou, mais exatamente, de *sintético a priori*, em contraposição tanto ao conhecimento *a posteriori*, de caráter meramente empírico, como aquele de caráter meramente lógico-analítico (e, portanto, também independente de toda experiência); e o nível de reflexão em que é abordada e investigada essa forma peculiar de conhecimento, ele denomina de "transcendental". "Conhecimento transcendental" é, por conseguinte, na formulação do próprio Kant, "todo conhecimento que em geral se ocupa não tanto com objetos, mas *com nosso modo de conhecimento de objetos na medida em que este deve ser possível a priori*". Sem entrar nos pormenores dessa "filosofia transcendental", eis, pelo menos, alguns dos pontos que marcam o caminho da argumentação de Kant:

a) Conforme a distinção básica entre dois "troncos do conhecimento"[9], a *sensibilidade*, enquanto "faculdade (receptividade) de obter representações", e o *entendimento*, enquanto faculdade (espontaneidade) de determinar, isto é, pensar ou produzir conceitos, Kant procura em ambas essas faculdades os respectivos elementos *a priori* e encontra, na primeira, as chamadas "formas puras da intuição", *espaço* e *tempo*, e, na segunda, as "formas puras" ou os "conceitos puros do entendimento", as "*categorias*".

b) Dado que "sem sensibilidade nenhum objeto nos seria dado, e sem entendimento nenhum objeto [poderia] ser [...] pensado"[10], a "produção" de conhecimento é concebida como trabalho em conjunto dessas duas faculdades, que pode ser descrito, grosso modo, da seguinte maneira: a sensibilidade "recebe", nas suas formas puras espaço e tempo, uma "multiplicidade" de "dados", o "material bruto" da intuição; esses objetos (da intuição) representam, por sua vez, como "sensações" espacial e temporalmente "pré-estruturadas", o material para o entendimento, ao qual cumpre a transformação, a "síntese", desse material, através da sua ligação com conceitos, em objetos (do conhecimento). As "regras" que definem o modo de tal síntese conceitual se fundam na "faculdade lógico-transcendental" das formas puras de pensamento (categorias) "de reunir em uma consciência *a priori* o dado múltiplo da intuição".

c) A fundamentação dessas regras, ou seja, a "prova" da legitimidade e da validade universal das categorias do entendimento, é levada a cabo mediante uma complicada e sinuosa "dedução" das mesmas, cujo resultado – que deve confirmar, enfim, a viabilidade da projetada "revolução do pensamento" – é, no resumo do próprio Kant, o seguinte:

> Não podemos *pensar* objeto algum senão mediante categorias; não podemos conhecer objeto pensado algum senão mediante intuições correspondentes àqueles conceitos. Ora, todas as nossas intuições são sensíveis, e tal conhecimento, na medida em que seu objeto é dado, é empírico. Conhecimento empírico, porém, é experiência. Consequentemente, *não nos é possível nenhum conhecimento a priori senão unicamente com respeito a objetos de experiência possível*[11].

Ora, uma vez tendo certeza do caráter definitivo da sua legislação, a razão vai ter que redefinir sua posição frente ao conjunto de todos os objetos possivelmente cognoscíveis: o papel dela, da razão, não pode ser mais o de um "aluno que se deixa ditar tudo o que o professor quer", mas, bem pelo contrário, "tendo numa das mãos os princípios segundo os quais fenômenos concordantes entre si podem valer como leis, e na outra o experimento que ela imaginou segundo aqueles princípios", agora o seu papel é o de um "juiz nomeado que obriga as testemunhas às perguntas que lhes propõe"[12]; quer dizer: não compete mais à natureza oferecer, a seu bel-prazer, quaisquer dados empíricos ao observador ou pesquisador da natureza, mas ela deve ser *forçada* a mostrar os seus fenômenos, numa ordem sistematicamente planejada por este. Devido à incontestável competência legislativa da razão – incontestável pelo fato de ela mesma ter se submetido, naquele "tribunal" supracitado, isto é, "antes" da efetivação do seu trabalho legislativo, a uma rigorosa crítica da sua própria capacidade – , o homem, como detentor (empírico) desta razão e como executor das suas leis, assume a posição do "dominador" da natureza, enquanto que esta se torna "atada", "vinculada", submissa ao poder dele. Mas o que significa isso, na prática, para nossa experiência, para a realização concreta dos nossos estudos de fenômenos? Será que estamos, de fato, em condições de compreender a natureza e, consequentemente, de interferir no seu curso, sempre e em todas as suas manifestações, simplesmente pela aplicação das leis que nós "criamos" para ela? Vale lembrar que Kant está falando, o tempo todo, não de *conhecimentos* específicos de cada um de nós, mas do nosso *conhecimento possível*, *em geral*, e não de leis *particulares*, mas de leis *universais*. Trata-se aqui, em outras palavras, só da instauração de *princípios básicos* e absolutamente necessários para *qualquer conhecimento* (humano). As leis *universais* que o homem "prescreve" à natureza – codificadas por Kant no chamado "sistema dos princípios sintéticos *a priori*", na "Analítica transcendental" da primeira *Crítica*[13] –, nada mais fazem do que "cartear" e delimitar o território que constitui o âmbito da nossa "experiência possível", âmbito esse que representa, por sua vez, a base de qualquer experiência particular de objetos empíricos. Determinadas por leis universais são as coisas da natureza, portanto, não por serem, de princípio, incompatíveis com outras "leis" (particulares, ou mais específicas), mas apenas no sentido de que elas não permitem nenhuma outra determinação baseada em princípios *fora* desse "código" universal.

É evidente que, com respeito às três grandes perguntas em que "se concentra", segundo Kant[14], "todo interesse da razão: 1) *Que posso saber?* 2) *Que devo fazer?* 3) *Que me é permitido esperar?*", essa "teoria do conhecimento dos fenômenos" dá resposta só à primeira, não deixando espaço algum – eis a consequência inevitável daquela demarcação rigorosa das áreas de atuação da razão, inicialmente apontada – para "objetos" que ultrapassem a esfera da experiência. Mas o fato de que as outras duas perguntas se referem a algo *fora* do "mundo do ser" (a saber, a um "mundo do *dever*-ser") não significa que elas deixam de ser filosoficamente importantes; só que – e isso, mais uma vez, em consequência da referida demarcação – elas podem ser feitas com sentido apenas *após* ter esclarecido *que* e *por que* as suas respostas não são e não podem mais ser objeto de uma legislação "natural". Quer dizer: seus possíveis resultados vão ser necessariamente "inaturais", sem precisarem, entretanto, por isso, ser absurdos.

No uso da razão teórica, o homem produz conhecimentos objetivos mediante a aplicação das formas puras do entendimento ao "múltiplo da intuição", com base em leis universalmente válidas, codificadas na "Lógica transcendental". Mas também no âmbito do uso *prático* da razão – não do saber, mas do *querer* e do *agir* – o homem se sente sujeito a uma legislação universal, uma legislação, no entanto, que, à diferença da primeira, não é cognoscível nem determinável por conceitos, mas que se impõe, não obstante, com a mesma necessidade absoluta em todo ser racional, na medida em que este se entende como "autônomo", isto é, capaz de determinar as suas ações segundo princípios próprios, ou seja, segundo o seu livre-arbítrio, segundo a liberdade, a qual se manifesta na "lei moral". Essa lei do dever moral nos obriga, segundo Kant, por meio de um "imperativo categórico", a uma forma de agir que não pode basear-se simplesmente em cálculos estratégicos pessoais ou em meras "regras da prudência", mas que deve ser motivada unicamente por respeito pela própria lei a ser cumprida pelo agente moral.

Tal lei ou imperativo moral evidentemente não pode originar-se de um ser fora de nós, pois qualquer mandamento externo implicaria – bem como o de qualquer conteúdo material – necessariamente a questão de *por que* e *para que* se deve obedecê-lo (por exemplo: para obter recompensa ou evitar punição), e faria assim do dever incondicionado do mandamento moral um mero imperativo condicionado ou "hipotético" de uma regra da prudência. Portanto, o autêntico imperativo categórico só pode ser uma exigência que tem sua origem em nós mesmos: somos nós mesmos, como seres autônomos e, enquanto tais, independentes de outros móbeis e motivos, que nos damos a nossa própria lei. Dada *por* nós e *para* nós, tal lei, bem como o imperativo derivado dela, só pode exigir que façamos sempre e unicamente aquilo que nós mesmos podemos querer que seja feito segundo uma regra ou máxima universalmente válida também para os outros: "Age apenas segundo uma máxima tal que possas ao mesmo tempo querer que ela se torne lei universal", reza, portanto, a primeira e mais importante das formulações do imperativo categórico. Não permitir a si mesmo o que o outro não pode fazer, e não exigir do outro algo que nós mesmos nos negamos a fazer, e isso somente por dever, por respeito pela inviolabilidade da lei moral – é nisto que consiste a ideia central da "ética do dever" kantiana. Pelo dever de fazer tudo para cumprir a lei, o homem é determinado por esta lei, mas pela sua independência de qualquer força ou causa externa no ato da própria legislação moral à qual se submete, ele se confirma como ser livre e autônomo, constituindo assim, ele mesmo, também objeto do mesmo respeito que deve ser prestado à lei moral. Deste modo, o respeito pela lei confunde-se com o respeito pela pessoa do outro, pela "humanidade em nossa pessoa", entendida esta não como meio para outros fins, mas como "fim em si mesmo". É esse aspecto "pessoal" e, ao mesmo tempo, supraindividual da nossa motivação moral que Kant aponta numa outra das suas formulações do imperativo, segundo a qual temos que agir de modo que usamos "a humanidade, tanto na [nossa própria] pessoa como na pessoa de qualquer outro, sempre e simultaneamente como fim e nunca simplesmente como meio".

É patente que também neste âmbito da razão prática Kant está fazendo uso da figura da "revolução copernicana": os valores morais e a determinação do que é bom e mal não se deixam mais localizar em "objetos", em algo "fora de nós", como, por exemplo, mandamentos religiosos, leis políticas ou convenções sociais. É verdade que tais instâncias "externas" existem e, de uma ou outra forma, podem contribuir para a formação dos nossos valores, até de valores morais, mas a *fundamentação dos princípios* da moralidade e da sua lei cabe ao sujeito, cabe a nós, como seres não-só-empíricos, mas dotados de uma razão pura prática, ou seja, como portadores de uma vontade livre. Mas será que tal liberdade existe? É óbvio que no "mundo dos fenômenos", isto é, no mundo dos objetos cognoscíveis no espaço e no tempo, não há e não pode haver lugar para ela – não porque o conhecimento deste mundo consegue provar que a liberdade não existe, mas porque os princípios arquitetônicos da construção deste mundo teórico a excluem. Mas além destes princípios e além de um "mundo objetivo" concebido segundo tais princípios, temos que pensar – e, segundo Kant, com a mesma necessidade – naquele outro mundo que "funciona" segundo princípios totalmente diferentes, a saber, segundo princípios práticos: "Tudo na natureza age segundo leis. Só um ser racional tem a capacidade de agir segundo a representação das leis, isto é, segundo princípios [próprios], ou: só ele tem uma vontade"[15]. Isso significa, em sentido negativo, que, se renunciássemos à ideia da possibilidade ou até necessidade de uma autodeterminação livre, isto é, "segundo a representação" das nossas próprias leis práticas, assumiríamos automaticamente o papel de um ser não racional, dotado de uma vontade não livre e determinado exclusivamente pelas mesmas leis causais que determinam todos os outros objetos (vivos ou não vivos) da natureza; mas, em sentido positivo, significa que, se queremos que o imperativo categórico seja, de fato, irrestrito e universalmente válido para todos os seres racionais, temos que exigir que aquele outro mundo, determinado não por leis causais da natureza, mas por uma "causalidade por liberdade", resulte mais do que uma mera ficção, já que é só nele que uma legislação genuinamente prática pode efetivar-se; quer dizer: para poder garantir a possibilidade de um agir segundo a lei moral e motivado por ela, temos que "postular" a realidade deste mundo "inteligível" da razão prática.

Essa figura do postulado nos remete novamente ao motivo central da necessidade da limitação rigorosa entre uma área do possível conhecimento e aquela outra, não acessível ao conhecimento, mas pensável como mundo intelígível. Kant chama uma vez[16] a primeira área de "terra da verdade", comparando-a com uma "ilha fechada pela natureza mesma dentro de limites imutáveis" e "circundada por um vasto e tempestuoso oceano". Esse oceano, que representa, na metáfora, a segunda área do não cognoscível, é visto, por Kant, sob dois aspectos, ambos sistematicamente relevantes. Por um lado, é a particularidade da sua função limitadora, propriamente dita, que é apontada por ele: assim como os limites do território da ilha excluem, ou definem negativamente, tudo o que eventualmente "se encontra" ou "ocorre" fora dele como algo que, de princípio, não pertence à "terra da verdade", nem se deixa integrar nela, também o oceano contribui essencialmente – só, por assim dizer, por fora – para a formação e a definição dos limites da ilha: como é necessário assumir a perspectiva da ilha para poder dizer, mesmo negativamente, algo sobre o mar, também este desempenha uma função imprescindível, já que, sem o mar que a circunda, a própria ilha deixaria de ser ilha. Por outro lado, Kant chama a atenção para as consequências que tal demarcação estrita dos limites entre ilha e oceano, entre conhecimento e pensamento, necessariamente têm para o uso de uma razão que, como a nossa, *não* quer contentar-se com o mero acúmulo de conhecimentos, mas que, mesmo reconhecendo os limites "naturais" do seu saber, sente, como inicialmente alegado, a necessidade de ultrapassar esses limites e se submeter, com fins práticos, à sua própria legislação supranatural, isto é, inteligível. Nesse caso, ela teria que fazer o necessário para se adaptar às condições precárias daquele "vasto e tempestuoso oceano" que, na verdade, nada mais é do que o "oceano" da metafísica, e aprender a orientar-se na sua esfera do pensamento puro[17], isto é, não fundamentado em nenhuma experiência.

A razão criticamente esclarecida, ao aventurar-se a enfrentar o risco de deixar atrás de si a "terra firme da verdade", certamente vai tratar a grande maioria dos "objetos" dessa esfera supranatural como o que, na verdade, são: meros fantasmas e ilusões que apenas devem ser descobertos como tais e invalidados mediante os instrumentos críticos que a razão teórica fornece. Mas vai encontrar neste mesmo mundo, entre todos esses fantasmas, também outra espécie de "objetos" que, à diferença daqueles, mostrar-se-ão resistentes a tal tratamento, continuando, como "ilusões necessárias", a intrigá-la, já que correspondem, à diferença das primeiras, a um "interesse natural" dela mesma na efetivação deles[18]. A esse tipo particular de "objetos" pertencem as ideias *práticas*, entre elas, conforme o que foi dito atrás, prioritariamente, a da *liberdade*, a qual, por ter que ser pensada *com necessidade*, *sem* poder constituir objeto de conhecimento, se torna *postulado* da razão. Mas ideias práticas necessárias são, segundo Kant, também as ideias da *existência de Deus* e da *imortalidade da alma*, uma vez que estas representam igualmente pressupostos imprescindíveis, não para a *fundamentação*, como a liberdade, mas para a *realização* do bem moral no mundo; pressupostos, no entanto, que podem tornar-se postulados também só para aquele que consegue identificá-los como tais – e não os confunde, naquele "incomensurável espaço do suprassensível, cheio de espessas trevas"[19], com *entidades reais*, como a metafísica tradicional o faz. Só neste papel, isto é, só como matéria da *crença* – aliás, uma crença fundamentada essencialmente na consciência moral –, mas não como matéria do *saber*, eles conseguem desenvolver a sua força orientadora para o agir humano; e só assim conseguem satisfazer também a "necessidade", a "ânsia insaciável"[20] da razão *prática* para ultrapassar os limites do conhecimento para o mundo inteligível, *sem* infringir, no entanto, os princípios que garantem a sua legitimidade *teórico*-sistemática.

 ## Conceito-chave

A *filosofia transcendental* é, segundo Kant, a "ideia de uma ciência para a qual a *crítica da razão pura* deverá projetar o plano completo", e isso de forma "arquitetônica", quer dizer, "a partir de princípios, com plena garantia da completude e segurança de todas as partes que perfazem este edifício." Como tal, ela é o "sistema dos conceitos (ou conhecimentos) transcendentais" e de "todos os princípios da razão pura". *Transcendental* denomina Kant "todo conhecimento que em geral se ocupa não tanto com objetos, mas com nosso modo de conhecer objetos na medida em que este deve ser possível *a priori*". Conhecimentos *a priori* (ou os *juízos a priori* em que estes se manifestam) são caracterizados da seguinte maneira: eles *"precedem"* logicamente (não psicologicamente) a toda experiência, são *independentes* dela, isto é, não derivados nem abstraídos dela, nem "dados" por ela e, justamente por isso, *condições necessárias* de toda experiência e, como tais, *universalmente válidos*. *Conhecimentos a priori*, ou, mais exatamente: os *elementos apriorísticos* de todo conhecimento, são: a) as "formas da intuição" *espaço* e *tempo*; b) as *categorias*, enquanto "regras do entendimento"; e c) os *princípios* (de subsunção da matéria do conhecimento sob categorias). O que Kant chama de *transcendental não* se identifica, portanto, com essas *condições a priori* do conhecimento (espaço e tempo, categorias, princípios) e dos seus objetos, mas é, antes, *o conhecimento* destas condições *a priori* do conhecimento: "É preciso chamar transcendental não todo conhecimento *a priori*, mas só o que nos indica que e como determinadas representações (intuições ou conceitos) são aplicadas ou são possíveis exclusivamente *a priori*". *Transcendental*, em sentido estrito, é, portanto, só *o conhecimento da possibilidade do conhecimento* (ou seja: *o uso dele*) *a priori*. À diferença de conhecimentos *transcendentais*, que *precedem* (logicamente) a experiência e a possibilitam enquanto tal, *não há* conhecimentos *transcendentes*, uma vez que tudo o que é *transcendente* ultrapassa os limites da experiência possível. "Objetos" transcendentes (isto é, meras "coisas do pensamento", mas não do conhecimento) são as *ideias da razão pura* (liberdade, Deus, imortalidade da alma). À diferença dos *princípios transcendentais* cuja aplicação está restrita absolutamente entre os limites da experiência possível e os quais, portanto, são *imanentes* (isto é, pertencentes à própria experiência), os *princípios transcendentes* (que se referem ao *uso* – ou "regulativo", ou "prático" – das ideias da razão) "devem ultrapassar estes limites". A questão dos *limites* é essencial também para a definição do nome que Kant deu à sua doutrina: *idealismo transcendental*. O *idealismo* que Kant chama de *transcendental* (ou "crítico", ou "formal") distingue-se a) do *realismo* no fato de não determinar os objetos da percepção interna ou externa como *coisas em si*, senão como *fenômenos*; o que quer dizer que ele admite a existência de objetos apenas como elementos de uma possível experiência empírica, "organizada" ou "estruturada" *a priori* pelas formas puras da intuição (espaço e tempo) e do entendimento (categorias):

> Tudo o que é intuído no espaço e no tempo, portanto, todos os objetos de uma experiência possível para nós, não passam de fenômenos, isto é, meras representações, que, tal qual são representados, como entes extensos ou séries de mudanças, não possuem uma existência fora [dos limites do nosso conhecimento] e fundada em si.

O idealismo *transcendental* distingue-se também b) do idealismo *material* que "declara a existência dos objetos no espaço fora de nós ou, simplesmente, duvidosa e *indemonstrável* ou *falsa* e *impossível*". Em vez de a) fazer das "modificações da nossa sensibilidade coisas subsistentes em si" e tratar, assim, *"meras representações* como coisas em si mesmas" – como o *realismo* o faz – e em vez de b) duvidar ou negar simplesmente a existência das próprias coisas exteriores – como o *idealismo material* o faz – , o *idealismo transcendental* não afirma que tais objetos não existem ou que sua existência é problemática, mas unicamente que a existência dos mesmos não é cognoscível mediante percepção imediata. Assim, ele permite "que os objetos de uma intuição externa realmente sejam tal qual intuídos no espaço, e que todas as mudanças no tempo sejam tal qual o sentido interno as representa". Pois dado que "o espaço é uma forma daquela intuição que denominamos a externa, e que, sem objetos neste espaço, nem haveria qualquer representação empírica, então podemos e temos que nele admitir entes extensos como reais; e exatamente o mesmo ocorre com o tempo. No entanto, aquele espaço mesmo mais este tempo e, juntamente com ambos, todos os fenômenos *não* são, em si mesmos, *coisas*; nada mais são que representações, que não podem, de modo algum, existir fora da nossa mente. [...] Os objetos da experiência *jamais* são dados *em si mesmos*, mas somente na experiência, não existindo absolutamente fora da mesma". Kant afirma, com isso, a "realidade empírica" do espaço e do tempo (com vistas a toda possível experiência externa e interna) e a "idealidade transcendental" dos mesmos, isto é: que espaço e tempo nada são "tão logo deixemos de lado a condição da possibilidade de toda a experiência e o[s] admitamos como algo subjacente às coisas em si mesmas".

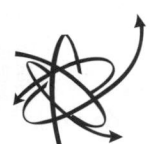 ## Percursos e influências

Embora com prestígio acadêmico já consolidado na sua fase "pré-crítica", é só depois da publicação da *Crítica da razão pura*, com 57 anos de idade, que Kant acaba se tornando, por quase duas décadas, o filósofo mais conhecido e mais discutido da sua época. Já no ano da sua primeira apresentação, em 1781, e mais ainda a partir de 1783, depois da publicação dos *Prolegômenos*, a filosofia crítico-transcendental obtém um rápido reconhecimento, não só no mundo letrado da

Alemanha, mas também em outros países europeus, como, por exemplo, nos Países-Baixos, na Grã-Bretanha e na França. A partir de 1785, aparecem os primeiros grandes trabalhos monográficos sobre Kant e sua filosofia crítica, entre eles os importantes comentários *Crítica da razão pura em compêndios para aulas*, de C.Chr. E. Schmid (1786), *Elucidações sobre a Crítica da razão pura*, de Johann Schultz (1786-1787), e *Cartas sobre a filosofia kantiana*, de Karl Reinhold (1786-1787), que contribuem muito para a divulgação e popularização do novo pensamento, tornando-o acessível a um público cada vez maior. No decorrer dos anos 1790, a filosofia kantiana vem a estabelecer-se, em quase todas as maiores universidades alemãs, como doutrina filosófica dominante. Dada, no entanto, a pretensão kantiana – nada modesta – de ter "eliminado, de uma vez para sempre, todos os equívocos" da metafísica tradicional[21], não há de admirar-se de que a nova doutrina provoca também reações críticas – não só da parte daqueles que veem em Kant um mero "destruidor" da filosofia, um "triturador de tudo" (Moses Mendelssohn), mas também de muitos outros influentes representantes da filosofia acadêmica que o censuram pela "opacidade", pelas "abstrações vazias" ou pelo "purismo" exagerado da sua construção transcendental, ou que questionam, como, entre outros, J.G. Hamann ou J.G. Herder, alguns dos teoremas ou "defeitos" centrais da filosofia crítica, como, por exemplo, a separação rígida dos dois "troncos" do conhecimento, a sensibilidade e o entendimento, ou a falta total de uma discussão da questão da contribuição da linguagem para a produção de conhecimento. As objeções mais fundamentais estão sendo apresentadas, no entanto, por uma nova geração de filósofos cujos representantes proeminentes são J.G. Fichte (1762-1814), F.W.J. Schelling (1775-1854) e G.W.F. Hegel (1770-1831), que começam a manifestar-se criticamente a respeito da filosofia kantiana perto e pouco depois da virada do século XVIII. Embora diferindo entre si em muitas das suas respectivas doutrinas, esses três fundadores do chamado "Idealismo Alemão" compartilham os argumentos centrais contra a posição kantiana, na qual eles veem, quando muito, um mero início, a mera "aurora" (Fichte) de uma revolução filosófica, mas cuja verdadeira efetivação fica, para eles, por vir ainda. São, antes de mais nada, duas "correções" que eles consideram essenciais para superar o "impasse" na construção transcendental: à diferença da proposta kantiana, segundo a qual toda fundamentação crítica do saber tem que se basear no reconhecimento dos três conceitos últimos, rigorosamente distintos, da experiência sensível, do mundo inteligível ou moral e da faculdade do juízo, é defendida a tese de a filosofia, enquanto "filosofia sistêmica" (*Systemphilosophie*), ter que desenvolver todas as áreas do saber, a natureza e o espírito, a teoria e a prática, a partir de uma única raiz; o que implica necessariamente – essa a segunda "correção" – uma revisão total da concepção de dialética que, como mencionado atrás, para Kant, não é instrumento de conhecimento (de um possível "incondicionado" ou "absoluto"), mas essencialmente "lógica da ilusão", cujo uso indevido nos leva em inevitáveis contradições. Fichte, Schelling e Hegel defendem, em contrapartida, uma concepção de dialética simplesmente oposta, alegando que é só o uso positivo do método dialético pelo qual se torna possível o que, para Kant, tinha que ficar barrado: pensar o absoluto com seus conceitos de totalidade sem nenhuma contradição. Com a elaboração e propagação dos novos sistemas especulativos e com sua consolidação progressiva nas instituições acadêmicas da Alemanha no início do século XIX, em pouco tempo a filosofia kantiana começa a perder terreno, chegando, finalmente, a ser vista e tratada, nas salas de aula, como um entre muitos outros capítulos da história da filosofia: importante, sem dúvida, mas, não obstante isso, passado. Mas, no todo da história da recepção da filosofia kantiana, essa ocupação das cátedras pelos filósofos sistêmicos do Idealismo Alemão também ficou episódio só. Já na segunda metade do século XIX, começa a ressurgir, em grande escala, o interesse pelo pensamento crítico de Kant; se bem que não seja mais o Kant "metafísico" que continue o objeto privilegiado das investigações filosóficas, senão o Kant "teórico" e seu projeto de uma fundamentação crítica do conhecimento científico a partir de princípios puros. É sobretudo o neokantismo, que, a partir dos anos 1870, chega a ser, por mais de 50 anos, a corrente filosófica mais influente na Alemanha e que tenta, nesta perspectiva, revitalizar a ideia kantiana de uma "Filosofia como ciência rigorosa", empreendendo, com base em princípios gnosiológicos genuinamente kantianos, fazer da mesma uma disciplina fundamental para todas as ciências, isto é, para as ciências do espírito *e* para as naturais exatas.

Mas a influência de Kant restringe-se não só à filosofia alemã, nem a determinados períodos históricos passados. Encontramos também hoje em quase todas as correntes principais do pensamento filosófico contemporâneo certos motivos e figuras centrais de origem kantiana. Seja no Pragmatismo americano, como, por exemplo, em Peirce e Dewey, no Empirismo lógico, ou no Racionalismo crítico de Popper, seja na Fenomenologia de Husserl ou na Filosofia existencial de Heidegger, ou nas diversas cambiantes da Filosofia Analítica de Wittgenstein até Strawson: quase nenhuma dessas posições – não obstante a heterogeneidade dos seus respectivos princípios doutrinais – consegue ganhar e definir seu perfil específico sem recorrer, e muitas vezes até em pontos decisivos, a Kant. É claro que tal recorrência só raras vezes tem caráter estritamente afirmativo; as tentativas de "salvar" o projeto kantiano no seu todo, se bem que existam, são muito poucas e, na maioria das vezes, pouco convincentes. São, geralmente, determinadas partes ou aspectos do sistema doutrinal kantiano, certos "pedaços de teoria", elementos estruturais ou linhas de argumentação que se vê reatadas, criticamente discutidas ou, dependendo do contexto e dos objetivos dos respectivos autores, produtivamente aplicadas ou integradas nas respectivas pesquisas próprias. Além desta forma de usar a obra kantiana preferencialmente como ponto de partida, ponto de referência ou simplesmente como "pano de fundo" para a clarificação dos próprios pensamentos, há também certas tentativas de "reinterpretar", "atualizar" ou de "transformar" a teoria kantiana, ou partes substanciais dela, na base ou dentro de um horizonte filosófico explicitamente contemporâneo; exemplos de tais tentativas de "superar Kant com e contra Kant" são, entre outros, a discussão sobre "argumentos transcendentais" na filosofia analítica, sobre o "princípio da universalização" e a "autonomia moral" na ética (Hare; Singer; Rawls), ou o ambicioso empreendimento de uma transformação da teoria moral kantiana numa "ética do discurso" (Apel). A grande quantidade de trabalhos publicados nos últimos anos sobre Kant e sua filosofia, bem como o número continuamente crescente de congressos, colóquios e seminários nacionais e internacionais, em que pesquisadores da área discutem os mais variados aspectos e problemas do pensamento crítico kantiano, mostram que o interesse na investigação no campo desta filosofia continua muito vivo. Isso pode causar surpresa, dado que, como é sabido, boa parte das questões que Kant pensava ter definitivamente resolvido, na verdade, não foram resolvidas e, em grande parte, continuam sem solução ainda. Talvez seja verdade o que se pode ler em alguns dos mais recentes tratados sobre Kant[22]: que, no caso deste filósofo, o que conta não são tanto os resultados do seu labor analítico e a correção das respostas encontradas por ele, mas muito mais o mapeamento do terreno e o traçamento do caminho que nos mostra como e onde temos que procurar as respostas para as perguntas que, ao que parece, ainda não deixaram de nos "incomodar".

 **Obras**

1746. *Gedanken von der wahren Schätzung der lebendigen Kräfte* (Pensamentos sobre a verdadeira avaliação das forças vivas).

1755. *Allgemeine Naturgeschichte und Theorie des Himmels* (História natural geral e teoria do céu).

1755. *De igne* (Sobre o fogo).

1755. *Nova dilucidatio* (Nova elucidação).

1756. *Monadologia Physica* – Neue Anmerkungen zur Erläuterung der Theorie der Winde (Monadologia física – Novas anotações para a elucidação da teoria dos ventos).

1762. *Die falsche Spitzfindigkeit der vier syllogistischen Figuren erwiesen* (A demonstrada falsa sutileza das quatro figuras silogísticas).

1763. *Der einzig mögliche Beweisgrund zu einer Demonstration des Daseins Gottes* (O único argumento possível para uma demonstração da existência de Deus).

1763. *Versuch den Begriff der negativen Grössen in die Weltweissheit einzuführen* (Ensaio para introduzir o conceito de grandezas negativas na filosofia).

1764. *Beobachtungen über das Gefühl des Schönen und Erhabenen* (Observações sobre o sentimento de belo e sublime).

1764. *Untersuchung über die Deutlichkeit der Grundsätze der natürlichen Theologie und der Moral* (Investigação sobre a distinção das proposições fundamentais da Teologia Natural e da Moral).

1766. *Träume eines Geistersehers* (Sonhos de um visionário).

1770. *De mundi sensibilis atque intelligibilis forma et principiis* (Sobre a forma e os princípios do mundo sensível e inteligível).

1781(A); 1787(B). *Kritik der reinen Vernunft* (Crítica da razão pura) [sigla: *KrV*].

1783. *Prolegomena zu einer jeden künftigen Metaphysik* (Prolegômenos a toda metafísica futura).

1784. *Idee zu einer allgemeinen Weltgeschichte in weltbürgerlicher Absicht* (Ideia de uma história universal de um ponto de vista cosmopolita).

1784. *Beantwortung der Frage*: Was ist Aufklärung? (Resposta à pergunta: Que é esclarecimento?).

1785. *Grundlegung zur Metaphysik der Sitten* (Fundamentação da metafísica dos costumes).

1786. *Metaphysische Anfangsgründe der Naturwissenschaft* (Primeiros princípios metafísicos da ciência natural).

1786. *Mutmasslicher Anfang der Menschengeschichte* (Início presumível da história da humanidade).

1787. *Kritik der reinen Vernunft* – Zweite Auflage (Crítica da razão pura – Segunda edição).

1788. *Kritik der praktischen Vernunft* (Crítica da razão prática).

1790. *Kritik der Urteilskraft* (Crítica da faculdade do juízo).

1793. *Die Religion innerhalb der Grenzen der blossen Vernunft* (A religião nos limites da simples razão).

1793. *Über den Gemeinspruch*: Das mag in der Theorie richtig sein, taugt aber nicht für die Praxis (Sobre o dito comum: isto pode ser correto na teoria, mas não serve para a prática).

1795. *Zum ewigen Frieden* (À paz perpétua).

1797. *Die Metaphysik der Sitten* (Metafísica dos costumes).

1798. *Der Streit der Fakultäten* (A disputa das faculdades).

1798. *Anthropologie in pragmatischer Hinsicht* (Antropologia de um ponto de vista pragmático).

Edição crítica de todas as obras kantianas: *Gesammelte Schriften*, iniciada pela Preussische Akademie der Wissenschaften (*"Akademie-Ausgabe"*, abreviada como: *Akad.-Ausg.* ou como *AA*). Berlin: de Gruyter, 1900/1966ss.

Obras de Kant em português

Crítica da razão pura. Trad. da 1ª edição (A) de Manuela Pinto dos Santos e Alexandre Fradique Morujão. Lisboa: Calouste Gulbenkian, 1997. Trad. da 2ª edição (B) de Valerio Rohden e Udo Baldur Moosburger. São Paulo: Abril, 1991.

Crítica da razão prática. Trad. de Valerio Rohden. São Paulo: Martins Fontes, 2002.

Crítica da faculdade do juízo. Trad. de Valerio Rohden e Antonio Marques. Rio de Janeiro: Forense Universitária, 1995.

Primeira introdução à Crítica do juízo. Trad. de Rubens Rodrigues Torres Filho. São Paulo: Abril, 1980.

Escritos pré-críticos. Trad. de Jair Barboza, Joãosinho Beckenkamp, Luciano Codato, Paulo Licht dos Santos, Vinicius de Figueiredo. São Paulo: Unesp, 2005.

Prolegômenos. Trad. de Tania Maria Bernkopf. São Paulo: Abril, 1980.

Textos seletos. Trad. de Raimundo Vier e Floriano de Sousa Fernandes. Petrópolis: Vozes, 1974.

Fundamentação da metafísica dos costumes. Trad. de Paulo Quintela. São Paulo: Abril, 1980.

O conflito das faculdades. Trad. de Artur Morão. Lisboa: Ed. 70, 1993.

Lógica. Trad. de Guido Antônio de Almeida. Rio de Janeiro: Tempo Brasileiro, 1992.

Os progressos da metafísica. Trad. de Artur Morão. Lisboa: Ed. 70, 1985.

Princípios metafísicos da ciência da natureza. Trad. de Artur Morão. Lisboa: Ed. 70, 1990.

A paz perpétua e outros opúsculos. Trad. de Artur Morão. Lisboa: Ed. 70, 1988.

A religião nos limites da simples razão. Trad. de Artur Morão. Lisboa: Ed. 70, 1992.

Sobre a pedagogia. Trad. de Francisco Cock Fontanella. Piracicaba: Unimep, 1996.

 **SELEÇÃO DE TEXTOS**

Resposta à pergunta: Que é esclarecimento? (AA VIII 35-40)

Esclarecimento é a saída do homem da sua menoridade de que ele próprio é culpado. A menoridade é a incapacidade de se servir de seu entendimento sem a direção de outrem. Tal menoridade é *por culpa própria* se a causa da mesma não reside na falta de entendimento, mas na falta de decisão e de coragem de servir-se dele sem a direção de outrem. *Sapere aude!* Tem a coragem de te servires do teu *próprio* entendimento! Eis o lema do Esclarecimento.

A preguiça e a covardia são as causas por que uma tão grande parte dos homens, após a natureza há muito os ter libertado da direção alheia (*naturaliter maiorennes*), continuem, no entanto, de bom grado menores durante toda a vida; e também por que a outras pessoas se torna tão fácil constituírem-se em seus tutores. É tão cômodo ser menor. Se tenho um livro que tem entendimento por mim, um diretor espiritual que por mim tem consciência moral, um médico que por mim decide a respeito da dieta etc., então não preciso de enforçar-me eu mesmo. Não tenho necessidade de pensar, quando posso simplesmente pagar; outros se encarregarão por mim do negócio desagradável. Que a imensa maioria da humanidade (inclusive todo o belo sexo) considere a passagem à maioridade difícil e além disso muito perigosa: é justamente isso que providenciam aqueles tutores que bondosamente assumiram a superintendência deles. Depois de, primeiro, terem embrutecido seus animais domésticos e evitado cuidadosamente que estas criaturas pacíficas ousassem dar um passo para fora da carroça em que as encerraram, mostram-lhes em seguida o perigo que as ameaça se tentarem andar sozinhas. Ora, este perigo, na verdade, não é tão grande, pois, após algumas quedas, aprenderiam por fim muito bem a andar; só que um exemplo deste tipo intimida e, em geral, causa pavor perante todas as tentativas ulteriores.

É, pois, difícil a cada homem desvencilhar-se da menoridade que para ele se tornou quase uma natureza. Chegou mesmo a afeiçoar-se a ela, sendo por ora realmente incapaz de se servir do seu próprio entendimento, porque nunca o deixaram fazer uma tal tentativa. Preceitos e fórmulas, estes instrumentos mecânicos do uso racional ou, antes, do abuso dos seus dons naturais, são os grilhões de uma menoridade perpétua. Mesmo quem deles se livrasse só daria um salto inseguro sobre o mais estreito fosso, porque não está habituado a tal movimento livre. São, portanto, só muito poucos os que conseguiram, pela cultivação própria do seu espírito, emergir da menoridade e iniciar contudo um andamento seguro.

Que porém um público se esclareça a si mesmo é perfeitamente possível; mais ainda, se lhe for dada a liberdade, é quase inevitável. Pois sempre haverá algumas pessoas capazes de pensamento próprio, mesmo entre os tutores estabelecidos da grande massa, que, após terem sacudido de si o jugo da menoridade, espalharão em redor de si o espírito de uma avaliação racional do próprio valor e da vocação de cada homem para pensar por si mesmo. Interessante aqui é que o público, que anteriormente fora sujeito por eles a este jugo, os obriga doravante a permanecer sob ele, se for incitado a isso por alguns dos seus tutores que, da sua parte, são incapazes de qualquer esclarecimento. Mostra-se assim como é pernicioso plantar preconceitos, porque acabam por se vingar daqueles que pessoalmente, ou os predecessores deles, foram seus autores. Por isso, um público só muito lentamente pode chegar ao esclarecimento. Por meio de uma revolução poderá talvez realizar-se a queda do despotismo pessoal e da opressão gananciosa ou dominadora, mas nunca uma verdadeira reforma do modo de pensar; haverá, antes, novos preconceitos que, justamente como os antigos, servirão de rédeas à grande massa destituída de pensamento.

Para este esclarecimento porém nada mais se exige do que *liberdade*; e a mais inofensiva entre tudo o que se possa chamar liberdade, a saber, a de fazer um *uso público* da sua razão em todas as questões. [...] O uso *público* de sua razão deve ser sempre livre, e só ele pode levar a cabo o esclarecimento entre os homens. O *uso privado* da razão pode porém muitas vezes ser estreitamente limitado, sem que, no entanto, se impeça por isso notavelmente o progresso do esclarecimento. Mas entendo pelo uso público da sua própria razão aquele que qualquer homem, enquanto *erudito*, faz dela perante o grande público do *mundo letrado*. Denomino uso privado aquele que o erudito pode fazer da sua razão em um certo *cargo público* ou função a ele confiada. Ora, em muitos assuntos que têm a ver com o interesse da comunidade, é necessário um certo mecanismo, em virtude do qual alguns membros da comunidade devem comportar-se de um modo meramente passivo, para serem conduzidos pelo governo, mediante uma unanimidade artificial, para fins públicos, ou, pelo menos, para serem impedidos de destruir tais fins. Nestes casos, não é, sem dúvida, permitido raciocinar, mas deve-se obedecer. Na medida, porém, em que esta parte da máquina se considera ao mesmo tempo membro de uma comunidade total, e até de uma sociedade cosmopolita, portanto na qualidade de um erudito que se dirige por meio de obras escritas a um público em sentido estrito, pode certamente raciocinar, sem que por isso sofram os negócios a que ele está sujeito, em parte, como membro passivo. Assim, seria muito prejudicial, se um oficial, a quem seu superior deu uma ordem, quisesse no serviço raciocinar em voz alta sobre a conveniência ou a utilidade dessa ordem; tem de obedecer. Mas não se lhe pode impedir de um modo justo, enquanto perito, fazer observações sobre os erros no serviço militar e expor essas observações ao seu público, para que este as julgue. O cidadão não pode recusar-se a pagar os impostos que lhe são exigidos; até mesmo uma censura impertinente de tais obrigações, se devem ser cumpridas por ele, pode ser punida como um escândalo (que poderia causar uma insubordinação geral). Mas, não obstante isso, esse homem não age contra o dever de um cidadão se, como erudito, expõe publicamente suas ideias contra a inconveniência ou também a injustiça de tais imposições. Do mesmo modo, um clérigo está obrigado a ensinar os discípulos de catecismo e a sua comunidade em conformidade com o símbolo da Igreja a que serve; pois ele foi admitido com esta condição. Mas, como erudito, tem plena liberdade e até a missão de dar conhecimento ao público de todas as suas ideias, cuidadosamente examinadas e bem-intencionadas, sobre o que há de errôneo naquele símbolo, e de expor suas propostas para uma melhor regulamentação das matérias referentes à religião e à Igreja. Nada existe aqui que possa constituir um peso na sua consciência. Pois aquilo que ele ensina em decorrência do seu cargo, como funcionário da Igreja, expõe-no como algo em relação ao qual não tem o livre poder de ensinar como melhor lhe pareça, mas está obrigado a expor segundo a prescrição e em nome de outrem. Dirá: nossa Igreja ensina isto ou aquilo; estes são argumentos comprobatórios de que ela se serve. Em seguida, ele tira toda a utilidade prática para sua comunidade de preceitos que ele mesmo não subscreveria com plena convicção, em cuja apresentação pode contudo se comprometer, porque não é de todo impossível que aí resida alguma verdade oculta. Em todo caso, porém, pelo menos nada deve ser encontrado aí que se oponha à religião interior. Pois se acreditasse encontrar aí algo contraditório, não poderia desempenhar em sã consciência seu ministério; teria de renunciar. Por conseguinte, o uso que um professor contratado faz da sua razão perante a sua comunidade é somente um *uso privado*, porque esta, por maior que seja, é sempre uma assembleia doméstica; e com respeito a esse uso, ele como sacerdote não é livre e também o não pode ser, porque exerce uma incumbência alheia. Em contrapartida, como erudito que, mediante escritos, fala a um genuíno público, a saber, o mundo, por conseguinte, o clérigo, no *uso público* da sua razão, goza de uma liberdade ilimitada de se servir da sua própria razão e de falar em seu próprio nome. Pois que os tutores do povo (em coisas espirituais) terem de ser eles próprios menores, isso constitui um absurdo que leva à perpetuação dos absurdos.

Mas não deveria uma sociedade de clérigos, por exemplo, uma assembleia eclesial ou uma respeitável *classis* (como a si mesma se denomina entre os holandeses) estar autorizada, sob juramento, a comprometer-se entre si com um certo símbolo imutável, a fim de exercer assim uma incessante supertutela sobre cada um de seus membros e, por meio deles, sobre o povo, e até mesmo a eternizar essa tutela? Digo: isso é inteiramente impossível. Tal contrato, que decidiria afastar para sempre todo o ulterior esclarecimento do gênero humano, é absolutamente nulo e sem validade, mesmo que fosse confirmado pelo poder supremo, pelos parlamentos e pelos mais solenes tratados de paz. Uma época não pode se aliar e conjurar para colocar a seguinte num estado em que se deve tornar impossível para esta ampliar os seus conhecimentos (sobretudo os de maior interesse), purificar-se dos erros e, em geral, avançar mais no caminho do esclarecimento. Isto seria um crime contra a natureza humana, cuja determinação original consiste justamente neste avanço; e os vindouros têm portanto todo o direito de rejeitar aquelas resoluções decretadas de modo não autorizado e criminoso. [...] Um homem sem dúvida pode, para a sua pessoa, e mesmo assim só por algum tempo, no que lhe incumbe saber, adiar o esclarecimento; mas renunciar a ele, quer para si mesmo, quer ainda mais para sua descendência, significa ferir e calcar aos pés os sagrados direitos da humanidade. Mas o que não é lícito a um povo decidir com relação a si mesmo, menos ainda um monarca pode decidir sobre o povo; pois sua autoridade legislativa repousa justamente no fato de reunir a vontade conjunta do povo na sua. Quando ele cuida de que toda melhoria, verdadeira ou presumida, coincida com a ordem civil, pode deixar em tudo o mais que seus súditos façam por si mesmos o que julguem necessário fazer para a salvação de suas almas. Isso não lhe importa, mas compete-lhe evitar que um súdito impeça à força o outro de trabalhar segundo toda a sua capacidade na determinação e no fomento da mesma. Causa mesmo dano a sua majestade quando se imiscui nesses assuntos, submetendo à vigilância do seu governo os escritos em que seus súditos procuram clarificar as suas ideias, quer quando ele faz isso a partir do seu próprio discernimento superior, pelo que se expõe à censura: *Caesar non est supra grammaticos* (César não está acima dos gramáticos), quer também e ainda mais quando rebaixa tanto seu poder supremo que chega a apoiar o despotismo espiritual de alguns tiranos em seu Estado contra os demais súditos. [...]

Prefácio à 1ª edição da Crítica da razão pura *(1781)* (AA IV 7-9)

Em certo gênero de seus conhecimentos, a razão humana tem um destino singular: sente-se importunada por questões a que não pode esquivar-se, pois lhe são impostas pela própria natureza da razão; mas também não pode resolvê-las, pois ultrapassam toda a capacidade da razão humana.

É sem culpa sua que ela cai nestes apuros. Começa com princípios cujo uso é inevitável no curso da experiência e, ao mesmo tempo, suficientemente comprovada por esta. Com esses princípios ela vai-se elevando gradativamente (como aliás é de sua natureza) a condições mais remotas. Mas, como ela percebe que desta forma o seu labor deve sempre permanecer incompleto, porque as questões nunca têm fim, vê-se obrigada a recorrer a princípios que ultrapassam todo uso possível da experiência, embora pareçam tão insuspeitos que até a comum razão humana concorda com eles. E assim ela cai em trevas e incorre em contradições. Se bem que possa inferir que algures deve haver erros latentes, ela não consegue descobri-los, porque os princípios de que se serve já não reconhecem a pedra de toque da experiência, por transcenderem o limite de toda experiência. A arena destas disputas infindáveis chama-se *Metafísica*.

Houve um tempo em que lhe chamavam de *rainha* de todas as ciências, e, se tomarmos o intento pelo feito, ela certamente merecia esse título honorífico, graças à importância capital do seu objeto. Na nossa época, tornou-se moda tratar-lhe com o maior desprezo, e a matrona, rejeitada e abandonada, lamenta-se como Hécuba: *...modo maxima rerum, tot generis natisque potens – nunc trahor exul, inops –* ("Ainda há pouco no auge da fama, poderosa em parentes e filhos – e agora exilada e destituída de tudo"; Ovídio, *Metamorfoses*).

Inicialmente, sob a administração dos *dogmáticos*, o seu domínio era *despótico*. Todavia, como a legislação retinha ainda os vestígios da antiga barbárie, ela degenerou, aos poucos, em consequência de guerras internas, na mais completa *anarquia*, e os *céticos*, uma espécie de nômades que detestam todo cultivo constante da terra, rompiam de tempos em tempos a união cívica. Mas como, felizmente, foram pouco numerosos, não puderam impedir que aqueles tentassem reconstruí-la sempre de novo, embora sem ater-se a um plano uniforme. É verdade que uma vez, em tempos mais recentes, teve-se a impressão de que todas essas disputas iriam terminar e que se decidiria definitivamente da legitimidade daquelas reivindicações, mediante uma certa *fisiologia* do entendimento humano (pelo célebre Locke); mas aconteceu que, embora aquela pretensa rainha tivesse nascido da plebe da experiência comum, o que deveria com razão tornar suspeita a sua pretensão, contudo, já que na verdade essa *genealogia* lhe foi atribuída falsamente, ela persistiu na afirmação das suas pretensões; pelo que de novo tudo recaiu no velho *dogmatismo* carcomido e, consequentemente, no descrédito do qual se tencionara arrancar a ciência. E agora, depois que (como se quer fazer crer) foram tentados, sem sucesso, todos os caminhos, reina o fastio e um *indiferentismo* total, mãe do caos e da noite, nas ciências; ao mesmo tempo, porém, é a origem ou pelo menos o prelúdio de uma próxima transformação e aclaração das mesmas, depois de se as terem feito obscuras, confusas e inúteis, mediante uma diligência mal-aplicada.

Com efeito, não faz sentido pretender simular *indiferença* com respeito a tais investigações, cujo objeto *não* pode ser *indiferente* à natureza humana. Até os pretensos *indiferentistas*, por mais que tencionem tornar-se irreconhecíveis pela substituição da linguagem de Escola por um estilo popular, na medida em que pensam realmente alguma coisa, recaem inevitavelmente em afirmações metafísicas, contra as quais alegavam nutrir tão grande desprezo. Todavia, tal indiferença que ocorre em meio ao florescimento de todas as ciências, afetando justamente aquelas a cujos conhecimentos – se estes fossem alcançáveis – se renunciaria, dentre todos, em último lugar, é um fenômeno digno da nossa atenção e reflexão. Evidentemente, ela é efeito, não da leviandade, mas da capacidade de julgar da época, a qual já não se deixa satisfazer por um saber aparente; é um apelo à razão para de novo empreender a mais dificultosa de todas as suas tarefas, isto é, a do conhecimento de si mesma, e para instituir um tribunal que lhe assegure suas reivindicações justas, mas também lhe condene todas as presunções infundadas; e tudo isto, não por decisões arbitrárias, mas de acordo com suas leis eternas e imutáveis; e esse tribunal outra coisa não é que a própria *Crítica da razão pura*.

Não entendo com isso uma crítica dos livros e dos sistemas, e sim, a da faculdade da razão em geral, em relação a todos os conhecimentos a que esta possa aspirar *independentemente de toda experiência* e, por conseguinte, a decisão sobre a possibilidade ou impossibilidade de uma metafísica em geral, bem como a determinação tanto das fontes como da extensão e dos limites da mesma, e tudo isso a partir de princípios. – É este caminho, pelo qual enveredei, o único que restara, e lisonjeio-me de haver descoberto nele o meio de eliminar todos os erros que até agora haviam desavido a razão consigo mesma no uso não empírico.

Fundamentação da metafísica dos costumes (AA IV 393-395)

Neste mundo, e até também fora dele, nada é possível pensar que possa ser considerado como bom sem limitação a não ser uma só coisa: uma *boa vontade*. A inteligência, a argúcia de espírito, a capacidade de julgar e como quer que possam chamar-se os demais *talentos* do espírito, ou ainda a coragem, a decisão, a perseverança, como qualidades do *temperamento*, são sem dúvida a muitos respeitos coisas boas e desejáveis; mas também podem tornar-se extremamente más e prejudiciais se a vontade, que haja de fazer uso destes dons naturais e cuja constituição particular por isso se chama *caráter*, não for boa. O mesmo acontece com os *dons da fortuna*. O poder, a riqueza, a honra, até mesmo a saúde, e todo o bem-estar e contentamento com o seu estado, sob o nome de *felicidade*, dão ânimo que muitas vezes por isso mesmo desanda em soberba, se não existir a boa vontade que corrija a sua influência sobre a alma e juntamente todo o princípio de agir e lhe dê utilidade geral; isto sem mencionar o fato de que um espectador razoável e imparcial, em face da prosperidade ininterrupta de um ser no qual não se manifesta qualquer traço de uma pura e boa vontade, nunca poderá sentir satisfação, e assim a boa vontade parece até constituir a condição indispensável daquilo que nos torna dignos de ser feliz.

Algumas qualidades são mesmo favoráveis a esta boa vontade e podem facilitar muito a sua atuação, mas não têm todavia nenhum valor intrínseco absoluto, pelo contrário, pressupõem sempre e ainda uma boa vontade, a qual restringe a alta estima que, aliás com razão, por elas se nutre, e não permite que as consideremos absolutamente boas. A moderação nos afetos e paixões, o autodomínio e a calma reflexão são não somente bons a muitos respeitos, mas parecem constituir propriamente uma parte do valor *intrínseco* da pessoa; mas falta ainda muito para as podermos declarar boas sem qualquer restrição (ainda que os antigos as louvassem incondicionalmente). Com efeito, sem os princípios de uma boa vontade, estas qualidades podem tornar-se extremamente nocivas, e o sangue-frio de um facínora não só o torna muito mais perigoso, mas o faz também imediatamente mais abominável ainda a nossos olhos do que julgaríamos sem isso.

A boa vontade não é boa por aquilo que promove ou realiza, pela aptidão para atingir este ou aquele fim que se tenha proposto, mas tão somente pelo querer, isto é, em si mesma, e, considerada em si mesma, deve ser avaliada em grau muito mais alto do que tudo o que por seu intermédio possa ser alcançado em proveito de qualquer inclinação, ou mesmo, se se quiser, da soma de todas as inclinações. Ainda mesmo que por um desfavor especial do destino, ou pelo apetrechamento avaro de uma natureza madrasta, faltasse totalmente a esta boa vontade o poder de fazer vencer as suas intenções, mesmo que nada pudesse alcançar a despeito dos seus maiores esforços, e só afinal restasse a boa vontade (é claro que não se trata aqui de um simples desejo, mas sim do emprego de todos os meios de que as nossas forças disponham), ela não deixaria de brilhar por si mesma como uma joia, como alguma coisa que em si mesma tem o seu pleno valor. A utilidade ou a inutilidade não podem em nada acrescentar ou diminuir esse valor. A utilidade seria apenas como que o engaste da joia que, facilitando o seu manejo nos circuitos correntes, ou podendo para ela atrair as atenções dos leigos, não teria qualquer efeito sobre a opinião dos conhecedores ou na determinação do seu valor.

Há contudo nesta ideia do valor absoluto da simples vontade, sem entrar em linha de conta para sua avaliação com qualquer utilidade, algo de tão estranho que, a despeito mesmo de toda a concordância da razão vulgar com ela, uma suspeita pode surgir: talvez tudo isto não passe de uma quimera transcendente e a natureza esteja a ser malcompreendida na sua intenção de submeter a nossa vontade ao domínio da razão. Vamos por isso, deste ponto de vista, pôr à prova esta ideia.

Quando consideramos as disposições naturais de um ser organizado, isto é, de um ser constituído em ordem a um fim que é a vida, aceitamos como princípio que nele se não encontra nenhum órgão que não seja o mais conveniente e adequado à finalidade a que se destina. Ora, se num ser dotado de razão e vontade a verdadeira finalidade da natureza fosse a sua *conservação*, o seu *bem-estar*, numa palavra a sua *felicidade*, muito mal teria ela tomado as suas disposições ao escolher a razão da criatura para executora desta sua intenção. Pois todas as ações que esse ser tem de realizar nesse propósito, bem como toda a regra do seu comportamento, lhe seriam indicadas com muito maior exatidão pelo instinto, e aquela finalidade obteria por meio dele muito maior segurança do que pela razão; e se, ainda por cima, essa razão tivesse sido atribuída à criatura como um favor, ela só lhe poderia ter servido para se entregar a considerações sobre a feliz disposição da sua natureza, para a admirar, alegrar-se com ela e mostrar-se por ela agradecida à causa benfazeja, mas não para submeter à sua direção fraca e enganadora a sua faculdade de desejar, achavascando assim a intenção da natureza; numa palavra, a natureza teria evitado que a razão caísse no *uso prático* e se atrevesse a engendrar com as suas fracas luzes o plano da felicidade e dos meios de a alcançar; a natureza teria não somente chamado a si a escolha dos fins, mas também a dos meios, e teria com sábia prudência confiado ambas as coisas simplesmente ao instinto.

NOTAS

1. John McDowell, 2000.

2. *Kritik der reinen Vernunft* (Crítica da razão pura). *KrV* B 22.

3. *KrV* A XII.

4. *KrV* B XXX.

5. *KrV* B XVI.

6. *KrV* A VIIs.

7. *KrV* B XVI.

8. *KrV* B 3.

9. *KrV* B 29.

10. *KrV* B 75.

11. *KrV* B 165.

12. *KrV* B XIII.

13. *KrV* B 189-294.

14. *KrV*, B 832-833.

15. *Edição crítica* de todas as obras kantianas: *Gesammelte Schriften*, iniciada pela Preussische Akademie der Wissenschaften (*"Akademie-Ausgabe"*, abreviada como: *Akad.-Ausg.* ou como *AA*). Berlin: de Gruyter, 1900/1966ss. *AA* IV 412.

16. *KrV* B 295.

17. *AA* VIII 131ss.

18. *KrV* B 351ss.

19. *AA* VIII 137.

20. Ibid.

21. *KrV* A XII.

22. Cf., por exemplo, Schnädelbach, 2004.

Fichte

Hans Christian Klotz★

 **O filósofo e o seu tempo**

Johann Gottlieb Fichte nasceu em 1762 na pequena cidade de Rammenau. Foi um dos 10 filhos de um artífice modesto. O menino já se sobressaiu cedo por sua capacidade de resumir precisamente o sermão dominical do pastor. Um nobre da região decidiu finalmente cuidar da sua formação, e possibilitou-lhe, quando ele tinha 12 anos, visitar a escola principesca de Pforta. Os seis anos passados nessa famosa escola não foram anos felizes – Fichte sofria com a hierarquia rígida, e até tentou fugir. Mas nos mesmos anos ele começou também a tomar conhecimento das discussões do seu tempo. Em particular, ocupou-se da controvérsia entre Lessing e o teólogo Götze e, com isso, da relação entre teologia e iluminismo.

Assim, não deve ter sido só pelo desejo dos pais, mas também por interesse nas questões de teologia que Fichte começou a estudar essa disciplina, em 1780, em Iena. No entanto, sabe-se pouco sobre seu tempo de estudo. Como pode ser concluído por meio da leitura de cartas, na controvérsia sobre liberdade e determinismo, que também era assunto dos teólogos, ele estava ao lado dos deterministas. Por necessidade financeira, e sem ter terminado seu estudo, Fichte passou a trabalhar como preceptor a partir de 1784, primeiro em Leipzig, depois em Zurique (onde ele conheceu sua esposa Johanna Rahn, uma sobrinha do poeta Klopstock). Em 1790, ele voltou para Leipzig, onde aconteceu uma virada decisiva: um aluno pediu a Fichte aulas sobre a filosofia kantiana. Apesar de Fichte mal ter algum conhecimento dela, ele aceitou e "lançou-se" – como ele mesmo disse – no estudo das obras de Kant. Estudou as três críticas em poucas semanas; e nisso seu pensamento transformou-se profundamente. "Vivo num novo mundo, desde que li a *Crítica da razão prática*", ele escreve numa carta. A importância que a segunda crítica tinha para a evolução do seu pensamento consistia no fato de que ela lhe tornou possível superar o determinismo, que Fichte até então achara cogente. Então, o "novo mundo" é o mundo da liberdade, a qual finalmente evidencia a chave para entender toda a estrutura da nossa razão. Numa

---

★ Doutor em Filosofia e livre-docente pela Universidade de Munique. Professor da Universidade Federal de Santa Maria (UFSM).

carta a Johanna escreve que tornou-se convencido de que "a vontade humana é livre, e que não é a felicidade que é o fim do nosso ser, mas a dignidade de ser feliz". É por esta conversão que Fichte, aos 28 anos, torna-se filósofo. Logo ele planeja publicar um "extrato comentador" da terceira crítica de Kant.

Depois do fracasso de uma tentativa de conseguir emprego como preceptor em Varsóvia, Fichte foi para Königsberg – e com isso para a proximidade do homem ao qual ele deveu a transformação fundamental do seu pensamento. Um primeiro encontro com Kant não tomou rumo favorável. Para conseguir um contato mais estreito com Kant, Fichte decide escrever uma *Crítica de toda a revelação* e dedicá-la a Kant. Depois de ter passado o texto a Kant, ele prepara-se concisamente para a conversa com este. Para sua surpresa, a reação de Kant é positiva. Fichte estava em apuros financeiros e pede um empréstimo a Kant. Kant rejeita o pedido, mas media uma editora para o livro e urge que Fichte receba logo seus honorários. Assim, Kant proporciona independência a Fichte, em vez de torná-lo dependente de si. Nasce, com isso, o autor Fichte. O livro faz um sucesso sensacional, o que também deveria ter sido devido a um truque da editora: fora de Königsberg, o livro saiu anônimo. Como o livro parte de princípios kantianos, e faltava ainda um escrito de Kant sobre a filosofia da religião – *A religião dentro dos limites da razão pura* ainda não saíra –, pensava-se que o livro fosse o esperado escrito de Kant sobre religião. Além disso, o livro trata de uma questão que preocupava muito os kantianos, a saber, se a filosofia crítica, derivando todo o conteúdo da religião da razão prática pura, deixa espaço para a revelação (questão que Fichte responde positivamente). Finalmente, Kant publicou uma declaração, dizendo que a honra de ser o autor do livro não era dele, mas do preceptor Fichte. A partir deste momento, Fichte é um dos autores filosóficos mais famosos da Alemanha.

Enquanto isso, Fichte estava trabalhando como preceptor em Krokow na Polônia, onde escreveu sua próxima obra: *A reivindicação da liberdade de pensar*. Logo seguiram as *Contribuições para a retificação dos juízos do público sobre a Revolução Francesa*. Estes escritos, que foram publicados anônimos, tinham um conteúdo explosivo: Fichte defende a liberdade da imprensa, e justifica, em princípio, a Revolução Francesa. Em 1793, volta a Zurique, para se casar com Johanna. Nesta segunda estada em Zurique acontece a virada no pensamento de Fichte que o levou ao seu próprio projeto filosófico. Sua posição aproximara-se da reconstrução da filosofia kantiana dada por Reinhold na sua Filosofia Elementar. Reinhold construiu a filosofia crítica a partir de um princípio supremo – o "princípio da consciência", o qual indica a estrutura geral da representação[1]. Na reflexão sobre a Filosofia Elementar de Reinhold, Fichte finalmente entrou no seu próprio projeto filosófico. A execução de uma resenha do livro *Enesidemo* de Gottlob Ernst Schulze tinha um papel decisivo neste processo. O livro de Schulze, cujo título alude a um cético grego[2], visa a mostrar que a filosofia crítica, como fundada por Reinhold, ainda não estava imune contra argumentos céticos. As dúvidas de Schulze levaram Fichte à conclusão de que o princípio reinholdiano da consciência, ainda que seja verdadeiro, não pode ser o princípio supremo da filosofia crítica. Na procura desse princípio, Fichte chegou ao resultado de que o ato pelo qual o sujeito é para si, constituindo-se como "eu", deve ser o ponto de partida da filosofia. A partir deste princípio, toda a estrutura da consciência em seus aspectos teóricos e práticos deve ser explicada. Ainda em Zurique, Fichte expõe esta concepção numa preleção, e dá ao seu projeto filosófico o nome de Doutrina da Ciência.

No inverno de 1793-1794, Fichte foi convidado a assumir a sucessão de Reinhold na Universidade de Iena – apesar de não ser formado em curso algum, e de ser considerado um simpatizante do jacobinismo. Nesta época, Iena começou a tornar-se o centro da vida intelectual da Alemanha, o lugar próprio da filosofia crítica e do romanticismo. A partir de 1794, as preleções de Fichte em Iena tornaram-se um dos principais eventos na constelação criativa da cidade. Ele renovou o ensino ao não lecionar mais segundo manuais, mas ao expor o seu próprio pensamento nas aulas, concentrando-se na fundamentação e construção da Doutrina da Ciência. A sua primeira preleção realizada em Iena em 1794-1795 foi publicada em fascículos para seus alunos, e disto surgiu a obra *Fundamento de toda a Doutrina da Ciência*, que se tornou uma das obras-chave do idealismo alemão. Ela é a primeira publicação na qual Fichte expôs em extenso a ideia de que a "egoidade" – a estrutura básica de subjetividade – é o princípio de toda a filosofia. Nas obras *Fundamento do direito natural* (1796) e *Sistema da doutrina dos costumes* (1798), Fichte utiliza este princípio para fundar as principais áreas da filosofia prática.

No entanto, os sete anos de Fichte em Iena não eram só um período de produtividade extraordinária, mas também de conflitos e inimizades, os quais ocasionaram sua demissão. A colisão do horário de uma das preleções de Fichte com o da missa domingueira evocou a repreensão de que ele pretendia substituir o serviço religioso pelo culto da razão, o que estava acontecendo na França sob os jacobinos. Sua crítica das ordens estudantis e dos seus rituais provocou agressões que fizeram com que Fichte uma vez até deixasse a cidade. No entanto, foi um outro acontecimento que finalmente provocou a demissão de Fichte: a chamada "controvérsia sobre ateísmo". Para comentar a contribuição do autor Forberg sobre religião no Jornal Filosófico, Fichte publicou no mesmo volume da revista o artigo *Sobre o fundamento da nossa fé num governo divino do mundo*. Neste escrito, Fichte identifica Deus com a ordem moral do mundo, enquanto a imagem de Deus como pessoa é considerada uma personificação secundária, que tem sua origem em nossa finitude. Isso evocou a repreensão de que a posição de Fichte seja ateísta. O volume da revista foi confiscado e um processo foi aberto. A demissão não era uma consequência necessária desse processo. No entanto, o procedimento da corte em Weimar – que aparentemente estava esperando por uma oportunidade para livrar-se do professor incômodo –, mas também o agir pouco hábil de Fichte finalmente levaram à sua demissão em 1799.

Depois da perda da cadeira, que tornou a sua situação financeira mais uma vez difícil, Fichte começou a dar aulas privadas em Berlim. Destas preleções, proferidas entre 1800 e 1805, assistiram não só eruditos e artistas, mas também ministros do estado da Prússia. Nelas, Fichte entra na sua fase madura, cuja característica é a partida de um incondicionado que é anterior ao saber mesmo. Levanta-se, assim, a questão se o conceito de "egoidade" permanece fundamental na Doutrina da Ciência, ou se Fichte mudou substancialmente sua posição. Em todo caso, as preleções receberam uma ressonância positiva, e começou-se a pensar sobre um emprego para

Fichte na Prússia. Em 1805, foi convidado a assumir uma cadeira em Erlangen. Em 1806, depois da derrota da Prússia contra Napoleão, fugiu para Königsberg, a cidade do seu grande inspirador, onde logo assumiu uma cátedra. Quando as tropas de Napoleão estavam se aproximando de Königsberg, Fichte fugiu para Copenhagen.

Depois da assinatura da paz de Tilsit entre a Prússia e a França, Fichte volta para Berlim. Ali, participou da concepção de uma nova universidade real a ser erigida em Berlim (hoje a Universidade Humboldt), na qual ele será o primeiro reitor eleito. Na capital, ainda ocupada pelas tropas francesas, profere seus discursos mais famosos: os *Discursos à nação alemã* (1808). Eles partem da concepção da história exposta três anos antes na obra *Características principais da época contemporânea*, interpretando a experiência da derrota e da perda da autonomia nacional como início da passagem para uma consciência coletiva que não é mais autocentrada, mas racional e ética. De 1810 até 1814, sendo agora professor da nova universidade, Fichte apresenta as demais versões da Doutrina da Ciência. Contudo, ele só publicou uma exposição curta delas (1810). Assim, sua filosofia madura não tinha maior impacto durante sua vida; Schelling e Hegel não tomaram nota dela. Hoje, todas as exposições da Doutrina da Ciência estão acessíveis pela edição completa das obras de Fichte[3], em forma dos manuscritos escritos para suas preleções, ou em forma de manuscritos produzidos pelos seus ouvintes. Nestes textos revela-se um desenvolvimento filosófico que é intrinsecamente ligado ao ensino, à apresentação oral e à conversa. Assim, quando Fichte morreu, aos 51 anos, em 1814, vítima de uma febre nervosa, no seu epitáfio constava a citação do capítulo 12 do livro Daniel, em homenagem ao grande professor: "Os mestres sábios, aqueles que ensinaram muitas pessoas a fazer o que é certo, brilharão como as estrelas do céu, com um brilho que nunca se apagará".

 ## A filosofia de Fichte

A Doutrina da Ciência: subjetividade como princípio

Para entender o projeto filosófico de Fichte, é preciso levar em conta a situação complexa do pensamento que ele enfrentou quando começou a conceber os fundamentos da sua posição. Surgira na Alemanha, já poucos anos depois da virada crítica inaugurada por Kant, uma orientação monista do pensamento filosófico. Esta tinha, por um lado, um aspecto metodológico: defendia-se que todas as proposições de uma teoria devem ser justificadas a partir de uma só proposição fundamental para a teoria possuir unidade sistemática. Foi Reinhold, na sua Filosofia Elementar, quem introduziu este monismo metodológico, aplicando-o na sua reconstrução da filosofia crítica[4]. No entanto, o monismo que entrara no pensamento da época também envolvia um sentido "real": adotou-se a noção de que tudo o que é real é um momento ou resultado do autodesdobramento de *um*. Na filosofia moderna, este monismo metafísico já tinha sido defendido por Espinosa que, na sua *Ética*, partiu do conceito de Deus como a única substância que se expressa nos atributos de extensão e pensamento e nos modos finitos destes. Um livro do poeta-filósofo Jacobi sobre a doutrina de Espinosa contribuiu decisivamente para o renascimento do espinosismo na Alemanha[5].

No entanto, havia também um consenso de que o monismo não podia mais ser defendido da mesma forma que tinha sido formulado por Espinosa. Pois isso significaria cair numa posição pré-crítica, ignorando a revolução do pensamento inaugurada por Kant. Assim, exigia-se a construção de uma posição monista que, ao mesmo tempo, adotasse a nova orientação da filosofia estabelecida por Kant. Esta foi vista no fato de que Kant fundara a filosofia como uma reflexão sobre a subjetividade espontânea, estabelecendo a consciência "eu penso" e a autonomia da vontade como fontes dos princípios do conhecimento e do agir. Assim, surgiu o desiderato de um monismo que não concebe o sujeito como um mero "modo" determinado pela necessidade da substância única (o monismo de Espinosa), mas que inclui a ideia da nossa espontaneidade e autonomia. Este projeto, que pode ser considerado o núcleo do chamado "idealismo alemão", realizou-se pela primeira vez na filosofia de Fichte. Pois ela fornece uma explicação monista da estrutura do nosso conhecimento, que torna a ideia da espontaneidade do "eu" o ponto de partida de uma tal explicação. A subjetividade vira princípio de uma teoria monista.

Fichte denominou este projeto Doutrina da Ciência[6]. O termo *doutrina* refere-se aqui a uma teoria que reconstrói o domínio dos seus objetos a partir de um último princípio. Pelo termo *ciência* (ou *saber*), Fichte não entende apenas o conhecimento científico, mas qualquer consciência que envolve referência a objetos e, com isso, a concepção de um mundo ao qual estes pertencem. Assim, o objeto da Doutrina da Ciência é a "representação", como Fichte também diz, adotando o termo central em Reinhold. A nossa consciência prática de que somos agentes transformando o mundo faz parte do saber concebido assim. Então, a Doutrina da Ciência procura reconstruir tanto os aspectos teóricos quanto práticos da nossa consciência a partir de um princípio último que se desdobra neles. Com isso, o projeto de Fichte envolve a intenção de estabelecer a *unidade* da razão teórica e prática num sentido monista, que ainda não se encontrava na filosofia kantiana.

O princípio da sua filosofia Fichte chama de "eu", também de "egoidade" e de "subjetividade" (o último termo, comum hoje, ele usou apenas raramente). Fichte enfatizava que este princípio distingue-se profundamente de tudo aquilo que seja uma "coisa", uma substância ou um ente dado. Pois o que caracteriza um sujeito como tal é que ele é *para si*. O fato de ele existir, e de ele possuir certas determinações, só pode ser explicado a partir deste ser-para-si (enquanto que uma coisa exista e tenha certas propriedades sem saber de algum modo da sua existência e de suas propriedades). Assim, Fichte torna a autorreferência, que constitui o ser de um sujeito como tal, o ponto de partida de toda a compreensão do conhecimento e do agir. É verdade que já antes de Fichte havia posições que consideravam a consciência de si como "princípio" da filosofia, ao menos da sua parte teórica. Esta volta para a certeza da consciência de si na fundamentação da filosofia pode ser considerada uma característica da filosofia moderna (Descartes e Kant são os exemplos mais proeminentes). No entanto, Fichte considerava-se o primeiro a estabelecer a autorreferência do sujeito como fonte de toda a estrutura da consciência. Só a Doutrina da Ciência concebe o ser-para-si do sujeito um princípio de uma teoria monista, de modo tal que os aspectos teóricos e práticos da consciência surgem pelo seu autodesdobramento, e por nada mais. Este projeto exige duas investigações que ainda não tinham sido feitas: primeira, explicitar a estrutura interna da autorreferência enquanto constitutiva para o sujeito. Segunda, mostrar que, e de que modo, esta autorreferência dá origem à estrutura da representação em seus aspectos teóricos e práticos.

No que diz respeito à natureza do ser-para-si que é fundamental para o sujeito como tal, a tese decisiva de Fichte é que esta é diferente da autorrepresentação (ou "reflexão"). Num argumento famoso, Fichte procura mostrar que a possibilidade da consciência de si não pode ser compreendida se a concebermos, na sua forma original, como um voltar-se do sujeito para si como objeto do seu pensar e representar. Pois isso pressupõe que o sujeito já possui de antemão uma consciência de si como sujeito deste ato reflexivo. Sem isso, o sujeito não poderia reconhecer o objeto da sua representação como idêntico a si mesmo enquanto sujeito dela, o que é necessário para que surja deste ato reflexivo uma consciência de *si*. Assim, o modelo da consciência de si como reflexão (ou autorrepresentação) pressupõe que há uma consciência de si anterior, que consequentemente deve ser de uma outra estrutura. O ser-para-si original do sujeito é pré-reflexivo. Nele, o sujeito não é um objeto para si (como na reflexão, ou autorrepresentação)[7].

No entanto, com isso levanta-se a questão de como é que se pode caracterizar positivamente a estrutura desta autorreferência original. Na sua primeira exposição dos fundamentos da Doutrina da Ciência de 1794-1795, Fichte enfatiza que neste ato o sujeito constitui a si mesmo. Então, a autorreferência original distingue-se da autorrepresentação por ser uma autoconstituição do sujeito. Mais tarde, Fichte enfatizou a imediatez da consciência de si original: ela não envolve uma representação através da qual o sujeito é consciente de si, mas nela o sujeito é diretamente presente para si. Assim, a autoconsciência original seria um tipo de intuição, no entanto, não uma intuição sensível, mas uma intuição que surge espontaneamente – uma "intuição intelectual"[8]. Em todo caso, pelo caráter pré-representacional e espontâneo de como ele é para si, o sujeito distingue-se de todos os objetos que ele representa, sendo essencialmente ativo e autoconstitutivo.

Por ser pré-reflexivo, o ser-para-si original do sujeito ainda não fornece sua autocompreensão. Ele ainda não envolve distinção e autolocalização no mundo. Então, temos que distinguir a autoconsciência imediata do *conhecimento* de si. Segundo Fichte, é essencial para o sujeito que ele passe da primeira para o segundo. No entanto, isso exige "reflexão" – o sujeito tem que tornar- se um objeto para si mesmo. A tese da necessidade da reflexão é decisiva para o segundo passo principal do projeto fichteano, pois é a reflexão que traz a estrutura complexa da consciência, envolvendo seus aspectos teóricos e práticos. Assim, segundo Fichte, a reflexão é produtiva. Nela, o sujeito objetiva-se originalmente, gerando assim toda a estrutura complexa da representação de si e do mundo ao qual pertence.

No entanto, a reflexão é um ato produtivo que já pressupõe algo – a saber, o ser-para-si pré-reflexivo do sujeito pelo qual este se constitui a si mesmo. Neste, o sujeito é essencialmente espontâneo e autoconstitutivo. Então, a reflexão tem que preservar este caráter original do sujeito. Ela tem que torná-lo um objeto da (auto)compreensão. Isso significa, em primeiro lugar, que a reflexão *determina* o caráter espontâneo do sujeito, distinguindo-o de algo que é diferente. Segundo Fichte, a referência do sujeito a algo outro surge disto: relacionar-se com algo outro é necessário para o sujeito poder compreender a si mesmo. Assim, a relação epistêmica e prática do sujeito com o mundo surge da sua autorreferência. Esta é uma tese fundamental para o projeto fichteano, o propósito deste sendo a reconstrução da estrutura da representação a partir do ser-para-si do sujeito.

Com isso, Fichte entra na abordagem da questão de como é possível para o sujeito conceber a si mesmo como uma espontaneidade "determinada", que está numa relação com algo outro, sendo assim mesmo um objeto (embora não uma "coisa"). Sua tese fundamental aqui é que para esta auto-objetivação ser possível o sujeito tem que se conceber como um agente livre, dotado de uma vontade capaz de determinar a si mesmo, pois só deste modo o sujeito é relacionado com objetos de modo tal que ele mantém o seu caráter autoconstituinte que se evidenciou como sua natureza intrínseca. Então, a reflexão na qual o sujeito torna-se um objeto para si é essencialmente uma autorreferência *prática*. Segundo Fichte, é a partir dela que se deve entender o modo como nós concebemos o mundo, este sendo para nós essencialmente uma esfera do agir, da transformação, baseado em nossa autodeterminação. Sem esta perspectiva prática, também nossa relação teórica com o mundo (nosso "conhecimento") não pode ser entendida. Assim, Fichte defende a ideia da primazia da razão prática num sentido diferente, e mais forte, do que Kant: em Fichte, não se tem mais uma fundamentação do conhecimento independente da filosofia prática.

A análise fichteana da autorreferência prática concentra-se na questão de como é possível tornar-se consciente de si como um agente livre. Ela é, neste sentido, uma teoria transcendental do agir, a qual leva em conta aspectos do agir ainda não especificamente éticos. Assim, Fichte analisa a relação particular que cada um tem com o seu corpo na medida em que este é um meio da "articulação" da própria vontade. No entanto, um elemento que se destaca particularmente na análise fichteana da autorreferência prática é a tese de que a intersubjetividade é uma condição necessária da consciência de ser um agente livre. Segundo Fichte, a consciência de ser livre, no sentido de possuir a capacidade de escolher, não é imediata – a própria liberdade da vontade não se revela diretamente em algum tipo de introspecção. Em vez disso, a consciência da própria liberdade forma-se pelo "pedido" de outros, isto é, por alguém ser visto e tratado por outros como um agente livre. Os exemplos que Fichte dá privilegiam o agir comunicativo: uma pergunta, por exemplo, deixa espaço para o "sim" ou o "não", implicando assim a capacidade do outro de decidir-se em favor de uma das respostas possíveis. Segundo Fichte, tais contextos intersubjetivos, nos quais outros indivíduos dirigem-se para uma pessoa de um modo que reconhece sua liberdade, são necessários para que a consciência da própria liberdade se forme. Nós adotamos, por assim dizer, o modo como outros nos consideram. Assim, na análise da autorreferência prática, Fichte abandona a ideia de uma subjetividade autossuficiente e imediatamente familiar consigo mesma, incorporando a intersubjetividade nas condições da autoconsciência.

A esta tese básica sobre a importância transcendental da intersubjetividade, Fichte acrescenta uma segunda tese: a situação do "pedido" dá origem a uma relação do reconhecimento mútuo entre os sujeitos. Ao fazer o pedido, o outro mostra-se como um sujeito que, por sua vez, possui a noção da liberdade, o que – como Fichte argumenta – só é possível para um ser que é livre. Assim, entender o "pedido" do outro implica reconhecê-lo como livre, como este mesmo reconhece o destinatário do seu pedido como livre. Esta concepção do reconhecimento mútuo como intrinsecamente ligado à autoconsciência é decisiva para a "dedução" do conceito de direito dada no *Fundamento do direito natural* (1796). Segundo Fichte, a relação do reconhecimento mútuo entre pessoas é a essência do direito, sendo consolidada e objetivada nas instituições do direito; e "deduzir", isto é, legitimar o conceito de direito significa para Fichte: mostrar que e como este está incluído na "subjetividade", na autorreferência que é essencial para o sujeito[9].

A análise fichteana da autorreferência prática, como exposta até agora, trata das condições que possibilitam a consciência de possuir a liberdade de escolha (um "arbítrio livre"). No entanto, Fichte não defende que este aspecto já exaure o conteúdo da autoconcepção prática do sujeito a ser abordado. Este tem que incluir também uma noção da própria *identidade* como agente. Obviamente, a mera consciência da liberdade de escolha ainda não fornece uma concepção de uma tal identidade prática. Ao contrário – na medida em que o agente é capaz de adotar qualquer opção possível, parece que nenhuma determinação é essencial para ele, e assim, que ele não possui alguma identidade determinada. No entanto, segundo Fichte, é necessário que o agente forme uma concepção da sua identidade que tem "limites", delimitando assim também as opções com as quais o agente pode se identificar. Enquanto que a liberdade de escolha e suas condições constituam o aspecto central para a dedução do direito, o aspecto da identidade envolvida na autorreferência prática leva-nos para a fundamentação fichteana da ética.

Segundo Fichte, para entendermos o caráter particular da identidade que o agente atribui a si é decisivo vermos o caráter essencialmente prático desta identidade: ela é uma identidade *volitiva*, isto é, ela consiste numa certa determinação da vontade da pessoa. Assim, o agente constrói sua identidade ao identificar-se com um querer que ele considera essencial para si. No entanto, este querer não pode ser identificado com um querer particular que é resultado de uma escolha. Em vez disso, ele constitui a própria identidade do agente que escolhe, sendo assim uma condição anterior à qual as escolhas estão submetidas. Portanto, a identidade volitiva da pessoa consiste num querer de ordem superior que envolve uma condição delimitadora, à qual as decisões da pessoa estão submetidas. As decisões sendo essencialmente livres, uma tal delimitação só pode ser normativa – ela consiste, do ponto de vista das escolhas, numa certa exigência, um "dever", ao qual essas estão submetidas. Com isso, Fichte chega ao resultado de que a identidade volitiva da pessoa é normativa. Ela consiste numa exigência que a pessoa considera essencial para si em todo seu agir. Só assim, diz Fichte, é possível construir uma identidade determinada como um ser livre. Uma tal identidade não pode consistir numa determinação dada, mas só numa determinação normativa, um "dever-ser".

Fichte expressa este resultado ao caracterizar a identidade prática como "vontade pura", e seu caráter normativo como "categórico". Além disso, ele caracteriza a liberdade, na medida em que esta consiste na capacidade de agir de acordo com as exigências da vontade pura, como "liberdade transcendental". Com isso, Fichte introduz termos centrais da ética kantiana na sua análise da autorreferência prática. De fato, existe uma correspondência entre a concepção fichteana de identidade normativa e a concepção kantiana da autonomia moral. Nas duas estamos submetidos a uma exigência independente das próprias escolhas que, no entanto, não é alheia, mas autoimposta. Então, Kant e Fichte têm em comum a ideia de uma autodelimitação normativa como fonte da vida moral. Fichte estabelece esta como condição da identidade prática, e desta vinculação da autonomia com a autoconsciência do agente é que pode ser visto o seu mérito neste contexto.

No entanto, a importância da ética fichteana não consiste só em fundar a concepção kantiana da autonomia a partir da autorreferência constitutiva para a subjetividade. No seu *Sistema da doutrina dos costumes* (1798), Fichte enfatiza que o sistema a ser exposto deve ser "real", distinguindo-se assim da "metafísica dos costumes" kantiana[10]. Isso significa, em primeiro lugar, que a ética exposta por Fichte aborda, além do princípio da moralidade, as condições que possibilitam agir de acordo com este princípio. Ela envolve uma "dedução da aplicabilidade" do princípio. Esta leva em conta o fato de que nosso agir essencialmente faz parte da natureza. É verdade que o agir moral se orienta pela ideia de uma autodeterminação absoluta e independente da natureza (o que, segundo Fichte, só pode ser o fim ideal de um progresso infinito). Mas o agir pelo qual procuramos nos aproximar desta ideia acontece dentro da natureza. Assim, é necessário que a natureza seja tal que permita um tal progresso moral. Já a investigação ética da possibilidade de moralidade exige levantar a questão da "unidade" de liberdade e natureza, que Kant só abordou na sua terceira crítica[11].

A imagem do agir humano que Fichte desenvolve neste contexto pode ser chamada de "naturalista": o agir baseia-se essencialmente em motivos empíricos, e funda-se na estrutura dos objetos que fazem parte da natureza. Mas a natureza da qual Fichte fala não é um sistema determinista. Ela é essencialmente um espaço do nosso agir, o outro que a subjetividade necessariamente constitui para tornar-se consciente da sua espontaneidade. Segundo Fichte, só a concepção da primazia do prático, já na constituição de objetividade, estabelecida na Doutrina da Ciência, possibilita compreender a "aplicabilidade" do princípio da moralidade. Ela garante a unidade da natureza com a liberdade, a qual é exigida para a possibilidade do agir moral. Fichte explicita esta ideia na sua ética, expondo detalhadamente os aspectos da natureza que a caracterizam como uma esfera objetiva na qual um agir livre, orientado pelo ideal moral, é possível. Um deles é a estrutura teleológica da natureza, que Kant abordou na sua terceira crítica e que agora se evidencia como assunto necessário já da ética. Um segundo aspecto é a correspondência sistemática entre motivos empírico-naturais e a orientação moral do agir, sem a qual nosso agir – sendo sempre empiricamente motivado – não poderia aproximar-se do ideal moral.

A questão de como o progresso moral é possível não diz respeito apenas à concepção da natureza, mas também à da história. Segundo Fichte, este progresso é essencialmente um desenvolvimento coletivo, visando a um estado no qual o agir de todos os membros da sociedade orienta-se, em primeiro lugar, pelo ponto de vista impessoal da razão. No escrito *As características principais da época contemporânea*, Fichte expõe sua visão da história como processo coletivo do aperfeiçoamento moral da humanidade. Segundo ele, as fases principais deste processo podem ser conhecidas *a priori*. Assim, numa reconstrução apriorística do curso da história, Fichte distingue cinco épocas desta: primeira, o estado da "inocência", isto é, de uma forma de vida que é só inconscientemente de acordo com a razão. A esta fase da racionalidade instintiva segue a época do "pecado iniciante", na qual as regras da razão adotam a forma de leis positivas e ordens autoritárias. Nesta fase, a razão apresenta-se aos homens como uma legislação alheia à qual eles estão submetidos. A terceira época é a da liberação da razão como sistema coercivo. Nela, os indivíduos só aceitam o que se evidencia para eles mesmos como certo, no entanto, sem possuírem a formação do pensamento que é necessária para chegar a uma racionalidade consciente. Nesta época o homem supera as formas de vida dominadas por instintos ou autoridades, adotando uma concepção de liberdade que é individualista e não racional. Numa diagnose filosófica que transcende a reconstrução apriorística da história, Fichte identifica esta época – a do "pecado extremo" – com o seu próprio tempo. É possível superá-la só através do conhecimento consciente da natureza da razão, sendo esta essencialmente a estrutura geral da subjetividade. Fichte chama a época na qual este conhecimento surge a da "justificação iniciante", ou da "ciência da razão" – expressando assim que a filosofia, ou seja, a doutrina da ciência como reflexão sobre a razão terá uma função decisiva nesta fase. Segue a ela, como última fase do progresso moral da humanidade, a época da "justificação completa", que Fichte chama também de "arte da razão", porque nela a vida é conscientemente formada de acordo com as exigências universais da razão.

Assim, Fichte concebeu a história como a passagem de uma racionalidade inconsciente para uma vida conscientemente racional e, neste sentido, como uma "volta" do homem para a sua "origem". Defendeu que para este processo ser possível a filosofia é necessária; pois sem ela não haveria nenhum "saber do saber", isto é, nenhuma relação consciente da humanidade com a razão.

 ## Conceito-chave

O termo que marca o pensamento de Fichte na sua fase mais influente é "egoidade" (*Ichheit*). Por esse termo, Fichte entende a natureza geral do "eu", isto é, do sujeito, que o distingue de qualquer "coisa". Segundo Fichte, a egoidade consiste no ser-para-si do sujeito. A existência e as determinações de um sujeito só podem ser entendidas a partir do fato de ele existir e ser algo determinado *para si* (enquanto uma coisa existe e possui propriedades sem ser consciente de algum modo da sua existência e das suas determinações).

Na explicitação da estrutura desta autorreferência que caracteriza o sujeito como tal, Fichte distingue dois aspectos: primeiro, o ser-para-si pré-reflexivo, pelo qual o sujeito como tal originalmente se constitui. Este é – como Fichte enfatiza em particular nas suas primeiras exposições – um ato autoprodutivo, pois não há algum sujeito fora e antes do ser-para-si original. Além disso, nele, o sujeito é para si de um modo imediato, sem que este ato envolvesse uma representação de si através da qual o sujeito se referisse a si mesmo. Por isso, Fichte caracteriza o ser-para-si original do sujeito também como "intuição intelectual". O segundo aspecto da egoidade abordado por Fichte é a "reflexão", da qual o sujeito é capaz a partir do seu ser-para-si original. Nela, o sujeito torna-se um objeto do seu pensamento, compreendendo a si mesmo como espontâneo e autoconstituinte. Então, só na reflexão surge um autoconhecimento próprio do sujeito. Na análise da reflexão, Fichte coloca seu caráter prático em foco. Na auto-objetificação, o sujeito concebe-se como espontaneidade original e, assim, como um agente livre.

Segundo Fichte, a autorreferência prática, que é essencialmente envolvida na egoidade, é a chave para a compreensão da nossa relação com outros e o mundo. Assim, ele introduz a concepção de intersubjetividade como condição transcendental desta autorreferência, e da natureza como esfera do agir, sendo necessário para o sujeito poder compreender a si mesmo como espontaneidade real. A egoidade evidencia-se, com isso, como princípio da filosofia inteira: a estrutura da nossa consciência, as esferas principais dos objetos aos quais nós nos referimos, podem ser reconstruídos como envolvidos no ser-para-si pelo qual a subjetividade se desdobra. Fichte chama a filosofia de Doutrina da Ciência, na medida em que ela é essencialmente uma teoria explicativa que se baseia nessa concepção de egoidade.

 ## Percursos e influências

O pensamento de Fichte foi um ponto de referência essencial em todo o seguinte desenvolvimento da filosofia alemã. Para Schelling e Hegel, os dois outros grandes representantes do chamado "idealismo alemão", o modo como eles se relacionaram com Fichte foi decisivo para a construção da sua própria concepção sistemática. No entanto, é difícil identificar seguidores ou alunos que continuaram o projeto filosófico de Fichte. Os alunos de Fichte eram alunos críticos que, desde cedo, defendiam posições as quais ultrapassavam o quadro sistemático da filosofia fichteana. O jovem Schelling, que adotou o conceito de eu absoluto, e por isso costumava ser considerado um seguidor de Fichte, só empregou a concepção fichteana para, desse modo, realizar seu próprio projeto de uma filosofia que parte do incondicionado. Já nos anos 1790, ele chega à conclusão que uma teoria da subjetividade, tal como fundada por Fichte, é apenas um componente do sistema da filosofia, nele sendo oposto à filosofia da natureza como uma disciplina independente. Assim, o princípio próprio da filosofia tornou-se para Schelling a concepção de um absoluto que se desdobra na subjetividade e na natureza, estas sendo esferas irredutíveis da realidade. Já antes disso, o poeta Hölderlin, que estudou com Fichte em Iena, criticou o conceito de eu absoluto. Segundo ele, subjetividade não é absoluta, mas possibilitada por algo mais fundamental chamado "ser". Começa com Schelling e Hölderlin o idealismo *especulativo*, que parte de um princípio mais fundamental do que a "egoidade", considerando a subjetividade só uma manifestação, ou momento no desdobramento, deste princípio[12]. O jovem Hegel foi influenciado por seus amigos Hölderlin e Schelling. No início do desenvolvimento da sua própria posição em Iena a partir de 1801, Hegel já estava convencido que o princípio da filosofia não poderia ser o eu fichteano, mas sim uma unidade mais fundamental que se diferencia na natureza e na subjetividade, sendo esta essencialmente finita[13]. No entanto, a estrutura do absoluto hegeliano, como processo de automediação através do posicionamento de algo diferente, é inspirada pela concepção da reflexão do eu em Fichte. Assim, o pensamento de Fichte permaneceu presente no idealismo especulativo, mesmo que seu conceito de eu como ponto de partida da filosofia não tenha sido mais aceito.

Passando da influência imediata de Fichte para sua importância na filosofia mais recente, pode-se dizer que a concepção fichteana de subjetividade esteve fortemente presente nas discussões do século XX e se estende até os dias de hoje, mesmo que esta presença não seja sempre explicitamente reconhecida. O primeiro contexto sistemático a ser mencionado aqui é a discussão sobre a estrutura básica da consciência de si. Assim, o jovem Sartre defendia a concepção da autoconsciência pré-reflexiva, distinguindo-a da reflexão secundária sobre si como objeto da intencionalidade atenta[14]. Além disso, na discussão sobre autoconsciência dentro da filosofia analítica, desde os anos 1960, surgiram argumentos em favor da tese de que o termo "eu" é irredutível, não sendo meramente um caso reflexivo de tipos conhecidos da referência singular a objetos (nomes, demonstrativos)[15]. Assim, o *insight* fichteano de que a estrutura fundamental da autoconsciência exige um modelo particular, não sendo redutível ao da reflexão ou autorrepresentação, tem uma ressonância mesmo em posições cujo projeto filosófico é muito diferente, e que não pretendem partir da autorreferência como princípio de uma teoria monista.

Um segundo contexto sistemático no qual o pensamento de Fichte está presente é a discussão sobre a importância da intersubjetividade para a constituição de autoconsciência. A tese de que um si forma-se essencialmente num contexto social, através de interações com outros, tornou-se central em posições da psicologia social como a de G.H. Mead. J. Habermas, que adotou a teoria de Mead para fundar a tese de que a autoconsciência é essencialmente social, sendo a interação o fenômeno mais fundamental, homenageou Fichte como precursor de uma tal concepção[16]. De fato, Fichte introduziu a intersubjetividade como assunto da filosofia transcendental, argumentando que a reflexão prática do sujeito é possibilitada pelo "pedido" e relações do reconhecimento mútuo com outros. No entanto, é importante destacar que Fichte não pretendia, tal como fez Habermas, reduzir a autoconsciência à intersubjetividade. Segundo Fichte, a reflexão prática, na qual um sujeito compreende a si mesmo como agente livre, já pressupõe uma consciência pré-reflexiva de si. Sem essa, nem é possível identificar o objeto do seu pensamento consigo mesmo, nem se referir conscientemente a outros. Assim, a intersubjetividade entra na concepção de Fichte como condição da autoconcepção prática, mas não da subjetividade – do ponto de vista autoconsciente – como tal. Fichte concebe subjetividade e interação como condições transcendentais que são irredutíveis. A interação só é possível entre sujeitos que, de algum modo, já estão conscientes de si; mas a compreensão de si como agentes livres e responsáveis eles alcançam apenas através de relações intersubjetivas de reconhecimento.

Finalmente, a vinculação de identidade com normatividade, que é fundamental para a ética de Fichte, é um assunto central na discussão mais recente sobre o conceito de pessoa. H. Frankfurt, um dos autores mais importantes nessa discussão, defende que a identidade de pessoas se constitui num querer de segunda ordem que está intrinsecamente vinculado a exigências que a pessoa considera "categóricas" para si[17]. E C. Korsgaard, num livro sobre a ética de Kant, introduziu o conceito de "identidade prática" para fundar a ética kantiana numa autoconcepção que é fundamental para pessoas[18]. Assim, a ideia fichteana de que a validade de exigências morais deriva da estrutura da nossa identidade se encontra reformulada na filosofia prática contemporânea sem, no entanto, ser integrada numa teoria geral da subjetividade, como em Fichte.

 **Obras**

1792. *Versuch einer Kritik aller Offenbarung* (Ensaio de uma crítica de toda revelação).

1793. *Zurückforderung der Denkfreiheit von den Fürsten Europens, die sie bisher unterdrückten* (Reivindicação da liberdade de pensamento, oprimida até agora, dos príncipes da Europa. Tradução portuguesa em: *Sobre a vocação do sábio seguido de Reivindicação da liberdade de pensamento*. Tradução de Artur Morão. Lisboa: Ed. 70, 1999).

1793. *Beitrag zur Berichtigung der Urteile des Publikums über die französische Revolution* (Contribuições para a retificação dos juízos do público sobre a Revolução Francesa).

1794. *Rezension des Änesidemus* (Resenha do Enesidemo. Tradução portuguesa em: BECKENKAMP, Joãosinho. *Entre Kant e Hegel*. Porto Alegre: Edipucrs, 2004 p. 74-99. • GIL, Fernando (org.). *Recepção da Crítica da razão pura* – Antologia de escritos sobre Kant (1786-1844) (no que segue: *Recepcão*), p. 309-312 (excerto).

1794. *Über den Begriff der Wissenschaftslehre oder der sogenannten Philosophie* (Sobre o conceito da Doutrina da Ciência ou da assim chamada filosofia. Tradução portuguesa em: FICHTE, Johann Gottliebe. *A Doutrina-da-Ciência de 1794 e outros escritos*. Seleção de textos, tradução e notas de Rubens Rodrigues Torres Filho. Coleção Os Pensadores, São Paulo: Abril, 1984, p. 3-33).

1794. *Vorlesungen über die Bestimmung des Gelehrten* (Lições sobre a vocação do sábio. Tradução portuguesa em: *Lições sobre a vocação do sábio seguido de Reivindicação da liberdade de pensamento*. Tradução de Artur Morão. Lisboa: Ed. 70, 1999).

1794/1795. *Grundlage der gesammten Wissenschaftslehre* (Fundamento da Doutrina da Ciência. Tradução portuguesa na Coleção Os Pensadores. São Paulo: Abril, 1984, p. 35-176).

1796. *Grundlage des Naturrechts nach Prinzipien der Wissenschaftslehre* (Fundamento do direito natural segundo os princípios da Doutrina da Ciência).

1797. *Erste und zweite Einleitung in die Wissenschaftslehre* (Primeira e segunda introdução à Doutrina da Ciência. Tradução portuguesa em: *Recepção*, p. 313-337 (primeira introdução) e p. 337-354 (excerto da segunda introdução); tradução espanhola em: *Primera y Segunda Introducción a la teoria de la ciência*. Tradução de J. Gaos. México: Unam, 1964).

1797. *Versuch einer neuen Darstellung der Wissenschaftslehre* (Ensaio de uma nova exposição da Doutrina da Ciência. Traduzido na Coleção Os Pensadores. São Paulo: Abril, 1984, p. 177-185).

1798. *Das System der Sittenlehre nach den Prinzipien der Wissenschaftslehre* (O sistema da doutrina dos costumes segundo os princípios da Doutrina da Ciência).

1798. *Über den Grund unseres Glaubens an eine göttliche Weltregierung* (Sobre o fundamento da nossa fé num governo divino do mundo).

1800. *Die Bestimmung des Menschen* (O destino do homem. Tradução espanhola em: *El destino del hombre*. Trad. de E. Ovejero. Madrid: Espasa-Calpe, 1976).

1801. *Sonnenklarer Bericht an das grössere Publikum über das eigentliche Wesen der neuesten Philosophie* (Comunicado claro como o sol ao grande público, onde se mostra em que consiste propriamente a novíssima filosofia. Traduzido na Coleção Os Pensadores. São Paulo: Abril, 1984, p. 197-252).

1806. *Die Grundzüge des gegenwärtigen Zeitalters* (As características principais da época contemporânea. Tradução espanhola em: *Los caracteres de la Edad Contemporânea*. Trad. de J. Gaos. Madrid: Revista de Ocidente, 1934, reeditado em 1976).

1808. *Reden an die deutsche Nation* (Discursos à nação alemã).

1810. Die Wissenschaftslehre in ihrem allgemeinem Umriss (A Doutrina da Ciência no seu perfil geral).

 **SELEÇÃO DE TEXTOS**

I. Excertos da *Primeira introdução à Doutrina da Ciência* (1797)

1.

Atenta a ti mesmo: desvia teu olhar de tudo que te rodeia, e dirija-o para teu interior – isso é a primeira exigência que a filosofia dirige ao seu aprendiz. Não se fala de nada que é fora de ti, mas apenas de ti mesmo.

Até na auto-observação mais descuidada cada um vai perceber uma diferença notável dentro das determinações imediatas da sua consciência, que nós podemos também chamar de representações. A saber, algumas nos aparecem como inteiramente dependentes da nossa liberdade, mas é impossível para nós acreditar que lhes corresponde algo fora de nós, sem a nossa contribuição. Nossa fantasia, nossa vontade, aparecem-nos como livres. Referimos outras representações a uma verdade que seria fixada independentemente de nós, como ao seu exemplar modelo; e sob a condição de que elas devem corresponder a esta verdade, encontramo-nos comprometidos na determinação destas representações. No conhecimento não nos consideramos livres no que diz respeito ao seu conteúdo. Em poucas palavras podemos dizer: algumas das nossas representações são acompanhadas pelo sentimento de liberdade, outras pelo sentimento de necessidade.

Não pode, racionalmente, surgir a questão: Por que as representações dependentes da liberdade são determinadas exatamente assim, e não de outro modo? – pois, dizendo que estas sejam dependentes da liberdade, rejeita-se qualquer aplicação do princípio da razão suficiente; elas são assim porque eu as determinei assim, e se eu as tivesse determinado diferentemente, elas seriam diferentes.

No entanto, há uma pergunta digna de meditação: Qual é o fundamento do sistema das representações acompanhadas pelo sentimento de necessidade, e deste sentimento de necessidade mesmo? Responder esta pergunta é a tarefa da filosofia; e, em minha opinião, a filosofia é apenas a ciência que resolve esta tarefa. Chama-se o sistema das representações acompanhadas pelo sentimento de necessidade também de experiência; tanto interna como externa. Assim – para dizer em outras palavras –, a filosofia tem que indicar o fundamento de toda a experiência.

Pode-se objetar contra o que foi afirmado agora de três modos diferentes. Primeiro alguém poderia negar que representações acompanhadas pelo sentimento de necessidade, e referidas a uma verdade determinada independentemente de nós, encontram-se na consciência. Este ou iria contra seu próprio conhecimento, ou seria diferente dos outros homens; então, para ele não haveria nada que ele negasse, e nenhum negar, e não precisaríamos nos importar com sua objeção. Ou alguém poderia dizer que a questão levantada é completamente indissolúvel, que nós estamos numa ignorância acerca deste ponto, e necessariamente permaneceremos nela. Trocar razões e objeções com uma tal pessoa é totalmente supérfluo. Ela será melhor refutada pela resposta real à questão, e nada mais lhe resta do que examinar nossa tentativa, e indicar em que ponto e por que esta lhe parece insuficiente. Finalmente, alguém poderia recorrer à denominação e afirmar: filosofia é em geral, ou além do que foi indicado, algo outro. Seria fácil demonstrar-lhe que desde sempre o indicado foi considerado por todos os entendidos como filosofia, que tudo o que ele queria indicar em vez disso já tem outras denominações; que, se esta palavra deve designar algo determinado, ela tem que se referir a esta ciência.

No entanto, como nós não queremos entrar nesta briga sobre palavras, já abandonamos esta denominação, e chamamos a ciência que deve resolver propriamente o problema indicado de *Doutrina da Ciência*.

2.

Só com relação a algo julgado como acidental, isto é, sob a pressuposição de que poderia ser diferente, sem ser determinado por liberdade, pode-se perguntar pelo fundamento; é exatamente pelo fato de ele perguntar pelo seu fundamento que este se torna algo acidental para o perguntador. A tarefa de buscar o fundamento de algo acidental significa: apontar algo outro, a partir de cuja determinação pode ser entendido por que o fundado, entre as diversas determinações que poderiam pertencer a ele, possui exatamente as determinações que tem. Segundo o mero pensar de um fundamento, este está fora do fundado; ambos, o fundado e o fundamento como tais são opostos, relacionados, e assim o primeiro é explicado a partir do segundo.

Agora, a filosofia deve indicar o fundamento da experiência; consequentemente, seu objeto fica fora de toda a experiência. Esta proposição vale para toda a filosofia, e – até a época dos kantianos e seus fatos da consciência, e com isso, da experiência interna – tem sido geralmente válida.

Contra a proposição defendida aqui não se pode objetar nada: pois a proposição maior do nosso silogismo é a mera análise do conceito de filosofia introduzido, e é a partir dele que se tira a conclusão. Se alguém quiser lembrar que o conceito de fundamento deveria ser explicado de outro modo, não podemos impedir que este pense por esta denominação o que quiser: no entanto, nós declaramos com toda razão que *nós* não queremos entender pela descrição da filosofia dada acima outra coisa do que a indicada. Portanto, se esta significação não deveria ter lugar, a possibilidade da filosofia na significação indicada por nós deveria ser geralmente negada, e isso já levamos em conta acima.

3.

O ser racional finito só tem a sua experiência; é esta que contém toda a matéria do seu pensamento. O filósofo está necessariamente submetido às mesmas condições; assim, parece incompreensível como este pode elevar-se sobre a experiência.

No entanto, ele pode abstrair, isto é: separar pela liberdade do pensamento o que está ligado na experiência. Na experiência a coisa, aquilo que seria determinado independentemente da nossa experiência, e pelo qual nosso conhecimento deveria se regular, e a inteligência, que deve conhecer, estão inseparavelmente ligados. O filósofo pode abstrair de um dos dois, e então ele abstraiu da experiência e elevou-se sobre ela. Se ele abstrair do primeiro, ele fica com uma inteligência por si, isto é, abstraída da sua relação com a experiência; se ele abstrair do último, ele fica com uma coisa em si, isto é, abstraída do fato de ela ocorrer na experiência – como fundamento da explicação da experiência. O primeiro método chama-se *idealismo*, o segundo *dogmatismo*.

Só estes dois sistemas filosóficos são possíveis, fato do qual a presente exposição pretende convencer. Segundo o primeiro, as representações acompanhadas pelo sentimento de necessidade são produtos da inteligência a ser-lhes pressuposta na explicação; segundo o último, produtos de uma coisa em si a ser-lhes pressuposta.

Se alguém quiser negar esta proposição, ele deveria demonstrar que existe um outro caminho para elevar-se sobre a experiência do que o da abstração, ou que mais do que os dois componentes mencionados ocorrem na experiência.

Agora, com relação ao primeiro, evidenciar-se-á mais adiante que aquilo que seria inteligência realmente se encontra na consciência sob um outro predicado, então, que não é algo meramente produzido pela abstração; mas mostrar-se-á também que a consciência do mesmo é condicionada por uma abstração que, no entanto, é natural para o homem.

Não é negado que é possível amalgamar um todo a partir de fragmentos destes dois sistemas heterogêneos, e que este trabalho inconsequente de fato tem sido feito frequentemente: mas nega-se que num método consequente mais do que estes dois sistemas sejam possíveis. [...]

6.

No entanto, o dogmatismo é completamente incapaz de explicar o que ele deve explicar, e isso decide sobre sua insuficiência.

Ele deve explicar a representação, e pretende torná-la compreensível partindo de um efeito da coisa em si. Agora, ele não pode negar o que a consciência imediata diz sobre a primeira. O que ela diz sobre esta? Não é minha intenção captar aqui através de conceitos o que só pode ser intuído internamente, nem esgotar aquilo para cuja abordagem uma grande parte da Doutrina da Ciência é destinada. Só quero lembrar o que cada um que apenas lançou um olhar firme para dentro de si deve ter encontrado já há muito tempo.

A inteligência, como tal, *vê a si mesma*; e este ver-a-si-mesma é imediatamente unido com tudo o que pertence a ela, e é nesta unificação *imediata* do ser e do ver que a natureza da inteligência consiste. O que está dentro dela, e o que ela é em geral, ela é *para si mesma*; e só na medida em que ela é algo para si, ela tem esta determinação como inteligência. Eu penso este ou aquele objeto: O que isso significa, e como é que eu apareço a mim neste pensar? Não diferente do que assim: eu produzo certas determinações dentro de mim, se o objeto é uma mera ficção; ou elas ocorrem sem eu intervir, se se diz que é algo real; *e eu vejo este produzir, este ser*. Elas estão dentro de mim só na medida em que eu as vejo: ver e ser estão inseparavelmente unidos. Em contraste com isso, diz-se que uma coisa é isto e aquilo; mas quando surge a questão: *Para quem ela é isso?*, ninguém que entende a palavra vai responder: para si mesma, mas deve ser pensada, além dela, uma inteligência *para* a qual ela é; pelo contrário, a inteligência é necessariamente para si o que ela é, e não precisa ser pensado algo além dela. Pelo seu estar posto, como inteligência, já está posto aquele para o qual ela é. Assim, há na inteligência – para falar metaforicamente – uma séria dupla, do ser e do ver, do real e do ideal; e na inseparabilidade deste duplo consiste sua essência (que é sintética); pelo contrário, à coisa pertence apenas uma série simples, a do real (um mero estar posto). Inteligência e coisa são diretamente opostas: elas ficam em dois mundos, entre os quais não há nenhuma ponte.

Esta natureza da inteligência em geral e suas determinações particulares, o dogmatismo quer explicar pelo princípio da causalidade: ela seria causada, seria um segundo elo na série.

Mas o princípio da causalidade fala de uma série *real*, não de uma dupla. A força da causa passa para algo outro, que é fora dela, oposta a ela, e produz neste um ser, e nada mais; um ser para uma inteligência fora dele e não para o mesmo. Se você também atribuir ao objeto da causalidade apenas uma força mecânica, este transmitirá a impressão recebida para o próximo, e assim o movimento que partiu do primeiro pode percorrer uma série, quer quão longa ela seja; mas em nenhum lugar vocês encontrarão nela um elo que atua (opera) voltando-se para si mesmo. Ou atribuam ao objeto da causalidade a propriedade superior que vocês podem atribuir a uma coisa, atribuam a ele irritabilidade, de modo que este opera, por sua própria força, e pelas leis da sua própria natureza, não segundo a lei imposta a ele pela causa, como na série do mero mecanismo: então ele exerce reação ao embate, e não é o fundamento determinante do seu ser nesta causalidade que fica na causa, mas apenas a condição de ser algo; no entanto, ele é e permanece um mero, simples ser: um ser para uma inteligência possível fora do mesmo. Vocês não obtêm a inteligência senão se vocês acrescentam-na no pensamento como algo primeiro, absoluto, cuja ligação com aquele ser independente dele vocês dificilmente conseguirão explicar. A série permanece, segundo esta explicação, simples, e não é explicado o que deve ser explicado. Eles deviam explicar a passagem do ser para o representar; isso eles não fazem, nem podem fazer? Pois no seu princípio encontra-se apenas o fundamento de um ser, mas não de um representar inteiramente oposto ao ser. Eles fazem um salto enorme para um mundo completamente alheio ao seu princípio. [...]

7.

O idealismo explica, como já foi dito acima, as determinações da consciência a partir do agir da inteligência. Esta é, para ele, apenas ativa e absoluta, não passiva; o último não, porque segundo o seu postulado ela é o primeiro e o supremo, ao qual nada é anterior, a partir do qual uma passividade poderia ser explicada. Pela mesma razão não cabe a ela nenhum *ser* próprio, nenhum *subsistir*, porque este é resultado de uma ação recíproca, e não há, nem é assumido, nada com o qual a inteligência poderia ser colocada numa ação recíproca. A inteligência é, para o idealismo, um *agir*, e absolutamente nada mais; ela nem deve ser chamada um *agente*, pois por esta palavra indica-se algo subsistindo, ao qual pertence a atividade. No entanto, para assumir algo assim o idealismo não tem razão alguma, por isso não estar incluído no seu princípio, e tudo o mais dever ser inferido. Agora, a partir do agir desta inteligência, representações *determinadas* devem ser inferidas, as de um mundo, de um mundo existente sem nós intervirmos, material, encontrando-se no espaço, e assim por diante, que conhecidamente ocorrem na consciência; no entanto, a partir de algo indeterminado não se pode inferir algo determinado, a fórmula de toda a inferência, o princípio da razão, não se aplica aqui. Assim, aquele agir da inteligência que serve como fundamento deveria ser um agir *determinado*, a saber – pois a inteligência mesma é o fundamento supremo da explicação – um agir determinado *por ela mesma* e a essência dela própria, e não por algo fora dela. Então, a pressuposição do idealismo será esta: a inteligência age, mas em virtude da sua própria essência, ela pode agir só de um certo modo. Se se concebe este modo de agir necessário como separado do agir, ele chama-se apropriadamente de as leis do agir; então, há leis necessárias da inteligência. Com isso ao mesmo tempo o sentimento de necessidade, que acompanha as representações determinadas, foi tornado compreensível: a inteligência não sente uma impressão de fora, mas ela sente neste agir os limites da sua própria essência. Na medida em que o idealismo envolve esta pressuposição de leis necessárias da inteligência – a única pressuposição racional e realmente explicadora – ele chama-se de *crítico*, ou *transcendental*. Um idealismo transcendente seria um sistema tal que infere as representações determinadas a partir do agir livre e completamente arbitrário da inteligência; uma pressuposição totalmente contraditória, porque – como foi lembrado agora mesmo – o princípio da razão não pode ser aplicado a um tal agir.

II. Excertos do *Sistema da doutrina dos costumes, segundo os princípios da Doutrina da Ciência* (1798)

Afirma-se que no espírito humano manifesta-se uma obrigação a fazer algo independentemente de fins externos, simplesmente, somente e meramente, para que seja feito; e a deixar de fazer algo, igualmente independentemente de fins externos, somente e meramente, para que não se realize. Esta condição do homem, na medida em que uma tal obrigação manifesta-se necessariamente nele, tanto certo quanto ele é homem, chama-se a natureza moral ou ética do mesmo em geral.

O conhecimento do homem pode relacionar-se com esta sua natureza moral de duas maneiras diferentes. Ou ele permanece, se a obrigação interna afirmada encontra-se, como fato, na sua auto-observação – como se defende que ela vai, com certeza, encontrar-se por auto-observação atenta – fixada ao fato, como tal. Ele contenta-se por ter descoberto que é assim, sem perguntar de que modo, e por quais razões, o fato surge. Ele decide talvez por inclinação e livremente em acreditar na obrigação interna incondicionalmente, em realmente conceber como seu destino supremo o que lhe é apresentado por ela, e em agir definitivamente de acordo com esta fé. Com isso, surge-lhe o conhecimento comum, da sua natureza moral em geral e em particular, quando ele atenta cuidadosamente nas situações particulares da sua vida às sentenças da sua consciência, dos seus deveres determinados, conhecimento que é possível no ponto de vista da consciência comum, e suficiente para a produção de uma atitude e um agir devido.

Ou o homem não fica fixado com seus pensamentos ao fato, não se contenta com a percepção imediata, mas exige saber as razões do percebido; não se contenta com o conhecimento factual, mas exige um conhecimento genético, não quer apenas saber que existe uma tal obrigação dentro dele, mas quer observar como ela surge. Se ele recebesse o conhecimento desejado, isso seria um conhecimento erudito (sábio), e para consegui-lo ele deveria elevar-se do ponto de vista da consciência comum para um ponto de vista superior. Como a tarefa mencionada deve ser resolvida, como as razões da natureza moral do homem ou do princípio moral nele existente devem ser encontradas? A única coisa que simplesmente exclui toda pergunta acerca de um fundamento superior é isso, que nós existimos; é a egoidade em nós, ou a nossa natureza racional, a última palavra, no entanto, não designando o assunto nem de longe tão adequadamente como a primeira. Tudo mais, o que está dentro de nós, como a obrigação mencionada, ou para nós, como um mundo que assumimos fora de nós, está em nós e para nós porque somos aquilo, como se demonstra facilmente em geral; contudo, o conhecimento determinado do modo como algo em ou para nós é vinculado com esta racionalidade, surgindo dela necessariamente, é o conhecimento erudito e científico do fundamento daquilo do qual estamos falando aqui. A exposição destas razões, por algo ser inferido por ela a partir do princípio supremo, o da egoidade, e estabelecido como necessariamente seguindo deste, é uma inferência ou dedução. Assim, temos que dar aqui uma dedução da natureza moral do homem, ou do princípio moral nele existente. Em vez de enumerar as vantagens de uma tal dedução detalhadamente, é suficiente notar aqui que só através dela surge uma ciência da moralidade, e ciência de qualquer assunto, onde ela é possível, é fim por si mesma. [...]

Pode-se resumir o conteúdo principal da nossa dedução exposta agora do modo seguinte. O ser racional, considerado como tal, é absolutamente independente, simplesmente o fundamento de si mesmo. Ele é originariamente, isto é, sem a sua atividade, simplesmente nada: o que ele deve virar, ele tem que tornar-se mesmo, por seu próprio fazer. Esta proposição não é demonstrada, e não é capaz de ser demonstrada. Todo ser racional é simplesmente intimado a encontrar-se e assumir-se assim.

Assim então, como eu descrevi agora, tu concebes a ti, eu dirigiria a palavra ao leitor. O que é que tu pensas no fundo quando tu pensas o que foi descrito. Pois eu não te intimo a abandonar o conceito posto e aceito; mas apenas a esclarecer para ti o mesmo por mera análise.

O ser racional deve mesmo produzir tudo o que ele jamais vai ser. Consequentemente, tu deves atribuir-lhe um modo de existir antes de qualquer ser e subsistir real (objetivo); como nós já vimos acima. Este modo de existir não pode ser outro do que aquele da inteligência em e com conceitos. Então, tu deves ter concebido, no seu conceito dado, o ser racional como inteligência. Além disso, tu deves ter atribuído a esta inteligência o poder de produzir um ser através do seu mero conceito; porque tu a pressupuseste como inteligência para encontrar um fundamento do ser. Em uma palavra: no seu conceito de ser racional tu pensaste aquilo que nós inferimos no § 2 sob a denominação da liberdade.

Quanto tu conseguiste agora – tudo depende aqui deste raciocínio – com isso para achares teu conceito de ser racional compreensível. Concebeste a independência como essência da razão, pelas características descritas. De modo nenhum; mas apenas uma faculdade indeterminada de independência. Isso torna a ideia de um ser independente apenas possível, mas não real; como tu a pensaste na verdade. Uma faculdade é algo ao qual tu apenas *podes* atar um ser real (como ao seu fundamento) se este for dado, mas não *precisas inferir ele a partir dela*. Não se encontra neste conceito o menor dado, *que* se deve pensar uma realidade e *o que* esta seja. Aquela faculdade de independência talvez não seja usada, ou seja, apenas usada de vez em quando, e assim tu não consigas nenhuma independência, ou apenas uma interrompida, mas de modo nenhum uma independência permanente (que constitui a *essência*).

Não é assim que tu pensaste a independência do ser racional, no conceito a ser analisado. Tu a puseste não apenas problematicamente, mas categoricamente, como essência da razão. O que isso quer dizer, pôr algo como essencial, está suficientemente explicado anteriormente: quer dizer pôr o mesmo, como necessariamente e inseparavelmente contido no conceito, como já posto no mesmo, e predestinado. Assim, tu terias posto independência e liberdade, como necessidade; o que, sem dúvida, contradiz a si mesmo, e consequentemente tu não podes possivelmente ter pensado. Então, tu deves ter concebido este ser fixado de modo tal que o pensar da liberdade permanece possível nisso. Tua determinação era uma determinação da inteligência livre; no entanto, esta é um *pensar necessário* da independência (pela inteligência), como norma, de acordo com a qual ela intima a si mesma a determinar a si mesma livremente. Então, ambas estão envolvidas no conceito de independência, a faculdade e a lei de usar esta faculdade continuamente; não podes pensar este conceito sem conceber ambas conjuntamente. Como é o caso contigo, que decidiste livremente a filosofar conosco, assim necessariamente é o caso com qualquer ser racional, e em particular com aquele que nós consideramos aqui como representante da razão, sob a denominação do eu originário, e cujo sistema de pensamentos nós temos que indicar aqui. Se este se concebe como independente – e é desta pressuposição que nós partimos aqui –, então ele necessariamente concebe-se como livre e, o que aqui é decisivo para nós, ele concebe esta sua liberdade sob a lei da liberdade. Isso é a significação da nossa dedução. [...]

Chamou-se, igualmente muito apropriadamente, esta legislação de autonomia, autolegislação. Ela pode ser chamada assim por três razões. Primeiro, a ideia da lei em geral sendo pressuposta, e o eu sendo considerado meramente como inteligência livre, a lei em geral só se torna uma lei para ela pelo fato de ela refletir sobre esta e se submeter com liberdade a ela, isto é, espontaneamente fazê-la a máxima suprema de todo o seu agir; e, do mesmo modo, o que esta lei exige em cada caso particular, ela – como se deveria entender por si, mas porque não se entende por si para muitos, será estritamente demonstrado mais adiante –, a inteligência, digo, tem que achar através da faculdade do juízo, e de novo tem que dar livremente a si mesma a tarefa de realizar o conceito encontrado. Assim, toda a existência moral não é outra coisa do que uma legislação permanente do ser racional para si mesmo; e onde esta legislação termina, a imoralidade começa. Segundo, no que diz respeito ao conteúdo da lei, nada outro é exigido do que independência absoluta, indeterminabilidade absoluta por algo fora do eu. Então, a determinação material da vontade de acordo com a lei é meramente tomada de nós mesmos; e toda a heteronomia, a retirada dos princípios determinantes de algo fora de nós é diretamente contra a lei. Finalmente, todo o conceito da nossa submissão necessária sob uma lei surge meramente pela reflexão absolutamente livre do eu sobre si mesmo na sua essência verdadeira, isto é, na sua independência. Como foi demonstrado, o pensamento inferido não se impõe incondicionalmente, o que seria totalmente incompreensível, nem mesmo através de um sentimento, ou algo assim, mas ele é a condição, o modo necessário de um pensamento livre. Consequentemente, é o eu que leva a si mesmo para toda esta relação de concordância com uma lei, e a razão é, em todo respeito, sua própria lei.

Aqui torna-se claramente inteligível, como me parece, como a razão pode ser *prática*, e como esta razão prática não é aquela coisa milagrosa e incompreensível que ela é considerada às vezes, não é uma segunda razão, mas a mesma, que todos nós reconhecemos como razão teórica.

A razão não é uma coisa que *esteja lá* e *subsista*, mas ela é agir, mero, puro agir. A razão intui a si mesma: isso ela pode, e faz, porque ela é razão; mas ela não pode encontrar-se como algo outro do que ela é, como um agir. Agora, ela é razão *finita*, e tudo o que ela representa torna-se, ao ser representado por ela, finito e determinado para ela; assim, também o seu agir torna-se algo determinado, meramente através da autointuição, e da lei da finitude, à qual aquela está submetida. No entanto, determinação de um agir puro, como tal, não dá um ser, mas um dever. Assim, a razão *determina por si mesma a sua atividade*; mas – *determinar uma atividade*, ou ser *prático*, é o mesmo. Num certo sentido, tem sido concedido à razão desde sempre que ela é prática; no sentido de ela ter que achar os meios para algum fim dado fora dela por nossa necessidade natural, ou nosso livre-arbítrio. Neste sentido, ela chama-se de técnica-prática. Nós afirmamos que a razão põe simplesmente, a partir dela mesma e por si, um fim; e assim ela é simplesmente prática. A dignidade prática da razão é o seu caráter absoluto mesmo; a sua indeterminabilidade por algo fora dela, e determinação perfeita por si mesma. Quem não aceita este caráter absoluto – só se pode encontrá-lo por intuição –, e toma a razão por uma mera faculdade de raciocinar, ao qual os objetos devem ser dados de fora antes de ela poder tornar-se ativa; para este sempre permanecerá incompreensível como ela pode ser prática, e ele nunca deixará de acreditar que as condições da efetividade da lei precisam ser reconhecidas antes de a lei poder ser assumida.

NOTAS

1. Reinhold expôs sua Filosofia Elementar no *Ensaio de uma nova teoria da faculdade representativa humana* (1789).

2. *Enesidemo ou sobre os fundamentos da filosofia elementar apresentada pelo senhor professor Reinhold em Iena* (1792). Com o livro de Schulze e os escritos de Salomon Maimon, o ceticismo tornou-se uma posição importante nas discussões pós-kantianas.

3. FICHTE, J.G. *Edição completa da Academia Bávara das Ciências*. Org. por Reinhard Lauth, Hans Gliwitzy e Erich Fuchs. Stuttgart-Bad Cannstatt: Fromann-Holzboog, 1962.

4. Cf. acima, nota de rodapé 2.

5. *Sobre a Doutrina de Espinosa em Cartas ao Senhor Moses Mendelssohn* (1785).

6. A seguinte exposição dos princípios da Doutrina da Ciência refere-se à fase ienense de Fichte, na qual ele tinha o maior impacto; em particular, baseia-se no *Fundamento* de 1794/1795 e na chamada Doutrina da Ciência *nova methodo*, que Fichte apresentou a partir de 1796.

7. O argumento foi colocado em foco por Dieter Henrich no seu estudo clássico *Fichtes ursprüngliche Einsicht* (Frankfurt a.M. 1967, cf. "La decouverte de Fichte". In: *Revue de Métaphysique et de morale*, 1967, p. 154-169).

8. Este conceito domina na chamada Doutrina da Ciência *nova methodo*, a exposição dos princípios pela qual, a partir de 1796, Fichte substituiu o *Fundamento* de 1794/1795.

9. Com isso, Fichte transforma a própria concepção do direito natural: na tradição moderna, este envolve uma fundamentação do direito que se baseia só em princípios da razão. Para Fichte, a razão é nada mais que a estrutura geral da subjetividade; assim, é a partir desta – da "egoidade" – que o conceito e os princípios do direito devem ser justificados no direito natural.

10. Na *Fundamentação da metafísica dos costumes* (1785), Kant introduzira o projeto de uma metafísica dos costumes no sentido de uma doutrina dos princípios puros da moralidade.

11. *Crítica da faculdade do juízo* (1790). Nela, Kant aborda aspectos da natureza que ultrapassam sua estrutura determinista e correspondem à nossa perspectiva como seres morais, possibilitando assim a "passagem" da natureza para a liberdade, isto é, para o ponto de vista moral.

12. Cf. os textos traduzidos por Joãosinho Beckenkamp em *Entre Kant e Hegel*. Porto Alegre: Edipucrs, 2004: "Juízo e ser", de Hölderlin (p. 106-107), e "Primeiro projeto de um sistema da filosofia da natureza: esboço do todo", de Schelling (p. 263-271).

13. Cf. a primeira publicação filosófica de Hegel: *Diferença entre os sistemas filosóficos de Fichte e de Schelling*. Tradução de Carlos Morujão. Lisboa: Casa da Moeda, 2003.

14. Cf. "Conscience de soi et connaissance de soi". In: *Bulletin de la societé Française de Philosophie*. Tomo 42. Paris, 1948, p. 49-91. Além disso, a tese famosa da primazia da existência à essência, defendida por Sartre, corresponde à concepção fichteana do eu como um ser que se distingue de qualquer coisa por seu caráter autodeterminador.

15. Os autores principais que defendem esta tese são: SHOEMAKER, S. ("Self-Reference and Self-Awareness". In: *Journal of Philosophy*, 65, 1968, p. 555-578) e CASTAÑEDA, H.-N. He: "A Study in the Logic of Self-Consciousness". In: *Ratio* 8, 1966, p. 130-157). Cf. tb. a coletânea organizada por Cassam, Q.: *Self-Knowledge*. Oxford: Oxford University Press, 1994.

16. Cf. "Individuierung durch Vergesellschaftung". In: *Nachmetaphysisches Denken*. Frankfurt: Suhrkamp, 1988, p. 187-241.

17. Cf., em particular, "On the Necessity of Ideals". In: NOAM, G. et al. (orgs.). *The Moral Self*. Cambridge, 1993, p. 16-27.

18. Cf. *The sources of normativity*. Cambridge, 1996.

Hegel

*Inácio Helfer**

 **O filósofo e o seu tempo**

> *Não é difícil, pois, de ver que nosso tempo é um tempo de nascimento e passagem a um novo período.*
>
> Hegel

Georg Wilhelm Friedrich Hegel nasceu em Stuttgart, em 1770, e morreu em Berlim, em plena fase ativa de sua carreira, aos 61 anos, em 1831. Iniciou sua formação escolar no *Gymnasium* de sua cidade natal, que na época era a capital do ducado de Württemberg, na Suábia, localizada no sudeste da Alemanha. Em 1788, ingressou no *Tübinger Stift* (seminário da Igreja Protestante em Württemberg), com o plano de tornar-se pastor luterano. Neste ambiente, além dos estudos teológicos e filosóficos, cultivou uma grande amizade com Friedrich Hölderlin (1771-1843), que se tornou mais tarde um dos maiores poetas alemães, e com Friedrich Wilhelm Joseph Schelling (1775-1854), influente pensador alemão que se destacou pela originalidade de suas concepções filosóficas.

As amizades com estes pensadores revelaram-se importantes em sua trajetória. Hölderlin introduziu-o nos estudos e encanto pela Grécia Clássica, sobretudo o fascínio pela experiência democrática da pólis ateniense, num período em que estes acompanhavam com enorme interesse os acontecimentos da história política francesa. A eles parecia que o processo revolucionário francês traduzia, pela moderna liberdade dos tempos atuais, a prática dos cidadãos atenienses. Foi com Hölderlin também que ele compartilhou noções sobre a sensibilidade do romantismo alemão e seu ímpeto em mudar tudo, com interesse e paixão. Schelling, por sua vez, embora cinco anos mais moço que Hegel, era muito precoce em sua formação, compartilhando e, de certa forma, antecipando para muitos da época, a importância de pensar de uma forma crítica o Idealismo como doutrina filosófica. Neste sentido, foi o pensador que auxiliou Hegel a revisitar cri-

* Doutor em Filosofia pela Université de Paris I (Panthéon Sorbonne). Professor da Universidade do Vale do Rio dos Sinos (Unisinos).

ticamente Immanuel Kant (1724-1804) e Johann Gottlieb Fichte (1762-1814), instigando-o a tomar uma posição face ao Idealismo. Por um certo tempo Hegel compartilhou teses schellinguianas. As discórdias, contudo, não tardaram a aparecer, fazendo com que, a partir de 1807, Hegel se referisse ao seu pensamento sobre o absoluto como "a noite em que todas as vacas são negras", indicando com esta expressão que Schelling mantinha sob o manto da indiferença ou da identidade abstrata a explicação sobre a identidade originária de eu e não eu, sujeito e objeto, infinito e finito. Como veremos depois, Hegel, por sua vez, defendia a este respeito uma concepção de absoluto como identidade concreta.

A Alemanha do século XVIII e início do XIX, em que Hegel viveu, era uma nação com muitas dificuldades. Sem comparação possível com a Inglaterra, era economicamente retardatária e, sob o ponto de vista político, extremamente desarticulada (o país compunha-se de aproximadamente 300 territórios independentes), vigorando idiossincrasias de tiranias particulares com um tipo de organização política feudal – o próprio Hegel refere, em seu manuscrito *A constituição da Alemanha*, de 1799-1802, que "a Alemanha não é mais um Estado"[1]. Essas dificuldades, sentidas já no *Tübinger Stift*, mas que o acompanharam por longos anos, deram origem a duas posições. Por um lado, fizeram com que o coração de Hegel se inflamasse pelas novidades políticas francesas do seu tempo. Junto com Hölderlin e Schelling, plantou uma árvore, a "árvore da liberdade", em comemoração ao primeiro ano da Revolução Francesa – para a consternação das autoridades do seminário. Em meio às falas entusiastas, notícias de última hora e comentários apaixonados de certos colegas, ele enaltecia o grande feito da história humana, como muitos do seu tempo. A Revolução Francesa sinalizava a virada de uma página sem precedentes na história ocidental: a afirmação da liberdade no seio da política. Por outro lado, seu coração vibrava em sintonia com seu espírito crítico, revelando um cidadão nem um pouco dogmático em termos políticos. O período do "terror revolucionário", instaurado pelo movimento de Robespièrre[2], será uma prática repudiada. Além desta posição externada na *Fenomenologia do espírito* em relação a Napoleão e à Restauração, Hegel sustentava sua crítica em circunstâncias de maior intimidade. Na carta ao amigo, pedagogo e teólogo, Friedrich Emmanuel Niethammer (1766-1848), de 13 de outubro de 1806, Hegel evoca, já no alto dos seus 36 anos, que, sem dúvidas, "o imperador, esta alma do mundo", é importante para a história, sem esquecer, contudo, que o que mais se deseja em relação a esta força militar francesa é "que nós sejamos liberados deste dilúvio" que assombra a Alemanha. A força exterior destes atos políticos em nada superaria o vigor das mudanças interiores que urgiam serem formadas nas consciências dos homens, sejam franceses, alemães ou de qualquer povo. Tais mudanças interiores seriam somente garantidas por um espírito religioso reformado.

Concluídos os estudos teológicos e filosóficos no *Stift* em 1793, Hegel decidiu abandonar o plano de se dedicar à Igreja e consagrou-se inteiramente à filosofia. Inicialmente trabalhou como preceptor de filhos de famílias ricas no ensino dos clássicos nas cidades de Berna (1793-1796) e de Frankfurt (1797-1800). Neste meio tempo, aprofundou seus conhecimentos sobre Edward Gibbon (1737-1794), Charles de Montesquieu (1689-1755), Kant e Johann Gottfried Herder (1744-1803), entre outros, tendo produzido excelentes ensaios filosóficos sobre o cristianismo e a teologia. Com o auxílio de Schelling, que recentemente assumira a cátedra de Fichte em Iena, tornou-se *Privatdozent*, em 1801, na Universidade de Iena, um professor não assalariado que cobrava uma taxa de quem assistisse às aulas. A obtenção deste posto aconteceu graças à apresentação de sua tese doutoral *Sobre as órbitas dos planetas*, de 1801. Concomitantemente a estes fatos, publica seu primeiro livro, intitulado *Diferença entre os sistemas filosóficos de Fichte e Schelling* (1801), onde faz uma exposição filosófica das teses de Schelling, demarcando, por um lado, subserviência ao primeiro e, por outro, os primeiros passos de sua própria posição filosófica. Em 1803, Schelling assumiu uma cátedra em Würzburg, abrindo espaço para seu colega. Assim, em 1805, Hegel tornou-se professor-adjunto, o que lhe deu uma momentânea estabilidade profissional, abalada rapidamente com a invasão das tropas de Napoleão que acabaram por derrotar a Prússia na batalha de Iena, em 1806. Em consequência da ocupação francesa, a universidade foi fechada, fazendo com que o filósofo em fuga, a duras penas, levasse alguns pertences e o manuscrito de sua primeira grande obra, aquela que o tornaria amplamente reconhecido, e até famoso na época: a *Fenomenologia do espírito*, publicada em 1807.

Após um breve interstício de um ano dedicado à edição do jornal *Bamberg Zeitung*, um jornal pró-napoleônico, na cidade de Bamberg, na Baviera, Hegel foi nomeado diretor de um *Gymnasium*, em Nuremberg, no ano de 1808. Chama atenção o fato de assumir a edição de um jornal. Certamente o fez, num primeiro momento, forçado pelas contingências políticas e econômicas do seu país. No entanto, o "outro motivo" é que é revelador. Hegel apreciava muito a leitura de jornais e chegou a afirmar que a sua leitura era uma verdadeira oração matutina. Por isso, durante toda a sua vida leu muitos tabloides franceses, ingleses e alemães, bem como escreveu numerosos artigos sobre assuntos correntes. Ele valorizava a opinião pública, e o trabalho de editor de jornal lhe permitia a satisfação de interagir com o pensamento de sua época. Já na direção do *Gymnasium* de Nuremberg, Hegel retoma o papel de educador, acrescido do qualificativo mais importante que era o de ser filósofo – Hegel segue a linhagem da tradição de Kant, que elaborou toda sua filosofia no contexto educacional; no caso de Hegel, uma tarefa de quase 30 anos. No período de 8 anos em que exerceu esse cargo, além da gestão escolar, lecionou filosofia aos jovens estudantes, bem como se dedicou à edição da *Ciência da lógica*, no período de 1812 a 1816. Após a publicação dessa obra, que é um marco em sua produção especulativa, como mérito acadêmico, recebeu a titularidade em 1816 de uma cátedra na Universidade de Heidelberg. Nessa universidade trabalhou pouco tempo, somente até 1817, período suficiente para publicar no referido ano uma obra que há um certo tempo vinha sendo amadurecida, a *Enciclopédia das ciências filosóficas em compêndio* – Hegel lhe conferirá ainda duas edições em vida, em 1827 e 1830, revistas e ampliadas.

Neste momento de sua produção acadêmica, a notoriedade do filósofo era grande, o que se converteu num convite ministerial da Prússia, em 1818, para assumir a cátedra outrora ocupada por Fichte na nova Universidade de Berlim, vacante desde 1814. Trabalhar em Berlim, uma cidade com mais de 200 mil habitantes na época, numa Alemanha cujo perfil populacional se restringia a 80% de habitantes em zonas rurais, significava atuar num prestigioso centro cultural urbano. Além do mais, a universidade fundada em 1810, a partir de um plano de Wilhelm von Humboldt (1767-1835), embora jovem, já havia se tornado famosa. Os olhares e interesses da época se voltavam para este centro. Foi nessa universidade que Hegel atingiu o auge de sua notoriedade, assumindo o cargo de reitor em 1829, dois anos antes de sua morte. Nela ministrou aulas de direito natural, filosofia da arte, da religião, da história e história da filosofia e, em 1820, publicou *Linhas fundamentais da filosofia do direito*, um texto brilhante de filosofia política e de direito, que despertou uma violenta crítica de Karl Marx (1818-1883).

A obra de Hegel é vastíssima. As edições completas dos seus escritos normalmente chegam a 20 volumes. A razão deste grande número se deveu às suas vastas leituras, uma extraordinária memória e criatividade para saber apropriar-se de diferentes conteúdos aproveitando-os na exposição de um saber com perspectiva enciclopédica. Hegel, na verdade, foi o último pensador que elaborou um grande sistema filosófico. Depois dele a perspectiva de valer-se de uma filosofia sistemática não obteve mais sucesso, em grande medida devido aos severos questionamentos de Arthur Schopenhauer (1788-1860), Soren Kierkegaard (1813-1855), Marx e Friedrich Nietzsche (1844-1900), entre outros. Evidentemente, nem tudo que se lê hoje de Hegel é de seu próprio punho. Boa parte de sua obra foi editada através da mão de especialistas que reuniram apontamentos do pensador e anotações de alunos cotejadas entre si com textos mais concisos do próprio pensador, preparados para a publicação em vista da docência. Por isso, quando se trata de mencionar seus principais escritos, quatro obras podem ser suficientes. São elas: *Fenomenologia do espírito* (1807), *Ciência da lógica* (1812-1816), *Enciclopédia das ciências filosóficas em compêndio* (1817, com reedições ampliadas em 1827 e 1830) e *Linhas fundamentais da filosofia do direito* (1820). Parece demasiado pretensioso resumir a produção de Hegel em quatro títulos, seus quatro pilares da produção. Por isso, julga-se importante completar dizendo que, antes da *Fenomenologia do espírito*, no período de Berna e Frankfurt (1793-1800), Hegel elaborou escritos teológicos reunidos por Herman Nohl (1879-1960) no início do século XX e que são considerados por especialistas como chaves para a compreensão da gênese do seu sistema filosófico. No período de Iena (1801-1806), dedicou-se à ética e à filosofia política, num curso conhecido como "Filosofia real de Iena" (*Jenaer Realphilosophie*), bem como conferiu uma especial atenção às diferenças do sistema filosófico fichteano e schellinguiano. Após a redação das *Linhas fundamentais da filosofia do direito*, que coincide com o longo período de Berlim até a sua morte, num período auge de produção de seu pensamento, encontram-se os escritos póstumos dos cursos magistrais (*Vorlesungen*), ministrados em diferentes áreas como a filosofia da história, do direito, da estética, da religião e a história da filosofia. Estas publicações são lembradas como excelentes textos introdutórios ao seu pensamento, em virtude da clareza e a constante referência às ideias das suas principais obras.

A filosofia de Hegel

O verdadeiro é o todo. Mas o todo é somente a essência que atinge a completude por meio do seu desenvolvimento.

Hegel

A filosofia de Hegel situa-se, no plano das diferentes filosofias, dentre uma das mais ricas e mais complexas e, por isso, dentre uma das mais difíceis. Sua dificuldade, no entanto, não se deve tanto ao fato de ter inventado fórmulas obscuras, completamente inéditas, cuja densidade teórica se revelaria incompreensível. Pelo contrário, quando se lê Hegel, percebe-se que ele está dialogando o tempo todo com a tradição do pensamento clássico ocidental, operando com termos relativamente conhecidos, de um modo crítico, sintético e inovador. E é esta inovação que gera as dificuldades, pois ao operar com estes termos, atribui-lhes um novo significado. Faz isso, por exemplo, dentre outras tantas situações, nos seguintes casos: o "ser", que na metafísica tradicional é entidade fixa e estável, com uma ordenação hierárquica do universo, no seu pensamento é uma realidade que é sujeito e processo e por isso apresenta uma estrutura dinâmica; a "dialética", comumente referida no contexto de disputas teóricas, onde o que é afirmado num momento (tese) é negado em outro (antítese), na filosofia de Hegel passa a expressar toda mediação sujeito-objeto do ato de conhecer e da própria realidade, como um movimento que, além da afirmação e negação, supera os termos antagônicos pela síntese; dialéticas são também as estruturas puras do pensamento, tema que ele desenvolve na lógica, o que representa outra grande novidade, pois até então ninguém havia proposto uma lógica dialética, que acaba por identificar as estruturas do pensar com as do ser, em suma, lógica e ontologia são a mesma coisa; no passado, o "absoluto" denotava o infinito, independente das contingências do mundo, e em Hegel só é pensável como contraposição ao finito, constituindo-se nesta referência. Hegel apropria-se, desta forma, de uma série de termos da tradição e faz, em sua filosofia, um novo emprego, para não dizer uma grande reviravolta. Além disso, certas noções são retomadas em diferentes obras e modificadas, em perspectivas que se integram e se complementam. Seu respeito e admiração à tradição filosófica foram, contudo, sempre significativos. Era crença forte de Hegel que a verdade na filosofia somente se manifestava no conjunto das filosofias. A diversidade dos sistemas filosóficos, incluído o seu próprio sistema, revelaria o desenvolvimento progressivo da verdade, desde que se buscasse perscrutar os desígnios do espírito uno.

Uma das dificuldades para compreendê-lo situa-se neste contexto. A superação da mesma se daria através do conhecimento de sua filosofia pelo entendimento de suas principais noções. Todavia, tal procedimento pode não ser suficiente. Acontece que Hegel apresenta certos textos com uma linguagem enigmática, que requer recurso de conhecimentos filosóficos apurados de outros pensadores para um entendimento do que visa concluir. Além do mais, ao abordar certos temas, critica conceitos de pensadores sem, contudo, revelar, a todo o momento, de quem se trata. Ao proceder desta maneira, mais adiante, apropria-se destes mesmos conceitos, explorando sua riqueza com modificações consideráveis, integrando-as no seu modo de pensar, inaugurando com isso novas chaves de leitura. Este procedimento também gera, sem dúvidas, dificuldades.

A *Fenomenologia do espírito* apresenta neste particular um claro exemplo. Seu tema principal é a explicação de como o conhecimento do saber absoluto é possível. A obra estabelece um diálogo com Kant, embora não o diga com a frequência esperada, criticando seu ponto de vista demasiado apegado à compreensão de que o problema epistemológico da fundamentação do conhecimento é anterior a toda e qualquer atividade filosófica que visa alcançar o conhecimento científico. Para Hegel, o ponto de partida acertado seria o de analisar a autorreflexão fenomenológica da mente, que revelaria a fenomenologia como a "ciência dos atos da consciência". Se para a tradição racionalista, que desemboca em Kant, somente a partir de critérios seguros sobre a validade dos juízos emitidos pelo homem se pode determinar se o sujeito cognoscente tem certeza de seu conhecimento, Hegel entende que esta crítica já é, ela mesma, conhecimento. Hegel perguntar-se-á como é possível perscrutar criticamente a faculdade cognitiva anteriormente ao conhecimento. Na sua visão, tal perspectiva é falha, pois sustenta o mesmo ponto de vista daquele que quer nadar sem antes cair na água. A pergunta pelo instrumento para conhecer já é um conhecimento. Hegel se apropria deste modo de uma temática crucial do pensamento de Kant, com fortes desdobramentos em Fichte e Schelling, e inaugura sua própria filosofia. Kant fala da filosofia como propedêutica, ou seja, introdução ao conhecimento; Hegel analisa a temática sob a ótica da experiência da consciência, mostrando que ela não é uma mera introdução, uma mera preparação para o conhecimento da verdade. A filosofia, ao conhecer seu objeto, já é o conhecimento da verdade, desde o início, embora nas suas primeiras determinações se apresente sempre como um conhecimento imediato da verdade.

Há, deste modo, uma nítida apropriação em Hegel da temática do conhecimento segundo a esteira da filosofia kantiana e da tradição na obra a *Fenomenologia do espírito*, cujo tratamento apresenta uma originalidade conceitual considerável. No entanto, Kant é mencionado nessa obra apenas duas vezes, uma no Prefácio, sobre o método dialético, ao referir-se ao texto das antinomias, e outra ao tratar da filosofia prática, quase no final da obra. Fichte e Schelling, pensadores que prolongaram a discussão da filosofia transcendental de Kant, nem são citados. Sabe-se, contudo, que as ideias destes pensadores estão presentes e são retrabalhadas, pois eles refletem na esteira do idealismo. Para ler Hegel, requer-se, portanto, também um bom conhecimento das principais questões da história da filosofia, questões essas cuja origem e autoria poucas vezes são referidas, pois a filosofia de Hegel é estabelecida na perspectiva do enfrentamento dessas questões, como uma tentativa de resposta a elas no seu sistema de pensamento.

Se há, finalmente, outra sugestão para melhor ler Hegel, esta seria a de tentar compreender o conjunto de seu sistema de pensamento. O desafio é o de conhecer o todo de sua obra, pois a verdade, segundo Hegel, reside aí. O Prefácio à *Fenomenologia do espírito* já afirmava: "a figura verdadeira na qual existe a verdade é somente o seu sistema científico. Colaborar para que a filosofia se aproxime da forma da ciência – da meta em que deixe de chamar-se *amor ao saber* para ser *saber efetivo* – é isto o que me proponho"[3].

Assim como Fichte, Hegel compartilhava, pois, a noção kantiana de que uma boa doutrina filosófica somente se deixa expressar através de um sistema de pensamento. Fazer filosofia seria sinônimo de elaborar um sistema filosófico. Ou seja, fazer filosofia seria elaborar um pensamento, cujo entrelaçamento de conceitos fosse consistente, logicamente fundamentado e suficientemente abrangente, de modo que pudesse abarcar todas as determinações do real. Assim, a filosofia seria uma ciência rigorosa. Ela poderia pensar e expressar mesmo a verdade absoluta no plano teórico e prático; a "coisa em si" (*das Ding an sich*) de Kant seria alcançada e exposta pela consciência; num plano empírico, as determinações do pensamento possibilitariam falar do ser que se manifesta no discurso das diferentes ciências em sua forma verdadeira.

A filosofia de Hegel outorga a si, portanto, a prerrogativa de ser o discurso que visa expressar o todo. Sua filosofia impõe-se a tarefa de apresentar o absoluto como autoapresentação de si mediante o discurso. Ela parte da pressuposição de que o discurso que articula é a exposição do todo mediante suas partes, as determinações do conceito, integrando os diferentes saberes do passado na atualidade de sua filosofia, como atos de fala de um discurso fora do qual não há outro. Não há uma verdade acima ou fora do discurso, entendido como discurso do pensamento humano.

Neste aspecto, Kant pensava distintamente de Hegel. Para o pensador de Köningsberg, havia algo insondável para a faculdade humana de conhecer: a "coisa em si"; esta não seria objeto da abstração cognitiva. Somente a razão prática a pressuporia como dever ser na determinação do agir. Ou, de um modo secundário, a razão teorética a pressuporia como uma ideia reguladora de universalização das abstrações cognitivas. Já para Hegel, a impossibilidade do conhecimento da universalidade, ou das ideias puras kantianas, por exemplo, seria um verdadeiro contrassenso para a filosofia, uma vez que se estabeleceria uma clivagem intransponível entre o sujeito e o objeto. Tal separação pressuporia que certas coisas sobre as quais se fala não poderiam se comunicar senão por meio do sentimento, o que é "anti-humano"[4]. A hipótese de Hegel é a de que a clivagem intransponível pode ter sua origem na preguiça, ignorância do senso comum ou mesmo a soberba de um "iluminado". Por isso sugere que "tal universalidade não é nem a indeterminação e indigência do senso comum, mas o conhecimento cultivado e acabado, nem a universalidade extraordinária da disposição da razão que se corrompe com a preguiça e a presunção do gênio, mas a verdade que cresce até alcançar sua forma ingênita, capaz de se tornar a propriedade de toda razão autoconsciente"[5].

O pressuposto favorável sobre a possibilidade de acesso ao todo é um ponto central na filosofia hegeliana que permite pensar a ideia como desenvolvimento do pensamento filosófico. Com efeito, os diferentes princípios filosóficos da história da filosofia são considerados, por isso, graus distintos de apresentação e desenvolvimento do todo, numa sucessão crescente de enunciação da verdade. "O artesão desse trabalho de milênios, afirma Hegel, é o espírito vivo e *uno*, cuja natureza pensante é trazer à sua consciência *o que ele é* [...]." A paciência do conceito para elaborar uma apresentação acabada de si, sua dedicação e esmero, se faz com a contribuição de numerosas cabeças pensantes, correntes de pensamento e esforços articulados de artesãos filosóficos, cuja multiplicidade de conhecimentos, organicamente articulados, revelariam o espírito uno. Por isso, "a *história da filosofia* mostra nas filosofias diversamente emergentes que, de um lado, somente aparece *uma* filosofia em diversos graus de desenvolvimento, e, de outro lado, que os *princípios* particulares – cada um dos quais está na base de um sistema – são apenas *ramos* de um só e do mesmo todo"[6]. As partes dos diferentes discursos filosóficos são expressões do todo do pensamento. A tarefa da filosofia seria a de mostrar como o único artesão, que é a razão (também sinônimo de absoluto ou ideia), num sentido abrangente, organiza, ao longo da história, a consciência que ela tem de si. A articulação desta "natureza pensante" Hegel a chama de o esforço da consciência que eleva o saber em suas primeiras determinações até a exposição do sistema, onde a verdade se revela a si. Mas a verdade em Hegel é essencialmente sujeito e, por isso, ela se dá num processo denominado dialético, no qual determinações novas, mais complexas e mais ricas em conteúdo, superam determinações anteriores, conservando e suprimindo certas características. Assim, o próprio conhecimento filosófico é um movimento que se produz a si mesmo, avança e retorna a si mais rico e acabado. A crescente superação de novas filosofias na história da filosofia seria o atestado do avanço delas em direção a sua unidade.

No entanto, empenhar-se na tarefa de expor o todo do sistema através da história da filosofia não é a mais importante tarefa do filosofar. Preocupar-se com a história da filosofia no sentido de esmerar-se para bem apresentar como o pensamento se estruturou ao longo do tempo, não constitui o melhor que a filosofia pode oferecer. Hegel entende que a exposição dos graus de desenvolvimento da ideia na história da filosofia é apenas a sua apresentação sob o aspecto da "sucessão contingente" da filosofia, nas suas palavras, na dimensão da "história exterior". Mais elevada seria a tarefa de tratar do próprio "espírito vivo e *uno*", na interioridade de seu desdobramento, onde uma "sucessão necessária" de determinações seria exposta. A atuação do pensamento como "entendimento" seria ainda uma prática presa à "sucessão contingente"; somente o pensamento atuando como "razão" conseguiria expor a "sucessão necessária", e por isso livre do mundo; tal procedimento da razão seria elaborado pela filosofia especulativa, no sentido hegeliano da palavra.

Por isso, é através da filosofia especulativa que ele apresenta o sistema do pensamento livre em toda a sua dimensão, não mais numa perspectiva abstrata, mas concreta, chamada de exposição da ideia ou do absoluto. "O pensamento livre e verdadeiro é em si *concreto*, e assim é *ideia*, e em sua universalidade total é a *ideia* ou o absoluto. A ciência [que trata] dele é essencialmente *sistema*, porque o verdadeiro, enquanto *concreto*, só é enquanto desdobrando-se em si mesmo, e recolhendo-se e mantendo-se junto na unidade – isto é, como *totalidade*; e só pela diferenciação e determinação de suas diferenças pode existir a necessidade delas e a liberdade do todo"[7]. Importantes aspectos da sua filosofia são revelados aqui. Destacam-se, dentre outros, a coincidência entre "pensar" e "ser", "lógica" e "ontologia", ou, nos termos desta afirmação, "pensamento livre" e "absoluto", que constituem a tese de fundo da filosofia hegeliana. Igualmente a noção de que sua filosofia, como ciência, é "essencialmente *sistema*" – com o destaque itálico no texto feito por Hegel. A noção de sistema, explicitada também em outras passagens aqui não referidas, é identificada com a noção do "todo orgânico", no sentido de que a totalidade não é a mera soma das partes, o conjunto não é a mera junção das partes. As partes da totalidade do saber científico, expostas pela filosofia especulativa, são "determinações" *do* todo, que o constituem e identificam sua unidade. Mas o todo, o absoluto, é mais que todas estas partes. Por isso, sua diferenciação apresenta o caráter de necessidade; é necessário que as partes que o constituem sejam assim, segundo a articulação de conjuntos demonstrativos, de extrema clareza; seu diferenciar não se dá ao acaso do interesse dos homens de ciência, ou das mãos de filósofos, ou pelo próprio caos das determinações naturais, nas quais a ideia lógica encontra-se na contingência; cada momento, mesmo o negativo, é indispensável ao absoluto, porque o mesmo se realiza em cada acontecimento e em todos eles, de modo que todos eles são absolutamente necessários. A organização da diversidade do conteúdo da ciência e do mundo obedece a uma ordem rigorosa que, sem interrupções, se afirma e se legitima. Apesar disso, pensa Hegel, há contingência. Uma contingência afirmada pelo diferenciar "livre" do absoluto. O absoluto possui em si esta possibilidade e a experimenta como o outro de si.

A filosofia especulativa ensina, por isso, que a ideia se realiza e se contempla através do seu próprio desenvolvimento. Sob este ponto de vista explicita-se na forma de uma tríplice distinção como: 1) "ideia em si e para si", que é o *Logos*, estudado pela lógica; 2) "ideia fora de si", a *natureza*, tratada pela filosofia da natureza; 3) "ideia que retorna a si", o *espírito*, tematizado pela filosofia do espírito. O desdobramento de si do absoluto se faz de uma forma sistemática, resumida em três partes principais: *filosofia da lógica*, *filosofia da natureza* e *filosofia do espírito*. Nesses três âmbitos encontra-se toda a realidade, e todo o pensamento. Neles estão todas as estruturas elementares do pensamento do mundo, bem como de sua constituição; todos os elementos constitutivos da natureza e seus conhecimentos fundamentais; e todos os elementos constitutivos do saber espiritual subjetivo, objetivo e absoluto do mundo que, enquanto arte, religião e filosofia consegue expor a sua identidade na verdade das determinações de seu conteúdo absoluto. Diferentemente da lógica da tradição aristotélica, a perspectiva hegeliana abandona a visão antiga da lógica como um puro *organon*, um instrumento ou método, como era concebida a lógica formal, e passa a ser compreendida como o discurso sobre a estrutura do todo. Hegel mesmo utiliza a expressão "armação" da totalidade para representá-la, não no sentido estático, mas numa visão dinâmica, como um estruturar-se, ou, dizendo de uma forma mais apropriada, um autoestruturar-se de tudo que existe.

As três partes do conhecimento enciclopédico receberam uma atenção especial de Hegel. A *filosofia da lógica*, embora se encontre resumida no texto da *Enciclopédia das ciências filosóficas em compêndio*, recebeu um memorável acabamento antecipado, no período da redação e edição dos três tomos da *Ciência da lógica*, de 1812 a 1816. A lógica

> [...] deve ser compreendida como o sistema da razão pura, como o reino do pensamento puro. Este reino é a verdade em si mesma, tal qual é sem véu, em e para si; por este motivo, pode-se dizer: este conteúdo é a apresentação de Deus tal qual ele é em sua essência eterna, antes da criação da natureza e do espírito finito[8].

Ou seja, a lógica contém em si as duas ciências "reais" que expressam a mesma estrutura do mundo. A natureza e o espírito, por conseguinte, são manifestações concretas de sua estrutura. As determinações lógicas exprimem deste modo a essência mesma de Deus, não no sentido de uma anterioridade cronológica em relação ao mundo, mas como seu fundamento real, enquanto estruturas intemporais da totalidade de tudo que existe. Sua divisão principal é ser, essência e conceito, cada uma das quais subdividida em outras tríades mais específicas e organicamente articuladas. A mais elevada de suas determinações é a ideia absoluta, entendida como o momento que se pensa a si mesma e que tem como conteúdo o sistema do lógico.

A *filosofia da natureza* é a parte menos desenvolvida do sistema, embora Hegel tenha lecionado a matéria oito vezes em sua atividade professoral, com a introdução de complementos significativos em cada uma delas. Somente em Berlim lecionou seis vezes a referida matéria. Acontece que não dispomos das aulas magistrais numa edição própria, as *Vorlesungen*, o que limitou sua divulgação e conhecimento. Certas explicações do professor Hegel foram introduzidas, contudo, na edição da *filosofia da natureza* da *Enciclopédia das ciências filosóficas em compêndio*, compiladas por alunos como adendos. Sua divisão contempla mecânica, física e orgânica, seguida de seções triádicas específicas, cujo ponto culminante é a vida. Na natureza, mesmo na determinação da vida, a ideia é apenas natural, e, por isso, é o campo da irracionalidade e da exterioridade do absoluto. É a ideia como *alienada* de si; uma contradição não resolvida. No entanto, mesmo nesta condição negativa, *toda* a natureza tem em si uma dinamicidade que é peculiar dentre as abordagens até então desenvolvidas: "A natureza é *em si* um todo vivo", afirma Hegel:

> [...] o movimento ao longo da marcha dos seus degraus é antes isto: que a ideia se ponha como aquilo que ela *em si* é, ou, o que é o mesmo, que ela de sua imediatez e exterioridade, que é a *morte*, vá para *dentro de si*, para primeiro ser como *vivente*; mas a seguir suprassuma também esta determinidade na qual ela é somente vida e se transporte à existência do espírito, o qual é a verdade, o alvo final da natureza e a verdadeira efetividade da ideia"[9].

Levando em conta a progressão dialética do movimento das determinações do absoluto, a natureza é então um negativo não desprezível, pelo qual a ideia tem que passar, e, por isso, uma dimensão necessária para a elevação da mesma ao saber de si como espírito.

A *filosofia do espírito* é considerada por Hegel como uma "segunda natureza". Embora esteja num patamar subsequente ao da natureza, é ainda a sucessão da ideia como retorno a si de sua alteridade, o momento da contradição não resolvida do meio natural. O espírito está dividido em espírito subjetivo, objetivo e absoluto, cujas tríades apresentam graus mais complexos e livres. Pelo fato de o espírito prescindir da natureza, carrega consigo determinações contingentes que são resolvidas gradativamente em suas determinações mais elevadas, como é o caso do Estado na dimensão objetiva e, de um modo mais radical, a determinações da arte, da religião e da filosofia como filosofia especulativa, na dimensão absoluta. Levando em conta as três grandes partes do sistema, deve-se compreender que a lógica, embora seja a primeira a ser exposta no saber enciclopédico, é a mera estrutura do mundo e, portanto, a "possibilidade lógica" do espírito. O espírito é que é a *atuação* desta estrutura, a realização dessa possibilidade. Em outros termos, o espírito é o próprio autoconhecimento da ideia e, por isso, tem uma grande relevância sistemática. Embora apareça como o último na tríade lógica-natureza-espírito, ele, na realidade, é o primeiro, uma vez que a ideia lógica e a natureza devem ser vistas como momentos ideais do espírito, não separadas e não cindidas, mas como polos dialéticos dos quais o espírito é a síntese viva. Ao percorrer o círculo dialético do absoluto, desde o começo das primeiras determinações da rodada lógica, passando pela rodada da natureza e, finalmente, a rodada do espírito, chega-se ao seu final na determinação mais alta do espírito absoluto como filosofia especulativa, que pensa o lógico. É no espírito, pois, que se torna manifesto o auge da "circularidade" dialética que repetidamente o pensador alude. Por isso, chegar ao fim do espírito significa voltar ao começo. O espírito é o momento conclusivo, o resultado do autoprocesso da ideia e, por isso, a parte mais elevada de manifestação do absoluto. Afirma Hegel:

> [...] o *absoluto é o espírito*: esta é a mais elevada definição do absoluto. Encontrar essa definição e conceber seu sentido e conteúdo, pode-se dizer que foi a tendência absoluta de toda cultura e filosofia [e] é sob este ponto que se concentraram toda a religião e toda a ciência; é unicamente a partir desta concentração que a história mundial pode ser concebida[10].

Também é no elemento do espírito objetivo e absoluto que se encontram determinações muito conhecidas no campo da filosofia do direito, da ética, da arte, da religião e da filosofia especulativa. Se há um aspecto relevante do pensamento enciclopédico de Hegel, amplamente aprofundado neste contexto, este é a sua filosofia política. No período de Berlim, de 1818 a 1831, além das três edições de sua *Enciclopédia das ciências filosóficas em compêndio*, uma obra que mereceu um cuidado todo especial são as *Linhas fundamentais da filosofia do direito*. Nela Hegel examinou as temáticas do direito à propriedade, os contratos, a moralidade, a eticidade, envolvendo a família, a sociedade civil e o Estado. Com muita precisão e exaustão, o estudo sobre as *Linhas fundamentais da filosofia do direito* culmina com uma abordagem sobre a história universal. Da dialética dos diferentes Estados soberanos emerge a história. Ela é o desdobramento do espírito no tempo, do mesmo modo que a natureza é o desdobramento da ideia no espaço. E é precisamente o *espírito do mundo* que emite o juízo último sobre a progressão da consciência da liberdade dos diferentes espíritos dos povos particulares. É somente este tribunal do mundo que permite explicitar, de um modo processual, a liberdade na história, não sob uma forma ingênua e contingente, mas na perspectiva da razão.

 **Conceito-chave**

Uma ideia central do pensamento de Hegel é a de que o homem alcança o saber absoluto mediante a filosofia especulativa. Mas, o que ensina mesmo esta filosofia? Ensina que filosofia é ciência quando concebe o absoluto como espírito. E, neste sentido, a questão do ser torna-se a questão do espírito. Ou seja, a filosofia é a ciência que revela as estruturas fundantes do mundo que se manifestam através das determinações em sua oposição como obra do pensamento do discurso humano. Por isso, o ser é um realizar-se do idêntico na multiplicidade de suas falas, pois se realiza no e pelo discurso – o *logos* é indissociavelmente pensamento e narrativa, conceito e linguagem. Significa entender que as diferentes dimensões do saber da ciência empírica, as dimensões da política, da estética, da religião etc., de um lado, se integram no denomidador *uno*, a ideia, através do movimento de reposição da multiplicidade da razão que universaliza; e, por outro, significa entender que as próprias estruturas fundamentais do mundo são dinâmicas, pois são intrinsecamente postas pelo movimento de sua reposição numa sucessão necessária. O ato de conhecer, na perspectiva da filosofia especulativa, revela a estrutura do ser. Por isso, remetendo-se à economia do sistema de Hegel, o saber científico, que é exposto sob a forma da filosofia especulativa, evidencia a unidade irredutível da ideia – o absoluto enquanto ideia lógica – não como uma abstração formal, uma unidade vazia, mas uma realidade que é essencialmente *espiritual*, e, por isso, um "diferenciar" que, em sua distinção, permanece junto a si – espírito.

 ## Percursos e influências

[...] *cada um é, de todo modo,* um filho de seu tempo; *assim, a filosofia é ela também* seu tempo apreendido em pensamento.

Hegel

A filosofia hegeliana exerceu uma extraordinária influência sobre o pensamento filosófico ocidental. Já no tempo em que Hegel ensinava em Berlim, muitos foram os ouvintes que disputavam um lugar em suas classes, com o intuito de conhecê-lo e se posicionar. Tantos eram os interessados pelos seus ensinamentos que alguns professores contemporâneos de Hegel, como Schopenhauer, ficavam sem alunos. Seu pensamento foi, em grande medida, um campo propício de formação do pensamento contemporâneo, promovendo desdobramentos nas teorias marxistas, existencialistas, na hermenêutica e, principalmente, na teoria crítica da Escola de Frankfurt.

Uma das maiores contribuições de Hegel encontra-se na sua concepção processual de tudo que existe. Numa perspectiva mais ampla, Hegel deixou sua marca no pensamento ocidental ao insistir no fato de que o ser, o sujeito cognoscente, e o próprio objeto são resultados de um processo de formação e que, por isso, somente podem ser bem entendidos quando situados num conjunto mais amplo de elementos que lhes são anteriores, necessariamente, de um ponto de vista lógico, ou que exercem influências, sob o ponto de vista cognitivo da consciência, política ou moral. O ser da metafísica tradicional deixa de ser visto como algo fixo para ser compreendido como dinâmico; o absoluto é espírito, ele é o movimento de se pôr a si mesmo. Já o sujeito cognoscente, que em Kant era compreendido como unidade transcendental da consciência de um modo originário, passa em Hegel, com base em sua noção de autoconsciência, a não ser mais originário, pois, basicamente, é resultado do processo de desenvolvimento de sua constituição; o sujeito não conhece o objeto tão somente por possuir uma estrutura transcendental, garantia última da universalidade do conhecimento em Kant, anterior ao que ele conhece. Para Hegel, os fatores morais, de ordem familiar e social, influenciam no processo de formação da consciência individual, exercendo um papel preponderante no reconhecimento do outro e de si mesmo e, assim, influenciam também no relacionamento que o sujeito estabelece com o objeto; fatores ligados ao contexto da linguagem, das relações simbólicas, influenciam também na constituição da síntese do múltiplo da experiência sensível, tanto aqueles significados próprios da cultura de uma época, como aqueles dependentes do emprego de símbolos que nós próprios elaboramos; por fim, fatores ligados ao contexto do trabalho mostram como a consciência é formada através do tipo de relação que o homem estabelece com a natureza, considerada como objeto, e da forma de apropriar-se dela, extraindo seus meios de subsistência – Marx valorizou muito esse aspecto. Assim, a identidade da consciência que identifica os objetos e, com eles estabelece uma relação, não pode se dar antes do processo de conhecimento; pelo contrário, ela se constitui no mesmo processo através do qual a objetividade do mundo toma forma na mediação da autoconsciência. Finalmente, o objeto a ser conhecido, ou com o qual a consciência se relaciona, não é um mero "outro" fora do processo mais amplo de formação do mundo; o objeto é sempre constitutivo da relação sujeito-objeto; o objeto em Hegel, em última análise, só existe na mediação sujeito-objeto, descrita também na relação objeto-sujeito; o objeto tem, assim, sua determinação em formação, ele não é uma mera realidade à parte do sujeito. Tais digressões tornaram-se muito conhecidas com a dialética do senhor e do escravo, uma das passagens fundamentais do processo de formação da consciência com a qual é explicada a importância da relação com o outro na constituição da identidade. Esta passagem teve uma influência considerável no tratamento da análise da consciência alienada em Marx e, contemporaneamente, nas teorias de Jean-Paul Sartre (1905-1980) e na teoria psicanalítica de Jacques Lacan (1901-1981).

Numa perspectiva mais específica, dentre muitas, a contribuição de Hegel deixou marcas no contexto da história do pensamento, pois foi o primeiro filósofo a elaborar uma filosofia da história da filosofia. A partir dele, todas as histórias da filosofia aplicaram sua forma de periodização e começaram a utilizar os mesmos critérios interpretativos, ou foram influenciadas por eles, para dividir e tratar conceitualmente os períodos. Historiadores da filosofia como Victor Cousin (1792-1867) na França e Edward Zeller (1814-1904) na Alemanha se inspiraram em Hegel.

A filosofia de Hegel também foi alvo de críticas. Ainda em vida Hegel foi criticado por Schelling, que questionou a noção de "movimento autônomo do conceito". As críticas foram mais acirradas nas novas gerações, sobretudo por parte de filósofos como Shopenhauer, Kierkegaard e Nietzsche ao longo do século XIX. Apesar delas, teve importantes seguidores como Wilhelm Dilthey (1833-1911), que extraiu da filosofia de Hegel a importância da perspectiva histórica, introduzindo-a na releitura da crítica da razão teórica kantiana. Dilthey defendeu também a noção de ciências humanas ou culturais, as "ciências do espírito" (*Geisteswissenschaften*) no sentido hegeliano, como complementares às ciências naturais (*Naturwissenschaften*). Tais empreendimentos são de grande monta, sendo discutidos na atualidade no campo da epistemologia. A filosofia de Dilthey teve, por fim, repercussões significativas sobre o pensamento de Martin Heidegger (1889-1976).

A influência mais marcante de Hegel na Alemanha, contudo, deu-se no contexto da filosofia política e da filosofia do direito. Formou-se uma famosa distinção entre os "velhos" e os "jovens hegelianos", também conhecidos por "hegelianos de direita" e "hegelianos de esquerda". Os hegelianos de direita radicalizaram a noção de racionalismo de Hegel, dando uma interpretação basicamente conservadora à sua teoria do direito e do Estado, com a defesa, em alguns casos, do nacionalismo germânico. No século XIX, destacaram-se, dentre eles, David Friedrich Strauss (1808-1874), Kuno Fischer (1824-1907), Karl Friedrich Rosenkranz (1805-1879) e Karl Prantl. Os hegelianos de esquerda foram críticos do Estado e da religião, enfatizando a importância da dialética. Neste grupo destacaram-se Ludwig Feuerbach (1804-1872), Bruno Bauer (1809-1872), Arnold Ruge (1802-1880) e Max Stirner (1806-1856), cujas obras foram criticadas por Karl Marx e Friedrich Engels (1820-1895).

 **Obras**

Grandes escritos sistemáticos publicados por Hegel

1807. *Phänomenologie des Geistes* (Fenomenologia do espírito).

1812-1816. *Wissenschaft der Logik* (Ciência da lógica).

1812. *Das Sein* (O Ser).

1813. *Die Lehre vom Wesen* (A doutrina da essência).

1816. *Die Lehre vom Begriff* (A doutrina do conceito).

1817. *Enzyklopädie der philosophischen Wissenschaften im Grundrisse* (Enciclopédia das ciências filosóficas em compêndio, com reedição revista e ampliada pelo pensador em 1827 e 1830).

1821. *Grundlinien der Philosophie des Rechts* (Linhas fundamentais da filosofia do direito).

Outros escritos de Hegel[11]

1. Escritos de juventude – até 1800 (Frühe Schriften)

1795. *Das Leben Jesu* (Vida de Jesus).

1797-1800. *Der Geist des Christentums und sein Schicksal* (O espírito do cristianismo e seu destino).

2. Escritos de Iena - 1801-1807 (Jenaer Schriften)

1801. *Differenz des Fichte'schen und Schelling'schen Systems der Philosophie* (A diferença entre os sistemas filosóficos de Fichte e de Schelling – Foi o primeiro livro publicado por Hegel).

1801. *Dissertatio Philosophica de Orbitis Planetarum* (Dissertação filosófica sobre a órbita dos planetas).

1802. *Glauben und Wissen (oder die Reflexionsphilosophie der Subjectivität, in der Vollständigkeit ihrer Formen, als Kantische, Jacobische und Fichtesche Philosophie)* (Fé e Razão).

1800-1802. *Die Verfassung Deutschlands* (A constituição alemã).

1802. *Verhältniss des Skepticismus zur Philosophie* (A relação do ceticismo com a filosofia).

1802. *Über das Wesen der philosophischer Kritik überhaupt* (Sobre a essência da crítica filosófica em geral).

1802-1803. *System der Sittlichkeit* (Sistema da eticidade).

1802-1803. *Über die wissenschaftlichen Behandlungsarten des Naturrechts, seine Stelle in der praktischen Philosophie und sein Verhältniss zu den positiven Rechtswissenschaften* (Maneiras de tratar cientificamente o direito natural, de seu lugar na filosofia prática e de sua relação às ciências positivas do direito).

1804-1805. *Logik, Metaphysik und Naturphilosophie* (Lógica, metafísica e filosofia da natureza).

1805-1806. *Philosophie des Geistes* (Filosofia do espírito, conhecida também como a Filosofia do espírito da *Realphilosophie*).

3. Escritos de Nuremberg e Heidelberg – 1808-1817 (Nürnberger und Heidelberger Schriften)

1808-1811. *Philosophischen Propädeutik* (Propedêutica filosófica).

1816-1817. *Verhandlungen in der Versammlung der Landstände des Königreichs Württemberg im Jahr 1815 und 1816. XXXIII Abteilungen* (Análise crítica dos trinta e três cadernos impressos dos Atos da assembleia dos estados do reino de Wurtemberg em 1815 e 1816).

1817-1818. *Vorlesungen über Naturrecht und Staatswissenschaft. Heidelberg* (Lições sobre o direito natural e ciência do estado). Heidelberg.

4. Escrito de Berlim – 1818-1831 (Berliner Schrift)

1831. *Über die englische Reformbill* (A propósito do "Reformbill" inglês).

5. Lições

Vorlesungen über die Ästhetik (Lições sobre a estética).

Vorlesungen über die Geschichte der Philosophie (Lições sobre a história da filosofia).

Vorlesungen über die Philosophie der Religion (Lições sobre a filosofia da religião).

Vorlesungen über die Philosophie der Weltgeschichte (Lições sobre a filosofia da história universal).

Vorlesungen über Rechtsphilosophie (Lições sobre a filosofia do direito).

6. Correspondência

1969. *Briefe von und an Hegel* (Correspondência de e para Hegel, organizada por J. Hoffmeister com 4 volumes).

I. Edições completas das obras de Hegel

Hegel's Werke, edição de "Berlim", organizada por uma "Sociedade de amigos do falecido" (*Verein von Freunden des Verewigten*), logo após a morte do filósofo, composta por seus alunos e seguidores, dos quais participavam Philipp Marheineke, Johannes Schulze, Edward Gans, Leopold von Henning, Heinrich Gustav Hotho, Karl Ludwig Michelet e Friedrich Förster (1. ed. de Berlim, 1832-1845; 2. ed., 1840-1847), 18 vol., aos quais foram acrescentados, em 1887, 2 volumes sobre a *Correspondência* de Hegel (*Briefe von und an Hegel*), organizados por Karl Hegel.

Sämtliche Werke, edição do "Jubileu" (*Jubiläumausgabe*), organizada por Hermann Glockner, *Stuttgart*: Friedrich Frommans Verlag, 1927-1940, 26 vol. Apresenta, no prólogo do volume 1, *A Dissertatio Philosophica de Orbitis Planetarum*, de G.W.F. Hegel (1801), uma crítica a Newton, e os *Fundamentos da Filosofia da Natureza*. Possui, também, um Hegel-*Lexikon*. Participaram da edição Ludwig Bonmann, Friedrich Förster, Edward Gans, Karl Hegel, Leopold von Henning, Heinrich Gustav Hotho, Philipp Marheineke, Karl Ludwig Michelet, Karl Rosenkranz und Johannes Schulze. Possui um retrato do autor no frontispício do vol. 21.

Sämtliche Werke, organizada por Georg Lasson, Leipzig, Felix Meiner, "Die philosophische Bibliothek", 1913-1938, 21 vol.

Sämtliche Werke, edição crítica organizada por Johannes Hoffmeister e colaboradores do "Hegel-Archiv" de Bonn, Hamburg, Felix Meiner, "Die philosophische Bibliothek", 1952- [19-], 32 vol.

Werke, baseada na edição de 1832-1845, e organizada pelo grupo de amigos do finado, com nova edição de Eva Moldenhauer e Karl Markus Michel, Frankfurt a. Main, Suhrkamp, 1974-1977, 20 vol.

Gesammelte Werke, edição crítica coordenada pela *Deutschen Forschungsgemeinschaft*, tendo como editor científico a *Rheinisch-Westfälischen Akademie der Wissenschaften* [*dann der Nordrhein-westfälischen Akademie der Wissenschaften*], formada por um grupo de especialistas de Hegel, Hamburg, Felix Meiner Verlag, 1968-2001, 21 vol. É, sem dúvida, a nova e monumental edição com pretensões de ser a edição crítica definitiva do *corpus* hegeliano.

II. Textos publicados por Hegel com edição em língua portuguesa

Fenomenologia do espírito. Tradução de Paulo Meneses com a colaboração de Karl-Heinz Efken e José Nogueira Machado. 7. ed. Petrópolis: Vozes, 2002. Inclui bibliografia e glossário. Esta tradução é baseada na edição crítica de Hans Friedrich Wessels e Heinrich Clairmont (*Gesammelte Werke*, 9), e na versão de A.V. Miller (*Phenomenology of Spirit*. Oxford: Oxford University Press, 1977), ambas baseadas também na edição de Johannes Hoffmeister (*Die philosophische Bibliothek*, 114).

Fenomenologia do espírito. Tradução e notas de Henrique Cláudio de Lima Vaz. São Paulo: Abril, 1985. Coleção "Os Pensadores", com a publicação das partes: Prefácio, Introdução, Capítulos 1 e 2 da seção A (Consciência).

Enciclopédia das Ciências Filosóficas em Compêndio. Vol. I: A ciência da lógica; Vol. II: Filosofia da Natureza; Vol. III: Filosofia do Espírito. Texto completo, com os adendos, traduzido por Paulo Meneses e Pe. José Machado. São Paulo: Loyola, 1995-1997.

Enciclopédia das Ciências Filosóficas em Epítome. Vol. I: A ciência da lógica; Vol. II: Filosofia da natureza; Vol. III: Filosofia do espírito. Tradução de Artur Morão. Lisboa: Ed. 70, 1988-1989.

Linhas fundamentais da filosofia do direito ou Direito natural e ciência do estado em compêndio. Tradução de Marcos Lutz Müller. Campinas: IFCH/Unicamp, com a publicação das partes:
1. *Introdução à filosofia do direito*, série Clássicos da filosofia, n. 10, 2005;
2. *O direito abstrato*, série Clássicos da filosofia, n. 5, 2003;
3. *A sociedade civil*, série Clássicos da filosofia, n. 6, 2003 (encontrada também na série Textos didáticos, n. 21, 2000, com uma seleção dos Apontamentos das "Lições" de 1822/1823 e 1824/1825);
4. *O Estado*, série Textos didáticos, n. 32, 1998.
A edição completa aguarda ainda seu lançamento. No entanto, sua precisão e riqueza de informações são bons motivos para consulta.

Princípios da filosofia do direito. Tradução de Orlando Vitorino. São Paulo: Martins Fontes, 2000 [e Lisboa: Guimarães, 1990].

Princípios da filosofia do direito. Tradução de Norberto de Paula Lima. São Paulo: Ícone, 1997.

III. Textos publicados após a morte de Hegel com edição em língua portuguesa

A razão na história: introdução à filosofia da história universal. Tradução de Artur Morão. Lisboa: Ed. 70, 1995.

A razão na história: uma introdução geral à filosofia da história. Tradução do inglês de Beatriz Sidou e apresentação de Robert Hartman. São Paulo: Centauro, 2004.

A sociedade civil burguesa. Apresentação de Jean-Pièrre Lefebvre e tradução do francês de José Saramago. Lisboa: Estampa, 1979.

Como o senso comum compreende a filosofia. Tradução de Eloisa Araujo Ribeiro e apresentação de Jean-Marie Lardic. São Paulo: Paz e Terra, 1995.

Curso de estética: *o belo na arte*. Tradução de Orlando Vitorino. São Paulo: Martins Fontes, 1996.

Curso de estética: o sistema das artes. Tradução de Álvaro Ribeiro. São Paulo: Martins Fontes, 1997.

Cursos de estética. Tradução de Marco Aurélio Werle e Oliver Tolle. São Paulo: Edusp, 1999-2000. 2 vol. Inclui um glossário alemão-português.

Discursos sobre educação. Tradução e introdução de Maria Ermelinda Trindade Fernandes. Lisboa: Colibri, 1994.

Estética. 2. ed. Tradução de Orlando Vitorino e Álvaro Ribeiro. 7 vol. Lisboa: Guimarães, 1964-1974.

Estética: *o belo artístico ou o ideal*. Tradução de Orlando Vitorino. 5. ed. Coleção "Os Pensadores". São Paulo: Nova Cultural, 1991.

Estética: a ideia e o ideal. Tradução de Orlando Vitorino 5. ed. Coleção "Os Pensadores" São Paulo: Nova Cultural, 1991.

Filosofia da história. Tradução de Maria Rodrigues e Hans Harden. Brasília: UnB, 1995.

Introdução à história da filosofia. Tradução de António Pinto de Carvalho. 4. ed. Coimbra: Armênio Amado, 1980. O texto se encontra também na Coleção "Os Pensadores", volume Hegel.

Introdução à história da filosofia. Tradução de Euclidy Carneiro da Silva. São Paulo: Hemus, 1983 (reeditada em 1986 no Rio de Janeiro: Tecnoprint).

Introdução às lições sobre história da filosofia. Tradução de José Barata-Moura. Porto: Porto Ed., 1995.

O sistema da vida ética. Tradução de Artur Morão. Lisboa: Ed. 70, 1991.

Propedêutica filosófica. Tradução de Artur Morão. Lisboa: Ed. 70, 1989.

Textos dialéticos. Tradução de Djacir Menezes. Rio de Janeiro: Zahar, 1969.

 **SELEÇÃO DE TEXTOS**

A filosofia tem como tarefa compreender o efetivo

É justamente em relação a *esta posição da filosofia no que diz respeito à efetividade* que se traçaram mal-entendidos, e eu retorno, assim, ao que remarquei precedentemente: a filosofia, porque ela é um *exame aprofundado do racional*, é, por isso, mesmo a *apreensão* do *presente* e do *efetivo*, [e] não o estabelecimento de um *além* que deveria ser Deus, não se sabe onde – ou que se saiba bem dizer de fato onde ele está, a saber, no erro de um pensamento egoico, vazio, unilateral. No curso do tratado que segue, remarquei que mesmo a República *platônica*, que passa pelo exemplo proverbial de um *ideal vazio*, não apreendeu essencialmente outra coisa que não seja a natureza da eticidade grega [;] então foi necessário a *Platão*, consciente de que se tratava da irrupção de um princípio mais profundo nela [na eticidade], o qual somente poderia, de maneira imediata, aparecer nela como uma aspiração ainda insatisfeita e como um fator de corrupção, procurar socorro na aspiração contra ela-mesma [;] mas este socorro, que deveria provir dos céus, ele somente o pôde procurar primeiramente numa forma particular, *externa*, nesta eticidade, graças à qual ele imaginava reduzir esta corrupção em seu poder, e pela qual ele fere justamente da [forma] mais radical a sua impulsão mais forte, a personalidade livre infinita. Mas ele demonstrou que era um grande espírito precisamente porque o princípio em torno do qual gira o aspecto distintivo de sua ideia é o eixo em volta do qual giraram as revoluções do mundo que então se preparavam.

> O que é racional é efetivo;
> O que é efetivo é racional.

É nesta convicção que se sustenta toda consciência imparcial, bem como a filosofia, e é dela que ela parte no exame do universo *espiritual* e *natural*. [...] Importa, pois conhecer, na aparência do que é temporal e passageiro, a substância que é imanente e eterna que está presente. Porque o racional, que é sinônimo de ideia, penetrando ao mesmo tempo em sua efetividade na existência externa, avança no meio de uma riqueza infinita de formas, de fenômenos e de configurações, e envolve seu centro de uma crosta colorida na qual a consciência se aloja primeiramente [;] esta crosta, somente o conceito a perfura para encontrar a pulsação interna e sentir ainda seu batimento, mesmo nas configurações externas.

Grundlinien der Philosophie der Rechts. "Vorrede". Editado por Johannes Hoffmeister. Hamburg: F. Meiner, 1955, p. 14-15.

O efetivo é o essencial

A filosofia, ao contrário, não considera a determinação *inessencial*, mas a determinação enquanto ela é essencial. Seu elemento e seu conteúdo não é o abstrato e o inefetivo, mas sim o *efetivo*, que se põe a si mesmo e é em si vivente; o ser-aí em seu conceito. É o processo que produz e percorre os seus momentos; e o movimento total constitui o positivo e sua verdade. Movimento esse que também encerra em si o negativo, que mereceria o nome de falso se fosse possível tratar o falso como algo de que se tivesse de abstrair. Ao contrário, o que deve ser tratado como essencial é o próprio evanescente; não deve ser tomado na determinação de algo fixo, cortado do verdadeiro, deixado fora dele não se sabe onde; nem tampouco o verdadeiro como um positivo morto jazendo do outro lado.

Phänomenologie des Geistes. "Vorrede". Neu hrsg. von Hans-Friedrich Wessels und Heinrich Clairmont mit einer Einleitung von W. Bonsiepen, Band 9. Hamburg: F. Meiner, 1988, p. 34-35.

A filosofia apreende seu tempo em pensamento

Conceitualizar o *que é*, é a tarefa da filosofia, porque o *que é*, é a razão. No que concerne o indivíduo, cada um é, de todo modo, um *filho de seu tempo*; assim, a filosofia é, ela também, *seu tempo apreendido em pensamento*. É completamente tolo sonhar que alguma filosofia ultrapasse o mundo presente, seu mundo, bem como que um indivíduo salte além do seu tempo, que ele salte acima de Rhodes.

Grundlinien der Philosophie der Rechts. "Vorrede". Editado por Johannes Hoffmeister. Hamburg: F. Meiner, 1955, p. 16.

O saber absoluto

O verdadeiro é o todo. Mas o todo é somente a essência que atinge a completude por meio do seu desenvolvimento. Sobre o absoluto deve-se dizer que ele é essencialmente *resultado*; que é somente no *fim* que em verdade ele é o que é; e é nisto justamente que consiste sua natureza, de ser algo de efetivo, sujeito, ou vir-a-ser-de-si-mesmo.

Phänomenologie des Geistes. "Vorrede". Neu hrsg. von Hans-Friedrich Wessels und Heinrich Clairmont mit einer Einleitung von W. Bonsiepen, Band 9. Hamburg: F. Meiner, 1988, p. 15.

O ser é passagem

O fenômeno é o nascer e desaparecer que não nasce nem desaparece, mas que, em si, constitui a efetividade e o movimento da vida da verdade. O verdadeiro é assim o delírio báquico, onde não há membro que não esteja ébrio; e porque cada membro, ao separar-se, também se dissolve imediatamente, esse delírio é ao mesmo tempo repouso translúcido e simples. Perante o tribunal desse movimento não subsistem nem as figuras singulares do espírito, nem os pensamentos determinados; pois aí tanto são necessários momentos positivos quanto negativos e evanescentes. No *todo* do movimento, compreendido como estado de repouso, o que nele se diferencia e se dá um ser-aí particular é conservado como algo que se *rememora*, cujo ser-aí é o saber de si mesmo; como esse saber é também imediatamente um ser-aí.

Phänomenologie des Geistes. "Vorrede". Neu hrsg. von Hans-Friedrich Wessels und Heinrich Clairmont mit einer Einleitung von W. Bonsiepen, Band 9. Hamburg: F. Meiner, 1988, p. 35.

Filosofia como pensamento do mundo

Para dizer ainda uma palavra do *ensinamento* que diz como o mundo deve ser, a filosofia, de todo modo, vem sempre muito tarde. Enquanto *pensamento* do mundo, ela aparece somente no tempo precedente [ao qual] a efetividade terminou seu processo de cultura e retornou a si. O que o conceito ensina, a história mostra necessariamente do mesmo modo; é somente na maturidade da efetividade que o ideal aparece face ao real e edifica para si este mesmo mundo, compreendido na sua substância, sob a figura de um reino intelectual. Quando a filosofia pinta seu cinza sobre cinza, então uma figura de vida se torna velha e, com este cinza com cinza, ela não se deixa rejuvenescer, mas somente conhecer; a coruja de Minerva somente alça seu voo ao anoitecer.

Grundlinien der Philosophie der Rechts. "Vorrede". Editado por Johannes Hoffmeister. Hamburg: F. Meiner, 1955, p. 17.

A onipresença da dialética

Tudo que se encontra ao nosso redor pode ser considerado como um exemplo do dialético. Sabemos que tudo que é finito, ao invés de ser qualquer coisa firme e concluída, é muito variável e passageira, e isto não é nada mais que a dialética do finito, pela qual esta última, enquanto ela é em si o outro de si mesma, é levada também além do que ela é imediatamente, e se modifica em seu oposto. Se foi dito anteriormente (§ 80) que o entendimento poderia ser considerado como o que está contido na representação da *bondade* de Deus, é necessário remarcar agora que tomando a dialética no mesmo sentido (objetivo), seu princípio corresponde à representação da *potência* de Deus. Nós dizemos que todas as coisas (quer dizer, todo o ser finito enquanto tal) passam em julgamento e temos nisto a intuição da dialética como da potência universal irresistível diante da qual nada, por mais segura e firme que possa parecer, tenha o poder de subsistir. Com esta determinação ainda não está esgotada, seguramente, a profundidade da essência divina, o conceito de Deus, mas ela forma um momento essencial de toda consciência religiosa. Em seguida, a dialética também se faz valer em todas as esferas e formações particulares do mundo natural e do mundo espiritual. Assim, por exemplo, no movimento dos corpos celestes. Um planeta se encontra agora neste lugar, mas ele tem em si para ser, de estar também em um outro lugar, e, se movendo, leva à existência este ser-outro que é o seu. [...] No que concerne à presença da dialética no mundo do espírito e, mais precisamente, no domínio do que depreende do direito e da ética, somente é necessário lembrar aqui como, em virtude de uma experiência universal, o grau extremo de um estado ou de um agir se reverte habitualmente em seu oposto, de modo que esta se encontre então também frequentemente reconhecida nos adágios. Assim, se diz por exemplo: "*Summum jus, summa injuria*", pelo qual se exprime que a justiça abstrata, elevada ao seu grau extremo, se reverte em injustiça.

Enzyklopädie der philosophischen Wissenschaften im Grundrisse (1830). Nova edição de Eva Moldenhauer e Karl Markus Michel. Frankfurt a. Main: Suhrkamp, 1986. Dritter Teil, Zusatz I [Adendo I] § 81, p. 174-175.

Exemplo de dialética

O botão desaparece no desabrochar da flor, e poderia dizer-se que a flor o refuta; do mesmo modo que o fruto faz a flor parecer um falso ser-aí da planta, pondo-se como sua verdade em lugar da flor: essas formas não só se diferenciam, mas também se repelem como incompatíveis entre si. Porém, ao mesmo tempo, sua natureza fluida faz delas momentos da unidade orgânica, na qual, longe de se contradizerem, todos são igualmente necessários. É essa igual necessidade que constitui unicamente a vida do todo.

Phänomenologie des Geistes. "Vorrede". Neu hrsg. von Hans-Friedrich Wessels und Heinrich Clairmont mit einer Einleitung von W. Bonsiepen, Band 9. Hamburg: F. Meiner, 1988, p. 04.

O processo revolucionário

Não é difícil, pois, de ver que nosso tempo é um tempo de nascimento e passagem a um novo período. O espírito rompeu com o mundo que até agora foi aquele de seu ser-aí e de sua representação, e ele se encontra sob o ponto de precipitá-los no passado para envolvê-los, bem como engajá-los no trabalho de sua transformação. Com efeito, ele não está jamais em repouso, mas envolvido em seu movimento sempre progressivo. No entanto, da mesma forma que se passa com a criança após uma longa nutrição silenciosa, a primeira respiração interrompe um tal devir gradual da progressão do simples crescimento – aí se encontra um salto qualitativo – e eis que a criança nasceu, da mesma forma o espírito em processo de se formar amadurece lenta e silenciosamente indo além da nova figura, ele desintegra fragmento após fragmento do edifício de seu *mundo* precedente, enquanto seu vacilamento é somente indicado por sintomas isolados; a insuficiência, bem como a dificuldade que vem operar fissuras no que subsiste, o pressentimento indeterminado de alguma coisa desconhecida, são signos que antecedem o começo da corrida de alguma coisa que está em preparação. Este desmantelamento progredindo pouco a pouco, que não alterava a fisionomia do todo, é interrompido pela eclosão do dia, que, tal como um raio, instala de repente a configuração do novo mundo.

Phänomenologie des Geistes. "Vorrede". Neu hrsg. von Hans-Friedrich Wessels und Heinrich Clairmont mit einer Einleitung von W. Bonsiepen, Band 9. Hamburg: F. Meiner, 1988, p. 9-10.

A força do espírito

O conhecimento do espírito é o mais concreto, portanto, o mais alto e o mais difícil. "*Conhece-te a ti mesmo*" – esse mandamento absoluto não tem nem em si, nem onde se apresenta historicamente como expresso, a significação de ser apenas um *autoconhecimento*, segundo as *particulares* aptidões, o caráter, as inclinações e as fraquezas do indivíduo; mas [tem] a significação do conhecimento do que há de verdadeiro no homem, como [também] do verdadeiro em si e para si – da *essência* mesma enquanto espírito.

Enzyklopädie der philosophischen Wissenschaften im Grundrisse (1830). Neu hrsg. von Friedhelm Nicolin und Otto Pöggeler. Hamburg: Felix Meiner, 1969. Dritter Teil, § 377, p. 311.

Todo o agir do espírito é só um compreender de si mesmo

A dificuldade do conhecimento filosófico do espírito consiste em que aqui não temos mais de tratar com a ideia lógica simples, relativamente abstrata, mas com a forma a mais concreta, a mais desenvolvida que a ideia alcança na efetivação dela mesma. Também o espírito finito ou subjetivo – [e] não simplesmente o espírito absoluto – deve ser compreendido como uma realização efetiva da ideia. A consideração do espírito só é, em verdade, filosófica quando reconhece o conceito do espírito em seu desenvolvimento e em sua efetivação vivos, isto é, precisamente quando reconhece o espírito como uma imagem da ideia eterna. Mas conhecer o seu conceito pertence à natureza do espírito. O desafio ao autoconhecimento, lançado pelo Apolo délfico aos gregos, não tem, pois, o sentido de um preceito dirigido de fora ao espírito humano por uma potência estranha; antes, o deus que impele ao autoconhecimento não é outra coisa senão a própria lei absoluta do espírito. Por esse motivo, todo o agir do espírito é só um compreender a si mesmo, e a meta de toda a ciência verdadeira é que o espírito se conheça a si mesmo em tudo o que há no céu e na terra. Para o espírito não existe absolutamente nada que seja totalmente outro. Mesmo o oriental não se perde inteiramente no objeto de sua adoração, mas foram os gregos que primeiro compreenderam expressamente como sendo espírito o que contrapunham a si mesmos como sendo o divino; no entanto, tampouco atingiram, nem na filosofia nem na religião, o conhecimento da infinitude absoluta do espírito. Por isso, a relação do espírito humano com o divino ainda não é, entre os gregos, absolutamente livre. Só o cristianismo, pela doutrina da encarnação de Deus e da presença do Espírito Santo na comunidade crente, deu à consciência humana uma relação completamente livre para com o infinito, e, desse modo, tornou possível o conhecimento conceituante do espírito em sua infinitude absoluta.

Enzyklopädie der philosophischen Wissenschaften im Grundrisse (1830). Nova edição de Eva Moldenhauer e Karl Markus Michel. Frankfurt a. Main: Suhrkamp, 1986. Dritter Teil, Zusatz [Adendo ao] § 377, p. 9-10.

O espírito é a pura atividade

O espírito não é algo em repouso; ao contrário, é o absolutamente irrequieto, a pura atividade, a negação ou a idealidade de todas as determinações-do-entendimento fixas. Não é abstratamente simples, mas em sua simplicidade, ao mesmo tempo, é um diferenciar-se de si mesmo. Não é uma essência já pronta, antes de seu manifestar-se, ocultando-se por trás dos fenômenos; mas, na verdade, só é efetivo por meio das formas determinadas de sua necessária revelação de si; e não (como aquela psicologia acreditava) uma alma-coisa, que está somente em uma relação exterior para com o corpo, se não interiormente ligado ao corpo pela unidade do conceito.

Enzyklopädie der philosophischen Wissenschaften im Grundrisse (1830). Nova edição de Eva Moldenhauer e Karl Markus Michel. Frankfurt a. Main: Suhrkamp, 1986. Dritter Teil, Zusatz [Adendo ao] § 378, p. 12.

O espírito e a contradição

A substância do espírito é a liberdade, isto é, o fato de não ser dependente de um outro, e referir-se a si mesmo. O espírito é o conceito efetivamente realizado, que é para si mesmo, [e] que a si mesmo tem por objeto. Nessa unidade, presente nele, do conceito e da objetividade, consiste, ao mesmo tempo, sua verdade e sua liberdade. A verdade, como disse Cristo, torna livre o espírito: a liberdade o torna verdadeiro. A liberdade do espírito, porém, não é simplesmente a independência do outro, conquistada fora do outro, mas no outro; não chega à efetividade pela fuga perante o outro, mas pela vitória sobre ele. O espírito pode sair de sua universalidade abstrata sendo para si, de sua relação simples para consigo mesmo; pode pôr em si mesmo uma diferença determinada, efetiva, um outro que é o eu simples, portanto, um negativo: e essa relação com o outro não é para o espírito simplesmente possível, mas necessária, porque ele chega, mediante o outro e mediante a suprassunção deste, a se comprovar como aquilo – e a ser, de fato, aquilo – que deve ser segundo o seu conceito, a saber, a idealidade do exterior, a ideia que a si retorna em seu ser-outro, ou, exprimindo de modo mais abstrato, o universal que se diferencia a si mesmo, e é, junto de si e para si, em sua diferença. O outro, o negativo, a contradição, a cisão, pertencem assim à natureza do espírito. Nessa cisão reside a possibilidade da *dor*. A dor, portanto, não vem de fora do espírito, como se imaginava ao questionar de que maneira a dor chegou ao mundo. Assim, como a dor, tampouco vem de fora para o espírito o *mal*, o negativo do espírito infinito, sendo em si e para si; ao contrário, o mal não é outra coisa que o espírito situando-se na ponta de sua singularidade.

Enzyklopädie der philosophischen Wissenschaften im Grundrisse (1830). Nova edição de Eva Moldenhauer e Karl Markus Michel. Frankfurt a. Main: Suhrkamp, 1986. Dritter Teil, Zusatz [Adendo ao] § 382, p. 26.

O Estado e a liberdade subjetiva e objetiva

O Estado é a efetividade da liberdade concreta; mas a *liberdade concreta* consiste em que a singularidade da pessoa e seus interesses particulares tenham o seu *desenvolvimento* completo e o *reconhecimento de seu direito* para si (no sistema da família e da sociedade civil), da mesma forma que, de uma parte, *passem* por si mesmos ao interesse do universal, [e] de outra parte, com [seu] saber e [seu] querer, reconheçam este, em circunstância como seu próprio *espírito substancial*, e são *ativos* em seu serviço, enquanto que ele é seu *fim último* [;] deste modo, nem o universal não vale e é consumado sem o interesse, o saber e o querer particulares, nem os indivíduos vivem simplesmente para este último, enquanto pessoas privadas, sem querer ao mesmo tempo em e pelo universal e ter uma atividade eficaz consciente desse fim. O princípio dos Estados modernos tem este vigor e profundidade prodigiosas de deixar o princípio da subjetividade plenificar-se até o *extremo subsistente por si* da particularidade pessoal e, ao mesmo tempo, de *reconduzi-lo* à *unidade substancial*, e, assim, de manter essa unidade substancial neste princípio da subjetividade.

Grundlinien der Philosophie der Rechts. Editado por Johannes Hoffmeister. Hamburg: F. Meiner, 1955, § 260, p. 214-215.

O Estado e o desenvolvimento racional

É somente no Estado que o homem tem uma existência conforme a razão. O fim de toda educação é a de que o indivíduo não permaneça como um ser subjetivo, mas que ele se dê uma objetividade no Estado. Um indivíduo pode muito bem fazer do Estado um meio que lhe permita alcançar isto ou aquilo. Mas o verdadeiro é que cada um cuide da coisa ela mesma e elimine o que é inessencial. Tudo que o homem é, ele o deve ao Estado; é somente nele que ele tem sua essência. Todo o valor que o homem possui, toda efetividade espiritual, ele somente as possui pelo Estado. O que constitui sua efetividade espiritual é que este mesmo ser dotado de saber, sua essência, o racional, se deem a título de objeto, que eles tenham por si uma existência objetiva, imediata; é somente assim que ele é consciência, somente assim que ele se encontra no interior do costume ético; da vida jurídica e ética do Estado. Porque o verdadeiro é a unidade da vontade universal e da vontade subjetiva, e o universal reside, no interior do Estado, nas leis, nas determinações universais e racionais.

Vorlesungen über die Philosophie der Weltgeschichte. Band I: *Die Vernunft in der Geschichte*. Editado por Johannes Hoffmeister. Hamburg: Felix Meiner, 1955, p. 111-112.

A história universal

A forma concreta que reveste o espírito (que nós concebemos essencialmente como autoconsciência) não é aquela de um indivíduo humano singular. O espírito é essencialmente indivíduo; mas no elemento da história universal nós não temos nada a ver com pessoas singulares reduzidas à sua individualidade particular. Na história, o espírito é um indivíduo de uma natureza ao mesmo tempo universal e determinada: um povo; o espírito que nos interessa é o *espírito de um povo*. Os espíritos populares por sua vez se distinguem segundo a representação que fazem de si, segundo a superficialidade ou a profundidade com a qual compreenderam o espírito. A ordem ética dos povos e seu dever constituem a consciência que o espírito tem de si. Eles são o conceito que o espírito tem de si. O que se realiza na história é, pois, a representação do espírito. A consciência dos povos depende do saber que o espírito tem de si; e a consciência última à qual tudo se dirige é aquela da liberdade humana. À consciência do espírito deve se dar uma forma concreta no mundo; a matéria desta encarnação, o solo sobre o qual ele lança raízes é somente a consciência geral; a consciência de um povo. Esta consciência contém, orienta todos os fins e os interesses do povo: é ela que constitui seus costumes, seu direito, sua religião etc. Ela forma a substância do espírito de um povo; e mesmo se os indivíduos não são conscientes, ela permanece como sua pressuposição. [...]

O espírito popular é essencialmente um espírito particular, mas, ao mesmo tempo, somente o espírito universal absoluto – porque este é único. O *espírito do mundo* é o espírito do universo tal qual se explicita na consciência humana. Entre ele e os homens há a mesma relação que entre os indivíduos e o todo que é sua substância. Este espírito do mundo é conforme o espírito divino, o qual é o espírito absoluto. Na medida em que Deus é onipresente, ele existe em cada homem e aparece em cada consciência: isto é o espírito do mundo. O espírito particular de um povo pode declinar, desaparecer, mas forma uma etapa na marcha geral do espírito do mundo, e este não pode desaparecer.

Vorlesungen über die Philosophie der Weltgeschichte. Band I: *Die Vernunft in der Geschichte*. Editado por Johannes Hoffmeister. Hamburg: Felix Meiner, 1955, p. 59-60.

1. HEGEL, G.W.F. Die Verfassung Deutschlands (1800-1802). Einleitung. In: *Frühe Schriften*. Werke in zwanzig Bänden, I. Frankfurt a. Main: Suhrkamp, 1971.

2. Maximilien Marie Isidore de Robespièrre, 1758-1794.

3. HEGEL, G.W.F. *Phänomenologie des Geistes*. "Vorrede". Neu hrsg. von Hans-Friedrich Wessels und Heinrich Clairmont mit einer Einleitung von W. Bonsiepen, Band 9. Hamburg: F. Meiner, 1988, p. 6.

4. HEGEL, G.W.F. Op. cit., p. 51.

5. HEGEL, G.W.F. *Phänomenologie des Geistes*. Op. cit., p. 52.

6. HEGEL, G.W.F. *Enzyklopädie der philosophischen Wissenschaften im Grundrisse* (1830). Neu hrsg. von Friedhelm Nicolin und Otto Pöggeler. Hamburg: Felix Meiner, 1969. Einleitung, § 13, p. 47.

7. HEGEL, G.W.F. *Enzyklopädie der philosophischen Wissenschaften im Grundrisse* (1830). Op. cit. Einleitung, § 14, p. 47-48.

8. HEGEL, G.W.F. *Wissenschaft der Logik*. Das Sein. Einleitung. Neu herg. Von Hans-Jüergen Gawoll, mit einer Einleitung von Friedrich Hogemann und Walter Jaeschke. Hamburg: Felix Meiner, 1986, p. 17.

9. HEGEL, G.W.F. *Enzyklopädie der philosophischen Wissenschaften im Grundrisse* (1830). Op. cit., § 251, p. 204.

10. HEGEL, G.W.F. *Enzyklopädie der philosophischen Wissenschaften im Grundrisse* (1830).Op. cit., III, § 384, p. 384.

11. Hegel teve uma vastíssima produção filosófica. Além dos grandes escritos sistemáticos, alguns dos aqui chamados "outros escritos" foram publicados por ele mesmo, sendo, contudo, a sua maior parte, organizada por editores, através de manuscritos do pensador e apontamentos de aula elaborados pelos alunos.

Schelling

*Márcia Gonçalves**

 **O filósofo e o seu tempo**

Nascido em 27 de janeiro de 1775 na cidade de Leonberg, no sul da Alemanha, Friedrich Wilhelm Joseph Schelling é um daqueles filósofos de cuja vida não se pode dizer que foi comum. Ele era o que se costuma chamar de prodígio. Tanto que a tradicional Fundação Universitária de Tübingen reuniu, em 1790, o seu conselho para deliberar por sua admissão três anos antes do que era então permitido por lei. Graças a esta exceção, Schelling, que havia sido alfabetizado aos quatro anos de idade, sob influência de seu pai, diácono protestante e professor de teologia, pôde prosseguir em sua brilhante carreira acadêmica marcada sempre por esta precocidade. Aos 17 anos, apresenta sua dissertação de mestrado em filosofia, aos 20, defende sua tese de doutorado em teologia e aos 23, torna-se professor universitário.

No Seminário de Tübingen, Schelling vive a feliz coincidência de ter como companheiros de quarto dois importantes personagens da cultura alemã: Georg Friedrich Hegel (1770-1831), considerado um dos maiores filósofos da história, e o brilhante poeta Friedrich Hölderlin (1770-1843). Entusiastas da Revolução Francesa e críticos do sistema político feudal dominante na Alemanha, os três amigos decidem afastar-se da Igreja e passam a trabalhar como professores particulares em casas de nobres famílias.

Em novembro de 1795, Schelling emprega-se na casa dos jovens Barões von Riedesel, em Stuttgart, e, entre abril de 1796 e agosto de 1798, os acompanha na Universidade de Leipzig, onde aproveita para aprofundar seus conhecimentos de matemática e ciências naturais. Neste período, publica seus primeiros ensaios sobre filosofia da natureza, entre os quais destacam-se *Ideias para uma filosofia da natureza* de 1797 e *Da alma do mundo* de 1798. Este último livro em particular chama a atenção de J.W. Goethe (1749-1832) que, além do mais aclamado poeta alemão de todos os tempos e autor de interessantes ensaios sobre ciências da natureza, era ministro

---

* Márcia Gonçalves é doutora em Filosofia pela Freie Universität Berlin e professora-adjunta do Departamento de Filosofia da Universidade do Estado do Rio de Janeiro (UERJ).

em Jena, tornando-se então responsável pelo ingresso de Schelling como professor na universidade dessa cidade. Na virada do século XVIII para o XIX, Jena torna-se um grande polo de produção cultural da Alemanha, com destaque para a fundação do chamado Primeiro Romantismo Alemão – um movimento liderado pelos irmãos August e Friedrich Schlegel e integrados por jovens intelectuais como os poetas Novalis, Brentano e Sophie Merau, o autor de teatro Ludwig Tieck, o físico Wilhelm Ritter e o poeta e cientista Henrik Steffens. E é neste círculo, reunido com frequência nos *salons* organizados por Caroline Schlegel, esposa de August, que Schelling é calorosamente recebido e eleito o filósofo do primeiro romantismo.

De fato, as teses filosóficas de Schelling deste período, especialmente em relação à sua concepção de natureza e sobre a importância da poesia, se adequavam perfeitamente ao espírito do primeiro romantismo, mas esta harmonia de ideias será lentamente rompida com o episódio mais marcante de sua vida, que contraditoriamente pode ser visto como uma autêntica concretização do espírito romântico. Defensores da emancipação feminina e da liberação sentimental e sensual de homens e mulheres, o círculo de Jena acaba se dissolvendo a partir da crescente paixão entre Schelling e a anfitriã do grupo, Caroline Schlegel, doze anos mais velha que o jovem filósofo.

Politicamente perseguida pelo império prussiano e moralmente condenada pelos mais conservadores, Caroline recebeu do famoso escritor Friedrich Schiller o nada honroso apelido de "Dama Lúcifer", um provável trocadilho com o título do polêmico romance de Friedrich Schlegel *Lucinde* de 1799, cuja protagonista foi inspirada em seu comportamento amoroso liberal. Após ficar viúva aos 25 anos e perder dois de seus três filhos, muda-se para a cidade de Mainz onde se envolve com o movimento republicano e engravida de um militar francês. Após alguns meses de prisão, recebe um indulto, mas é rejeitada socialmente até encontrar o apoio dos irmãos Schlegel, com os quais forma o círculo dos primeiros românticos. Quando, em 1800, August Schlegel é chamado para Universidade de Berlim, Caroline decide permanecer em Jena, intensificando sua relação com o jovem Schelling. Neste mesmo ano, com apenas 15 anos, morre Auguste, a única das quatro crianças de Caroline que sobrevivera, e por quem Schelling tinha grande afeição. Este penoso acontecimento desencadeia um terrível boato de que o já filósofo da natureza teria impedido que a jovem recebesse atendimento médico tradicional para aplicar-lhe alguns de seus experimentos. Apesar do clima de intrigas, o romance de Schelling com Caroline se desenvolve, em princípio com uma certa "tolerância" do marido. Mas, a conselho e por intermédio do amigo Goethe, Caroline separa-se oficialmente de Schlegel e, em 1803, casa-se com o jovem amante. O casal Schelling muda-se para Würzburg, onde o filósofo consegue um novo cargo de professor universitário.

O período de Jena é marcado por uma intensa produção filosófica de Schelling, com destaque para a obra *Sistema do idealismo transcendental*, de 1800, o diálogo *Bruno ou Do princípio divino e natural das coisas*, de 1802, e os cursos de *Filosofia da arte* redigidos entre 1802 e 1803. Neste mesmo período, Schelling edita dois importantes periódicos científicos. No primeiro, intitulado *Periódico para uma física especulativa*, veiculado entre 1800 e 1801, Schelling publica entre outros o artigo "Exposição de meu sistema de filosofia", além de trabalhos do botânico Henrik Steffens e do médico Karl August Eschenmayer. No segundo, intitulado *Jornal crítico de filosofia*, editado entre 1801 e 1803 em parceria com o ainda amigo Hegel, foram publicados também importantes ensaios, como *Fé e saber*, de Hegel, e *Sobre a relação da filosofia da natureza com a filosofia em geral*, de Schelling.

Após a saída de Jena, a carreira de Schelling prossegue produtivamente. Suas preleções na Universidade de Würzburg atingem a frequência de 125 estudantes, o triplo da média dos outros cursos. Mas a popularidade de Schelling despertou também algumas inimizades, até que, em 1806, ele decide mudar-se para Munique. Neste mesmo ano, publica os *Aforismos sobre filosofia da natureza* no periódico intitulado *Anuários de medicina como ciência* que editou em parceria com o médico A.F. Marcus até o ano de 1808. Também neste período, Schelling concebe um de seus mais famosos escritos, o ensaio intitulado *Investigação filosófica sobre a essência da liberdade humana*, que reflete sua profunda conclusão acerca da inevitável tensão entre o bem e o mal na esfera da existência humana. No ano de sua publicação, em 1809, Schelling sofre um terrível choque com a morte repentina da amada Caroline, que o leva a um estado de depressão profunda. A jovem Pauline Gothe que, embora 11 anos mais jovem que Schelling, frequentara o círculo de Jena tornando-se amiga de Caroline, passa a corresponder-se com Schelling na tentativa de consolá-lo, mas este se mantém em intenso luto durante algum tempo. Pauline, assim como Caroline, era admirada por intelectuais de sua época, chegando a receber de Goethe alguns poemas. A correspondência entre Schelling e Pauline parece ter surtido efeito, pois, após um longo período de recolhimento, ele retoma sua produção em 1811 com a obra *As idades do mundo*, que permanecerá entretanto inacabada. Em 1812, Schelling casa-se com Pauline e gera com ela seis crianças. A primeira menina recebe o nome de Caroline. Embora jamais recuperado por completo da perda da primeira esposa, Schelling permaneceu casado com Pauline até o fim de sua longa vida. Viveu em Erlangen entre 1820 e 1826, até ser chamado pelo Rei Ludwig I de volta a Munique, onde se tornou presidente da Academia de Ciência da Baviera. Em 1841, é convidado por Friedrich Wilhelm IV para a Universidade de Berlim, onde, embora aguardado com grande expectativa, suas teorias sobre mitologia e revelação são muito malrecebidas, levando-o a abandonar os cursos cinco anos mais tarde.

A longevidade de Schelling e seu interesse pelas novidades científicas de sua época rendeu-lhe um fato histórico. De todos os importantes pensadores e artistas que surgiram no fim do século XVIII, Schelling foi um dos poucos a ser fotografado. Em 20 de agosto de 1854, Schelling morre, aos 79 anos de idade, em uma estação de tratamento na Suíça. Quatro meses depois, morre também sua esposa Pauline. Seu filho Karl Friedrich Schlelling é responsável pela primeira edição de suas obras reunidas, entre 1856 e 1861.

 ## A filosofia de Schelling

Uma das características essenciais da filosofia descrita por Schelling consiste em uma espécie de dobra sobre si mesma. Aquilo que costumamos entender como reflexão filosófica é para Schelling muito mais uma descoberta do pensamento filosófico de sua infinita potência de autocriação.

Com a tese de uma atividade criadora envolvida no ato especulativo da conceituação ou da "concepção" filosófica, Schelling pretende, por um lado, superar a tendência idealista predominante na cena filosófica de sua época e, por outro lado, contrabalançar o forte apelo unilateralmente racionalista inaugurado com o iluminismo moderno. Decorrente de suas primeiras reflexões filosóficas sobre a possibilidade da própria filosofia, a compreensão de que a elaboração de conceitos é ao mesmo tempo um ato criativo, ao contrário de reduzir o saber filosófico a uma interioridade subjetiva, representa para Schelling a garantia de que não apenas o conceito é algo objetivo, mas também aquilo que ele denomina *ideia*.

O conceito schellinguiano de ideia, identificável já no título de sua primeira obra sobre filosofia da natureza de 1797, remete não a um mero produto da atividade filosófica que deveria possuir um equivalente no mundo real ou objetivo, mas sim àquilo que podemos compreender como uma inteligência imanente à própria realidade. Por realidade objetiva devemos entender tudo aquilo que diz respeito aos seres e entes que se encontram no dito mundo exterior em relação à mente humana. Este mesmo mundo, em geral desprezado pelos filósofos do idealismo subjetivo, é denominado por Schelling como natureza. A natureza, contudo, não pode e não deve ser concebida como uma objetividade posta e oposta pela subjetividade humana. Ela é, ao contrário, a totalidade absoluta que tudo envolve, tudo abarca e em tudo habita, incluindo o ser humano ou espiritual.

A filosofia da natureza de Schelling é nitidamente uma resposta coerente e necessária a séculos de história da filosofia em que a razão humana é colocada em ascensão tanto teórica como prática em detrimento dos impulsos da natureza, considerados caóticos, irracionais e até mesmo nocivos. O resgate do aspecto positivo da natureza, entretanto, não depende apenas de uma conciliação teórica ou prática com a mesma, do tipo que se faz, por exemplo, quando se admite o conhecimento empírico como base da verdade ou quando se compreende que a resolução do dilema moral em torno da liberdade do ser humano depende da aceitação de sua limitação natural ou de sua finitude. A filosofia da natureza de Schelling pretende oferecer uma resposta ao problema da relação entre o homem e a natureza que seja pautada não somente por uma relação moral, capaz de sublimar os aparentes efeitos negativos da inevitável presença dos impulsos naturais e sensíveis no ser racional, nem somente por uma relação teórica, capaz de solucionar a dificuldade acerca da verdade enquanto adequação entre sujeito e objeto. A estratégia de Schelling baseia-se muito mais na descoberta de que se existe uma possibilidade de adequação ou de conciliação entre o mundo subjetivo ou ideal do ser humano e o mundo objetivo e real da natureza, esta deve ser buscada não no interior da mente ou da racionalidade subjetiva, mas sim no interior da própria natureza. O ponto de partida de Schelling para a elaboração de sua filosofia da natureza, que nitidamente se apresenta em reação crítica à doutrina de Fichte, está na ideia de que a totalidade expressa pelo conceito de absoluto não pode ser filosoficamente compreendida como uma subjetividade diante da qual a natureza seria apenas o lado negativo, o não eu, posto pelo eu absoluto. A natureza é muito mais propriamente o absoluto, pois sintetiza o universo como um todo. Ao contrário de ser posta ou de ser criada por uma inteligência que lhe é exterior, a natureza é ela mesma esta inteligência que se autopõe e se autocria.

Fica logo muito clara a necessidade de Schelling de combater a tese teológica do criacionismo, ao mesmo tempo em que se revela a grande influência que Schelling recebe do pensamento de Espinosa. Retomando os conceitos de *natura naturans* e *natura naturata*, cunhados também por Giordano Bruno, Schelling pretende demonstrar que a natureza pode ser didaticamente compreendida através destes dois diferentes aspectos, o primeiro como um infinito processo de produção, o segundo como sua posição na forma de produtos finitos. Infinitude e finitude, produtividade e produtos, através destes dois aspectos opostos e complementares ao mesmo tempo, desenvolve-se a dinâmica da totalidade da natureza.

A conciliação entre mundo ideal e subjetivo e mundo real e objetivo se faz, segundo Schelling, não como uma ponte entre a racionalidade humana e o processo da natureza, mas antes de tudo como uma íntima unidade entre a racionalidade imanente à natureza, compreendida como seu princípio de produtividade infinita, e seu aparente aspecto objetivo da multiplicidade de formas finitas. É claro que o problema do conhecimento da natureza pelo homem poderia permanecer através do questionamento sobre a veracidade da tese schellinguiana sobre a constituição da natureza como essa unidade de *natura naturans* e *natura naturata*. E o próprio Schelling tem plena consciência do risco de ser interpretado como apenas mais um filósofo defendendo uma teoria específica sobre a constituição do mundo. Em um de seus escritos, ele usa, entretanto, um argumento interessante, embora aparentemente não muito racional para afastar este risco. Referindo-se à antiga ideia de uma "alma do mundo", ele apela para o fato de que desde a antiguidade filosófica existe o pensamento de que há no interior da própria natureza, ou no interior da *physis* (para usar o termo grego que revela um conceito de natureza menos abstrato que o nosso) uma espécie de razão ou de *logos*, uma ordem imanente, posta não por uma divindade alheia à natureza ou causada por uma inteligência transcendente, mas pela própria natureza que pode ser considerada divina. A persistência dessa ideia ao longo de tantos séculos, argumenta Schelling, pode ser suficiente para demonstrar se não sua veracidade, ao menos sua probabilidade. Independente de qualquer argumento de autoridade, Schelling irá demonstrar cientificamente como o fenômeno da idealidade no interior do universo mental humano não se encontra em um domínio paralelo ao universo da natureza, mas é ao contrário produto de seu desenvolvimento. Em outras palavras, Schelling resolve o antigo problema filosófico do paralelismo entre o mundo ideal e o mundo real através de uma teoria que pode ser facilmente reconhecida, não apenas pelo conceito presente em vários textos de Schelling, como teoria da evolução ou do desenvolvimento. Em um período da história em que as teses científicas sobre o evolucionismo natural ainda estavam se formando, Schelling toma como pressuposto fundamental de sua teoria da natureza a ideia de que esta, e não apenas o mundo humano, possuiria uma história. Essa história não deve, entretanto, ser confundida com uma teleologia, na qual o ser humano é posto no topo de uma pirâmide hierárquica, seja como o ser que alcançou o domínio de todas as outras espécies, seja como criatura à qual todas as demais foram desde sempre destinadas a servir. Na visão evolucionista de Schelling, o ser humano é tão somente o produto da natureza através do qual esta apenas despertou a sua própria inteligência, a qual permanece cega e inconsciente em todas as demais espécies existentes. O ser humano é, portanto, o *locus* natural no qual a natureza se torna consciente de si mesma.

Isso não apenas explica a possibilidade do saber humano sobre a natureza, como garante sua veracidade. O conhecimento verdadeiro da natureza ou do mundo objetivo pelo sujeito humano se dá, segundo Schelling, não enquanto uma espécie de adequação entre dois planos paralelos, mas sim a partir da continuidade entre estas duas esferas. Esta interpretação lembra bastante a tese de Giordano Bruno, considerada herética, da identidade entre a consciência humana e a consciência divina. Schelling, entretanto, deseja fundamentar a possibilidade do saber humano sobre o absoluto, que é a natureza, e consequentemente a real possibilidade do saber absoluto, que é a filosofia, de modo científico através de sua própria teoria da evolução. A continuidade entre as esferas da inteligência inconsciente da natureza e da inteligência consciente do ser humano só pode ser plenamente compreendida por meio da teoria schellinguiana das várias potências da natureza.

Esta teoria parte de uma concepção, que poderíamos considerar como materialista, de que as diferentes formas que surgem no mundo da natureza fazem parte de um processo de autoformação da própria matéria. Em outras palavras, as múltiplas formas da natureza que a tornam um conjunto organizado de entes naturais não são atribuídas à matéria de modo exterior, como se partissem inicialmente da mente ou da "imaginação" de uma inteligência supranatural, tal como havia pensado, por exemplo, o neoplatonismo. Já que para Schelling a inteligência habita a própria natureza, nada mais lógico do que afirmar que quem "imagina" as formas da natureza é de fato a própria natureza.

Neste momento, Schelling utiliza o termo *imaginação* (*Einbildung*) literalmente para descrever a *formação* (*Bildung*) das diversas formas da matéria na natureza tal como um processo que unifica ou torna *um* (*Ein*) os dois aspectos da natureza acima descritos, um infinito e outro finito. Os dois momentos que se unificam nesta formação são a infinitude, presente na força natural de produzir sem cessar, e a finitude, presente na força oposta, mas igualmente constitutiva da natureza, que consiste em frear a produtividade. Em cada forma da natureza se fundem assim a força infinita de produção, que funciona como uma espécie de poder vital de geração de vida, e a força contrária da finitude, capaz de cristalizar o fluxo da produção e responsável pela concretização e objetivação dos produtos da natureza. A descrição de Schelling em muito se parece com a teoria genética da biologia moderna. Entretanto a amplitude da teoria de Schelling supera o âmbito dos seres vivos. O processo de *imaginação interior* (*Ineinsbildung*) da natureza não se reduz apenas às formas orgânicas, mas se estende a todas as formas existentes no universo. Cada produto da natureza, seja ele um grão de areia ou um planeta como o nosso habitado por milhares de seres vivos, seja ele um sistema solar, um organismo microscópico ou um determinado elemento químico, todos possuem a mesma e única dinâmica de unificar em si a força que concentra a matéria em uma forma finita e a força que a expande, dissolvendo essa forma de volta no fluxo infinito. A dinâmica da natureza presente em cada ser natural envolve assim a unidade entre a continuidade e a descontinuidade da matéria em cada uma de suas formas: "Também a matéria, como tudo que é, flui a partir da essência eterna, e é, no interior da aparição, ainda que apenas indireta e mediatamente, um efeito da eterna sujeito-objetivação e da imaginação de sua unidade infinita em direção à finitude e à multiplicidade"[1].

O que motiva a teoria schellinguiana sobre as diferentes dimensões da matéria é exatamente sua recusa da visão mecanicista da natureza fundada na ideia de uma relação linear entre as forças, enquanto sucessão (má-)infinita, ou seja, exterior de causa e efeito. Uma visão mecanicista que compreende, por exemplo, o movimento dos corpos (ou dos corpúsculos) como se dando em uma "linha reta e invariável", ainda que em diferentes direções, e até mesmo o fenômeno da gravitação dos corpos como tendo sido produzido por um choque (movimento originário), para o qual se busca novamente um fundamento. Para uma física dinâmica não é necessário buscar esta explicação, já que a causa do movimento consiste nas forças de atração e repulsão constitutivas da própria matéria.

Em 1799, Schelling apresenta sua teoria das diferentes potências da natureza descrevendo-a como um processo cujo primeiro estágio constitui o que ele denomina de "construção do universo" (*Weltbau*). Esse primeiro estágio duplica-se em dois planos paralelos, onde um é uma espécie de reflexo ou espelho do outro. O primeiro é o plano do todo propriamente dito, o plano universal ou do macrocosmo, o outro é o plano singular que se manifesta na formação que ele denomina de "série dos corpos" (*Körperreihe*). Esses dois planos são, entretanto, idênticos enquanto processo de formação-em-um do infinito no finito, o que corresponderia a uma concepção de individuação na natureza. Mas Schelling não quer explicar esse processo de forma simples, por isso recorre à ideia de uma elevação desta primeira potência em uma segunda relação dialética entre o infinito e o finito, que ele descreve como sendo "formação em retrocesso (*Zurückbildung*) do particular em direção ao universal ou na essência". Esta segunda potência, que estaria sempre subordinada à primeira unidade, que segundo Schelling é a unidade real e dominante na natureza, expressa-se novamente em dois planos, um universal, outro singular. No primeiro, através da luz, no segundo, através do corpo. Um plano não é apenas o reflexo do outro, mas também incide sobre o outro, formando uma relação dinâmica, na qual um não pode manifestar-se sem a presença do outro. Aqui podemos compreender muito claramente a concepção das diferentes dimensões da matéria, através da compreensão de que na relação entre corpo e luz ou entre luz e matéria está presente também uma relação de forças, não mais daquele tipo mecânico, tal como oposição entre atração e repulsão, mas enquanto dinâmica entre a força de coesão, que mantém a integridade do corpo, e a força de expansão, que predomina na luz. A explicação desta dinâmica não pode mais ser matematizada ou demonstrada aritmeticamente, mas deve ser apresentada tal como uma relação geométrica, na qual a compreensão da incisão do plano universal da luz sobre o plano das singularidades dos corpos é imediatamente capaz de elevar novamente esta singularidade, que é o plano mesmo da finitude, a uma universalidade infinita, ou seja, a uma nova potência ou a uma nova dimensão da matéria, capaz de integrar as duas unidades anteriores através de uma síntese absoluta entre matéria e luz. O organismo é matéria que internaliza o processo de individuação presente na construção do universo, é matéria que se anima com a energia da luz que, combinada com a força da gravidade, realiza os dois movimentos também fundamentais à matéria, o movimento centrípeto, da coesão, e o centrífugo, da expansão. Desta dupla integração surgem os corpos que não apenas movem-se autonomamente, mas que também se excitam em contato com outros corpos e com o mundo, que se sensibilizam através desse mesmo contato, e que finalmente se reproduzem.

O grande objetivo de Schelling, como ele anuncia em sua obra de 1798, intitulada *Da alma do mundo* (*Von der Weltseele*)[2], é fazer desaparecer (*verschwinden*) a "oposição entre mecanismo e organismo"[3], sustentada por muito tempo pelas ciências da natureza. Isto não significa eliminar totalmente o mecanismo da natureza ou a ideia de causalidade, mas sim conjugá-los à ideia mesma de organicidade: "Não onde não há nenhum mecanismo é que há organismo, mas, ao contrário, onde não há nenhum organismo é que há mecanismo"[4]. Schelling compreende a organização como um "fluxo constante de causas e efeitos", mas apreende duas possibilidades de continuidade desse fluxo. Na primeira, ele não é nunca detido, e continua fluindo em linha reta adiante, noutra ele encontra um obstáculo, e curva-se em um círculo de volta para si mesmo. Neste último caso é que existe a vida. O conceito de organismo é assim definido como "uma sucessão (de causas e efeitos) que, fechada no interior de um certo todo, flui de volta para si mesmo"[5], no ciclo da própria organicidade, que reflete e simboliza o sistema da ordem do universo como um todo. O organismo mostra-se, assim, como resultante do desenvolvimento da matéria, não como seu fim último, mas como modelo originário desse processo, como ordem imanente e infinita da natureza como todo. Com isto, Schelling reúne definitivamente a natureza orgânica e a natureza não orgânica, como regidas por um único e mesmo princípio.

Aquilo que chamamos de matéria orgânica e matéria inorgânica são de novo elas mesmas apenas potências daquela primeira identidade. Na medida em que o corpo do universo (*Weltkörper*) não é, em sua primeira identidade, inorgânico, então ele é ao mesmo tempo orgânico, não orgânico no sentido de que ele não tivesse em si mesmo, ao mesmo tempo, o inorgânico ou a matéria (*Stoff*), a qual seria excluída do orgânico. Nós chamamos animal apenas o animal relativo, para o qual a matéria (*Stoff*) de sua subsistência está na matéria (*Materie*) inorgânica. O corpo do universo, porém, é o animal absoluto que tem em si tudo de que ele necessita, portanto também aquilo que para o animal relativo está ainda enquanto matéria inorgânica fora dele. O ser e a vida de todo corpo do universo, que na aparição (*Erscheinung*) identifica-se com as ideias, repousa na duplicada unidade de todas as Ideias, através do que elas são no absoluto[6].

O que caracteriza a realização ou a aparição da terceira potência na natureza por meio do que Schelling denomina de "organismo completo" (*vollkommenster Organismus*) seria a total integração, a unidade completa e indissociável, ou seja, a "indiferença" entre a forma e a matéria. Schelling chega a descrever esta unidade através da expressão de que "a alma ou a forma *segura* (*festhält*) a matéria e se liga a ela, de tal modo que no todo da essência orgânica, assim como na ação singular, a forma é totalmente matéria e a matéria totalmente forma"[7]. Essa alma da qual fala Schelling, presente na organização da matéria em sua mais elevada potência, ou seja, enquanto matéria viva, enquanto organismo, longe de ser um princípio meramente ideal ou mesmo um conceito metafísico, é reconhecida através de um fenômeno físico, que na época já se situava no limiar entre ser material e ser ideal. Na luz, Schelling reconhece o princípio da animação de todos os corpos vivos, não meramente enquanto uma espécie de metáfora de uma centelha divina verdadeiramente criadora, mas como elemento próprio e constitutivo da natureza, sem o qual todas as reações químicas necessárias para o desenvolvimento da matéria em direção à sua última potência, ou seja, todas as sínteses químicas que constituem o organismo vivo, não existiriam. Inevitável é pensar no mais originário desses processos, que é a fotossíntese. Este processo, já descoberto e compreendido na época dos primeiros escritos de Schelling sobre a natureza, foi fundamental para revelar a interação entre os vários elementos da natureza e especialmente para inaugurar uma nova consciência sobre a importância de determinados elementos químicos para a manutenção da vida, como oxigênio, água e carbono. Schelling estava muito próximo de uma concepção realmente científica de energia que só poderá ser plenamente desenvolvida ao longo do século XIX. O conceito schellinguiano de luz, no entanto, não constitui um equivalente arcaico para o conceito científico de energia, desenvolvido, por exemplo, pela física do século XX. Na verdade, podemos dizer que no início do século XIX este conceito estava sendo moldado através da observação e da análise de vários fenômenos da natureza então minuciosamente estudados, como o magnetismo, a eletricidade e o próprio quimismo. Estes fenômenos são citados por Schelling nesta ordem para descrever o processo de formação da matéria em seu desdobramento através das suas diferentes potências.

Em uma perspectiva tipicamente dialética, Schelling entendia que a passagem de uma potência a outra implicava não propriamente a suspensão das características presentes na forma imediatamente anterior, e sim sua manutenção através de uma transformação e mesmo ampliação de suas propriedades. Podemos entender esta transformação, por exemplo, através da descrição da passagem da figura geométrica da linha para a figura geométrica do círculo e também para a figura geométrica do plano, que equivalem e correspondem à elevação da matéria caracterizada pelo elemento carbono para o elemento água, que por sua vez envolve a passagem do predomínio da força de coesão para o predomínio da força de expansão sobre e na matéria.

Curiosamente, podemos usar esse exemplo para compreender que enquanto o elemento carvão, tal como encontrado na natureza, como um minério contido na terra, tem a propriedade de ser duro e escuro, a água, em sua forma também natural, tem, ao contrário, o aspecto líquido e translúcido, deixando-se perpassar facilmente pela luz. E sabemos, mais do que nunca, que este último elemento representa um meio fértil para formação de seres orgânicos, exatamente por permitir a integração entre a matéria, que nela se dissolve com facilidade, e a luz. Poderíamos ainda dizer que a visão da água em seu aspecto mais natural, como por exemplo, na fluidez do movimento de um riacho, penetrado pelo fenômeno da luz, traz ao espírito humano o sentimento mais provável de beleza do que a visão de uma escura mina de carvão. Mas não é do aspecto subjetivo de uma possível integração entre o elemento da natureza e o elemento da arte de que quero falar, mesmo porque não é esta a proposta de Schelling. Quero enfatizar as semelhanças que existem entre estes dois fenômenos como forma de demonstrar não propriamente um paralelismo entre os dois momentos, mas sim uma continuidade, já que, segundo Schelling, ambos constituem diferentes dimensões de um mesmo processo de formação da própria natureza.

Para facilitar esta compreensão, podemos retomar a tese da identidade ou da indiferença entre matéria e luz no organismo. Dizer que no ser vivo, luz e matéria são idênticas, é dizer que neste momento do desenvolvimento da natureza, as sínteses químicas envolvem tanto a interferência quanto a produção ou geração de energia, ou seja, de forças já presentes nos níveis anteriores da formação da matéria, como, por exemplo, as forças de atração e repulsão, ou mesmo de efeitos como a eletricidade, o calor e o movimento, mas agora, todas estas forças são identificadas não mais como efeitos externos, e sim como produzidos ou gerados pelo próprio organismo. O ser orgânico é um sistema que produz ele mesmo – sempre (é claro) em iteração com seu ambiente natural – sínteses químicas que resultam em sua sustentabilidade, em sua mobilidade, em seu desenvolvimento, crescimento, transformação e mesmo reprodução. Schelling compara este processo de autoformação e auto-organização do organismo ao processo de constituição de uma obra de arte. Ainda que esta não se alimente, não se mova, não se reproduza, nela ocorre de certo modo a mesma interação existente no organismo entre material e ideal, entre corpo e alma, entre matéria e forma, entre matéria e luz.

Logo no início da Introdução de sua *Filosofia da arte* (1802-1803), Schelling afirma esta fundamental relação entre arte e natureza, ao conceber ambas como "um todo fechado, orgânico e necessário em todas as suas partes"[8]. E acrescenta, além da estrutura comum de organicidade totalizadora, a capacidade que ambas as esferas – arte e natureza – têm de se nos revelar como o que ele denomina de "milagres de nosso próprio espírito", com a diferença que este revelar – aqui ainda denominado por Schelling simplesmente de "conhecer" – do espírito a si mesmo se daria através da arte de forma ainda mais imediata do que através da natureza. Certamente esta imediatidade, ao contrário do que possa vir a parecer, se dá pela presença da própria consciência, que na natureza ainda se encontra oculta ou em sua forma negativa. Mais adiante, neste texto de Schelling, a ideia da unidade entre a organicidade da natureza e a organicidade da arte se completa ainda mais por meio da tese de que a filosofia tem como princípio "a ideia absoluta", ou o absoluto propriamente dito, o qual, por sua vez, se manifesta em cada unidade particular sem perder sua totalidade ou absolutidade, assim como "um reflexo do todo"[9]. Ainda na *Filosofia da arte*, Schelling retoma a ideia do orgânico como unidade entre o particular e o universal, presente também necessariamente em toda a obra poética. A diferença entre ambas as esferas é que a identidade ou indiferença (para utilizar o conceito de Schelling) expressa ou exposta na esfera da chamada obra orgânica da natureza corresponde a um momento anterior ao da cisão ou da separação em opostos dos lados unificados, enquanto que a unidade promovida pela obra (também orgânica) de arte corresponde ao momento posterior de superação da cisão. A relação muitas vezes analisada por Schelling entre consciência e inconsciência se revela também no interior da própria atividade da arte, enquanto relação entre necessidade e liberdade, verdade e beleza, subjetivo e objetivo. A arte que mais intensamente realiza esta síntese é a poesia, e a poesia em sua forma absoluta é a mitologia. Schelling interpreta a poesia mítica como simbólica, mas recusa a interpretação de que os mitos devam ser considerados como se eles significassem algo além de si. O símbolo (*Sinnbild*) é, ao mesmo tempo, a unificação entre a imagem (*Bild*), sem significação, e o sentido (*Sinn*), que é a significação absoluta. No processo de criação desta poesia absoluta, Schelling identifica a interpenetração entre o finito e o infinito, enquanto exposição de um mundo prototípico, enquanto sistema organizado ou orgânico de símbolos da natureza, que é o mundo ou universo real. Esta mesma relação entre arte e natureza se repete entre filosofia e arte, ou seja, entre ideal e real.

A tese schellinguiana de uma indiferença entre o processo de formação que deu e continua dando origem a todos os seres singulares da natureza e o processo de formação que produz obras de arte pode parecer à primeira vista por demais romântica e poética para ser levada filosoficamente a sério. Contudo, há em seu desenvolvimento uma especulação fundamentada em vários argumentos essencialmente científicos. Em constante interlocução com importantes teorias da ciência da natureza de seu tempo, Schelling fundamenta suas teses sobre a formação da matéria em uma complicada rede conceitual cuja estrutura lógica não passa de um reflexo da própria organização reveladamente presente no meio da natureza. De fato, a natureza é concebida por Schelling muito pouco como meio (ambiente) – denominação típica do século XX – e muito mais como agente ou como sujeito de suas próprias transformações. É muito recorrente nas obras de Schelling a imagem da natureza como um artista que produz sua própria obra, não a partir do nada, mas a partir de si mesmo, ou seja, a partir da matéria absoluta que é a própria natureza, se autoformando e, portanto, se transformando nesta obra (de arte):

> A natureza é para nós um autor originário, que escreveu em hieróglifos, cujas páginas são colossais – tal como diz o artista em Goethe. Quem quer pesquisar a natureza seguindo apenas o caminho empírico, é justamente aquele que frequentemente carece do conhecimento de sua linguagem para tomá-la em sua verdade. A Terra é um livro, que é montado a partir de fragmentos e rapsódias de épocas muito diferentes. Cada mineral é um problema verdadeiramente filológico[10].

Podemos dizer que a arte é a interpretação da natureza da mesma forma que a filosofia é a interpretação da arte, pois, como afirma Schelling na 14ª preleção de sua *Filosofia da arte*, "o filósofo é também o mais capaz de expor o incompreensível da arte, de reconhecer o absoluto nela", porque a filosofia da arte é "exposição do mundo absoluto na forma de arte", ou ainda, é o reconhecimento simbólico nas obras de arte dos verdadeiros protótipos das formas que na natureza se encontram de modo confuso ou inconsciente. Interpretar a natureza através da poesia absoluta e interpretar a arte através da filosofia é reconhecer esta interpenetração do absoluto no processo criativo da imaginação artística. Pois a produção da arte é o símbolo da produção divina que atua como o princípio imanente no processo de autoformação da matéria na totalidade da natureza, que, embora seja ainda desprovido da consciência presente na arte, deve ser compreendido como uma atividade livre e ao mesmo tempo necessária. A arte realiza então o último e mais completo impulso natural da transformação da matéria, acentuando não apenas o seu princípio de liberdade – mediado agora pela consciência e pela vontade – mas, também, o princípio contrário e complementar da necessidade envolvida na continuidade do processo de formação e de imaginação recíproca das formas finitas em direção à infinidade da matéria.

Por isso, a natureza em sua totalidade orgânica – apreendida apenas pela física especulativa ou pela filosofia da natureza – e a arte em sua organicidade espiritual – intuída intelectualmente pela filosofia da arte – são, para Schelling, duas e complementares esferas do absoluto, nas quais todas as potências da matéria, com suas formas ainda finitas, são suspensas na infinita liberdade de sua autoconstrução.

 ## Conceitos-chave

Intuição Intelectual: o conceito, que havia sido empregado por Kant para descrever uma capacidade própria apenas de Deus, é utilizado por Schelling não apenas como possível aos seres humanos, mas também como fundamental na filosofia para a verdadeira apreensão da totalidade do universo. Inspirado inicialmente em Fichte, Schelling cunha pela primeira vez este conceito em seu ensaio *Sobre o eu como princípio de filosofia* para descrever a forma de autodeterminação do eu absoluto, tomado como "princípio *incondicionado*". Sob influência de Spinoza, Schelling concebe a "forma da pura intuição intelectual" como "eternidade pura e absoluta" e, consequentemente, como último e mais perfeito estágio do conhecimento do absoluto. Em suas *Cartas sobre o dogmatismo e o criticismo*, Schelling distingue a intuição intelectual, da intuição sensível por ser "produzida somente por liberdade". Esta intuição não deve, entretanto (observa Schelling!), ser confundida com um "delírio místico" ou "dogmatismo completo", que converte o absoluto em um "mundo suprassensível". A intuição intelectual constitui o modo mais eficaz de superar o conflito entre sujeito e objeto presente tanto na filosofia dogmática quanto na filosofia crítica. Neste período, entretanto, Schelling reconhece, servindo-se do exemplo de algumas experiências místicas radicais, nas quais a unificação com o absoluto requer a anulação do próprio eu, a proximidade entre a intuição intelectual e a morte: "se eu levasse adiante a intuição intelectual, deixaria de viver, passaria do tempo à eternidade"[11]. No *Sistema do idealismo transcendental*, Schelling redefine a intuição intelectual como "um produzir a si mesmo em objeto" do eu[12]. É é neste mesmo texto que Schelling alcança a ideia de uma intuição do próprio intuir, ou uma intuição na "segunda potência". Com a teoria da "intuição produtiva", enquanto atividade ilimitada que envolve a duplicidade entre a finitude da objetividade dos produtos e a infinidade da produção ilimitada, Schelling fertiliza o solo já reservado para sua filosofia da natureza. A intuição intelectual passa então a ser aplicada à natureza.

Natureza: Embora a filosofia da natureza de Schelling seja de grande complexidade, uma bela "definição" deste conceito é dada por ele em sua obra de 1797 *Ideias para uma filosofia da natureza*: "A natureza é o lado plástico do universo, também a arte plástica mata suas ideias e transforma-as em corpos"[13]. Em seu *Sistema do idealismo transcendental*, Schelling estabelece uma analogia entre a filosofia da natureza e a filosofia transcendental. A primeira trata a natureza assim como a última trata o eu, ou seja, como um "incondicionado". Mas, enquanto esta subordina o real ao ideal, a filosofia da natureza explica o ideal a partir do real. A natureza é para Schelling "uma inteligência cega" ou "inconsciente". Enquanto o espírito é esta mesma inteligência que despertou ou tornou-se consciente. A natureza é o "absolutamente-idêntico", a unidade absoluta, o "sujeito-objeto".

Espírito: O conceito de espírito expressa na filosofia de Schelling o que tradicionalmente se entende como autoconsciência. A opção de Schelling por utilizar o conceito de espírito vem da necessidade de elevar a ideia de autoconsciência da instância de um eu finito, para a esfera de uma subjetividade que é ao mesmo tempo infinita e finita. Schelling descreve o espírito como "a *unificação* originária de *finitude* e *infinitude*"[14]. Segundo ele, o espírito é por excelência a atividade que tende ao autoconhecimento, mas a especificidade deste conceito schellinguiano de espírito é que uma das formas mais eficazes de autoconhecimento de si é através do conhecimento da natureza, pois, segundo Schelling: "o mundo exterior se encontra desligado diante de nós a fim de poder reencontrar nele a história de nosso espírito"[15].

Imaginação: Schelling utiliza o conceito de imaginação em um sentido inteiramente diferente do tradicionalmente empregado na história da filosofia. Longe de ser uma faculdade subjetiva, habitualmente associada à atividade artística, a imaginação, segundo Schelling, é uma atividade da própria natureza e, mais especificamente, da própria matéria que se autoforma. Schelling denomina imaginação do infinito no finito o processo de autoformação da natureza em formas determinadas e finitas. Esta imaginação do absoluto é para Schelling também um "ato de eterno conhecimento", cujo sentido é retornar ao interior de si[16]. Este ciclo da imaginação infinita da natureza possui diferentes graus ou potências, que vai do inorgânico ao orgânico, do inconsciente ao consciente, mas sempre retorna, em um sistema circular infinito.

Alma do mundo: Schelling resgata este antigo conceito, adotado por Platão para descrever o princípio motor do mundo e presente também no neoplatonismo e nas filosofias de Giordano Bruno, Espinosa, Herder e Goethe, para descrever aquilo que considera o princípio inteligível que rege toda a natureza. Inseparável do aspecto material e corpóreo do universo, a alma do mundo se deixa revelar, segundo Schelling, através dos processos de organização e autoformação da natureza. O importante neste conceito é a ideia de que a natureza universal é um todo animado, uma espécie de organismo cósmico, capaz de abrigar todos os seres existentes e de imprimir em cada um deles um reflexo de sua própria ordem.

Percursos e influências

A primeira produção acadêmica de Schelling, uma dissertação em latim escrita para obtenção do diploma de mestrado (*Magister*) em 1792, intitulada *Ensaio crítico filosófico para elucidação do antigo filosofema sobre a origem do mal humano*, embora sem muita originalidade, mostrava grande erudição e conhecimento da obra filosófica de Herder, Lessing e Kant. No inverno de 1792-1793, Schelling publica seu primeiro artigo no periódico "*Memorialien*" com o título "Sobre mitos, sagas históricas e filosofemas do mundo antigo", cujo tema voltará a ocupá-lo na última fase de seu percurso filosófico, em sua *Filosofia da mitologia*. Durante seus estudos de teologia, Schelling entra em contato com o pensamento de Fichte, inicialmente através dos seus ensaios políticos publicados anonimamente em 1793 e depois por seu texto de 1794, intitulado *Conceito da doutrina da ciência*. A reação de Schelling às ideias de Fichte surge sob a forma do breve porém complexo ensaio intitulado *Sobre a possibilidade de uma forma da filosofia em geral*, publicado no outono de 1794 e enviado pelo autor ao próprio Fichte, que responde externando sua admiração pelo jovem escritor e enviando-lhe uma cópia da primeira impressão de sua obra *Princípio de toda a doutrina da ciência*, à qual Schelling rapidamente reage redigindo o ensaio publicado na Páscoa de 1795 com o título *Do eu como princípio da filosofia ou sobre o incondicionado no saber humano*, responsável por promover uma rápida ascensão do jovem Schelling no meio filosófico. A influência e adesão às ideias de Fichte logo se transformam em uma posição crítica, graças à qual Schelling chega à produção de sua filosofia da natureza.

Uma das teses fortes da filosofia da natureza de Schelling sobre a construção da matéria fundada na teoria das forças opostas é nitidamente influenciada pelas concepções científicas de Newton e Kepler. Também a descrição filosófica de Kant sobre a oposição das forças na natureza é fundamental para a tese schellinguiana.

No *Sistema da filosofia em geral e da filosofia da natureza em particular*, de 1804, Schelling valoriza a concepção kantiana de matéria como uma explicação a partir do conflito de duas forças opostas, uma que atrai (*anziehende*), outra que repele (*zurückstoßende*), ao mesmo tempo em que a critica, ao reconhecer sua redução à relação meramente aritmética entre o polo positivo e o polo negativo, numa típica operação do pensamento reflexivo de sua época. Schelling, ao contrário de Kant, busca uma explicação geométrica para esse jogo de forças, por crer que a construção da matéria se faz a partir de diferentes potências e dimensões. Nesse sentido, a teoria newtoniana sobre o movimento orbital dos planetas em relação a um centro, a partir do qual se relacionariam as chamadas forças de atração e de fuga (*Fliehkraft*), teria um sentido dialeticamente mais elevado para Schelling. Entretanto, esta explicação só se complementaria dialeticamente através de uma espécie de síntese com a concepção de Kepler sobre as forças centrífuga e centrípeta. Schelling elogia Kepler por ter expressado "em imagens poéticas o que Newton depois expressou de modo mais prosaico"[17]. O mérito de Kepler estaria em ter pensado a força de atração entre os corpos como uma espécie de "impulso" (*Trieb*) da "matéria diante da matéria". Matéria e força são para Schelling expressões diversas da mesma coisa, com a diferença de que a primeira vale para o entendimento, enquanto a última vale somente para os sentidos ou para a experiência. Segundo Schelling, o corpo e a matéria não são produtos de forças opostas, eles são eles mesmos, estas forças. Ele recusa então a ideia mecanicista de causas exteriores para o movimento das coisas, a princípio recorrendo à tese leibniziana de uma harmonia preestabelecida do mundo, capaz de unificar o todo, não como algo que domina e oprime todas as coisas do universo, mas com um pensamento que as apresenta como absolutas em si mesmas e como sendo, ao mesmo tempo, no absoluto, ou seja, no todo que é a natureza. Como exemplo da redução dos fenômenos dinâmicos da natureza a uma relação mecânica, Schelling toma a teoria da gravidade universal de Newton. Aparentemente, a Terra gravita em função de sua "atração ante o sol" ou de outros corpos celestes, entretanto, sua verdadeira gravitação dar-se-ia, segundo Schelling, diante da "substância", e a substância absoluta é a própria matéria em sua forma pura. Tendendo assim a valorizar a unidade imediata entre matéria e espírito, Schelling acaba por afastar-se de um de seus mais influentes amigos.

De fato, não se pode nem se deve ignorar a influência recíproca entre os pensamentos de Schelling e Hegel. Inicialmente compartilhando desde os ideais revolucionários até interpretações sobre a história da filosofia, a partir de 1803, a proximidade pessoal e teórica entre os dois amigos filósofos tende ao distanciamento, até transformar-se em 1807 em inimizade, com a publicação da mais famosa obra de Hegel, a *Fenomenologia do espírito*, em cujo prefácio há uma explícita crítica à tese schellinguiana sobre a indiferença entre o real e o ideal e sua afirmação sobre a apreensão do absoluto através de uma intuição intelectual. Utilizando uma expressão popular alemã, que equivale à nossa "noite onde todos os gatos são pardos", Hegel ironiza o conceito schellinguiano de absoluto, descrevendo-o como uma "noite, onde todas as vacas são negras". Apesar destas diferenças, é importante observar que, quando observadas em sua sistematicidade, as obras de ambos os filósofos se mostram intimamente relacionadas.

Espinosa e Leibniz são também duas referências importantes para Schelling. O primeiro especialmente pela identificação entre Deus e Natureza e pela ideia da autocausação da natureza, o segundo principalmente por sua teoria de uma harmonia preestabelecida do universo. Da Antiguidade, pode-se reconhecer traços de alguns conceitos platônicos na filosofia de Schelling, em especial o conceito de alma do mundo. Este conceito encontra-se também na obra de Giordano Bruno, que representa o interlocutor central do diálogo em estilo platônico que Schelling publica em 1802 com o título *Bruno. Ou: Do princípio divino e natural das coisas.* Pode-se também detectar a influência sobre a filosofia de Schelling do pensamento de Jakob Böhme, em especial no seu ensaio sobre a liberdade humana, publicado em 1809.

Entre seus contemporâneos, além de Fichte, Hegel e Hölderlin, deve-se mencionar o importante diálogo que Schelling travou com o poeta e ensaísta da natureza Goethe, que representava então uma alternativa importante para a física mecanicista ainda em voga na época. Também entre seus contemporâneos, foram fortemente influenciados por Schelling filósofos como o romântico Franz von Baader; o francês Victor Cousin, e médicos como Schubert, Steffens, Marcus e Eschenmayer, para citar apenas alguns nomes.

Aparentemente oposta à ciência da natureza de sua época, a filosofia da natureza schellinguiana influenciou muitas das teorias científicas posteriores, e atualmente estuda-se a influência de Schelling sobre a física contemporânea, em teorias como da complexidade, auto-organização, entropia, sinergética etc.[18] Algumas teorias cosmológicas do século XX, como a ideia de que a evolução ou história do universo consiste em um crescente processo de aprendizagem, foram antecipadas pela ideia schellinguiana de um universo "autoepistêmico". A própria "teoria do desenvolvimento" de Schelling é reconhecida hoje como alternativa para o modelo darwinista de evolução, ainda fundado em uma lógica causal mecânica.

A influência de Schelling sobre a história da filosofia contemporânea pode ser detectada em autores como Martin Heidegger (1889-1976), Henri Bergson (1859-1941), Walter Benjamin (1892-1940), Gaston Bachelard (1884-1962), Luigi Payreson (1918-1991) e o teólogo Paul Johannes Tillich (1886-1965).

Importante também é mencionar a influência de Schelling sobre o novo pensamento em torno de uma ética ecológica. Não é difícil compreender como as teorias schellinguianas sobre a sistematicidade e inteligibilidade da natureza podem servir de fundamento filosófico para o movimento ecológico contemporâneo.

 **Obras**

1794. *Über die Möglichkeit einer Form der Philosophie überhaupt* (Sobre a possibilidade de uma forma da filosofia em geral).

1794. *Thimeu* (Timeu).

1795. *Von Ich als Prinzip der Philosophie oder über das Unbedingt im memschlichen Wissen* (Do eu como princípio da filosofia ou sobre o incondicionado no saber humano).

1795. *Neue Deduktion des Naturrechts* (Nova dedução do direito natural).

1795. *Philosophische Briefe über Dogmatismus und Kriticismus* (Cartas filosóficas sobre o dogmatismo e o criticismo).

1796-1797. *Abhandlung zur Erläuterung des Idealismus der Wissenschaftslehre* (Tratado para elucidação do idealismo da doutrina da ciência).

1797 e 1803. *Ideen zu einer Philosophie der Natur als Einleitung in das Studium dieser Wissenschaft* (Ideias para uma filosofia da natureza como introdução ao estudo desta ciência).

1797-1798. *Ist eine Philosophie der Geschichte möglich?* (É possível uma filosofia da história?)

1798. *Ueber Offenbarung und Volksunterricht* (Sobre revelação e educação popular).

1798. *Von der Weltseele – Eine Hypothese der höhern Physik zur Erklärung des allgemeinen Organismus* (Da alma do mundo – Uma hipótese da física superior para explicação do organismo universal).

1799. *Erster Entwurf eines System der Naturphilosophie* (Primeiro projeto de um sistema da filosofia da natureza).

1799. *Einleitung zu dem Entwurf eines Systems der Naturpholsophie* (Introdução ao projeto de um sistema da filosofia da natureza).

1800. *System des transcendentalen Idealismus* (Sistema do idealismo transcendental).

1800. *Allgemeine Deduktion des dynamischen Prozesses* (Dedução universal do processo dinâmico. Ou: Das categorias da física).

1801. *Ueber den wahren Begriff der Naturphilosophie und die richtige Art, ihre Probleme aufzulösen* (Sobre o verdadeiro conceito da filosofia da natureza e o modo correto de resolver os seus problemas).

1801. *Darstellung meines System der Philosophie* (Apresentação de meu sistema de filosofia).

1802. *Bruno oder über das göttliche und natürliche Prinzip der Dinge* (Bruno. Ou: Do princípio divino e natural das coisas. Um diálogo).

1802. *Fernere Darstellungen aus dem System der Philosophie* (Apresentações mais detalhadas do sistema de filosofia).

1802. *Die vier edlen Metalle* (Os quatro metais nobres).

1802. *Vorlesungen über die Methode des akademischen Studiums* (Preleções sobre o método do estudo acadêmico).

1802-1803. *Philosophie der Kunst* (Filosofia da arte).

1804. *Immanuel Kant* (Immanuel Kant).

1804. *Philosophie und Religion* (Filosofia e religião).

1804. *Propadeutik der Philosophie* (Propedêutica da filosofia).

1804. *System der gesammten Philosophie und der Naturphilosophie insbesondere* (Sistema da filosofia como um todo e da filosofia da natureza em particular).

1806. *Ueber das Verhältnis des Realen und Idealen in der Natur oder Entwicklung der ersten Grundsätze der Naturphilosophie an den Prinzipien der Schwere und des Lichts* (Sobre a relação do real e do ideal na natureza ou o desenvolvimento dos primeiros axiomas da filosofia da natureza nos princípios da gravidade e da luz. Um diálogo).

1806. *Darlegung des wahren Verhältnisses der Naturphilosophie zu der verbesserten Fichteschen Lehre* (Interpretação da verdadeira relação da filosofia da natureza com a doutrina fichtiana aperfeiçoada).

1806. *Aphorismen zur Einleitung in die Naturphilosophie* (Aforismos para introdução à filosofia da natureza).

1806. *Aphorismen über die Naturphilosophie* (Aforismos sobre filosofia da natureza).

1807. *Ueber das Wesen deutscher Wissenschaft* (Sobre a essência da ciência alemã).

1807. *Ueber das Verhaltniss der bildenden Kunste zu der Natur* (Sobre a relação das artes figurativas com a natureza).

1809. *Philosophische Untersuchungen über das Wesen der menschlichen Freiheit und die damit zusammenhängenden Gegenstände* (Investigação filosófica sobre a essência da liberdade humana).

1809-1812. *Ueber den Zusammenhang der Nature mit der Geisterwelt* (Sobre a conexão da natureza com o mundo espiritual).

1810. *Stuttgarter Privatvorlesungen* (Lições privadas do período de Stuttgart).

1811-1815. *Die Weltalter* (As idades do mundo).

1815. *Über die Gottheiten von Samothrake* (Sobre as divindades dos Samocratas).

1821. *Über die Nature der Philosophie als Wissenschaft* (Sobre a natureza da filosofia como ciência).

1825. *Epigrammata* (Epigramata).

1830. *Einleitung in die Philosophie* (Introdução à filosofia).

1832-1833. *Grundlegung der positiven Philosophie* (Fundamentação da filosofia positiva).

1833-1834. *Zur Geschichte der neueren Philosophie. Münchener Vorlesungen* (História da filosofia moderna. Preleções de Munique).

1841-1854. *Philosophie der Offenbarung* (Filosofia da revelação).

1842. *Philosophische Einleitung in die Philosophie der Mythologie oder Darstellung der reinrationalen Philosophie* (Introdução filosófica à filosofia da mitologia ou Exposição da filosofia puramente racional).

1842. *Philosophie der Mythologie* (Filosofia da mitologia).

1843-1844. *Darstellung des Naturprozesses* (Exposição do processo da natureza).

1850. *Vorbemerkungen zur der Frage über den Urprung der Sprache* (Observações prévias sobre a origem da linguagem).

Traduções em português

Obras escolhidas (Cartas filosóficas sobre o dogmatismo e o criticismo; Exposição da ideia universal da filosofia em geral e da filosofia-da-natureza como parte integrante da primeira; Bruno ou do princípio divino e natural das coisas; História da filosofia moderna: Hegel). Trad. Rubens Rodrigues Torres Filho. In: *Friedrich von Schelling* – Obras escolhidas. Coleção Os Pensadores. São Paulo: Abril, 1979.

Investigações filosóficas sobre a essência da liberdade humana. Trad. Carlos Morujão. Lisboa: Ed. 70, 1993.

Filosofia da arte. Trad. Márcio Suzuki. São Paulo: Edusp, 2001.

Ideias para uma filosofia da natureza. Trad. Carlos Morujão. Lisboa: Imprensa Nacional/Casa da Moeda, 2001.

Aforismos sobre a filosofia da natureza. Trad. Márcia C.F. Gonçalves [Inédito].

 **SELEÇÃO DE TEXTOS**

*Primeiro projeto de um sistema da filosofia da natureza (**1799**)*

Esboço da obra (Introdução)

Primeira parte: Demonstração de que a natureza é orgânica em seus produtos originários

I. Visto que filosofar sobre a natureza significa tanto quanto criar a natureza, então é preciso inicialmente encontrar o ponto a partir do qual a natureza pode ser posta em *devir*[19].

Para que uma atividade produtiva infinita (e nesta medida ideal) venha a ser uma produtividade real, ela precisa ser refreada, *retardada*[20]. Mas, visto que esta atividade é originariamente infinita, então, mesmo que ela seja refreada, pode ser que não surjam produtos finitos, e, caso eles surjam, pode ser que se trate de meros *produtos* aparentes[21]. Ou seja, em cada produto singular tem que se encontrar a tendência para um desenvolvimento infinito, cada produto tem que poder de novo desdobrar-se em [novos] produtos.

II./III. A análise não pode, portanto, permanecer junto a algo que ainda é *produto*, mas apenas junto ao puramente *produtivo*. É apenas este absolutamente produtivo (que não tem mais nenhum substrato, mas é causa de todo substrato) aquilo que absolutamente refreia toda a análise, mas, exatamente por isso, a análise (ou a experiência) não é capaz de alcançá-lo. Ele deve ser *posto pura e simplesmente* no interior da natureza e nisto consiste o primeiro *postulado* de toda a filosofia da natureza. O absolutamente produtivo deve ser aquilo que, no interior da natureza, é (mecânica e quimicamente) intransponível. Mas, enquanto tal, o que se pensa aqui é apenas a causa de toda qualidade *originária*. Esse absoluto produtivo é descrito através do conceito de *ação simples* (Princípio de uma atomística dinâmica).

Considerando que um absolutamente produtivo envolve-se na natureza como objeto, e se pensarmos ainda na análise absoluta, então, seria preciso pensar [também] uma multiplicidade infinita de ações simples, enquanto elementos da natureza e de toda construção da matéria (20).

(É necessário lembrar aqui que nunca se pode chegar a esta análise absoluta na natureza e que, portanto, aquelas ações simples são também apenas fatores ideais da matéria.)

Porém, estas ações simples não podem diferenciar-se entre si, a não ser através da *figura* originária que elas produzem (na qual concordamos com o atomista. Mas, como não se chega à evolução absoluta por causa da pulsão universal para a combinação que compõe a natureza enquanto *produto*, então não podemos pensar estas figurações fundamentais como existentes, *contrariamente* ao atomista)[22]. Portanto, estas figurações fundamentais devem ser pensadas como suspendendo-se[23] e aderindo-se reciprocamente (coesão). O produto originário desta adesão recíproca é a *fluidez originária*, o absolutamente incomponível e, exatamente por isso, o absolutamente decomponível. (Consideração dos fenômenos do calor, da eletricidade e da luz a partir desta perspectiva.) Por intermédio desse princípio, chega-se à suspensão de toda individualidade, e consequentemente de todo produto, na natureza. Isso seria impossível, a não ser que haja na natureza um contrapeso, de modo que, por outro lado, a matéria se perdesse no absolutamente indecomponível. Mas este último também não pode existir, a não ser que ele seja ao mesmo tempo o absolutamente componível. A natureza não pode perder-se nem em um nem em outro dos extremos. Ela é, portanto, em sua originalidade, o meio-termo entre ambos.

O estado da *figuração* é, portanto, o mais originário no qual a natureza pode ser vista. A natureza é = a um produto que passa de figura em figura, seguindo obviamente uma certa ordem, por meio da qual, contudo, nenhum produto determinado pode surgir sem que haja um absoluto *refreamento* da formação[24]. [Neste ensaio] ficará demonstrado que só é possível pensar [este processo da natureza] se o seu impulso para a formação se cindir em direções opostas. Tal cisão aparecerá, em um nível mais profundo, enquanto *diferença de gêneros*[25].

Demonstrar-se-á ainda que, por meio disso, fica assegurada a permanência de diferentes níveis de desenvolvimento na natureza.

Mas todos esses diferentes produtos são = a *um [único] produto refreado sobre diferentes níveis*, [tal como] desvios[26] de *um* [único] ideal originário. Demonstrar-se-á, a partir da continuidade da série dinâmica de níveis na natureza, que a principal tarefa da filosofia da natureza consiste em *deduzir a série dinâmica dos níveis no interior da natureza*.

IV. Ainda que sejam postos produtos individuais na natureza, esta prossegue até o organismo *universal*. A natureza luta contra todo individual.

Deduzir-se-á a necessidade tanto da determinação recíproca entre *receptividade* e *atividade no interior de todo* [ser] *orgânico* (o que se mostrará, em um nível mais profundo, sob a forma da irritabilidade[27]), quanto da suspensão desta determinação recíproca nos seguintes sistemas opostos:

a) Da fisiologia química, que põe no organismo a mera receptividade (e consequentemente nenhum sujeito).

b) No sistema que põe no organismo uma atividade absoluta (não mediada por nenhuma receptividade), a fim de viver uma força absoluta.

[Em terceiro lugar, há uma] unificação de ambos os sistemas.

Mas se a receptividade é necessariamente posta no organismo como aquilo que medeia a atividade do mesmo, isso significa que no próprio organismo encontra-se o pressuposto de um mundo que lhe é oposto (*inorgânico*) e do qual ele recebe determinada influência. Entretanto, exatamente por ser determinado (imutável), tal mundo deve novamente encontrar-se sob uma influência exterior (e estar igualmente em um estado forçado), a fim de formar, junto com o mundo orgânico, um interior novamente comum. [...]

I.

Seja qual for o objeto da filosofia, ele deve ser considerado como *incondicionado*. [É necessário] perguntar em que medida poder-se-ia atribuir à natureza uma *incondicionalidade*. [Para responder esta questão:]

1. Precisamos inicialmente buscar assegurarmo-nos sobre o conceito de incondicionado. Para tanto necessitamos de algumas proposições conhecidas como pressupostos a partir da filosofia transcendental.

Primeira proposição: O incondicionado (Unbedingt) não pode, de modo algum, ser buscado em uma **coisa** (**Ding**)*, nem em algo do qual se possa dizer que ele é. Pois aquilo que é apenas toma parte no ser e é apenas uma forma singular ou uma espécie do ser. Nunca se pode, ao contrário, dizer do incondicionado que ele é. Pois o* **próprio ser** *não se apresenta inteiramente em nenhum produto finito e todo singular é apenas uma expressão igualmente particular do próprio ser.*

Explicação: O que é afirmado através desta proposição vale universalmente e em todas as ciências para o incondicionado. Pois, embora apenas a filosofia transcendental se eleve ao absolutamente-incondicionado no interior do saber humano, ainda assim, ela precisa demonstrar que toda ciência para ser *ciência* deve possuir seu incondicionado. A proposição acima vale, portanto, também para a filosofia da natureza: "não se pode buscar o incondicionado da natureza em nenhuma coisa singular da natureza *enquanto tal*". Em cada coisa natural revela-se muito mais um *princípio* do ser, o qual, *ele mesmo*, não é. Pelo fato de não poder, em geral, ser pensado sob o predicado do ser, conclui-se que o incondicionado não pode, enquanto princípio de todo ser, tomar parte em nenhum ser mais elevado. Pois, se tudo aquilo que é fosse somente a cor do incondicionado, então o próprio incondicionado teria que ser revelado em toda parte através de si mesmo, tal como a luz que para ser visível não necessita de nenhuma luz superior.

Mas, afinal, o que é, para a filosofia transcendental, o *ser propriamente dito* do qual todo o ser singular é apenas uma forma particular? Se, de acordo com os princípios dessa filosofia, tudo aquilo que é for [de fato] uma construção do espírito, então o *próprio ser* nada mais é do que *o próprio construir*, ou a construção em geral só pode ser representada como atividade, aliás, a *mais elevada atividade construtiva*, que, apesar de nunca ser ela própria objeto, é princípio de todo o objetivo.

Consequentemente, a filosofia transcendental não sabe de nenhum ser originário[28]. Pois, se o *próprio ser* é apenas *atividade*, então também o ser singular só pode ser considerado como uma forma determinada ou como uma restrição da atividade originária. Ora, na *filosofia da natureza*, o *ser* tampouco deve ser algo originário:

"*O conceito de ser tal como um originário deve ser eliminado da filosofia da natureza* (tanto quanto da filosofia transcendental)."

A proposição acima diz somente isto, e nada mais que isto: "A natureza deve ser considerada como incondicionada"[29].

Contudo, segundo uma concordância universal, a própria natureza nada mais é do que a suma[30] de *todo ser*[31]. Porém, seria impossível considerar a natureza como um incondicionado se no interior do conceito do próprio ser não fosse passível de ser descoberto um traço oculto de liberdade[32]. Por isso afirmamos que todo singular (no interior da natureza) é apenas uma forma do próprio ser, contudo, o *próprio ser* é = a absoluta atividade. Mas se o próprio ser é = atividade, então o ser *singular* também não pode ser *Negação* absoluta da atividade. Na verdade, temos que pensar o próprio produto da natureza sob o predicado do ser. Mas este mesmo ser, considerado de uma perspectiva mais elevada, nada mais é do que a *atividade da natureza continuamente-eficaz*[33], a qual se extingue em seus produtos. Originalmente contudo não há para nós no interior da natureza em geral nenhum *ser singular* (enquanto um ser que se manifesta[34]), pois, do contrário, não faríamos filosofia e sim empiria. Precisamos ver o que o *objeto* é em sua *origem primeira*. Contudo, tudo o que há na natureza, e a própria natureza enquanto suma do *ser*, não surge primeiramente de modo algum para nós. Filosofar sobre a natureza significa *criar* a natureza. Toda atividade, contudo, se esvai em seus produtos, pois ela chega apenas até este produto. Portanto, nós não conhecemos a *natureza enquanto produto*. Nós a conhecemos apenas *enquanto ativa*. Pois não se pode filosofar sobre nenhum objeto que não seja posto em atividade. Filosofar sobre a natureza significa resgatá-la do mecanismo morto no qual ela aparece presa, significa igualmente vivificá-la com a liberdade e conduzi-la a seu próprio desenvolvimento livre, significa – em outras palavras – arrancar a *si mesmo* de uma visão comum, capaz de avistar na natureza apenas o que acontece: no máximo o agir como *fato* (*Faktum*), mas não *o agir mesmo* no interior do agir[35].

2) À primeira questão, sobre como à natureza pode ser atribuída incondicionalidade, nós respondemos através da afirmação de que a natureza teria que ser considerada Como *propriamente ativa*. Esta resposta contudo nos impulsiona por si mesma a esta nova pergunta: Como pode a natureza ser considerada como propriamente ativa? Ou mais precisamente: *Se a natureza é absolutamente ativa*[36], *então sob que luz ela deve aparecer para nós?*

A proposição seguinte deve servir para responder esta questão.

Segunda proposição: *A atividade absoluta é apresentável não através de um produto finito, mas sim apenas através de um produto* **infinito**.

Explicação. A fim de não degenerar em um vazio jogo de conceitos, a filosofia da natureza tem que demonstrar para cada um de seus conceitos uma *intuição* correspondente. Por isso, ela se pergunta como uma atividade absoluta – se é que ela existe no interior da natureza – se apresentará empiricamente, ou seja, no [âmbito do] finito.

A possibilidade da apresentação do infinito no finito é o maior problema de todas as ciências. As ciências subordinadas resolvem este problema nos *casos particulares*. A filosofia transcendental tem de resolvê-lo na máxima *universalidade*. Esta solução surgirá sem dúvida do resultado que se segue.

A aparência (*Schein*) que circunda toda a investigação sobre o infinito em todas as ciências emana de uma anfibolia[37] deste próprio conceito. O *empiricamente-infinito* é apenas a intuição exterior de uma *infinidade (intelectual) absoluta*, cuja intuição é originária em nós, mas nunca viria à consciência sem uma apresentação externa e empírica. A prova disto é que esta intuição surge exatamente quando a série empiricamente-finita é eliminada da imaginação ("eu *a elimino, e tu estás por inteiro diante de mim*"). Se apenas o finito pode ser intuído exteriormente, então o infinito não pode, de modo algum, ser apresentado na intuição exterior enquanto uma *finitude* que nunca é completada, ou seja, que é ela *mesma infinita*, ou, em outras palavras, por meio do que *infinitamente vem-a-ser* (*unendlich Werdende*)[38], onde a intuição do infinito não se encontra em nenhum momento singular, *devendo ser produzida* apenas em um progresso finito – um progresso que, entretanto, nenhuma imaginação pode manter. Por isso a razão está determinada a eliminar esta série ou – como faz o matemático quando considera uma grandeza como infinitamente grande ou infinitamente pequena – a considerar um limite ideal para a mesma, o qual é entretanto deslocado para tão longe, que em sua aplicação prática nunca se permite ter a necessidade de ultrapassá-lo.

Mas como é que se deve representar uma série infinita, se ela é a apresentação exterior de uma infinidade *originária*? Será preciso acreditar que o infinito é produzido nela através de uma *composição* (*Zusammensetzung*), ou deve-se antes representar cada uma destas séries em *continuidade*, enquanto uma [única][39] função que flui até o infinito? O fato de na matemática as séries infinitas serem compostas a partir das grandezas em nada comprova aquela hipótese. A série *originária* da qual todas as séries singulares (na matemática) são apenas imitações, não surge através de *composição*, mas sim através de *evolução*, através da evolução de *uma* [única][40] grandeza *infinita* [presente] já no *ponto inicial*, a qual flui através de toda a série. Nesta grandeza única[41] está concentrada originalmente toda a infinidade. A sucessão na série denota apenas igualmente os refreamentos (*Hemmungen*) particulares[42] que põem continuamente limites para a ampliação de cada grandeza a uma série infinita (um espaço infinito), a qual, do contrário, ocorreria com velocidade infinita, não permitindo *nenhuma intuição real*.

Assim, o conceito apropriado para uma *infinidade empírica* é o conceito de uma *atividade*[43] que é *continuamente refreada* (*gehemmt*) ao infinito. Mas como ela poderia sofrer este refreamento ao infinito, caso não fluísse até o infinito e caso já não se encontrasse, em cada ponto singular da linha traçada, toda a sua infinidade?

Proposições consecutivas para a filosofia da natureza

(que podem ser também consideradas como respostas para a segunda pergunta anteriormente posta).

Primeira proposição consecutiva: Se a natureza é atividade absoluta, então esta atividade tem que aparecer como refreada ao infinito[44]. *(Já que a natureza é **pura e simplesmente** ativa, é preciso buscar o fundamento originário deste refreamento novamente apenas **nela mesma**.)*

*Segunda proposição consecutiva: Em nenhum lugar a natureza **existe** como produto, todos os produtos singulares são no interior da natureza apenas produtos aparentes*[45]*, não o produto absoluto, no qual a atividade absoluta se produz e o qual sempre **vem-a-ser** e nunca é*[46].

Como consequência da primeira proposição, é preciso que uma *dualidade originária* seja pura e simplesmente pressuposta no interior da natureza. Pois ela não se deixa deduzir, pelo fato de ser a condição sob a qual um infinito é em geral passível de apresentação, ou sob a qual em geral é possível uma *natureza*. Somente através de uma oposição originária no seu próprio interior é que a natureza se torna pura e simplesmente inteira e acabada em si mesma[47].

Pelo fato de que a natureza se dá a si mesma as suas esferas, nenhum poder alheio pode interferir nela. Todas as suas leis são imanentes, ou seja: *a natureza é sua própria legisladora* (autonomia da natureza).

O que acontece na natureza deve deixar-se explicar também a partir de princípios ativos e motrizes, os quais se encontram no interior dela mesma, ou seja: *a natureza é suficiente a si mesma* (autarquia da natureza).

Essas duas proposições deixam-se resumir em uma terceira: *a natureza tem realidade incondicionada*[48]. Esta proposição é exatamente o princípio de uma filosofia da natureza.

A *atividade absoluta da natureza deve aparecer como refreada ao infinito*. Este refreamento da atividade universal da natureza (sem a qual não surgiriam sequer produtos aparentes) deixa-se certamente representar como obra de tendências opostas no interior da natureza. Quando se pensa em uma [única] força originalmente infinita em si mesma, que flui de um [único] centro para todas as direções, então esta força não irá demorar-se um momento em nenhum ponto do espaço, deixando assim o espaço vazio, caso uma atividade de efeito oposto (retardadora) não dê à sua expansão uma velocidade finita[49]. Somente no momento em que, a partir daquelas tendências opostas, se atinge a construção de um produto finito, é que se encontra uma dificuldade indissolúvel. Pois quando se afirma que ambas se encontram juntas em um e mesmo ponto, então seus efeitos serão, um contra o outro, reciprocamente suspensos, e o produto será = 0. Mas, exatamente por isso, é necessário afirmar que nenhum produto pode ser o produto no qual aquelas atividades opostas se encontram absolutamente juntas, ou seja, no qual a própria natureza alcançaria o repouso. Em outras palavras, é necessário pura e simplesmente *negar* toda a permanência no interior da própria natureza. É preciso afirmar que todo o *persistir* somente acontece no interior da natureza como *objeto*, enquanto a atividade da natureza continua sem qualquer resistência como *sujeito*, obstruindo, ela mesma, continuamente toda a permanência. O *principal problema* da filosofia da natureza não é explicar como é permanente a *atividade* na natureza, mas sim o que a faz repousar. Contudo, a filosofia da natureza alcança uma explicação através exatamente daquela pressuposição de que o permanente seria para a natureza um limite de sua própria atividade[50]. Pois, se assim o é, então a natureza irá lutar sem descanso contra todos aqueles limites. Com isso, os pontos de refreamento de sua atividade serão mantidos na natureza como objeto e como permanência[51]. Os pontos de refreamento serão indicados para o filósofo por meio dos produtos. Cada produto desta espécie representará uma determinada esfera, a qual a natureza preenche sempre de novo e na qual desemboca ininterruptamente a correnteza de sua força.

Mas quando se pergunta (e esta é a pergunta principal!): como é em geral possível que se considere todos estes produtos singulares no interior da natureza apenas como produtos aparentes[52], encontra-se a seguinte resposta: Evidentemente, cada produto (finito) só é um produto *aparente*[53], *se neste mesmo produto* estiver *novamente presente a infinidade*, ou seja, se ele mesmo for capaz novamente de um desenvolvimento infinito. Pois se ele chegasse a este desenvolvimento, não teria nenhuma existência[54] permanente. Todo produto que agora aparece *fixado* no interior da natureza existiria apenas por um momento e seria concebido em contínua evolução, permanentemente mutável, e só desapareceria aparecendo. A resposta dada acima à questão de como a natureza poderia ser considerada como pura e simplesmente ativa se reduz então agora a seguinte:

Proposição: *A natureza é pura e simplesmente ativa, se em cada um de seus produtos estiver o impulso para um desenvolvimento infinito.*

Uma investigação mais detalhada irá nos mostrar o caminho. Inicialmente, pergunta-se como pode ser criado um produto capaz de um desenvolvimento infinito, ou se realmente é possível encontrar um tal produto no interior da natureza. Observa-se claramente que, juntamente com esta pergunta, devemos também responder a uma outra: Por que em um tal produto permanece apenas uma *tendência* para um desenvolvimento infinito? Ou: Por que, não obstante esta tendência, ele aparece como fixado e não se perde ao infinito?

Obs.: A proposição que diz: que em cada indivíduo da natureza reflete-se o *todo* ou o infinito, pertenceu muito mais à filosofia transcendental do que à filosofia da natureza. Pois esta última tem que esclarecer exatamente a mesma dificuldade: sobre como atividades opostas reúnem-se na intuição do finito sem anularem-se mutuamente. Será preciso negar que elas se reúnem em qualquer produto que seja. Afirmar-se-á que o espírito em geral não tem uma intuição de si mesmo em nenhum produto singular – que ele, em geral, não a tem na unificação, mas sim na infinita *distinção*[55] de suas atividades opostas (as quais são unificadas apenas por meio desta distinção). É preciso afirmar [ainda] que, exatamente por isso, cada intuição *singular* é apenas *aparentemente-singular* e que propriamente em cada intuição singular está contida simultaneamente a intuição de todo o universo. A querela originária sobre a autoconsciência – que está para a criação transcendental exatamente como a querela originária dos elementos está para a criação física – deve ser, assim como a autoconsciência mesma, infinita. Portanto, ela pode encerrar-se não em um produto singular qualquer, mas apenas em um produto que sempre vem-a-ser e nunca é, e que é novamente criado em cada momento da autoconsciência. A fim de unificar os absolutamente opostos, a imaginação produtiva estende sua anulação mútua em uma série infinita. Somente através desta extensão infinita, ou deste infinito retorno[56] da negação absoluta, é que surge o finito.

NOTAS

1. *Ideen*. Part. I, vol. 2, p. 224.

2. O título completo desta obra é: *Da alma do mundo – Uma hipótese da física superior para o esclarecimento do organismo universal acompanhado de um anexo sobre a relação do real e do ideal na natureza ou sobre o desenvolvimento da primeira proposição fundamental da filosofia da natureza nos princípios da gravidade e da luz (Von der Weltseele – Eine Hypothese der höheren Physik zur Erklärung des allgemeinen Organismus nebst einer Abhandlung über das Verhältnis des Realen und Idealen in der Natur oder Entwicklung der ersten Grundsätze der Naturphilosophie an den Prinzipien der Schwere und des Lichts)*.

3. SCHELLING. Von der Weltseele. In: *F.W.J. von Schellings sämmtliche Werke*. Total Verlag, 1997, I, 2, 348. (A seguir citado como *Werke*).

4. Ibid., I, 2, 349.

5. Ibid.

6. SCHELLING. Ideen zu einer Philosophie der Natur. In: *Werke*, I, 2, 189.

7. Ibid., I, 4, 424.

8. SCHELLING. Philosophie der Kunst (1802-1803). In: *Ausgewählte Schriften*. Vol. 2 (1801-1803). 2. ed. Frankfurt a. Main: Suhrkamp, 1995, p. 185. • SCHELLING. *Filosofia da arte*. Trad. Márcio Suzuki. São Paulo: Edusp, 2001, p. 21.

9. Ibid., p. 29.

10. SCHELLING. Über die Methode des akademischen Studiums. In: *Werke* I, V, 247.

11. Cf. SCHELLING. *Obras escolhidas* (Coleção Os Pensadores). São Paulo: Abril, 1979, p. 28.

12. SCHELLING. *Werke*, I, 3, 370.

13. Ibid., I, 2, 226.

14. Ibid., I, 1, 367.

15. Ibid., I, 1, 383.

16. Ibid., I, 2, 65.

17. Ibid., I, 2, 193.

18. Essas teorias são postas e elucidadas, por exemplo, por Prigogine, Herman Haken e Marie-Luise Heuser-Kessler. Cf. *Jahrbuch für Komplexität in den Natur-, Sozial- und Geisteswissenschaften*. Org. por Uwe Niedersen. Vol. 5: Schelling und die Selbstorganisation. Berlim: Duncker & Humblot, 1994.

19. No original: *Werden* (N.T.).

20. No original: *gehemmt, retardiert* (N.T.).

21. No original: *Scheinprodukte* (N.T.).

22. Se considerarmos a natureza enquanto objeto como *real*, surgida não através da evolução, mas através de *síntese* (assim como se é obrigado a fazer sob uma perspectiva empírica), então o atomismo é necessário, seja ele mecânico ou dinâmico. Através da perspectiva transcendental, à qual finalmente se eleva a física especulativa, tudo é completamente modificado. (N.A.) (Esta observação, assim como outras indicadas como

nota do autor (N.A.), foram tomadas do exemplar manuscrito utilizado por Schelling em seus cursos. Desta mesma fonte proveem notas mais curtas inseridas entre colchetes em certas passagens do próprio texto.)

23. No original: *als sich aufhebend* (N.T.).

24. No original: Bildung (N.T.).

25. No original: *Geschlechtsverschiedenheit* (N.T.).

26. No original: *Abweichungen* (N.T.).

27. No original: *Erregbarkeit* (N.T.).

28. De nenhum ser *em si* (N.A.).

29. O filósofo da natureza trata a natureza como o filósofo transcendental trata o eu. Portanto, a própria natureza é para ele um incondicionado. Mas isso não é possível se partirmos do ser objetivo no interior da natureza. O ser objetivo é, na filosofia da natureza, algo tão pouco originário quanto na filosofia transcendental (N.A.).

30. No original: *Inbegriff* (N.T.).

31. E neste sentido a natureza seria tomada como *objeto* (N.A.).

32. Se no interior do conceito do próprio ser não residisse o traço de um conceito mais elevado, do conceito de atividade (N.A.).

33. Uniformemente-eficaz (*gleichförmig-wirksam*) (N.A.).

34. No original: *zu Stande kommen* (N.T.).

35. A produtividade originária da natureza desaparece na visão habitual sobre o produto. Para nós, o produto precisa desaparecer sobre a produtividade (N.A.).

36. Produtiva (N.A.).

37. A anfibolia é uma espécie de falácia lógica que ocorre quando as premissas usadas em um argumento são ambíguas, em geral por causa de um erro em sua construção gramatical. No presente contexto, pode, no entanto, ser compreendido como significando ambigüidade (N.T.).

38. Através do *deixar-vir-a-ser* (*Werdenlassen*) (N.A.).

39. No original, Schelling usa o artigo indefinido com letra maiúscula: "*Eine*", que se assemelha à sua substantivação, em geral traduzida como "uno", mas devido à sua função de artigo, explicitada por sua declinação, optou-se aqui pelo reforço de seu sentido através do acréscimo do adjetivo "única" (N.T.).

40. Id.

41. No original: *in dieser Einen Größe*.

42. Quando esta série é eliminada, nada mais permanece do que o sentimento da tendência infinita em nós mesmos – esta chega agora à intuição e em seguida àquela expressão do poeta. A partir disso, fica claro que originalmente toda infinidade está propriamente *em nós mesmos* (N.A.).

43. Tendência (N.A.).

44. Do contrário, nenhuma apresentação empírica seria possível (N.A.).

45. No original: *Scheinprodukte*.

46. A produtividade é originalmente infinita. Portanto, mesmo quando se torna produto, este produto é apenas um produto aparente. Cada produto é um refreamento (*Hemmung*), mas em cada ponto de refreamento ainda há o infinito. (N.A.) (As últimas palavras do texto: "e o qual sempre vem-a-ser e nunca é" estão riscadas no exemplar manuscrito.) (N.E.)

47. E assim ela deve ser (N.A.).

48. A natureza tem sua realidade a partir de si mesma – ela é seu próprio produto – um todo organizado a partir de si mesmo e organizador de si mesmo (N.A.).

49. A força repulsiva e atrativa de Kant – que é meramente a expressão mecânica para algo mais elevado (N.A.).

50. Ou melhor, que ele será permanente apenas na medida em que é um limite para a produtividade da natureza (N.A.).

51. *Exemplo*: uma correnteza flui para adiante em uma linha reta enquanto ele não encontra nenhuma resistência. Onde [há] resistência, [há] turbulência (*Wirbel*). Cada produto originário da natureza, por exemplo, cada organização é uma tal turbulência. A turbulência não é algo que está fixo, mas algo que é permanentemente mutável – mas que é novamente reproduzido em cada instante. Nenhum produto na natureza é, portanto, *fixado*, mas é reproduzido em cada instante através da força de toda a natureza. (Não vemos propriamente o persistir (*Bestehen*), mas sim o persistente ser-reproduzido (*reproducirtwerden*) dos produtos da natureza.) Toda natureza colabora (*wirkt mit*) para [a produção] de cada produto. Na natureza são originariamente cravados certos pontos de refreamento – com a consequência provável de que apenas um [único] ponto de refreamento, a partir do qual toda a natureza se desenvolve – mas inicialmente podemos pensar infinitamente em muitos pontos de refreamento no interior da natureza – naquele tal ponto a correnteza da atividade da natureza é igualmente quebrada e sua produtividade aniquilada. Mas em cada momento vem um novo choque, uma nova onda, a qual enche de novo esta esfera. Em resumo: a natureza é originariamente pura identidade – nada há nela a diferenciar. Ora, pontos de refreamento se irrompem, contra os quais a natureza luta permanentemente como contra limites para sua produtividade. Mas na medida em que ela luta contra eles, ela enche esta esfera novamente com a sua produtividade.

52. No original: *Scheinbarprodukte* (N.T.).

53. No original: *ein scheinbares Produkt* (N.T.).

54. No original: *Dasein* (N.T.).

55. No original: *Auseinanderhalten*, que pode ser também entendido como um "manter-se-fora-um-do-outro" (N.T.).

56. No original: *Hinausrücken* (N.T.).

Schopenhauer

Jair Barboza★

 **O filósofo e o seu tempo**

Se nascesse hoje, Schopenhauer seria polonês. A cidade alemã onde veio ao mundo em 22 de fevereiro de 1788, Dantzig, foi depois, numa dessas guerras em que a Europa é pródiga, anexada à Polônia e não mais reincorporada ao estado alemão. A cidade livre de Dantzig passou a chama-se Gdansk e Schopenhauer chamou-se Arthur, porque o pai, o rico comerciante Henri Floris, queria que o seu primeiro filho, num casamento de conveniência com a jovem de 18 anos Johanna Henriette Trosina (ele tinha na época 38), tivesse um nome pronunciável igual em todas as línguas, simbolizando assim a mentalidade cosmopolita que tanto apreciava.

Decerto a escolha do nome influenciou a obra schopenhauereana, pois poucos filósofos do Ocidente têm tanta abertura para o Oriente e o estrangeiro e o estranho quanto o autor de *O mundo como vontade e como representação*. Algo atestado pela incorporação nessa obra de elementos seja da literatura veda ortodoxa ou budista. Por um lado, tal característica engendra a crítica dos adeptos irrestritos da tradição ocidental-europeia de pensamento, por outro leva à incontida admiração dos esotéricos e pensadores sem preconceitos em relação ao Oriente. Por um ou outro motivo, o meio acadêmico reteve anos o filósofo em ostracismo. Entretanto, a sua obra define novos rumos da filosofia moderna e contemporânea pelo viés de um princípio irracional do mundo, a Vontade de vida, ímpeto cego, em referência à qual a faculdade de razão é secundária. Isto indica uma dívida pouco reconhecida nos textos consagrados, seja naqueles que se debruçam sobre os monstros que a razão ou a arbitrariedade produzem na existência individual e na história dos povos, ou naqueles que definem o homem como um ser essencialmente desejante.

Se foi objeto de ostracismo entre os professores de filosofia, o mesmo não ocorreu entre artistas e escritores, pelos quais Schopenhauer foi logo descoberto e admirado, como é o caso de

★ Doutor em Filosofia pela Universidade de São Paulo (USP). Professor de Estética e Ética na Pontifícia Universidade Católica do Paraná (PUC-PR). Bolsista pesquisador da Alexander von Humboldt-Stiftung (Alemanha).

Machado de Assis, Augusto dos Anjos, Tolstói, Wagner, Proust etc. Schopenhauer morre em 21 de setembro de 1860, em Frankfurt. Em seu jazigo está escrito simplesmente Schopenhauer.

O pensamento de Schopenhauer veio a lume entre o fim do século XVIII e início do XIX. Época marcada pelo fim do absolutismo político, pela eclosão da Revolução Francesa e seus utópicos ideais de "liberdade, igualdade e fraternidade", por Napoleão, o espírito absoluto que desfilou a cavalo na frente de Hegel na cidade de Jena etc. São também anos da unificação da Alemanha num Estado, de conflitos e guerras generalizados. É, ainda, a época de consolidação da Revolução Industrial, portanto da fábrica a marcar a silhueta das grandes cidades: crianças com turno de 12 horas de trabalho, ascensão da burguesia como classe econômica dominante, divisão do trabalho, preponderância econômico-política dos centros urbanos sobre o campo, máquina a vapor; enfim, um período turbulento na aurora do capitalismo, tal como o conhecemos hoje em dia.

A filosofia é marcada pela publicação da *Crítica da razão pura* de Kant, em 1781, obra que impacta o pensamento filosófico com a mesma força que a Revolução Francesa influencia os destinos políticos e econômicos ocidentais. Não sem modéstia Kant comparava o efeito do seu pensamento na crítica com a do provocado pela revolução astronômica de Copérnico, que mudou a nossa perspectiva sobre a natureza, retirando a Terra do centro dos movimentos planetários e a colocando para girar em torno do Sol. Agora a investigação dos objetos os faz girar em torno do sujeito em vez deste em torno deles, como teria ocorrido até então. Consolida-se a era da subjetividade em filosofia que, em verdade, teve seu precursor em Descartes. A filosofia de Schopenhauer segue o modelo clássico de um sistema filosófico, ou seja, concentra-se no pensar – ou decifrar enigmas, como prefere o autor – em quatro grandes temas: conhecimento, natureza, estética, ética.

A filosofia de Schopenhauer

Conhecimento. Com a frase "O mundo é minha representação", na abertura de sua obra principal, o filósofo quer mostrar como o mundo efetivo ou realidade só existe para quem o representa, quem o percebe por meio de um corpo animal dotado de entendimento (ou cérebro). A representação é uma complexa cerebral ao fim da qual se tem a imagem de uma coisa. O cérebro já possui nele radicadas originariamente três formas puras: o espaço, o tempo e a causalidade. Neste sentido, não há objetividade de tais formas, ou seja, elas não existem fora de quem percebe, mas subjetivamente. Aqui, a herança é de Kant, que na *Crítica da razão pura* afirmava, na chamada "estética transcendental" ou teoria da sensibilidade, que espaço e tempo não existem por si mesmos, mas no sujeito que percebe as coisas no espaço e no tempo presentes nele. Kant ainda adicionava a essas formas a causalidade, porém, a mesma se encontra separada da sensibilidade, isto é, no entendimento. Já em Schopenhauer todas as três formas aprioristicas unem-se no entendimento, de maneira que, quando se percebe algo, as mesmas atuam simultaneamente na atribuição de realidade efetiva ao objeto. Somados, os objetos constituem a natureza ou mundo empírico, vale dizer, as imagens cerebrais do indivíduo. Outro termo para o entendimento, em Schopenhauer, é "princípio de razão", pois tudo o que ele apreende externa e internamente, tem uma razão de ser, isto é, um fundamento: "nada é sem uma razão pela qual é". Toda representação é construída a partir de dados vindos do assim chamado mundo externo, os quais, recebidos via tempo pelo sujeito, são remetidos até sua causa e situados figurativamente no espaço. O fundamento de ser dessa representação é, por conseguinte, a atividade do entendimento no uso de suas formas puras *a priori*. O mundo é "representação submetida ao princípio de razão" e só neste adquire a sua realidade; é minha intuição e, se eu desaparecer, desaparece comigo. "Ser é ser percebido", diz Berkeley; o mundo é "fenômeno" na minha sensibilidade, diz Kant.

Os animais, como se pode desconfiar, também têm entendimento, pois representam intuitivamente o mundo mediante seu corpo e cabeça. Os animais intuem empiricamente o seu entorno e desta forma fazem uso do princípio de razão. Uma prova fornecida por Schopenhauer é a daquele elefante trazido à Europa, que, durante uma caravana, recuou antes de entrar numa ponte, pois se o fizesse causaria um acidente, devido ao grande número de pessoas já em cima dela. Quer dizer, o animal calculou o perigo a que todos estariam submetidos. O mesmo fazem os cães que evitam pular de locais altos. Os animais não só têm entendimento, com o qual representam o mundo, mas alguns deles, altamente inteligentes, têm indícios de razão. Uma tese defendida por Hume e que Schopenhauer não segue, preferindo circunscrever a faculdade racional ao homem.

Tanto o conhecimento do entendimento, que é instintivo, quanto o conhecimento da razão, são uma ferramenta de sobrevivência. O conhecimento, portanto, é instrumental. A diferença aqui presente é que o conhecimento intuitivo é mais rico que o racional, que não passa de representação de representação. A razão, como a mulher, só dá depois de ter recebido, isto é, precisa ser fecundada com representações intuitivas para depois, depurando-as, formar representações abstratas, justamente os conceitos. Estes permitem ver objetos sem as suas diferenças, o que implica a perda do colorido original da intuição, a tal ponto que conceitos extremamente universais como "ser", "substância", "absoluto" etc., dizem quase nada. Deve-se, nesse sentido, desconfiar de filosofias neles baseadas. O mundo da razão não passa de reflexo do mundo intuitivo, e, nisto, temos um princípio de crítica da razão no autor de *O mundo...* A razão é secundária em relação ao entendimento e em relação ao princípio do mundo, que será nomeado Vontade, cega e irracional, numa inversão da tradição filosófica do Ocidente que, costumeiramente, define a razão como princípio do mundo.

Contudo, apesar do despotenciamento da razão, tal faculdade é detentora de inegáveis poderes: a linguagem, as ações planejadas de um conjunto de pessoas, a formação e manutenção do Estado, o desenvolvimento lógico da ciência e da tecnologia pela retenção da experiência passada, a comunicação desse conhecimento etc. Contudo, é pela razão mesma que se propagam erros e superstições, que o homem vive em três tempos, o passado, o presente e o futuro, o que provoca muitas vezes inveja dos animais, que vivem só no presente e, por isso, muitas vezes, quando não expostos a dores imediatas, sofrem menos. Por viver no passado e no futuro o homem pode sofrer por dores retidas (traumas) ou não acontecidas e só imaginadas (ansiedades e medos).

Curiosamente, o sujeito em todos esses processos se encontra "inteiro e indiviso em cada ser que representa". Onde quer que haja conhecimento existe um único sujeito que ali conhece através de um poder cognitivo, justamente o ser empírico ou indivíduo que atua e vive no mundo dos objetos. No entanto, o sujeito mesmo não é conhecido, apesar de ser o "sustentáculo" do mundo, a condição universal e sempre pressuposta "de tudo o que aparece". É que o sujeito do conhecer está isento de todas as formas dos fenômenos. É o "olho cósmico" que vê e não é visto. Trata-se de um elemento místico na filosofia de Schopenhauer que estará presente de maneira mais flagrante na sua estética e ética.

Não há objeto sem sujeito, nem sujeito sem objeto; ambos os termos só fazem sentido em referência ao outro. "Ser objeto para o sujeito e ser nossa representação é o mesmo. Todas as nossas representações são objetos do sujeito, e todos os objetos do sujeito são nossas representações." O indivíduo cognoscente é dotado de um corpo e este é o ponto de partida do conhecimento enquanto "objeto imediato". Significa esta expressão aquele lugar que recebe os estímulos externos, ainda de maneira inconsciente, e os transmite automaticamente ao cérebro que, mediante o princípio de razão com suas formas do espaço, do tempo e da causalidade, constrói a realidade externa ou efetividade. O mundo é, pois, um fazer-efeito do sujeito. Inclusive o próprio corpo do investigador em algum momento passou por esse processo de construção, quando sua mão o tocou, seus olhos o disceniram, enfim, quando um espelho lhe foi colocado à frente. Todos os corpos, portanto, estão inexoravelmente submetidos à causalidade, ao tempo e ao espaço, ou seja, ao princípio de razão ou de fundamentação.

Natureza. Aristóteles identifica o nascimento da filosofia num "assombro" diante do mundo. É porque se assusta e interroga diante daquilo aparentemente corriqueiro ou mesmo diante de fatos extraordinários, e busca o sentido dos mesmos, que o homem começa a filosofar. Schopenhauer concorda com Aristóteles, porém especifica ainda mais a natureza desse assombro e o projeta no futuro. O homem filosofa porque sabe que vai morrer. A morte, assim, apresenta-se como a musa da filosofia. Ao contrário dos animais, o homem pode viver no futuro. Se no passado está o nascimento, no presente a vida vivida, do futuro o mira a "grande desconhecida". Por isso uma reflexão sobre a natureza em Schopenhauer é, ao mesmo tempo, uma reflexão sobre a morte e sobre a possibilidade do seu oposto, a imortalidade.

Não basta só conhecer a efetividade. Quando o investigador se detém nisto achando que ali encontrará o sentido do que o fascina e o move a pesquisar, pode então ser comparado a alguém que tenta alcançar a linha em que as nuvens tocam o horizonte. São esforços inúteis porque pelo princípio de razão sempre se é remetido a um fundamento que, por sua vez, nos remete a outro e assim por diante, ao infinito. É o reino natural da necessidade dos acontecimentos, rigorosamente fundamentados e fundamentos de consequências. Ora, se por essa via racional e intelectualista não se pode encontrar o sentido dos fenômenos, cabe tentar um outro caminho. Semelhante indicação aponta para a metafísica do "sentimento". Uma via que inverterá a tradição que apostava todas as suas fichas no poder da razão tanto em determinar e reger os sentimentos humanos quanto em acessar a natureza íntima das coisas. Schopenhauer observa que o investigador tem um corpo que não pode de forma alguma ser ignorado no processo de conhecimento. O corpo tanto dá origem, com seus sentidos receptores de dados externos, ao conhecimento submetido ao princípio de razão, quanto indica algo para além desse simples conhecimento causal. Como corpo entre outros corpos eu posso descer em minha subjetividade e, no limite dela, encontrar algo designado pelo termo "Vontade". Como o meu corpo é um corpo entre outros corpos da natureza, submetidos igualmente à causalidade, posso observar a causalidade de dentro mediante a intelecção dos móbiles de minhas ações. Nesse sentido, chego ao íntimo da causalidade de todos os corpos, pois, apesar de haver variantes da causalidade, como a excitação vegetal e a motivação animal, no fundo há uma única causalidade como forma do princípio de razão, ou seja, a inexorabilidade da consequência quando o fundamento é dado. De maneira que observar a causalidade por motivos equivale a observar de dentro a natureza da causalidade em geral. Portanto, analogicamente, pode-se afirmar que o íntimo dos outros corpos é Vontade.

Através desse caminho do sentimento, o filósofo chega à conclusão de que o mundo, para além de ser minha representação, é "minha vontade". Existe uma Vontade cósmica que atravessa a natureza desde o mundo inorgânico, passando pelos vegetais, animais até atingir a consciência de si no indivíduo que investiga a efetividade. É este indivíduo que investiga o próprio mundo. Ora, o investigador pode então concluir que o enigma do mundo não é decifrável pela razão, que trabalha com conceitos, portanto, fica na superfície dos eventos, mas pelo *sentimento* que desce ao íntimo dos acontecimentos, pela via do corpo, e assim decifra o enigma do mundo. Decerto tem-se aí o lado romântico da filosofia schopenhauereana, já presente em Kant quando afirmava na *Crítica da faculdade de juízo* que só o sentimento diante da bela e sublime natureza, sobretudo, nos liga ao substrato suprassensível do mundo, ao infinito ali mesmo na experiência estética. Contudo, apesar de tais conclusões, Kant nunca chegou a concluir que o sentimento era a via de acesso à coisa-em-si. Tal assertiva só aprece com toda clareza e segurança na obra-prima de Schopenhauer.

Ora, essa Vontade cósmica, "em gênero inteiro" diferente da representação, é imperecível, e nós somos ela mesma. Apesar de nosso fenômeno corporal um dia vir a desaparecer, o íntimo dele não desaparece. Só os fenômenos perecem, o querer cósmico é imorredouro.

Se de um lado a metafísica da natureza schopenhaureana mostra a transitoriedade dos fenômenos, e assim a vida se afoga num rio heraclitiano que tudo muda incessantemente, e não podemos entrar duas vezes nele, pois já mudou e nós também, por outro lado mostra a imortalidade daquilo que é "atividade" nessa natureza e a constitui, já que a mesma não passa de manifestação formal da Vontade mesma, "ímpeto cego", ativa em toda parte. Vontade de vida: em verdade um pleonasmo, pois, alerta o autor, onde há Vontade haverá vida. Um em-si que se manifesta em mundo, seu espelho, através de "atos originários", as Ideias platônicas, que são representações independentes do princípio de razão. A Vontade se torna representação pura, "objetidade", espécies da natureza. São arquétipos unos e inalteráveis que se expõem em múltiplos indivíduos, representantes de suas espécies. Com isso, a Vontade sai de sua cegueira originária e se torna mundo, adquire um espelho e, ao fim, a autoconsciência.

> Entendo, pois, sob *Ideia*, cada fixo e determinado *grau de objetivação da Vontade*, na medida em que esta é coisa-em-si e, portanto, é alheia à pluralidade. Graus que se relacionam com as coisas particulares como suas formas eternas ou protótipos. A expressão mais breve e sucinta daquele famoso dogma platônico foi dada por Diógenes Laércio: "Platão ensina que as Ideias da natureza existem como protótipos, já as demais coisas apenas se assemelham a elas e são suas cópias".

Cabe observar que os indivíduos, para expor suas espécies, lutam sem cessar pela matéria; é a luta de todos contra todos. Quem não devora é devorado, na chamada "assimilação por dominação". Tempos depois, o apaixonado leitor de Schopenhauer, Nietzsche, chamará essa vontade pela posse da matéria de vontade de poder. A luta dos indivíduos para representar fenomenicamente suas espécies, logo, luta por matéria, é uma batalha na qual a forma eterna da espécie será esculpida em vida. E como os interesses da espécie se sobrepõem aos interesses particulares, não importa muito se o particular tiver de ser sacrificado em nome do universal. Em verdade, a luta generalizada no âmbito dos seres particulares em toda a natureza reflete a "autodiscórdia" da Vontade, que crava os dentes na própria carne, sem saber que ela é uma única e mesma, tanto no carrasco quanto na vítima a ser degolada, tanto no órgão do corpo doente quanto no saudável, tanto (para atualizarmos o nervo argumentativo do filósofo) no órgão extirpado do organismo quanto no transplantado. Nesse cenário metafísico-existencial, surge o famoso diagnóstico: *Alles Leben ist Leiden*, toda vida é sofrimento. Trata-se aqui de pessimismo metafísico.

Por conseguinte, tanto no domínio do conhecimento quanto no domínio da natureza, a metafísica de Schopenhauer se encontra insatisfeita. No primeiro só temos fenômenos, no segundo temos o em-si, o enigma do mundo decifrado, mas isto apenas indica como as criaturas humanas e animais sofrem em essência por conta de um em-si que discorda de si mesmo, divorcia-se em sua unidade e gera sofrimentos em sua ânsia insaciável de vida, o que leva os seres que a representam, via Ideias, a deflagrar uma guerra contínua pela posse da matéria. Se assim é, por que o mundo não entrou em holocausto há muito tempo? A resposta: porque se a guerra existe no particular, isto não anula um *consenso da natureza* referente ao equilíbrio das espécies, estabelecido imemorialmente quando a Vontade se objetivou em atos originários na eternidade, pelas Ideias.

Estética. "Toda vida é sofrimento". Semelhante diagnóstico metafísico não implica negar horas de recreio em meio aos tormentos da existência. Horas proporcionadas sobretudo pela contemplação estética, que torna a vida menos áspera, e de fato nos brinda com formas de alegria desinteressada em meio aos sofrimentos da vida. Nos dias atuais, pode-se pensar na concepção de arte-terapia. No fundo, heranças de Aristóteles, que dizia ser a tragédia encenação de ações de caráter elevado, que, despertando o terror e a piedade, levam à catarse dessas emoções. Trata-se de uma descarga que nos alivia por instantes, livrando-nos de tensões. Tais momentos de exceção e inocência ocorrem quando aquelas mesmas objetidades do querer cósmico, as Ideias, encontradas expostas pluralmente nos indivíduos, podem, numa "ocasião externa" ou numa "disposição interna", ser intuídas esteticamente e assim se tem acesso, a partir do fenômeno, à eternidade das formas fixas das coisas.

Cada indivíduo tem um grau de genialidade e quando o emprega intui esteticamente a verdade daquilo postado diante de si. Antes de tudo, a bela natureza proporciona tais momentos. O contemplador se perde no objeto contemplado. Sua consciência é ocupada pela imagem fruída: uma montanha, um riacho, o mar, um rosto, um animal, uma árvore, uma situação etc. Desaparecem da consciência os fenômenos encontrados no tempo. Figura ali a imagem eterna. Sai-se da horizontalidade das coisas fugidias, do rio heraclitiano que a tudo transforma e nada conserva, e ascende-se à verticalidade da espécie fixa que aquele fenômeno particular representa. É um desvelamento das verdades, é uma retirada do véu de Maia que os envolve. Vê-se através desse véu enganoso da existência, isto é, o olhar atravessa o princípio de razão e se frui algo "do ponto de vista da eternidade". Em seguida, se alguém tiver uma técnica artística, pode comunicar sua vivência por meio de uma obra de arte: poema, canto, pintura, escultura, construção arquitetônica etc.

Mais uma vez, nessa meditação, Schopenhauer acompanha Kant, no sentido da precedência estética da natureza em relação à arte. De alguma maneira, pode-se assim dizer, a arte para o filósofo de Dantzig é ainda imitativa, pois é mímesis de uma representação, porém esta é eterna, arquetípica, e promove uma imersão na índole mesma do objeto exposto na obra. Assim, o autêntico artista tem um olhar verdadeiro para o mundo, porém a verdade que comunica não é discursiva e argumentativamente lógica, mas puramente intuitiva. Ora, como a ciência lida apenas com relações causais, com os fenômenos de algo que aparece, é possível de dizer, neste contexto, que a experiência estética diz o *ser* das coisas, enquanto a ciência diz o *aparecer* delas.

Semelhante concepção, bem como a do gênio enquanto faculdade de conhecimento que intui a Ideia, e a comunica, proporcionando satisfação estética diante da decifração metafísica do enigma do mundo, decerto amealhou entre artistas grande simpatia. Tem-se aí um dos motivos para a recepção do pensamento schopenhaquereano primeiro no mundo das belas-artes e só depois no meio acadêmico. Ademais, as academias, lugares do espaço arquitetônico da razão, não têm grande apreço por filosofias que apontam o irracional, a Vontade, como o princípio do mundo. Há nessa inversão teórica um arranhão no narcisismo da espécie humana como criatura predileta do criador, destacada com seu livre-arbítrio racional, ou seja, no fundo um ataque impiedoso à modelagem teológica do pensar.

Mas, apesar da Vontade adquirir a sua autoconsciência no homem, não temos nessas reflexões uma antropologia, uma ciência do homem. *A antropologia em verdade se insere numa cosmologia*, que vê cada espécie originar-se na atividade essencial da Vontade de vida, inteira e indivisa em todos os seres; portanto, animal e homem constituem um organismo cósmico e, supondo-se que existam outros seres com elevada consciência em outros planetas, pode-se perfeitamente supor que nos mesmos a Vontade possa alcançar o seu autoconhecimento.

O estado estético genuíno traduz-se por técnica variada nas diversas formas de arte, encarnações, via material, das Ideias intuídas pelo gênio, as quais ficam à disposição do espectador, como se fora um presente direto da própria natureza. O espectador também possui em maior ou menor grau a faculdade de gênio, do contrário não poderia compreender e fruir as grandes obras artísticas da humanidade. O gênio, em sentido estrito, apenas possui a faculdade de gênio num grau extremamente elevado; com isso, emprega com paixão desinteressada o seu conhecimento por sobre o querer e pode instituir obras que alegram. Ocorre em verdade nesses pequenos milagres, diz Schopenhauer, que o egoísmo e o interesse de posses e a violência são neutralizados, uma "negação da Vontade". A arte é pacificadora, tanto individual quanto socialmente. Nega-se a cobiça hodierna, entra-se num estado de beatitude, de união com o todo. É o límpido "olho cósmico" que vê através do artista e do espectador.

O sujeito do conhecimento indiviso, que já mirava os fenômenos via indivíduo dotado de querer, agora mira os objetos puramente. A fruição estética, pois, é uma contemplação independente do princípio de razão. Belo, dizia Kant, e Schopenhauer o segue, é aquilo que agrada "sem conceito algum", isto é, "sem nenhum interesse". É a hora na qual somos libertos da escravidão dos cegos ímpetos volitivos, já que os desejos nunca são totalmente saciados. Todo desejo satisfeito só o é passageiramente, visto que logo retorna para o final da fila da satisfação e exige sem paciência nova satisfação. Desejar é para o autor de *O mundo*..., no fundo, carência. Esta é a miséria humana que a profunda fruição estética alivia passageiramente. Em última instância, o que o filósofo procura com tais colocações é perguntar ao leitor: Será que você alguma vez perdeu-se profundamente numa obra de arte e na contemplação da natureza? Você desconfia qual o sentido de um bom poema de Drummond, um bom romance de Machado de Assis, uma sinfonia de Brahms? Se sim, terá notado o quão tais momentos fazem esquecer o egoísmo natural a cada um e os males daí advindos, pois o egoísmo é o símbolo no humano do mal radical.

Contudo uma arte paira acima de todas as demais. É a música, "uma arte a tal ponto elevada e majestosa, faz efeito tão poderosamente sobre o mais íntimo do homem, é tão inteira e profundamente compreendida por ele, como se fora uma linguagem universal, cuja distinção ultrapassa até mesmo a do mundo intuitivo". É a linguagem direta da coisa-em-si, que, assim, canta. É uma poderosa arma contra os sofrimentos. O que combina com o ditado popular: "Quem canta, seus males espanta". A música não lida com sentimentos particulares, esta ou aquela alegria, júbilo, regozijo, aflição, mas lida com a Alegria, o Júbilo, o Regozijo, a Aflição, de maneira universal e, por assim dizer, abstratamente. Não se tem nela sentimentos patologicamente determinados, mas a quintessência deles, sua alma, sem acessórios, portanto, sem motivos perturbadores. A essa alma, a fantasia confere corpo, daí construir-se um mundo imaginário durante a audição musical.

Outro fato que atesta o poder revelador da música como linguagem da essência do mundo é que, quando uma cena ou acontecimento é acompanhado por fundo musical, os mesmos parecem finalmente ter os seus segredos revelados.

Essa posição hierárquica da música é uma novidade na história da filosofia, pois costumeiramente os filósofos atribuem a posição estética mais elevada à poesia, como foi o caso de Kant, Schelling, Hegel. Mais tarde, Nietzsche fará coro com o seu mestre e dirá: *Ohne Musik wäre das Leben ein Irrtum*, "sem a música a vida seria um erro".

Ética. Ações e reações, comportamento das gentes definem o micro e macroperfil de um grupo, de uma sociedade, de um país. Ora, como o caráter da Vontade, a autodiscórdia, gera um mundo essencialmente egoísta como sua manifestação, algo que se traduz na luta de todos contra todos, da qual é gerada violência, a tal ponto que uma pessoa é capaz de matar o próprio irmão para fazer graxa de sapato – segue-se que o "eu" de cada um se sente o centro do cosmos em suas aspirações infinitas. Do entrechoque de tais perspectivas, natural a cada ser, o mundo assume cores e contornos do próprio inferno. Eis por que a parte mais grave da filosofia, afirma *O mundo...*, é a filosofia moral, que trata justamente das ações e omissões humanas e que dizem respeito a todos nós mediata ou imediatamente.

Desse ponto de vista é para se perguntar: Identificar nesse cenário uma boa ação, portanto algo genuinamente ético, seria algo impossível? Não, segundo o filósofo. Não, porque, ainda que o mundo seja comandado pelo egoísmo, não é possível negar a existência de um sentimento cotidiano, embora não corriqueiro, que move certos agentes a ajudar e muitas vezes salvar vidas. Trata-se da compaixão. Esta, quando impele a um ato caridoso, monta a cena de se um ser que se coloca no lugar de outrem que sofre, de um eu que se perde no não eu, sente paixão-com, compaixão, e assim diminui os efeitos aziagos das ações egoísticas. Tem-se nesses moldes o genuíno "fundamento da moral". Mas alerte-se: só sentir pena e ficar na inação não significa que se tenha ali uma pessoa compassiva; é preciso o *ato de ajuda* para a conclusão de que realmente alguém atuou movido pelo bem, num ato extensivo aos animais, pois estes são corpos vivos e, como o humano, passíveis de sofrimento. A inclusão dos animais na matriz ética de reflexão destoa da ética kantiana, para a qual os animais são classificados como *Sache*, coisas, o que sacramenta a tese cristalizada em Descartes do homem como senhor da natureza, o que em verdade apenas repete um axioma bíblico do Antigo Testamento. Schopenhauer concebe metafisicamente os animais como sujeitos de direito. Em sua visão da Vontade, os animais e a natureza inteira são sujeitos dignos. Os viventes formam um único organismo. "Esse vivente és tu" é a máxima universal dessa ética. É uma posição intelectual que pode formar a base de muitos pensamentos de defesa da natureza e dessa maneira alertar, por exemplo, sobre os direitos de seres que vivem nos campos de concentração chamados "canis" e "gatis", além de permitir o questionamento de certos dogmas científicos e industriais como a experiência científica com bichos, a sua criação e abate em massa etc. Schopenhauer chama os animais de "irmãos". Já sabemos que a razão, em seu sistema, é secundária em relação à vontade, e que o querer é essencial, irmanando-nos aos outros seres vivos. Obtém-se assim uma interessante contribuição em termos de base filosófico-conceitual para o estabelecimento de um pensamento ecológico. Agredir a natureza é, em verdade, agredir *o outro* que não me é estrangeiro, que não me é estranho.

Mas o cume dessa ética da compaixão, por negação da Vontade, encontra-se na ascese. A compaixão nega passageiramente a Vontade, porém uma outra vida é salva. Portanto, indiretamente, uma outra vida é afirmada, logo, afirma-se a possibilidade do egoísmo e da violência. Ora, não haveria nisso uma afirmação do próprio sofrimento futuro? Quem é salvo pode voltar-se em outra ocasião contra quem o salvou ou contra outrem. Estamos diante de uma potencial contradição, na qual o negativo (agente compassivo que nega a vontade e ajuda outrem) é ao mesmo tempo positivo (o objeto da compaixão é salvo). Talvez seja justamente por isso que o autor é levado a meditar sobre a ascese, a santidade no fechamento de sua obra principal, no sentido de que é nesses acontecimentos que a Vontade nega por completo, por conseguinte, anula a possibilidade da perpetuação do sofrer. O asceta estende sua compaixão ao mundo inteiro, identifica-se com a totalidade das criaturas sofredoras e renuncia por completo a afirmar o viver. Embora seu corpo ainda esteja preso à terra, constantemente o anula em suas exigências, por exercícios de imolação. No asceta a Vontade, ao atingir a autoconsciência, não gosta do que vê neste espelho e se redime integralmente pelo conhecimento do todo da vida. *Redenção pelo conhecimento*. Aqui, mais uma vez, o sujeito uno do conhecimento olha o mundo, porém, agora, atinge diretamente o querer e lhe mostra uma imagem terrível da realidade autofágica, fazendo com que o querer desista de querer. Dessa forma se dá a "transição da compaixão para a ascese". É a total e consciente supressão dos desejos, única paz duradoura sobre a Terra, a poucos acessível. É o *quietivo* do querer. "Quebra *proposital* da Vontade".

A negação da Vontade acessível aos outros é justamente a contemplação estética ou a compaixão. Mas nestes dois casos, a não ser que nasça daí um santo, a negação, além de não prescritiva, é passageira.

Nesse sentido, a filosofia de Schopenhauer, que concebe o mundo sob dois pontos de vista, como representação e como vontade, deságua no *nada* místico, o que equivale a confessar o fracasso da linguagem filosófica para dar conta do evento mais significativo e misterioso do mundo. Por isso o filósofo recomenda ao seu leitor as biografias de santos e ascetas, pois é nelas que encontrará o nada da negação da Vontade, a experiência de viragem da vida, expressa muitas vezes por aproximação pelos termos "êxtase", "união com Deus", "iluminação", "desprendimento do mundo". Acontecimentos que o filósofo não dá conta e em face dos quais deve silenciar, apesar de serem aquilo que confere o maior sentido ético ao mundo via derrocada absoluta do egoísmo. Chega-se assim à mística que encerra o pensamento do autor. O nada dessa mística sendo equiparado ao silencioso nirvana dos budistas.

Mas, longe de ser uma filosofia do fracasso da existência, do elogio niilista de quem entrou na ascese, o autor em verdade indica uma inversão de sinais, sutil ao pensamento, mas sem deixar com isso de ser profundamente impactante para a filosofia. O nada da negação da Vontade é *relativo* e não absoluto e pode ser tomado como positivo, sem que nisto haja contradição. *Não existe o nada absoluto* e para entender isso basta pensar na *soma* de valores negativos. Dessa forma, para o santo, a vida em que vivem os comuns mortais é marcada pelo sinal negativo, já a negação dele é marcada pelo sinal positivo, pois se sente, conforme seus relatos, alegre, imerso na beatitude, pois alcança o mais profundo sentido ético, reconfortante e pacificador, do mundo. Daí, diz Schopenhauer, as expressões felizes expostas em pinturas de Rafael e Leonardo de quem atingiu o marco limite do mundo como vontade e como representação. Ao contrário, este mundo com seus sóis e galáxias é, para o asceta, o nada. Perdeu o sentido para ele.

Sabedoria de vida. Por fim, cabe ainda dizer que a metafísica de Schopenhauer abre espaço para a sabedoria de vida, que é uma acomodação em tom prático-otimista ao seu pessimismo metafísico, ou seja, a capacidade que temos de ser menos infelizes mediante a prudência. Ainda se trata de afirmação da Vontade, de egoísmo, mas um egoísmo esclarecido que procura o menor sofrimento possível. Trata-se da prudência nos atos, o que permite ao indivíduo acomodar-se em algum canto protetor no meio do inferno. A maior máxima da prudência foi fornecida por Aristóteles: "O prudente persegue a ausência de dor, não o prazer". Pois a dor é de natureza positiva, e o prazer negativo. Pode o corpo inteiro estar saudável, mas uma única parte ferida ou dolorida atrai toda a atenção. Deve-se sempre, portanto, evitar a dor. "Nunca se deve adquirir prazeres à custa das dores, nem mesmo ao risco delas, porque senão se paga algo negativo e quimérico com algo positivo e real. Por outro lado, lucra-se ao sacrificar prazeres com o intuito de escapar às dores." No fundo, é a saúde o que importa, o resto se segue naturalmente. Tão certa é esta máxima quanto a constatação de que um pobre saudável é mais feliz que um rei doente. O balanço de vida de alguém reside não nos prazeres que fugazmente gozou, mas nas dores e desgraças que evitou. A sabedoria de vida abre o horizonte para o fomento do caráter em atmosfera favorável, que gera qualidade de vida, tornando-nos menos infelizes, pois a maior das quimeras, diz Schopenhauer, é pensar que nascemos para ser felizes.

 ### Conceito-chave

Como se pôde observar, o conceito nuclear do pensamento schopenhauereano é o de Vontade, ímpeto cego e irracional de vida. A Vontade é a coisa-em-si do mundo que se manifesta em Ideias que, por sua vez, como espécies da natureza, pluralizam-se em fenômenos. Portanto, o autor une "os dois maiores filósofos do ocidente", Kant (coisa-em-si) e Platão (Ideia). Pensa terem os dois falado uma mesma coisa, porém de modo diferente. Noutras palavras, a realidade das coisas não se encontra no fenômeno em constante devir, mas em algo que o possibilita e se encontra fora de suas formas. Tão somente a vontade fornece a palavra do enigma do corpo do investigador, "a chave de seu próprio fenômeno, manifesta-lhe a significação, mostra-lhe a engrenagem interior de seu ser, de seu agir, de seus movimentos". O corpo ora é representação igual aos outros corpos do mundo, mas também é Vontade, analogicamente extensível aos outros corpos. Dessa perspectiva, a identidade entre corpo e vontade revela a significação do mundo. Todo ato verdadeiro da vontade é simultaneamente movimento do corpo, e vice-versa, toda ação sobre o corpo atinge a vontade e se chama dor, caso a contrarie, bem-estar caso a favoreça. O ato do corpo e a sua ação constituem uma coisa só, porém a consciência, cuja forma é o tempo, pensa primeiro um ato da vontade, e depois uma ação do corpo. Em verdade, quando agimos, a decisão e o ato já ocorreram; somos espectadores de nós mesmos. "A ação do corpo nada é senão o ato da vontade objetivado, isto é, que apareceu na intuição." A vontade é o conhecimento imediato, antecipado, *a priori* do corpo, e o corpo que vejo e me leva a agir é o conhecimento mediato, temporalmente efetuado, *a posteriori* da vontade.

Curiosamente, e antecipando a psicanálise de Freud, Schopenhauer indica que o que melhor expressa esse querer essencial, o seu verdadeiro "foco", é a sexualidade, os órgãos genitais.

A cegueira com que o sexo é procurado em vista da reprodução da espécie, embora o indivíduo pense buscar um gozo pessoal, traduz perfeitamente a natureza da coisa-em-si, ou seja, ânsia de vida e satisfação a qualquer custo. A Vontade de vida como essência mais íntima dos fenômenos expressa-se de maneira inconsciente na força que forma o cristal de gelo, na agulha magnética voltada para o Polo Norte, na atração e repulsão de física e emocional, na pedra que cai para a terra, na Terra que gira em torno do Sol, e atinge a consciência de si na consciência humana. "Esse emprego da reflexão é o único que não nos abandona no fenômeno, mas, através dele, leva-nos à *coisa-em-si*. Fenômeno se chama representação, e nada mais. Toda representação, não importa seu tipo, todo *objeto* é *fenômeno*. *Coisa-em-si*, entretanto, é apenas a *vontade*".

No entanto, há dois outros conceitos angulares na metafísica de Schopenhauer. O de matéria e o de puro sujeito do conhecimento. A matéria é aquilo preexistente no mundo, na qual as Ideias imprimem a sua forma via indivíduos. Estes lutam entre si para expor suas Ideias. Como a quantidade de matéria é constante, não há vencedor sem vencido, vida sem morte. Todo esse conflito é parte da dinâmica cosmológica da emergência do mundo enquanto espécies e indivíduos que as representam. Como se vê, já há uma atividade intrínseca à matéria que leva à discórdia. Há, pois, uma aproximação entre Vontade e matéria no pensamento schopenhauereano. A vontade como em-si só se exprime em vida no substrato da matéria que, portanto, também preexiste ao mundo das formas inorgânicas e orgânicas. Como a Vontade, a matéria é imperecível. Muitos comentadores foram, por isso, levados a aproximar Schopenhauer do pensamento materialista, como o presente em Marx.

No que se refere ao puro sujeito do conhecimento, como antes mencionado, ele é um único sujeito, "sustentáculo do mundo". É o claro olho cósmico, que tudo vê, conhece, mas não é conhecido. Apresenta para a Vontade o límpido espelho da representação do mundo, abrindo-lhe a possibilidade de autonegar-se. Mas como pode a Vontade, que é o mundo mesmo, gerar esse sujeito, "puro", isto é, sem-vontade? A Vontade gera de si o sem-vontade? Que depois possibilitará a sua própria negação? Se for assim, o negativo já estava no positivo? De fato, como vimos, o negativo absoluto não existe, mas apenas o relativo. O puro sujeito do conhecimento é o negativo relativo da Vontade mesma e que permite a sua viragem, ou inversão de sinais, de modo que, para o santo, a vontade, este mundo com sóis e estrelas é *nada*, e o nada de sua negação e renúncia é o mundo pleno mesmo, o *ser*. Portanto, o positivo se torna negativo, e o negativo se torna positivo.

 ## Percursos e influências

Ao expor uma filosofia que, contrária à tradição consagrada, vê na vontade e não na razão o princípio do mundo, Schopenhauer sem dúvida deflagra uma revolução filosófica no pensamento ocidental. Não que outros pensadores, como Schelling ou mesmo Kant, não tenham divisado a autonomia e a liberdade da vontade, mas a mesma é sempre, ao fim, confundida com a razão, em retorno à sua jurisdição. O autor de *O mundo...* inaugura um olhar sobre o mundo sem o qual é impensável a filosofia da vontade de poder de seu discípulo de juventude Nietzsche, e a psicanálise dos impulsos e motivações inconscientes de Freud, que em dado momento declara "as amplas concordâncias da psicanálise com a filosofia de Schopenhauer". Doravante, há uma nova imagem do homem, oposta à clássica modelarmente definida por Descartes na aurora da Modernidade e que, sintetizando a tradição ocidental de pensamento, concebe o homem como uma substância essencialmente pensante. O homem antes pensa, e depois quer, conforme o pensamento. Em Schopenhauer, diferentemente, o homem antes quer, e só depois sabe, pensa o que quis; o pensamento sempre chega depois, atrasado, quando algo muitas vezes já se perdeu.

Outro insigne leitor influenciado por Schopenhauer na juventude foi Wittgenstein. Aqui entram em cena as visões convergentes sobre o parentesco entre estética e ética; o místico sobre o qual não podemos falar, mas temos de silenciar; enfim, os limites da expressão diante do evento mais significativo da vida, a visão de mundo "do ponto de vista da eternidade", que não cabe na discursividade filosófica, ou seja, nas redes do princípio de razão.

Outro aspecto da filosofia schopenhauerena que merece plena atenção é a aproximação ali feita entre o Ocidente e o Oriente mediante o uso da literatura vedanta e budista. O filósofo chega a comparar claramente o conceito de negação da Vontade com o nirvana búdico. Ademais, a metafísica da Vontade tem em comum com o budismo a constatação de que "toda vida é sofrimento". Em ambos os casos, o pessimismo da visão de mundo leva a pensar a cura desse mal radical da existência. Ao escrever o livro *Aforismos para a sabedoria de vida*, Schopenhauer procura dar a sua solução empírica, física para o problema, e mostrar como ser menos infeliz, portanto, ser negativamente feliz até onde é permitido a seres carentes como nós, é uma tarefa consoladora em meio às penúrias de viver, que passa por desejar menos, numa modulação de sentimentos permitida pela prudência. Mas a erradicação do querer cabe apenas ao asceta. Portanto, tanto em uma forma de conceber o mundo quanto em outra, nega-se o mundo e elogia-se um estado de beatitude que não é interpretado como niilismo, mas inversão de sinais, em que o negativo se torna positivo e o positivo negativo. Schopenhauer talvez tenha sido a primeira pessoa de grande envergadura intelectual no Ocidente a se dizer "sou um budista".

Não menos relevante é atentar para a recepção da estética de *O mundo...* entre artistas. Podíamos nos deter, por exemplo, em Proust ou Wagner. Mas optamos pelos trópicos, por ser curioso como o filósofo foi imediatamente recepcionado por Machado de Assis e Augusto dos Anjos. O romance *Memórias póstumas de Brás Cubas*, de Machado de Assis, traz em seu final a declaração do personagem-título que não transmitiu à posteridade o legado da "nossa miséria". Miséria da vida como um todo, pois ele usa o pronome "nossa", portanto se refere à humanidade em geral. Já no prefácio da obra, refere-se o defunto-autor a certas "rabugens de pessimismo" que a impregnara. Ora, tanto Machado quanto Schopenhauer, de algum modo, veem na arte, que lida com o fundo pessimista do mundo, um consolo diante da existência, talvez aí podendo-se explicar o apreço de Machado pela ironia, apesar da vida vã, muitas vezes moralmente maligna de seus personagens. A ironia é terapêutica, é o efeito da obra no receptor, como em Schopenhauer o pessimismo e as descrições cruas do mundo têm em mira a catarse em face do espetáculo trágico da existência. Numa palavra, rir é um consolo. Ademais, o filósofo Quincas Borba, personagem-título do segundo romance da fase áurea machadiana, pode ser tomado como uma caricatura do filósofo germânico. Ao contrário deste, ele diz que a dor é uma ilusão, o exato contrário de Schopenhauer, que afirma que a dor é positiva e a satisfação de desejos negativa. Quincas Borba deixa para Rubião uma fortuna em herança, com a condição de que o mesmo cuide do cão homônimo. Não sei se Machado tinha conhecimento da biografia de Schopenhauer ao seu tempo, mas o fato é que Schopenhauer destinou à sua governanta uma parte da herança, sob a condição de que ela cuidasse do seu cão Atma. Por fim, não deixe o leitor de ler as crônicas machadianas *O autor de si mesmo*, em que o Bruxo do Cosme Velho aplica a ironia à própria metafísica de Schopenhauer. Melhor rir que chorar.

Quanto à *avis rara* da poesia brasileira, Augusto dos Anjos, este citou o filósofo em seu poema "O meu nirvana", referindo-se à "manumissão schopenhaueriana". Manumissão é a alforria legal de um escravo. Augusto pretende com isso indicar o papel salvador da estética, como a encontrada numa obra filosófica. Uma tese que retorna no poema "Monólogo de uma sombra", onde lemos que

> [...] Somente a Arte, esculpindo a humana mágoa,
> Abranda as rochas rígidas, torna água
> Todo o fogo telúrico profundo

> Que a mais alta expressão da dor estética
> Consiste essencialmente na alegria.

Há de comum entre Schopenhauer, Machado e Augusto a mirada para um mundo regido essencialmente pelo mal, seja encarnado em pessoas egoístas e cruéis, que não medem esforços para satisfazer suas cegas vontades, seja na vida em geral como um corpo em lenta putrefação, caso de Augusto.

Mas nos três casos a arte pode nos salvar, pelo menos momentaneamente, do mal radical, negando-o. Daí advém alegria estética.

 **Obras**

Textos originais

1814. *Über die vierfache Wurzel des Satzes vom zureichenden Grunde*

1818. *Die Welt als Wille und Vorstellung*

1835. *Über den Willen in der Natur*

1841. *Die beiden Grundprobleme der Ethik*

1844. *Die Welt als Wille und Vorstellung, II*

1851. *Parerga und Paralipomena*

Algumas traduções para o português

O mundo como vontade e como representação. Versão integral da obra principal. Trad. Jair Barboza. São Paulo: Unesp, 2005.

Metafísica do belo. Trad. Jair Barboza. São Paulo: Unesp, 2003.

Fragmentos para a história da filosofia. Trad. Maria Lúcia Cacciola. São Paulo: Iluminuras, 2003.

Sobre o fundamento da moral. Trad. Maria Lúcia Cacciola. São Paulo: Martins Fontes, 2001.

Aforismos para a sabedoria de vida. Trad. Jair Barboza. São Paulo: Martins Fontes, 2006.

Metafísica do amor, metafísica da morte. Trad. Jair Barboza. São Paulo: Martins Fontes, 2004.

A arte de escrever. Trad. Pedro Süssekind. Porto Alegre: LPM, 2005.

 **SELEÇÃO DE TEXTOS**

Mundo como representação

"O mundo é minha representação." Esta é uma verdade que vale em relação a cada ser que vive e conhece, embora apenas o homem possa trazê-la à consciência refletida e abstrata. E de fato o faz. Então nele aparece a clarividência filosófica. Torna-se-lhe claro e certo que não conhece sol algum e terra alguma, mas sempre apenas um olho que vê um sol, uma mão que toca uma terra. Que o mundo a cercá-lo existe apenas como representação, isto é, tão somente em relação a outrem, aquele que representa, ou seja, ele mesmo. Se alguma verdade pode ser expressa *a priori*, é essa, pois é uma asserção da forma de toda experiência possível e imaginável, mais universal que qualquer outra, que tempo, espaço e causalidade, pois todas essas já a pressupõem; e, se cada uma dessas formas, conhecidas por todos nós como figuras particulares do princípio de razão, somente valem para uma classe específica de representações, a divisão em sujeito e objeto, ao contrário, é a forma comum de todas as classes, unicamente sob a qual é em geral possível pensar qualquer tipo de representação, abstrata ou intuitiva, pura ou empírica. Verdade alguma é, portanto, mais certa, mais independente de todas as outras e menos necessitada de uma prova do que esta: o que existe para o conhecimento, portanto o mundo inteiro, é tão somente objeto em relação ao sujeito, intuição de quem intui, numa palavra, representação. Naturalmente isso vale tanto para o presente quanto para o passado e o futuro, tanto para o próximo quanto para o distante, pois é aplicável até mesmo ao tempo, bem como ao espaço, unicamente nos quais tudo se diferencia. Tudo o que pertence e pode pertencer ao mundo está inevitavelmente investido desse estar-condicionado pelo sujeito, existindo apenas para este. O mundo é representação.

O mundo como vontade e como representação, § 1. Trad. Jair Barboza. São Paulo: Unesp, 2005.

Sujeito e objeto

Aquele que tudo conhece, mas não é conhecido por ninguém é o SUJEITO. Este é, por conseguinte, o sustentáculo do mundo, a condição universal e sempre pressuposta de tudo o que aparece, de todo objeto, pois tudo o que existe, existe para o sujeito. Cada um encontra-se a si mesmo como esse sujeito, todavia, somente na medida em que conhece, não na medida em que é objeto do conhecimento. Objeto, contudo, já é o seu corpo, que, desse ponto de vista, também denominamos representação.

Pois o corpo é objeto entre objetos e está submetido à lei deles, embora seja objeto imediato. Ele encontra-se, como todos os objetos da intuição, nas formas de todo conhecer, no tempo e no espaço, mediante os quais se dá a pluralidade. O sujeito, entretanto, aquele que conhece e nunca é conhecido, não se encontra nessas formas, que, antes, já o pressupõem.

Ao sujeito, portanto, não cabe pluralidade nem seu oposto, unidade. Nunca o conhecemos, mas ele é justamente o que conhece, onde quer que haja conhecimento. Portanto, o mundo como representação, único aspecto no qual agora o consideramos, possui duas metades essenciais, necessárias e inseparáveis.

Uma é o OBJETO, cuja forma é espaço e tempo, e, mediante estes, pluralidade. A outra, entretanto, o sujeito, não se encontra no espaço nem no tempo, pois está inteiro e indiviso em cada ser que representa. Por conseguinte, um único ser que representa, com o objeto, complementa o mundo como representação tão integralmente quanto um milhão deles.

Contudo, caso aquele único ser desaparecesse, então o mundo como representação não mais existiria. Tais metades são, em consequência, inseparáveis, mesmo para o pensamento: cada uma delas possui significação e existência apenas por e para a outra; cada uma existe com a outra e desaparece com ela. Elas se limitam imediatamente: onde começa o objeto, termina o sujeito. [...] Afirmo, ademais, que o princípio de razão é a expressão comum para todas essas formas do objeto das quais estamos conscientes *a priori*, e que, portanto, tudo o que conhecemos *a priori* nada é senão exatamente o conteúdo do mencionado princípio, e do que se segue dele, no qual, pois, está propriamente expresso todo o nosso conhecimento certo *a priori*. No meu ensaio sobre o princípio de razão, mostrei detalhadamente como qualquer objeto possível está submetido a esse princípio, ou seja, encontra-se em relação necessária com outros objetos, de um lado sendo determinado, do outro determinando.

Isso vai tão longe, que a existência inteira de todos os objetos, na qualidade de objetos, representações e nada mais, reporta-se de volta, sem exceção, àquela relação necessária de um com o outro, consiste apenas nela e, portanto, é completamente relativa.

O mundo como vontade e como representação, § 2. Trad. Jair Barboza. São Paulo: Unesp, 2005.

Entendimento e objeto

Ora, do mesmo modo que com o nascer do sol surge o mundo visível, também entendimento transforma de UM SÓ golpe, mediante sua função exclusiva e simples, a sensação abafada, que nada diz, em intuição. O que o olho, o ouvido e a mão sentem não é intuição; são meros dados. Só quando o entendimento passa do efeito à causa é que o mundo aparece como intuição, estendido no espaço, alterando-se segundo a figura, permanecendo em todo o tempo segundo a matéria, pois o entendimento une espaço e tempo na representação da MATÉRIA, isto é, propriedade de fazer efeito. Este mundo como representação, da mesma forma que se dá apenas pelo entendimento, existe também só para o entendimento. No primeiro capítulo do meu ensaio *Sobre a visão e as cores* já havia explanado como o entendimento, a partir dos dados que os sentidos fornecem, produz a intuição e como, mediante a comparação das impressões recebidas pelos diferentes sentidos do mesmo objeto, a criança aprende a intuir; como justamente só por aí se dá o esclarecimento de tantos fenômenos dos sentidos: da visão singular com dois olhos, da visão dupla no estrabismo, do ver simultâneo de objetos apesar de eles situarem-se um atrás do outro em distâncias desiguais, e tantas outras ilusões produzidas por uma mudança súbita nos órgãos do sentido. [...] O aprendizado da visão por parte de crianças, e cegos de nascença que foram operados; a visão singular do que é sentido de maneira dupla com dois olhos; a visão e o tato duplo quando os órgãos dos sentidos são deslocados de sua posição normal; o aparecimento endireitado dos objetos apesar de sua imagem encontrar-se invertida no olho; a atribuição das cores (que é meramente uma função interna, uma divisão polarizada da atividade do olho) aos objetos exteriores; e, finalmente, também o estereoscópio – tudo são provas firmes e irrefutáveis de que toda INTUIÇÃO não é somente sensual, mas também intelectual, ou seja, puro CONHECIMENTO PELO ENTENDIMENTO DA CAUSA A PARTIR DO EFEITO, por consequência, pressupõe a lei de causalidade, de cujo conhecimento depende toda intuição, logo, toda experiência segundo sua possibilidade primária e completa. O contrário não vale, ou seja, o conhecimento da lei de causalidade depender da experiência – justamente o que caracterizou o ceticismo humeano, refutável exclusivamente pelo que acabou de ser dito.

Pois a independência do conhecimento da causalidade de toda experiência, isto é, sua aprioridade, só pode ser evidenciada a partir da dependência de toda experiência dela; o que, por seu turno, só pode ser demonstrado da maneira aqui indicada, e desenvolvida nas passagens antes citadas, ou seja, o conhecimento da causalidade já está contido na intuição em geral, em cujo domínio reside a experiência; e consiste por completo na referência *a priori* à experiência, é por esta pressuposta como condição e não a pressupõe.

O mundo como vontade e como representação, § 4. Trad. Jair Barboza. São Paulo: Unesp, 2005.

Vontade e corpo

De fato, a busca da significação do mundo que está diante de mim simplesmente como minha representação, ou a transição dele, como mera representação do sujeito que conhece, para o que ainda possa ser além disso, nunca seria encontrada se o investigador, ele mesmo, nada mais fosse senão puro sujeito que conhece (cabeça de anjo alada destituída de corpo).

Contudo, ele mesmo se enraíza neste mundo, encontra-se nele como INDIVÍDUO, isto é, seu conhecimento, sustentáculo condicionante do mundo inteiro como representação, é no todo intermediado por um corpo, cujas afecções, como se mostrou, são para o entendimento o ponto de partida da intuição do mundo. Este corpo é para o puro sujeito que conhece enquanto tal uma representação como qualquer outra, um objeto entre objetos. Seus movimentos e ações seriam tão estranhos e incompreensíveis quanto as mudanças de todos os outros objetos intuitivos se a significação deles não lhes fosse decifrada de um modo inteiramente diferente.

Pois senão veria sua ação seguir-se a motivos dados com a constância de uma lei natural justamente como as mudanças dos outros objetos a partir de causas, excitações e motivos, sem compreender mais intimamente a influência dos motivos do que compreende a ligação de qualquer outro efeito com sua causa a aparecer diante de si. Ele, então, conforme o gosto, nomearia a essência íntima e incompreensível daquelas exteriorizações e ações de seu corpo justamente uma força, uma qualidade ou um caráter, porém sem obter dessas coisas nenhuma intelecção mais profunda.

Mas tudo isso não é assim. Antes, a palavra do enigma é dada ao sujeito do conhecimento que aparece como indivíduo. Tal palavra se chama VONTADE.

Esta, e tão somente esta, fornece-lhe a chave para seu próprio fenômeno, manifesta-lhe a significação, mostra-lhe a engrenagem interior de seu ser, de seu agir, de seus movimentos. Ao sujeito do conhecimento que entra em cena como indivíduo mediante sua identidade com o corpo, este corpo é dado de duas maneiras completamente diferentes: uma vez como representação na intuição do entendimento, como objeto entre objetos e submetido às leis destes; outra vez de maneira completamente outra, a saber, como aquilo conhecido imediatamente por cada um e indicado pela palavra VONTADE. Todo ato verdadeiro de sua vontade é simultânea e inevitavelmente também um movimento de seu corpo. Ele não pode realmente querer o ato sem ao mesmo tempo perceber que este aparece como movimento corporal. O ato da vontade e a ação do corpo não são dois estados diferentes, conhecidos objetivamente e vinculados pelo nexo da causalidade; nem se encontram na relação de causa e efeito; mas são uma única e mesma coisa, apenas dada de duas maneiras totalmente diferentes, uma vez imediatamente e outra na intuição do entendimento. A ação do corpo nada mais é senão o ato da vontade objetivado, isto é, que apareceu na intuição.

O mundo como vontade e como representação, § 18. Trad. Jair Barboza. São Paulo: Unesp, 2005.

Vontade como coisa-em si do mundo

A quem, mediante todas essas considerações, também se tornou *in abstracto* evidente e certo que aquilo que cada um possui *in concreto* imediatamente como sentimento, a saber, a essência em si do próprio fenômeno – que se expõe como representação tanto nas ações quanto no substrato permanente destas, o corpo – é a VONTADE, que constitui o mais imediato de sua consciência, porém, como tal, sem aparecer completamente na forma da representação, na qual objeto e sujeito se contrapõem, mas dando sinal de si de modo imediato, em que sujeito e objeto não se diferenciam nitidamente: vontade que não aparece em seu todo, mas se faz conhecer ao indivíduo somente por meio de seus atos isolados; quem, ia dizer, alcançou essa convicção, obterá comigo uma chave para o conhecimento da essência mais íntima de toda a natureza visto que também a transmitirá a todos aqueles fenômenos que não lhe são dados, como o seu próprio, em conhecimento imediato e mediato, mas só neste último, portanto só parcialmente, como REPRESENTAÇÃO. Reconhecerá a mesma vontade como essência mais íntima não apenas dos fenômenos inteiramente semelhantes ao seu, ou seja, homens e animais, porém, a reflexão continuada o levará a reconhecer que também a força que vegeta e palpita na planta, sim, a força que forma o cristal, que gira a agulha magnética para o Polo Norte, que irrompe do choque de dois metais heterogêneos, que aparece nas afinidades eletivas dos materiais como atração e repulsão, sim, a própria gravidade que atua poderosamente em toda matéria, atraindo a pedra para a terra e a terra para o sol – tudo isso é diferente apenas no fenômeno, mas conforme sua essência em si é para se reconhecer como aquilo conhecido imediatamente de maneira tão íntima e melhor que qualquer outra coisa e que, ali onde aparece do modo mais nítido, chama-se VONTADE. Esse emprego da reflexão é o único que não nos abandona no fenômeno, mas, através dele, leva-nos à COISA-EM-SI. Fenômeno se chama representação, e nada mais. Toda representação, não importa seu tipo, todo OBJETO é FENÔMENO. COISA-EM-SI, entretanto, é apenas a VONTADE. Como tal não é absolutamente representação, mas *toto genere* diferente dela. É a partir daquela que se tem todo objeto, fenômeno, visibilidade, OBJETIDADE. Ela é o mais íntimo, o núcleo de cada particular, bem como do todo. Aparece em cada força da natureza que faz efeito cegamente, na ação ponderada do ser humano: se ambas diferem, isso concerne tão somente ao grau da aparição, não à essência do que aparece.

O mundo como vontade e como representação, § 21. Trad. Jair Barboza. São Paulo: Unesp, 2005.

Estado estético e conhecimento

Quando, elevados pela força do espírito, abandonamos o modo comum de consideração das coisas, cessando de seguir apenas suas relações mútuas conforme o princípio de razão, cujo fim último é sempre a relação com a própria vontade; logo, quando não mais consideramos o Onde, o Quando, o Porquê e o Para Quê das coisas, mas única e exclusivamente o seu QUÊ; noutros termos, quando o pensamento abstrato, os conceitos da razão não mais ocupam a consciência, mas, em vez disso, todo o poder do espírito é devotado à intuição e nos afunda por completo nesta, a consciência inteira sendo preenchida pela calma contemplação do objeto natural que acabou de se apresentar, seja uma paisagem, uma árvore, um penhasco, uma construção ou outra coisa qualquer; quando, conforme uma significativa expressão alemã, a gente se PERDE por completo nesse objeto, isto é, esquece o próprio indivíduo, o próprio querer, e permanece apenas como claro espelho do objeto – então é como se apenas o objeto ali existisse, sem alguém que o percebesse, e não se pode mais separar quem intui da intuição, mas ambos se tornaram unos, na medida em que toda a consciência é integralmente preenchida e assaltada por uma única imagem intuitiva. Quando, por assim dizer, o objeto é separado de toda relação com algo exterior a ele e o sujeito de sua relação com a Vontade, o que é conhecido não é mais a coisa particular enquanto tal, mas a IDEIA, a forma eterna, a objetidade imediata da Vontade neste grau. Justamente por aí, ao mesmo tempo, aquele que concebe na intuição não é mais indivíduo, visto que o indivíduo se perdeu nessa intuição, e sim o atemporal PURO SUJEITO DO CONHECIMENTO destituído de Vontade e sofrimento. Este tema, no momento tão surpreendente (estou ciente de que confirma o dito atribuído a Thomas Paine, *du sublime ao ridicule il n'y a qu'un pás*, do sublime ao ridículo há apenas um passo), tornar-se-á cada vez mais claro e menos estranho com o seguinte: foi exatamente isto o que tinha em mente Espinosa quando escreveu: *mens aeterna est, quatenus res sub aeternitatis specie concipit*, o espírito é eterno, na medida em que concebe as coisas do ponto de vista da eternidade (*Eth*. V, pr. 31, schol.). Em tal contemplação, de um só golpe a coisa particular se torna a IDEIA de sua espécie e o indivíduo que intui se torna PURO SUJEITO DO CONHECER. O indivíduo enquanto tal conhece apenas coisas isoladas; o puro sujeito do conhecer conhece apenas Ideias. Pois o indivíduo é o sujeito do conhecer na sua referência a um fenômeno particular e determinado da Vontade, a esta servil. Um tal fenômeno isolado da Vontade está submetido ao princípio de razão em todas as suas figuras, e todo conhecimento relacionado ao fenômeno também segue, por sua vez, o princípio de razão. Nenhum outro conhecimento é mais útil para a Vontade do que justamente este, que sempre tem por objeto apenas relações. O indivíduo que conhece, enquanto tal, e a coisa particular por ele conhecida sempre estão em algum lugar, num dado momento e são elos na cadeia de causas e efeitos. Ao contrário, o puro sujeito do conhecimento e seu correlato, a Ideia, estão excluídos de todas aquelas formas do princípio de razão. O tempo, o lugar, o indivíduo que conhece e o indivíduo que é conhecido não têm nenhuma significação para o referido puro sujeito. Tão somente quando, de acordo com a maneira descrita, o indivíduo que conhece se eleva a puro sujeito do conhecer e precisamente por aí o objeto considerado se eleva à Ideia é que o MUNDO COMO REPRESENTAÇÃO aparece pura e inteiramente, ocorrendo a objetivação perfeita da Vontade, uma vez que só a Ideia é a sua OBJETIDADE ADEQUADA. Esta compreende em si objeto e sujeito de maneira igual: eles são a sua única forma. Na Ideia, sujeito e objeto mantêm pleno equilíbrio. Ora, como também aqui o objeto nada é senão representação do sujeito, do mesmo modo o sujeito, ao abandonar-se totalmente no objeto intuído, torna-se esse objeto mesmo, visto que toda a consciência nada mais é senão a sua imagem nítida.

O mundo como vontade e como representação, § 34. Trad. Jair Barboza. São Paulo: Unesp, 2005.

Compaixão

Vimos ainda que, em realidade, as alegrias mentem ao desejo, ao afirmarem que seriam um bem positivo quando em verdade são de natureza meramente negativa, tão somente o fim de um adecimento. Nesse sentido, não importa o que a bondade, o amor e a nobreza de caráter possam fazer pelos outros, tem-se aí sempre apenas o alívio dos sofrimentos; conseguintemente, o que pode mover a bons atos, a obra de amor é sempre e tão somente o CONHECIMENTO DO SOFRI-MENTO ALHEIO, compreensível imediatamente a partir do próprio sofrimento e posto no mesmo patamar deste. Daí, no entanto, segue-se o seguinte: o amor puro (agapé, *caritas*), em conformidade com sua natureza, é compaixão; e o sofrimento que ele alivia, ao qual pertence todo desejo insatisfeito, tanto pode ser grande quanto pequeno. Em consequência, não hesitaremos, contradizendo KANT diretamente – que só quer reconhecer toda verdadeira bondade e toda virtude se elas provêm da reflexão abstrata, e em verdade do conceito de dever e imperativo categórico, explanando ele a compaixão sentida como uma fraqueza e de modo algum uma virtude – não hesitaremos, ia dizer, em declarar contra Kant que o mero conceito é infrutífero para a autêntica virtude, assim como o é para a arte. Todo amor puro e verdadeiro é compaixão. Todo amor que não é compaixão é amor-próprio.

Amor-próprio é *eros*, compaixão é *agapé*. A mescla de ambos é frequente. Até mesmo a amizade autêntica é sempre uma mescla de amor-próprio e compaixão: o amor-próprio reside no bem-estar da presença do amigo, cuja individualidade corresponde à nossa, o que constitui quase sempre a maior parte da amizade; já a compaixão se mostra na participação sincera no bem ou no mal-estar do amigo e nos sacrifícios desinteressados feitos em seu favor. Até mesmo Espinosa diz: *Benevolentia nihil aliud est, quam cupiditas ex commiseratione orta*, a benevolência nada é senão um desejo nascido da compaixão (*Eth. III, pr. 27, cor. 3, schol.*). Como prova de nossa sentença paradoxal pode-se observar que os tons e as palavras da linguagem, bem como as ternuras do puro amor, coincidem totalmente com o tom da compaixão. De passagem também se mencione que, em italiano, compaixão e amor puro são expressos com a mesma palavra, *pietà*.

O mundo como vontade e como representação, § 67. Trad. Jair Barboza. São Paulo: Unesp, 2005.

Ascese e negação da Vontade. O limite da expressão filosófica. O nada.

Se, todavia, se insistisse absolutamente em adquirir algum conhecimento positivo daquilo que a filosofia só pode exprimir negativamente como negação da Vontade, nada nos restaria senão a remissão ao estado experimentado por todos aqueles que atingiram a perfeita negação da Vontade e que se cataloga com os termos êxtase, enlevamento, iluminação, união com Deus etc. Tal estado, porém, não é para ser denominado propriamente conhecimento, porque ele não possui mais a forma de sujeito e objeto, e só é acessível àquele que teve a experiência, não podendo ser ulteriormente comunicado.

Nós, no entanto, postados firmemente no ponto de vista da filosofia, temos aqui de nos contentar com o conhecimento negativo, satisfeitos por ter alcançado o último marco-limite do conhecimento positivo. Se, portanto, reconhecemos a essência em si do mundo como a Vontade, e vimos em todos os fenômenos apenas a sua objetidade; se seguimos a esta desde o ímpeto sem conhecimento da obscura força natural até a ação mais consciente do homem, então, de modo algum fugiremos da consequência de que, com a livre negação e supressão da Vontade também são suprimidos todos os fenômenos. Os contínuos ímpetos e esforços sem alvo, sem repouso em todos o graus de objetidade nos quais e através dos quais o mundo subsiste, as multifacetadas formas seguindo-se uma à outra em gradação, todo o fenômeno da Vontade, por fim até mesmo as formas universais do fenômeno, tempo e espaço, e também a última forma dele, sujeito e objeto: tudo isso é suprimido com a Vontade. Nenhuma Vontade: nenhuma representação, nenhum mundo.

Diante de nós queda-se apenas o nada. Mas aquilo que se insurge contra este desaparecimento no nada, a saber, nossa natureza, é em verdade apenas a Vontade de vida, que nós mesmos somos, como ela é o mundo diante de nós. Que o nada nos repugne tanto, este nada é senão uma expressão diferente do quanto queremos a vida, e nada somos senão esta Vontade, e nada conhecemos senão ela. Se, entretanto, desviamos os olhos de nossa própria indigência e aprisionamento em direção àqueles que ultrapassaram o mundo, nos quais a Vontade, tendo alcançado o pleno conhecimento de si, encontrou-se novamente em todas as coisas e em seguida se negou livremente, homens que meramente esperam ver o último vestígio da Vontade desaparecer junto com o corpo por ele animado; então se nos mostra, em vez do ímpeto e esforço sem fim, em vez da contínua transição do desejo para a apreensão e da alegria para o sofrimento, em vez da esperança nunca satisfeita e que jamais morre, constituinte do sonho de vida do homem que quer; em vez de tudo isso, mostra-se a nós aquela paz superior a toda razão, aquela completa calmaria oceânica do espírito, aquela profunda tranquilidade, confiança inabalável e serenidade jovial, cujos meros reflexos no rosto, como expostos por Rafael e Correggio, são um completo e seguro evangelho: apenas o conhecimento restou, a Vontade desapareceu. Nós, entretanto, miramos esse estado com profundo e doloroso anelo, ao lado do qual, por contraste, o nosso estado aparece em plena luz na sua condição cheia de tormento e sem salvação.

Entretanto, esta consideração é a única que nos pode consolar duradouramente, quando, de um lado, reconhecemos que sofrimento incurável e tormento sem fim são essenciais ao fenômeno da Vontade, ao mundo e, de outro, vemos, pela Vontade suprimida, o mundo desaparecer e pairar diante de nós apenas o nada. Dessa forma, todavia, pela consideração da vida e da conduta dos santos, cujo encontro nos é raras vezes permitido em nossa experiência, mas que nos são noticiadas em suas histórias narradas e trazidas diante dos olhos pela arte com o selo da verdade interior, devemos dissipar a lúgubre impressão daquele nada, que como o último fim paira atrás de toda virtude e santidade e que tememos como as crianças temem a obscuridade. E isso é preferível a escapar-lhe, como o fazem os indianos através de mitos e palavras vazias de sentido, como reabsorção em BRAHMA ou o NIRVANA dos budistas. Antes, reconhecemos: para todos aqueles que ainda estão cheios de Vontade, o que resta após a completa supressão da Vontade é, de fato, o nada. Mas, inversamente, para aqueles nos quais a Vontade virou e se negou, este nosso mundo tão real com todos os seus sóis e vias-lácteas é – Nada.

O mundo como vontade e como representação, § 71. Trad. Jair Barboza. São Paulo: Unesp, 2005.

Kierkegaard

Álvaro Luiz Montenegro Valls ★

 **O filósofo e o seu tempo**

Søren Kierkegaard (cujo nome poderia ser traduzido como Severino Campo Santo, ou até Cemitério), viveu só 42 anos, quase sempre na sua cidade de Copenhague, na Dinamarca. Tal como Sócrates, era um pensador urbano, e apreciava mais o convívio com as pessoas do que o trato com a natureza, apesar de ter sensibilidade para ela e até ter cogitado propor que o Parlamento contasse com um deputado da natureza. Nasceu em 5 de maio de 1813, "ano em que muitos títulos financeiros sem valor foram lançados no mercado", e ano em que seu país perdeu a Noruega. Cresceu no período posterior a Napoleão, contemporâneo da produção filosófica de Hegel. Foi amigo de cientistas dinamarqueses como P.W. Lund, que veio viver e pesquisar em Minas Gerais, e dos irmãos Ørsted; conviveu com o famoso contador de histórias Hans Andersen e chegou a assistir a aulas de Schelling em Berlim, no início dos anos 1840, tal como o fizeram Bakunin e Engels.

Seu pai fora menino pobre nas planícies da Jutlândia, a parte continental do país, mas depois enriquecera no comércio da Capital. Depressivo e melancólico, Michael Kierkegaard deixou marcas profundas na personalidade do sétimo filho de seu segundo casamento. Tendo engravidado a mãe de seus filhos ainda durante o período do luto de um ano da morte da primeira esposa (filha do sócio), o pai levou para sua velhice um forte trauma psicológico e religioso. Consta que em sua infância miserável teria blasfemado contra o Deus insensível, que permitia a miséria, um Deus que a partir desse momento o cumulara de vantagens. Na maturidade temia um castigo terrível, e quis preparar os seus sete filhos para o pior. Enquanto o mais moço crescia, o velho perdeu a esposa e cinco filhos, restando-lhe só Pedro e Severino. Pedro chegou a bispo luterano, mas o caçula preferiu estudar filosofia e teologia por 20 semestres na Universidade de Copenhague, ao longo da década de 1830, não quis ser pastor nem professor universitário, e viveu como fecundo escritor, publicando vários livros por ano, às vezes mais de um na mesma se-

---

★ Doutor em Filosofia pela Universidade de Heidelberg. Professor da Universidade do Vale do Rio dos Sinos (Unisinos) e pesquisador do CNPq.

mana (sem prejuízo da qualidade do pensamento e do estilo). Tornou-se um dos grandes escritores dinamarqueses e universais, com textos que reúnem elegância e riqueza, humor e críticas, sentimento religioso e linguagem popular, psicologia profunda, experimental, especulação filosófica e dogma teológico, poesia e musicalidade, tudo marcado por uma ironia que junta espiritualidade e espirituosidade. Ele mesmo usava a metáfora bíblica que descreve tal atitude: era um dos que gostava de "cantar enquanto trabalhava".

Na universidade teve dois mestres mais importantes. O primeiro foi o poeta e professor de moral e de filosofia antiga Poul Martin Møller, que encantou sua juventude com a cultura e a filosofia grega, deixou-o apaixonado por Homero, Sócrates, Platão e Aristóteles, incentivou-o a estudar a ironia e o humor, apoiou-o em sua crise religiosa, na recuperação de suas convicções, e era um bom companheiro para um copo de vinho, em momentos vitais para um jovem nórdico de formação religiosa severa e deprimente. Møller, porém, tal como o respeitado bispo da capital, Mynster, não gostava de Hegel. A bela dedicatória de *O conceito angústia*, ao falecido professor Møller, sinaliza que Kierkegaard se considerava o herdeiro intelectual de seu grande amigo. Seu outro mestre, numa relação mais institucional, foi F.C. Sibbern, orientador da tese *Sobre o conceito de ironia constantemente referido a Sócrates*. Sibbern era outro que buscava distância em relação ao pensamento hegeliano, propagado na Dinamarca por três personagens díspares: o teólogo e futuro bispo H.L. Martensen, professor no tempo de Kierkegaard, e que afirmava ser preciso passar por Hegel para "ir mais adiante" (*at gaa videre*); o dramaturgo, esteta e crítico das artes da Capital, J.L. Heiberg, filósofo amador que divulgava seu hegelianismo em conferências públicas fora da universidade; e por fim o pastor e ex-colega de Kierkegaard, Adolfo P. Adler que após doutorar-se em Berlim sobre o pensamento hegeliano e ser mandado como pároco para uma aldeia do interior, passou a receber visões do próprio Jesus Cristo, o qual lhe teria ditado muitos sermões, após ter ordenado que queimasse seus livros hegelianos... Kierkegaard lamentou, num livro póstumo, que este suposto confidente de Jesus acabasse preferindo tergiversar, em vez de se tornar mártir, quando pressionado pela Igreja Oficial.

Essencial na experiência de nosso pensador foi seu relacionamento com Regina Olsen. Quando ele tinha 27 anos, chegou a noivar com esta mocinha de 17, de família distinta, mas após um drama muito intenso e complexo forçou-a a romper o noivado, embora ele, num sentido muito especial, se mantivesse fiel a ela até o final da vida. Regina perpassa sua obra, discretamente, como a grande interlocutora, ou ao menos "a ouvinte" de seus discursos (mais de 80), que deveriam ser lidos em voz alta. Na busca de "seu/sua leitor(a)" e de "seu/sua ouvinte" (em dinamarquês não se diferenciam os gêneros masculino e feminino), Kierkegaard se preocupa só com a qualidade, não com a multidão, a qual para ele é a mentira.

Tendo vivido e trabalhado dentro da tradição irônica e maiêutica por uns 15 anos, e tendo publicado dezenas de livros, inclusive deixando alguns póstumos, Kierkegaard armou, enfim, nas ruas de Copenhague o palco para uma polêmica extremamente teatral contra a Igreja Oficial, polêmica que culminou na hora de seu enterro. Em seus artigos e panfletos ele diferenciou radicalmente cristianismo do Novo Testamento, cristandade (algo de falso, ilusório) e "cristicidade". Esta última expressão vale como um conceito filosófico que quer significar "o essencialmente cristão" (*det Christelige*), quando a essência e a aparência estão distanciadas. Algumas igrejas até hoje ainda não conseguiram assimilar esta polêmica em favor de um cristianismo que deveria ser o dos bons cristãos, e que portanto se diferencia dos anátemas de um Nietzsche. Ao longo de 10 anos publicou um rico material literário, psicológico, filosófico e teológico; assim, podia assumir nos últimos meses de sua vida um papel que a rigor sempre criticara: o do jornalista, mas o fez à maneira socrática, pois, se os adversários só tinham premissas das quais nunca tiravam as conclusões, agora ele só oferece as conclusões sem explicitar suas premissas. Por exemplo: "O Cristianismo não existe!"

Entre Sócrates e Cristo, entre filosofia e teologia, entre psicologia e literatura, Søren Kierkegaard foi bem mais do que um simples indivíduo a protestar pateticamente contra o sistema hegeliano. Era um leitor atento e inteligente dos grandes filósofos, que sabia distinguir a obra de Hegel das caricaturas que seus contemporâneos representavam. Nem se resignou com as ideias do último Schelling. Leu Trendelenburg, Feuerbach, Schopenhauer, e os utilizou em suas críticas irônicas. E só não leu Nietzsche porque este estava com 11 anos quando Kierkegaard faleceu, esgotado, no dia 11 de novembro de 1855.

Sua obra, de ironia dominada, com suas críticas ao romantismo inconsequente, à especulação desligada da existência e a uma religião de fachada, bem pode ser lida da maneira como Wittgenstein, seu admirador, recomendava: como uma escada, que se deixa depois de ter subido por ela, uma vez que sua intenção, o que queria dizer (*Mening*), era que o indivíduo é responsável por sua existência, cada um é o "redator responsável de sua obra", nesta vida, que pode e deve ser eterna. Ou ainda, o que dá no mesmo, podemos ler Kierkegaard como "o Sócrates da cristandade", que fala ou escreve para assim produzir um silêncio reflexivo, meditativo, deixando no ar, para o leitor atento, um grande ponto de interrogação.

 ## A filosofia de Kierkegaard

Em 1838, aos 25 anos, ainda na universidade, Kierkegaard publicou seu primeiro livro: *Dos papéis de um sobrevivente*. Tratava-se de uma forte crítica literária contra um romance de Andersen, a quem o jovem crítico acusava de não possuir uma visão própria da vida, e portanto não ter condições de escrever romances. Andersen não era ali atacado como contador de histórias infantis, mas este livro de estreia revelava um entusiasmo de recém-convertido, citando passagens impressionantes de epístolas de São Paulo. Vale lembrar que em 1838 haviam morrido Poul Martin Møller e o pai de Kierkegaard. O jovem crítico não estava mais para brincadeiras, sentindo vivamente sua responsabilidade diante de Deus.

A morte do pai, que temia que ele viesse a desperdiçar seus talentos, reforça os apelos da seriedade: "por qual ideia ele estaria pronto a viver e morrer", perguntava-se nos *Diários*. Aí também se lê, datada de 1835, a longa carta ao seu contraparente, o naturalista Dr. P.W. Lund, que voltara ao Brasil depois de terem uma conversa marcante. O moço Severino se define: quer viver para as ciências do sentido. Por mais que admire o trabalho dos cientistas, que descrevem e explicam o mundo em sua variedade e seu funcionamento, ele sente que sua vocação está na busca do sentido. Suas experiências da melancolia, do tédio, da angústia e do desespero exigem um trabalho intelectual de fôlego e uma experiência espiritual muito superior à da média de seus contemporâneos e conterrâneos.

Møller, ao morrer, mandara-lhe um último conselho: não se expandir demais em sua pesquisa sobre o humor. Kierkegaard seguiu o precioso conselho e, mesmo oficialmente orientado por um professor que escrevia milhares de páginas de filosofia e não as publicava, conseguiu defender em 1841 uma tese de Mestrado (só mais tarde tais teses passaram a valer como doutorado) *Sobre o conceito de ironia, constantemente referido a Sócrates*. Alguns dos examinadores creram que a rigor eram duas teses, uma sobre a ironia do sábio grego, vista num cálculo combinatório através de Xenofonte, Platão e Aristófanes, para chegar a um retrato paradoxal do que seria o Sócrates histórico, e outra tese sobre a ironia romântica, de inspiração fichtiana, dos irmãos Schlegel, de Solger e Tieck. Mesmo sem compreender a ligação entre as duas partes, e sem tirar as consequências da afirmação de que só a ironia de Sócrates estava historicamente justificada, e sem se perguntar se o jargão hegeliano era um uso ou um abuso, e nem se questionar até que ponto o autor estava se divertindo, satirizando, acharam melhor aprovar a tese, como excelente, sem pedir correções, pois bem conheciam a impertinência do autor, que com isso se tornou, como depois viria a dizer, o Mestre da ironia.

Após um traumático rompimento de noivado e a defesa exitosa da tese, Kierkegaard buscou em Berlim, por alguns meses, as aulas de Schelling, tendo desperdiçado por falta de informação a oportunidade de assistir as de Adolfo Trendelenburg, o célebre intérprete de Aristóteles e crítico da *Lógica* de Hegel. Depois de se entusiasmar com Schelling quando este pronunciou a palavra "*Wirklichkeit*" (realidade efetiva), aquilo que lhe era tão caro, foi se decepcionando com o Schelling dos anos 1840, até concluir que sua doutrina das potências era demasiado impotente, e que ambos estavam velhos, um para lecionar, o outro para estudar.

Mas voltou de Berlim com uma obra praticamente terminada, de mais de 600 páginas, em dois volumes, um estético e o outro ético, contendo o primeiro uma visão de vida hiper-romântica, que culmina no *Diário do sedutor*, e inaugurando o segundo a carreira de um célebre ético, o juiz de instrução, bem-casado e bem-instalado em suas convicções éticas e religiosas, cristãs, Guilherme. O título da obra, no original *Enten/Eller*, quer dizer "ou-ou", e portanto pode ser traduzido de maneira elegante e exata como *A alternativa*. O título chegou a virar até alcunha do autor, poucos anos depois. É no volume II que se encontra a teoria da escolha de si mesmo. O *conhece-te a ti mesmo*, do grego, deveria ser traduzido numa filosofia prática e não em pura teoria, e por isso conviria utilizar um verbo que indicasse a eleição, o querer ser si mesmo. O viés fichtiano da problemática da ipseidade se corrige com uma perspectiva socrática e uma cristalização cristã, que recorda traços tipicamente agostinianos.

Ora, por ocasião da publicação dessa obra dupla (1843), que marcou a estreia de um escritor de gênio que prometia muito, surgem também os *Dois discursos edificantes*, com menos de 50 páginas, e que conforme a autointerpretação posterior constituiriam, eles sim, a verdadeira alternativa, a que era entregue com a mão direita, mas que foi recebida com a esquerda pelo público leitor dinamarquês. O primeiro discurso fala *Da expectativa da fé*, e lamenta, ao celebrar uma virada de ano, que por mais que façamos votos das melhores coisas às pessoas a quem amamos, justamente o bem mais precioso que há não pode ser oferecido por um ser humano ao outro. Nesta perspectiva religiosa, aliás, a relação cristã volta a ser do tipo da socrática: não há mestres entre os homens, uns só podem auxiliar os outros, nada mais. O segundo discurso mostra como tudo o que é bom vem do alto, do Pai das luzes. Resumindo, um trata do tempo, o outro trata do sentido do ser, ou dos entes.

Os dois discursos são seguidos pouco depois por outros três, depois por quatro, e o mesmo se repete no ano seguinte (1844), e em poucos anos já serão 80 discursos. O que são "discursos"? São pequenos ensaios filosóficos (com cerca de vinte páginas), geralmente com um versículo da Bíblia como epígrafe, tão edificantes que "quase poderiam ser chamados de sermões" (Mynster), mas que o autor se recusa a chamar de sermões porque eles não têm a autoridade de um ministro ordenado, e são filosóficos mesmo, pois apelam à compreensão e não a uma revelação superior e, se não exibem explicitamente um aparato crítico erudito (ou o escondem cuidadosamente, utilizando a linguagem mais singela, sem notas de rodapé), são investigações sobre o sentido da vida e do mundo, reflexões existenciais, que, quando empregam categorias religiosas, sempre as usam condicionalmente: se o seu leitor, ou melhor, "ouvinte" (pois discurso deve ser pronunciado em voz alta) crê nelas, então que trate de tirar as consequências lógicas. Contudo, o autor dos discursos jamais prega, e nem poderia.

Nem todos os escritores filosóficos conseguem uma tal produção aos 30 anos. Mas o ano de 1843 ainda não acabou. Quem pensou que o assessor Guilherme já consagrara uma ética de fundamento cristão baseada no idealismo alemão, terá agora de se admirar ao ler um novo pseudônimo, Johannes de Silentio (ver o conto de Grimm, do fiel João!), uma espécie de trovador, com muitas leituras da filosofia, e que declara ser mais fácil entender Hegel do que entender a *performance* de Abraão quando este leva Isaac para sacrificá-lo no monte Morija. Seu livro, com pouco mais de 100 páginas, elabora variações em cima do relato bíblico, para questionar assim a moral kantiana e a ética hegeliana. Pois o patriarca, Pai de nossa fé, não pode falar a verdade, como o exigia Kant, e se relaciona com um Absoluto que transcende a ética, de um modo que contraria os sistemas idealistas e racionalistas. Kierkegaard anota nos *Diários*: bastaria esta obra, *Temor e tremor*, para torná-lo imortal como escritor, e conhecido por leitores de muitos idiomas, o que de fato aconteceu. A apreciação vale tanto no terreno literário, psicológico e teológico quanto no filosófico, se tratarmos de entender sua tese do ponto de vista da ética ou do sistema.

Em paralelo com o questionamento da suspensão da ética por Abraão, que se relaciona como indivíduo singular com o Absoluto, sem as mediações institucionais da família, da sociedade civil ou do Estado, surge um outro livro de uma centena de páginas, com duas partes, sendo que a segunda se intitula, tal como o livro todo, *A repetição*. Seu título e sua temática apresentam um conceito-chave kierkegaardiano, distinguindo de uma repetição mecânica (*at repetere*) uma outra que vem a ser uma retomada, uma reprise, ou recomeço da mesma coisa com melhores condições (*at gentage*). Assim compreendida, a repetição (*Gentagelsen*) é contrastada muitas vezes com a reminiscência platônica, onde não ocorre propriamente nem recomeço, nem conversão, nem arrependimento. É nela que se concentra a seriedade (*Alvoren*) da existência. O enredo do texto tornar-se-á um topos característico do autor dinamarquês: um jovem rompe seu noivado e busca orientação junto a um psicólogo experimentador (Constantin Constantius, o qual antecipa a figura do outro psicólogo, dos *Estádios no caminho da vida*, de 1845, Frater Taciturnus). A questão em foco seria saber se o transformar a ex-noiva numa espécie de musa para a criação artística constituiria uma verdadeira repetição, ou se esta teria de ser buscada ainda mais adiante. O livro não decide.

A produção de 1844 não é menos impressionante. Duas obras são fundamentais, além dos nove *Discursos edificantes* já mencionados, e de um livro de *Prefácios*, onde um filósofo bem-casado, Nicolaus Notabene, tenta dar vazão ao seu desejo de construir sistemas, como todos os seus contemporâneos, mas sua esposa zelosa autoriza escrever tão somente o prefácio de cada livro, de modo que ele acaba reunindo oito deles, acrescenta um prefácio e, antecipando Jorge L. Borges, cria um novo gênero, "o prefácio em si e para si".

Os dois outros títulos aparentam ser bem mais sérios, são quase gêmeos pela data do lançamento e, sem dúvida, complementares no conteúdo. Devem, pois, ser lidos em conjunto, embora pertençam oficialmente a autores distintos: Johannes Climacus, cabeça filosófica de força especulativa, que não consegue ser cristão, mas se declara um humorista, oferece-nos suas *Migalhas filosóficas*; Vigilius Haufniensis (pseudônimo de última hora) oferece um estranho e exigente tratado de "psicologia" (ou antropologia filosófica), que trata de liberdade humana, tendo no horizonte a questão dogmática do pecado hereditário, *O conceito angústia*.

As *Migalhas* têm um estilo algébrico, até porque o autor não quer convencer ninguém de nenhuma tese: ali são apenas desenhados dois modelos que por hipótese deveriam ser opostos, sendo o primeiro supostamente o socrático (a bem-dizer: o platônico), e que seria o modelo seguido por muitos filósofos até Hegel. O homem estaria na verdade, a verdade no homem, a questão seria recordá-la e montar o conjunto científico. O tempo não possuiria significado decisivo, e o mestre, no fundo, não passa de um auxiliar. O modelo contrário não recebe nenhum nome, mas tem de partir da premissa de que homem e verdade iniciam separados, de modo que o Mestre e o instante do encontro adquirem um valor absoluto. Encontrar ou não a verdade torna-se, neste caso, uma questão vital, problema existencial. E o Mestre teria de ser uma espécie de "fato absoluto", um dado histórico que transcenderia os tempos. Até se deveria falar da historização do eterno e da eternização da história.

Kierkegaard gostava de personificar os problemas, hipostasiando-os em figuras conhecidas, como Don Juan, Fausto, o Judeu Errante e Abraão. Haufniensis, em seu tratado sobre a angústia, trabalha o tempo todo com a figura de Adão e dos homens posteriores. Estuda a liberdade, como condição de possibilidade daquilo que os teólogos costumam chamar "pecado". Como pode haver um pecado que seja hereditário? Como é ou deve ser a liberdade de um ser consciente capaz de pôr um tal pecado? Qual a função da angústia, em todo este processo individual e histórico? Ao longo do complexo tratado, que faz suspeitar de uma imensa erudição, vai se montando uma antropologia dialética, que interpreta o homem como fruto de uma síntese de tempo e eternidade, de finitude e infinitude.

A principal obra de 1845, *Estádios no caminho da vida*, teve um sucesso semelhante ao de *A alternativa I e II*. A estrutura quádrupla inicialmente projetada acabou por constituir três partes, uma estética, uma ética e uma religiosa. Daí provém, em boa parte, uma tendência de se interpretar o pensamento de Kierkegaard pelo esquema de uma teoria de três estádios. Esta, porém, não é estrutural na obra, tanto assim que alguns dos principais títulos se abstraem completamente desse esquema, que aliás também pode ser binário (o estético de um lado e o ético-religioso do outro) ou mesmo quaternário (com a religiosidade paradoxal constituindo um quarto estádio). O termo "estádio" lembra um percurso, um trecho, uma etapa, pois não se trata de estágios, jamais. Após um divertido prefácio ao leitor benévolo, de Hilarius Bogbinder (o encadernador, único responsável pela edição dos diversos papéis ali reunidos), lemos três textos diferentes: *In vino veritas* apresenta um banquete dos pseudônimos a discutirem sobre a mulher, a beleza e o amor, em perspectiva estética; as *Considerações sobre o matrimônio, por um esposo*, teriam sido supostamente redigidas pelo mesmo Assessor Guilherme, o ético, embora revelem agora uma moral mais convencional e talvez estoica, pouco cristã, onde o que mais interessa é vencer os desafios do tempo; enfim, *Culpado? – Não culpado?* apresenta duas partes autônomas, sendo a primeira outro caso de noivado desfeito, com o ex-noivo se remoendo e tentando descobrir o significado religioso de seu destino. A segunda parte são as reflexões do suposto psicólogo Frater Taciturnus.

Kierkegaard pensava que sua vida acabaria aos 33 anos, o que não veio a acontecer. Por via das dúvidas, redigiu, pela pena de Johannes Climacus, em 1846, um *Postscriptum final não científico às Migalhas filosóficas*, oito vezes mais longo que o livro que o motivou. (É talvez a obra que mais influenciou certos filósofos como Sartre.) Depois de grandes elogios e muitas variações sobre os pensamentos de Lessing, herói intelectual de Climacus, este autor desenvolve as consequências do modelo "não socrático" das *Migalhas*. O problema das *Migalhas* vem agora revestido numa vestimenta histórica, discutindo-se o significado do fenômeno multissecular do cristianismo. Como um pensador que seja um indivíduo realmente existente pode relacionar-se com o cristianismo com sua pretensão de verdade absoluta? Deve poder dizer sim ou não. Aí já surge o conceito de escândalo, descoberto como fundamental por Kierkegaard. Ele dirá, em 1847, que se dizemos "ai daquele por quem os escândalos vêm ao mundo", precisamos dizer também "ai daquele que apresenta o cristianismo sem a possibilidade do escândalo", da recusa, livre e consciente. Pois não se pode dizer sim a algo que em absoluto não pode ser recusado.

O *Postscriptum* desenvolve longamente a noção do pensador subjetivo, que não é um subjetivista, pois a célebre frase "a subjetividade é a verdade", logo na página seguinte, vem a ser confrontada com outra, que deve dizer o mesmo que ela, porém de maneira mais profunda: "a subjetividade é a inverdade". Para não nos perdermos no paradoxo, basta interpretar que só na subjetividade pode ocorrer tanto a verdade quanto a inverdade. Verdade é sempre verdade para alguém. Mais ainda: a verdade verdadeira não é só teórica, também é prática e, neste sentido, edifica, constrói sobre fundamentos. Climacus afirma, assim, de forma definitiva, o conceito central do indivíduo (*den Enkelte*, tal como em alemão se diria *der Einzelne*), que absolutamente não corresponde ao simples elemento avulso (*Individ*), numericamente repetido na multidão. O indivíduo verdadeiro é único "diante de Deus", responsável por si mesmo, e se não é o autor autônomo de si mesmo (à moda sartriana) será por certo "um redator responsável". Por fim, é Climacus quem, ao explicar por que razões ele não consegue ser um cristão (ao contrário de todos os seus conterrâneos), traz ao primeiro plano a estrutura paradoxal do cristianismo, que continua a ser "escândalo para os judeus e loucura para os pagãos" (e para os filósofos de extração grega).

Kierkegaard não morreu aos 33 anos, e teve de decidir se queria trabalhar como professor ou como pastor luterano. Assim como recusara casar-se, resolveu esgotar-se como escritor, depois de provocar uma ruidosa discussão com um jornal satírico, *O corsário*, que o humilhou, levando a polêmica para o campo da pura zombaria. O quanto haveria de autêntico e o quanto de teatral na atitude moralista que Kierkegaard foi assumindo daí em diante, é difícil dizer. De qualquer maneira, ele pensava muito no significado de defender uma causa "a caráter". Lamentava que, quando Lutero manda pregar nas ruas, não nas igrejas, o faz do púlpito de uma igreja. E Kierkegaard anotava que haveria de mostrar como se prepara uma "catástrofe" (no sentido do teatro trágico grego, daquela cantoria que revela a verdade, oculta até os derradeiros momentos). Um problema complexo é o de sua relação com o jornalismo, pois se criticava os jornalistas com termos tirados de Schopenhauer, como "gente que empresta opiniões", gastou seus últimos meses de vida, em meados dos anos 1850, discutindo pelos jornais e afinal compondo e distribuindo um panfleto todo redigido por ele, intitulado *O instante*. Mas ainda lhe faltam até lá sete longos anos. Produz de 47 a 50 publicações mais cristãs do que estéticas, e a partir de então milhares de páginas registradas somente em seus *Diários* (os quais, no conjunto, perfazem mais de 20 volumes).

Alguns dos mais belos livros de Kierkegaard surgirão justamente na outra metade da década de 1840, que o grande intérprete francês Henri-Bernard Vergote gostava de chamar de "o segundo percurso". O autor retoma, "repete" ali seus grandes temas e, se os desenvolve com muita articulação filosófica, o faz geralmente a partir de pressupostos do dogma cristão, numa ética segunda. O ano de 1847 nos oferece dois magníficos presentes. Os *Discursos edificantes em vários espíritos* reúnem três partes autônomas. Ali está, para começar, o maior dos discursos, com 150 páginas, *Um discurso de ocasião*, mais conhecido como *A pureza de coração*, o que sabidamente consiste em se querer uma só coisa, algo que valia tanto em Betânia quanto na filosofia kantiana. É o discurso contra o coração dividido, o que se entrega a algo apenas pela metade, e quer as coisas só "até certo ponto". Mas é também um quadro de crítica social extremamente realista, da sociedade da idade de ouro da Dinamarca, marcada pela cultura dos que rodeavam o Bispo Mynster, buscando aos domingos uma hora de recolhimento na escuta de suas sábias palavras.

A segunda parte desse livro contém *três discursos sobre as aves do céu e os lírios do campo*, um de enfoque estético, o segundo ético e o terceiro religioso. Mas a verdadeira nova cristã aparece nos sete discursos da terceira parte, do *Evangelho dos sofrimentos*, tão atuais na época de Schopenhauer e Nietzsche quanto na nossa. Cada um deles desenvolve um aspecto do título, que mostra quão feliz pode ser quem sofre no seguimento do Redentor. Deveriam por certo ser mais estudados e confrontados com as teorias desses dois famosos alemães, que levantaram tantos dos problemas que Kierkegaard enfrentou de cara.

A outra joia de 1847 é o livro preferido por muitos leitores e tradutores, uma espécie de *Imitação de Cristo* do século XIX: *As obras do amor*, com duas séries de considerações cristãs em forma de discurso. Na primeira, analisa-se o mandamento do amor, que corresponde na dicção dinamarquesa a um "Tu deves amar o teu próximo". Cada um desses termos vem a ser estudado detidamente, num longo texto sem notas de rodapé. Já a segunda série interpreta e comenta os versos do chamado Hino à caridade, da 1ª Epístola aos Coríntios. Trata-se, ao mesmo tempo, de uma lição magistral para qualquer pessoa que se declare cristã ou interessada pelo cristianismo, em qualquer época ou país, e de um presente de núpcias para Regina Olsen, publicado dois meses antes de seu casamento com o antigo namorado e preceptor, o qual haverá de continuar a ler em voz alta os livros do ex-noivo, que agora nos quer ensinar a todos o que significa realmente amar. Regina é decerto uma ouvinte privilegiada, mas o autor transcende em muito a sua experiência pessoal e nos passa um ensino de validade universal.

As obras do amor, *A doença para a morte* (1849) e *A escola de cristianismo* (1850) são exames dos conceitos essenciais do cristianismo. Na pena de um escritor que não quer ser sectário e nem doutrinador, mas maiêutico, e usa a ironia como caminho, já que esta não é verdade nem vida, tais livros teriam de ser contrabalançados por outros de maior atenção para o dia a dia da sociedade de seu tempo, livros de impacto estético e de reflexões sociais e políticas, que analisassem o que ele chamava sempre o "nosso tempo" (*vor Tid*). Por volta de 1846, Kierkegaard dedica-se a analisar o bizarro caso de um pastor, seu ex-colega, Adolfo Adler, que, após doutorar-se em Berlim com uma tese hegeliana e uma vez de volta à pátria, mandado como pároco no interior, começou a ter estranhas visões, nas quais o próprio Jesus Cristo apareceu-lhe e inicialmente ordenou que queimasse os seus livros hegelianos, para então começar a ditar-lhe diretamente ao ouvido várias séries de sermões. O processo eclesiástico que daí surgiu mereceu numerosas reflexões filosóficas e sociológicas de Kierkegaard, que deixou pronto e inédito um livro sobre as confusões de nosso tempo (dele, é claro). *O caso Adler* ilustra com traços tragicômicos as consequências de um tempo que quer abolir o princípio de não contradição, de modo que foi Jesus quem ditou, mas também não foi bem assim. Como os personagens estavam todos vivos, Kierkegaard publicou apenas, em 1849, *Dois pequenos tratados ético-religiosos*, em que se interroga sobre a diferença entre um gênio e um apóstolo, e sobre o direito que teríamos de deixar que nos matassem pela verdade.

A mãe do crítico e dramaturgo Heiberg era uma novelista bem-sucedida, amada por todo o público dinamarquês, e lançara uma novela sobre duas épocas, com enredos que se desenrolavam nos tempos da Revolução Francesa, quando ainda havia grandes paixões, e nos tempos atuais (década de 1840), tempos racionalistas, calculistas. Kierkegaard lhe dedica uma bela análise social e literária, de fundo moralizante, enfatizando a importância das grandes paixões na personalidade e na sociedade. E assim confirma sua crítica social, que o levará a dizer mais tarde que a multidão é a mentira, ou que decisões baseadas no número só são boas para as coisas não tão importantes assim:

> [...] acerca de todos os fins temporais, terrestres e mundanos, a multidão pode ter o seu valor e até decisivo, como instância. Mas não é disso que eu falo, nem me ocupo. Falo do ético, do ético-religioso, da "Verdade"; digo que, do ponto de vista ético religioso, a multidão é a mentira, se dela se pretende fazer a instância que julga acerca do que é "a Verdade".

Se com *Uma crítica literária – Duas idades* elogiava a mãe escritora do crítico de arte hegeliano Heiberg, nosso irreverente autor faz um belo e provocativo elogio da musa, esposa e atriz preferida do rival, Madame Heiberg, na série de artigos *A crise e uma crise na vida de uma atriz*, tão bem-escrito que o marido não se furtou a editar os artigos sob a forma de um livro. Mas havia pimenta nos rasgados elogios. Já no título: pois para o filósofo amador, que se deslumbrara com Hegel, a filosofia era só crítica, isto é, análise das crises. A crise é o tema filosófico por excelência, e o verdadeiro filósofo seria o crítico, que as interpreta, graças aos seus estudos de Goethe e de Hegel, que já teriam dito tudo, cada um a seu modo. Kierkegaard faz seus leitores refletirem sobre o que significa ser a melhor atriz do país por mais de 20 longos anos. Continuar a prima-dona, receptora de todos os elogios, ao longo de tanto tempo, num país com um único teatro! Que façanha! Mas o elogio vai fundo. Mme. Heiberg fora conquistada pelo marido ao preço de muitos *vaudevilles* feitos especialmente para ela, mas ela também interpretara, em duas ocasiões distintas e distantes, a mesma personagem de Shakespeare: Julieta. Kierkegaard, no papel de crítico de arte, enfatiza que uma jovem de 16 anos que representa Julieta (ainda mais jovem) pode ser apenas uma menina bonita, e o público se satisfará com isso, mas uma senhora na avançada idade (!) de 35 anos, que volta a fazer Julieta, sendo realmente uma atriz de talento, uma verdadeira atriz, consegue interpretar a figura eterna da jovenzinha de Verona, dando-lhe sua interpretação pessoal, profundamente humana como a eterna juventude apaixonada. Que maneira estranha, tão cheia de mediações, de criticar um hegeliano, por meio de elogios entusiásticos à mãe e à esposa...

Michael Theunissen, professor em Heidelberg e depois em Berlim, considerava como o testamento espiritual de Kierkegaard o livro de 1849, do pseudônimo Anticlimacus, cujo título literal seria *A doença para a morte*, embora algumas traduções o chamem "O desespero humano", incorreto, pois, como sugere Hélène Politis, da Sorbonne, poderíamos usar então o título de "Tratado da esperança". A confusão se deve não só a tradutores que não entenderam o que traduziam, mas também ao método negativo de Anticlimacus (por definição um cristão no sentido integral), cujo texto passa por todas as formas de desespero para chegar a mostrar qual o estado de um autêntico eu que se assume a si mesmo, fundando-se transparentemente no poder que o pôs. Esta, porém, é a definição do homem de fé. O livro supõe a ideia de um saber cristão, que é preocupado, ou cheio de "cuidado", tal "como a fala de um médico à cabeceira do paciente". Esta atenção quase clínica à existência do indivíduo (daí a *Sorge*, cura, de Heidegger) orienta a realização das sínteses que constituem o ser humano integral. O livro descreve, pois, numa perspectiva cristã, a autorrealização humana, e junto com *O conceito angústia* resume o que seria uma antropologia ou uma analítica existencial cristã.

O mesmo Anticlimacus publicou um ano depois, em 1850, o livro cujo título se traduz como *A escola de cristianismo*, ou *Prática de cristianismo*. A palavra difícil de traduzir, do título, é "*Indøvelse*", ou seja, exercícios prévios. Esta obra, que deixou furioso o grande Bispo Mynster, parte da ideia de que o Cristo que nos convida a segui-lo não é o Cristo Rei, mas o servo humilde de Javé. Ante a humildade daquele que convida, o ouvinte sentir-se-á livre para responder com um sim ou um não, quer dizer, numa atitude de fé ou de escândalo. A possibilidade do escândalo era essencial para Kierkegaard, talvez porque após a famosa síntese de Goethe e de Hegel parecia que cultura ocidental e religião cristã já constituíam uma unidade, de modo que toda pessoa culta seria automaticamente cristã.

Deixando de lado outros textos publicados nesses anos, temos que nos concentrar na última grande polêmica, que culminou no jornal *O instante*. Anticlimacus desenvolvera o conceito, numa expressão cunhada em dinamarquês pelo próprio Kierkegaard, de "testemunha da verdade". Sempre o interessou a verdade vivida, no seguimento daquele que disse: "Eu sou a verdade, o caminho e a vida". Kierkegaard, convencido de que a cristandade é uma grande ilusão, pois ninguém se pautava pelo crístico ("essencialmente cristão"), medita sobre a figura do "mártir", o qual dá testemunho da verdade com a vida e o sangue e morre, se preciso for, na cruz, humilhado e açoitado. O autor percebe o abismo aberto entre o modo de viver dos cristãos de sua época (*vor Tid*) e aquilo que chama (numa espécie de bordão de propaganda) "o cristianismo do NT" Quando morre o Bispo Mynster, pregador da corte, e é enterrado "com banda de música", Kierkegaard ainda silencia, mas quando o teólogo Martensen, na oração fúnebre, qualifica o falecido de "uma das testemunhas da verdade, das verdadeiras testemunhas da verdade", a reiteração passou da conta. Para não influenciar na política eclesiástica, que elegerá Martensen sucessor de Mynster, o polemista prepara cuidadosamente os textos do combate que só explodirá 10 meses depois, passada a eleição. A discussão, que se tornará cada vez mais violenta, começa quase suavemente, num tom jocoso, com um artigo intitulado *O Bispo Mynster foi uma testemunha da verdade, uma das verdadeiras testemunhas da verdade. – Isto é verdade?* Cabe hoje perguntar aos analíticos: Qual o significado filosófico da palavra "verdade" na terceira formulação? Na primeira, a verdade era Cristo; na segunda, Martensen tentava desfazer do esforço conceitual de Kierkegaard; mas na terceira, recebia o troco: a verdade é crítica, ou deve passar pelo exame crítico, há que dar provas da própria fé, quando a Igreja vive o seu tempo de militante, antes da vitória final.

Kierkegaard morreu incomodando e embaraçando. Seu enterro encerrou-se com um constrangimento, quando um sobrinho interrompeu as derradeiras cerimônias eclesiásticas para ler um artigo do tio onde era dito que na Dinamarca um pensador é enterrado como cristão mesmo que tenha afirmado não o ser. "Eu digo e tenho de dizer que não sou cristão" é uma formulação que constava nos últimos textos preparados por Kierkegaard, numa fórmula em que ele mostra a sua maneira de ser socrática. Era o seu "só sei que nada sei", aplicado à prática, num contexto de cristandade. Se todos o são, eu tenho de dizer que não o sou.

Ora, o que se faz com um autor incômodo, mas brilhante? Tomam-se medidas defensivas, antissépticas: a recepção de sua obra se fez ignorando três de suas quatro partes essenciais: eliminaram-se seus *Diários*, sua *Dissertação sobre a ironia* (verdadeira plataforma metodológica do grande estrategista) e, é claro, esta polêmica, para assim tornar Kierkegaard um autor "interessante", aceitável nos salões e talvez nas academias. O resultado é uma obra insípida, desfigurada ou distorcida, sobre a qual ainda se criou uma última lenda: a de que o autor escondia nos textos pseudonímicos as coisas que revelava logo depois, nos escritos assinados por ele: nos "veronímicos". E o Mestre da ironia se tornou não apenas inocente, mas também inofensivo, tal como já lembrara a respeito de Sócrates.

 ## Conceito-chave

Em Henri-Bernard Vergote[1] ou Hélène Politis[2] encontram-se vários candidatos ao título de conceito-chave: sentido, repetição, ironia, cristicidade, amor ao próximo, igualdade humana, existência, salto, instante.

Mas, em meio a suas polêmicas, Kierkegaard salienta uma categoria decisiva: "Nunca li na Escritura este mandamento: amarás a multidão; e menos ainda este: na vida ética e religiosa, reconhecerás na multidão o tribunal da 'verdade'". Não defende um individualismo egoísta: o próximo, a quem devemos amar, é um indivíduo. No paganismo e nos desvios modernos, o homem não passa de um exemplar da espécie, a qual é superior ao indivíduo. Bem ao contrário na visão de Kierkegaard, que dedica tantos *Discursos* seus "*Ao indivíduo*". Não se torna indivíduo, vindo a ser o que é ou que deve ser, quem prefere ser multidão, irresponsável. Dito com todas as letras: "Para mim, como pensador e não pessoalmente, a questão do Indivíduo é decisiva entre todas." Kierkegaard não quer ensinar, só recordar o já sabido, chamar a atenção para o que vem sendo esquecido, para este ponto em especial.

"O 'Indivíduo' pode significar o homem único entre todos, e também cada qual, toda a gente." Ora, se o primeiro sentido é o essencial para Kierkegaard, alguns leitores desatentos o confundem com "o Único" (*der Einzige*) de Stirner; contudo, em alemão só "*der Einzelne*" verte corretamente o termo kierkegaardiano "*den Enkelte*". Jean-Paul Sartre interpretou mal a questão, e Paul-Henri Tisseau traduziu com maiúscula para distinguir Indivíduo de indivíduo (*Individ*). Kierkegaard já não temia tanto os mal-entendidos: "Só um jovem poderia lembrar-se de evitar completamente todo mal-entendido quando se trata de empreender alguma coisa". Ser um homem individual é, na verdade, a condição de toda religiosidade; é impossível edificar ou ser edificado *en masse*: a edificação refere-se ao Indivíduo mais categoricamente ainda do que ao amor.

"Nestes tempos, tudo é política", mas "o político começa na terra para aí permanecer, ao passo que o religioso, que vem do alto, quer transfigurar o terrestre para o elevar em seguida ao céu". O pensador dinamarquês enfatiza: "E, no entanto, sim, se tivesse de pedir que me pusessem uma inscrição no túmulo, não quereria outra senão esta: 'Foi o Indivíduo'". E completa: "O meu possível papel em ética relaciona-se incondicionalmente com a categoria de 'o Indivíduo'". Tal categoria, de origem socrática, ajudou a dissolver o paganismo, pois "'o Indivíduo': é a categoria do espírito, do despertar do espírito, tão oposta quanto possível da política. A recompensa terrestre, o poder, a glória etc., não se encontram ligadas ao seu uso correto; porque a interioridade não interessa ao mundo..." "O Indivíduo" é a categoria cristã decisiva, sem a qual o paganismo e o panteísmo triunfam.

 ## Percursos e influências

Kierkegaard questiona o sistema dos hegelianos e utiliza a maiêutica socrática de modo realmente original. Sua maneira de levar a sério os fenômenos negativos, como tédio, angústia e desespero, sua constante busca do sentido da vida e de qual papel sua existência individual deveria desempenhar (sua vocação nesta existência), mais o seu esforço por impedir as fugas da existência representadas pelo romantismo alienado e pelo idealismo sem compromisso com a realidade moral fazem deste escritor especulativo o que se poderia chamar um filósofo da existência, herdeiro de Sócrates, Agostinho e Pascal. Antecipou, de fato, em muitos pontos, o pensamento de Heidegger, embora sua presença esteja mais explicitada em Jaspers. Impossível não perceber sua presença em Sartre (até no uso da literatura e do teatro, ou na panfletagem nas ruas nos últimos tempos), mas também foi marcante para Adorno, com sua defesa do não idêntico, e para o próprio Wittgenstein.

Na literatura, é companheiro de Dostoievski, Kafka e Camus e, no século XX, é muito aproveitado pelo suíço Max Frisch, que explora muitos de seus temas. Na teologia, sua marca em Karl Barth é bastante conhecida, mas vale a pena descobri-la também no coração do pensamento de Paul Tillich (orientador, aliás, da tese de Adorno sobre Kierkegaard). O tema da eterna possibilidade do escândalo, como possibilidade concreta de se dizer não ao anúncio, independente das teorizações eruditas, é uma contribuição original deste indivíduo singular, responsável diante de Deus.

Tendo escrito sempre em sua língua natal, a fortuna de sua obra dependeu das traduções, nem sempre fiéis. Na Alemanha, penetrou através de pastores em conflito com suas igrejas; na França foi lido como o grande esteta sedutor, de literatura de salão, até Tisseau traduzi-lo todo. No Japão, sua obra chegou junto com a de Heidegger, desde os anos 1930, e teve um papel de formação das consciências, inclusive apoiando mártires cristãos. Nos Estados Unidos, onde há pouco Howard e Edna Hong completaram a tradução das suas obras para o inglês, consegue aproximar magistralmente os temas da filosofia com os da religião.

No Brasil, vem sendo cada vez mais lido, à medida que surgem traduções mais fiéis aos seus textos originais. Entre nós, seu método irônico e sua comunicação indireta despertam grande interesse, de modo que as formas de seu discurso (o "como se diz") importam tanto quanto o conteúdo das obras com pseudônimos, das assinadas por ele e também dos volumes dos diários ("o que ele disse"). Para a ironia, a questão é saber "o que o autor queria dizer".

 **Obras**

1838. *Dos papéis de um sobrevivente*. Crítica a um romance de H.C. Andersen.

1841. *O conceito de ironia, constantemente referido a Sócrates*. Dissertação acadêmica.

1842-1843. *Johannes Climacus ou De omnibus dubitandum est* (É preciso duvidar de tudo).

1843. *A alternativa – Um fragmento de vida*. 2 vol. editados pelo pseudônimo: Victor Eremita.

1843. *Dois discursos edificantes* (Os discursos são assinados pelo Mag. Kierkegaard).

1843. *Temor e tremor – Dialética lírica*. Pseudônimo: Johannes de Silentio.

1843. *A repetição – Ensaio de psicologia experimental*. Pseudônimo: Constantin Constantius.

1843. *Três discursos edificantes*.

1843. *Quatro discursos edificantes*.

1844. *Dois discursos edificantes*.

1844. *Três discursos edificantes*.

1844. *Migalhas filosóficas ou Um bocadinho de filosofia*. Pseudônimo: Johannes Climacus, editado por Kierkegaard.

1844. *O conceito de angústia. Uma simples reflexão psicológica no sentido do problema dogmático do pecado original*. Pseudônimo: Vigilius Haufniensis.

1844. *Prefácios*. Pseudônimo: Nicolaus Notabene.

1844. *Quatro discursos edificantes*.

1845. *Três discursos em ocasiões imaginárias*.

1845. *Estádios no caminho da vida*. Pseudônimo: Hilarius Bogbinder.

1846. *Postscriptum final, não científico, às Migalhas filosóficas. Composição mimético-patético-dialética*. Pseudônimo: Johannes Climacus, editado por Kierkegaard.

1846. *Uma crítica literária – Duas idades*.

1846-1847 – *Livro sobre Adler.* Ficou completo, mas inédito.

1847 - *Discursos edificantes em vários espíritos.*

1847. *As obras do amor – Algumas reflexões cristãs em forma de discurso.*

1847. *A dialética da comunicação ética e ético-religiosa.* Fragmento de um curso.

1848. *Discursos cristãos.*

1848. *A crise e uma crise na vida de uma atriz.* Pseudônimo: Inter et Inter.

1849. *Os lírios do campo e os pássaros do céu – Três discursos devotos.*

1849. *Dois pequenos tratados ético-religiosos.* Pseudônimo: H.H.

1849. *A doença para a morte – Um desenvolvimento de psicologia cristã para edificação e tomada de consciência.* Pseudônimo: Anticlimacus, editado por Kierkegaard.

1849. *Três discursos para a Comunhão de sexta-feira.*

1850. *A escola do cristianismo.* Pseudônimo: Anticlimacus, mas editado por K.

1850. *Um discurso edificante.*

1851. *Dois discursos para a Comunhão de sexta-feira.*

1851. *Sobre minha atividade como escritor.*

1851. *Para o exame de si mesmo – Recomendado aos contemporâneos.*

1851. *A imutabilidade de Deus.* Discurso pronunciado em 18 de maio e publicado em 1º de agosto de 1855.

1851-1852. *Julgai vós mesmos – Para o exame de si mesmo, recomendando aos contemporâneos.* Publicado por seu irmão Peder Christian em 1876.

1855. *O instante.* Série de dez fascículos de polêmica contra a Igreja Oficial. Publicados nove números de 26 de maio a 25 de setembro. O último ficou inédito.

1859. *Ponto de vista explicativo da minha obra como escritor* (1848), publicado pelo irmão, Peder C. Kierkegaard.

 **SELEÇÃO DE TEXTOS**

A alternativa I (1843)

Que é um poeta? Um ser humano infeliz que encerra em seu coração profundos tormentos, porém seus lábios são formados de tal modo que quando os suspiros e os gritos fluem por sobre eles, ressoam como uma linda música. Com ele acontece o que ocorria aos infelizes que eram torturados demoradamente, com fogo lento, no boi de *Falaris*, e cujos gritos não podiam alcançar os ouvidos do tirano para não assustá-lo; a este os gritos soavam como uma doce música. E os homens se reúnem em multidão ao redor do poeta e lhe dizem: Vamos, canta de novo, quer dizer, tomara que novos sofrimentos martirizem tua alma, e oxalá teus lábios continuem sempre formados como até agora; pois o grito apenas nos assustaria, mas a música, esta sim é deliciosa. E os críticos se achegam e falam: Assim está correto, é assim que deve ser, de acordo com as regras da Estética. Ora, dá para compreender, um crítico de arte é exatamente igual a um poeta, só que não tem os tormentos no coração, e nenhuma música nos lábios. Olha, por isso eu prefiro ser um pastor de porcos na *Amagerbro* e ser compreendido pelos porcos do que ser poeta e ser incompreendido pelos homens.

★

Afora meu numeroso círculo de amizades restante, ainda tenho uma confidente íntima: minha melancolia; em meio à minha alegria, em meio ao meu trabalho ela me acena, chama-me à parte, ainda que eu permaneça corporalmente no mesmo lugar. Minha melancolia é a mais fiel das amantes que já conheci; que há de estranho em que eu também a ame?

★

Minha concepção de vida é totalmente sem sentido. Suponho que um espírito mau colocou uns óculos em meu nariz, com uma lente que aumenta numa proporção monstruosa, e com outra lente que diminui na mesma proporção.

★

Perguntem-me o que quiserem, só não me perguntem acerca de razões. A uma menina se perdoa se não souber fornecer as razões, ela vive no sentimento, como se diz. Comigo é diferente. Em geral eu tenho tantas razões e no mais das vezes intimamente contraditórias que por isso mesmo se me torna impossível fornecer as razões. Com causa e efeito, parece-me que também as coisas não combinam como deviam. Ora surge de uma causa enorme e poderosa um efeito bem pequenininho e imperceptível, às vezes mesmo efeito nenhum; ora uma causa minúscula desencadeia um efeito gigantesco.

★

Qual é afinal o significado desta vida? Se os homens fossem divididos em duas grandes classes, então poder-se-ia dizer que uma delas trabalha para viver, e a outra não tem necessidade disso. Mas trabalhar para viver não pode ser, afinal, o significado da vida, uma vez que é uma contradição que a constante produção das condições deva ser a resposta à pergunta sobre o significado daquilo que graças a esta produção deve ser condicionado. A vida dos restantes em geral não tem absolutamente nenhum significado além do consumo das condições. Caso se queira dizer que o significado da vida consiste em morrer, então isto parece outra vez uma contradição.

★

Aquilo que os filósofos falam sobre a realidade é muitas vezes tão enganador como quando lemos num letreiro num vendedor de coisas usadas: "Passa-se roupa". Se trouxermos nossas roupas para mandar passar, faremos o papel de bobos; pois o letreiro está ali apenas para ser vendido.

★

É preciso uma grande ingenuidade para crer que adianta gritar e clamar pelo mundo como se com isso se conseguisse alterar o próprio destino. Tome-se a coisa como ela se apresenta, renunciando-se à prolixidade. Quando, em minha juventude, eu entrava num restaurante, dizia ao garçom: Um pedaço bom, um pedaço bem bom, do lombo, que não seja gordo demais. O garçom talvez nem ouvia meu grito, e menos ainda atentava para ele, para nem supor que minha voz pudesse chegar até a cozinha, e mover aquele que cortava a carne, e muito embora tudo isso acontecesse, talvez nem mesmo existisse um bom pedaço em todo o espeto. Agora eu não grito jamais.

★

Algo maravilhoso aconteceu comigo. Fui arrebatado ao sétimo céu. Lá estavam sentados em assembleia todos os deuses. Por uma graça especial me foi concedido o favor de fazer um desejo. "Tu queres, disse Mercúrio, tu queres ter juventude, ou beleza, ou poder, ou uma vida longa, ou a mais bela das moças, ou outra glória das muitas que nós temos no baú? Então escolhe, mas só *uma* coisa." Por um instante eu hesitei, depois me dirigi aos deuses da seguinte maneira: "Veneráveis contemporâneos, eu escolho uma coisa: que eu possa ter sempre o riso do meu lado". Não houve um deus que respondesse uma palavra; em compensação, todos eles caíram na risada. Daí eu conclui que minha oração estava atendida, e que os deuses sabiam expressar-se com gosto; pois, afinal de contas, teria sido bem impróprio eles responderem, com seriedade: "Que isto te seja concedido".

Migalhas filosóficas (1844)

O que aconteceu, aconteceu, não pode ser refeito; não pode, deste modo, ser mudado (o estoico Crisipo – o megárico Diodoro). Esta imutabilidade é a da necessidade? A imutabilidade do passado foi obtida por uma mudança, pela mudança do vir-a-ser, mas uma tal imutabilidade não exclui toda mudança, evidentemente, já que não a excluiu; pois toda mudança só é, afinal (dialeticamente em relação ao tempo), excluída, porque é excluída a cada instante. Considerar o passado como necessário implica esquecer que ele deveio; mas um tal esquecimento seria talvez também necessário?

O que aconteceu, aconteceu assim como aconteceu, e assim é imutável; mas esta imutabilidade é a da necessidade? A imutabilidade do passado consiste em que o "assim" de sua realidade não pode vir a ser diferente; mas segue-se daí que o "como" possível deste passado não teria podido vir a ser de outra maneira? A imutabilidade do necessário, bem ao contrário, consiste no relacionar-se sempre consigo mesmo e relacionar-se sempre consigo mesmo do mesmo modo; ela exclui toda e qualquer mudança, não se contenta com a imutabilidade do passado que, como foi mostrado, não apenas é dialética em relação a uma mudança anterior, da qual resulta, porém, tem de ser dialética até mesmo em relação a uma mudança de ordem superior, que a anula. [...]

O futuro ainda não aconteceu, mas não é *por isso* menos necessário do que o passado, visto que o passado não se tornou mais necessário por ter acontecido, mas ao contrário mostrou, por ter acontecido, que não era necessário. Se o passado se tivesse tornado necessário, não se deveria poder concluir o oposto no que concerne ao futuro, porém, ao contrário, daí se seguiria que o futuro também era necessário. Caso a necessidade pudesse penetrar num único ponto, não se poderia mais falar de passado e de futuro. Querer predizer o futuro (profetizar) e querer compreender a necessidade do passado é completamente a mesma coisa, e é apenas uma questão de moda se a uma geração uma parece mais plausível do que a outra. O passado, afinal de contas, deveio; o devir é a mudança da realidade pela liberdade. Ora, se o passado se tivesse tornado necessário, não mais pertenceria à liberdade, isto é, àquilo pelo qual ele veio a ser. A liberdade estaria então numa posição ruim, faria ao mesmo tempo rir e chorar, pois levaria a culpa daquilo que não seria de sua competência, produziria aquilo que a necessidade logo haveria de engolir, e a própria liberdade tornar-se-ia uma ilusão, e o devir não menos; a liberdade tornar-se-ia bruxaria, e o devir alarme falso.

O conceito de angústia (1844)

A inocência é ignorância. Na inocência, o homem não está determinado como espírito, mas determinado psiquicamente em unidade imediata com sua naturalidade. O espírito está sonhando no homem. Tal interpretação está em perfeita concordância com a da Bíblia que, ao negar ao homem em estado de inocência o conhecimento da diferença entre bem e mal, condena todas as fantasmagorias católicas sobre o mérito.

Neste estado há paz e repouso, mas ao mesmo tempo há outra coisa que, sem embargo, não é agitação nem luta, pois não há nada contra o que lutar. Mas, então, o que é? Nada. Mas que efeito exerce este nada? Engendra angústia. Este é o profundo mistério da inocência, que ela é ao mesmo tempo angústia. Sonhando, projeta o espírito sua própria realidade, mas esta realidade é nada, porém este nada a inocência vê continuamente fora dela.

A angústia é uma qualificação do espírito que sonha, e pertence como tal à psicologia. Na vigília é posta a diferença entre meu eu e meu outro; no sono, está suspensa, e no sonho é um nada insinuado. A realidade do espírito se apresenta sempre como uma figura que tenta sua possibilidade, mas se evade logo que se queira captá-la, e é um nada que só pode angustiar. Mais não pode, enquanto apenas se mostra. O conceito de angústia não é tratado quase nunca na psicologia, por isso, devo chamar a atenção sobre sua total diferença em relação ao medo e outros conceitos semelhantes que se referem a algo determinado, enquanto que a angústia é a realidade da liberdade como possibilidade antes da possibilidade. Por isso não se encontra angústia no animal, justamente porque este em sua naturalidade não está determinado como espírito.

Se quisermos, pois, considerar as definições dialéticas da angústia, constataremos que esta justamente apresenta a ambiguidade psicológica. A angústia é uma *antipatia simpática* e uma *simpatia antipática*. Acredito que se pode ver com facilidade que esta é uma determinação psicológica num sentido inteiramente distinto daquela da concupiscência. A linguagem usual o confirma inteiramente. Dizemos: a doce angústia, a doce ansiedade ou, ainda, uma angústia estranha, uma angústia tímida etc.

A angústia que está posta na inocência, primeiro não é uma culpa, e segundo, não é um fardo pesado, não é um sofrimento que não se possa harmonizar com a felicidade da inocência. Observando-se as crianças, encontra-se nelas a angústia de um modo bem-determinado, como uma busca de aventuras, de coisas monstruosas e enigmáticas. O fato de que há crianças nas quais ela não se encontra nada prova, pois o animal também não a tem, e quanto menos espírito, menos angústia. Esta angústia é tão essencial à criança, que esta não quer ver-se privada dela e se ela a angustia também a prende com sua doce ansiedade. Esta angústia ocorre em todas as nações que consideram os traços da infância como típicos do sonho do espírito, e quanto mais profunda, tanto mais profunda é a nação. É apenas uma prosaica tolice crer que isso seja uma desorganização. Angústia tem aqui a mesma significação que melancolia, num momento bem posterior, quando a liberdade, depois de ter percorrido as formas imperfeitas de sua história, deve chegar a ser ela mesma, no sentido mais profundo da palavra.

Assim como a relação da angústia com seu objeto, com alguma coisa que não é nada (a linguagem usual também diz concisamente: angustiar-se de nada) é totalmente ambígua, assim a passagem que pode fazer-se aqui da inocência para a culpa será precisamente tão dialética, que mostrará que a explicação é bem o que deve ser: psicológica. O salto qualitativo está fora de toda ambiguidade, mas aquele que pela angústia torna-se culpado é contudo inocente, pois não foi ele mesmo, mas a angústia, um poder estranho, que se apoderou dele, um poder que não amava, do qual pelo contrário se afastava angustiado – e, não obstante, indubitavelmente é culpado, pois mergulhou na angústia, que contudo amava enquanto temia. Não há nada no mundo mais ambíguo e, por isso mesmo, é esta a única explicação psicológica, enquanto que, para repeti-lo uma vez mais, nunca lhe ocorre querer esta explicação explicar o salto qualitativo. Qualquer representação que mostre que a proibição incitou o homem a pecar ou que o tentador o enganou, só tem a suficiente ambiguidade para uma observação superficial; ela desfigura a ética, reduz o salto qualitativo a movimentos quantitativos e, com ajuda da psicologia e à custa da ética, quer fazer um cumprimento ao homem. Cumprimento que aquele que estiver desenvolvido eticamente há de declinar como nova e mais perigosa tentação.

*

Temos num dos contos de Grimm uma narrativa sobre um moço que saiu a aventurar-se pelo mundo para aprender a angustiar-se. Queremos deixar esse aventureiro seguir o seu caminho, sem nos preocuparmos se encontrou ou não algo horroroso. Ao contrário, quero afirmar que esta é uma aventura pela qual todos têm que passar, a de aprender a angustiar-se, para que não venham a se perder, nem por jamais terem estado angustiados nem por afundarem na angústia; por isso, aquele que aprendeu a angustiar-se corretamente, aprendeu o supremo saber.

Se o homem fosse um animal ou um anjo, não poderia angustiar-se. Dado que ele é uma síntese, pode angustiar-se, e quanto mais profundamente se angustia, tanto maior é o homem, mas não, contudo, no sentido em que os homens em geral tomam isso, referindo a angústia a algo externo, como algo que é exterior ao homem, e sim no sentido de que o homem mesmo produz a angústia. Só neste sentido deve entender-se o que se diz de Cristo: "que se angustiou até a morte", e também quando ele diz a Judas: "O que vais fazer, faze-o logo." Nem sequer as terríveis palavras que tanto angustiavam Lutero quando pregava sobre elas: "Deus meu, Deus meu, por que me abandonaste?" – nem sequer estas palavras expressam com tanto vigor o sofrimento, pois com estas últimas palavras se designa um estado em que Cristo se encontrava, enquanto que aquelas primeiras designam uma relação com um estado que ainda não se deu.

A angústia é a possibilidade da liberdade, só esta angústia é, pela fé, absolutamente formadora, na medida em que consome todas as coisas finitas, descobre todas as suas ilusões. E nenhum grande inquisidor dispõe de tão espantosos tormentos como a angústia, e nenhum espião sabe pegar o suspeito com tanta astúcia, justo no momento em que está mais debilitado, ou sabe preparar armadilhas, em que ele ficará preso, tão insidiosamente como a angústia, e nenhum juiz sagaz consegue examinar, sim, "ex-animar" (desalentar), o acusado como a angústia, que não o deixa escapar jamais, nem nas diversões, nem no barulho, nem no trabalho, nem de dia e nem de noite.

Aquele que é formado pela angústia é formado pela possibilidade, e só quem for formado pela possibilidade estará formado de acordo com sua infinitude. A possibilidade é, por conseguinte, a mais pesada de todas as categorias. [...] Em geral entende-se, portanto, por esta possibilidade, da qual se diz que é tão leve, a possibilidade da sorte, do êxito etc. Mas esta não é de jeito nenhum a possibilidade, é uma invenção mentirosa em que a corrupção humana aplica nova maquiagem para poder, sem embargo, ter motivo para queixar-se da vida e da Providência e ter uma chance de se atribuir importância aos próprios olhos. Não, na possibilidade tudo é igualmente possível e aquele que, em verdade, foi educado pela possibilidade entendeu tanto aquela que o espanta quanto a que lhe sorri. Quando, pois, um tal sujeito concluiu a escola da possibilidade e sabe, melhor que uma criança no seu ABC, que não pode exigir absolutamente nada da vida, e que o horror, a perdição, o aniquilamento moram na porta ao lado de qualquer homem, e aprendeu com proveito que toda angústia, diante da qual ele se angustiava, no momento seguinte avançou sobre ele, então ele dará uma outra explicação da realidade; haverá de louvar a realidade, e mesmo quando ela pairar pesadamente sobre ele lembrar-se-á de que esta é muito, muito mais leve do que era a possibilidade. Somente assim a possibilidade pode formar; pois a finitude e as relações finitas dentro das quais um indivíduo tem seu lugar marcado, sejam elas pequenas e cotidianas ou tenham importância para a história universal, só formam de modo finito [...].

Mas, para que um indivíduo deva ser formado assim tão absoluta e infinitamente pela possibilidade, ele tem de ser honesto frente à possibilidade e ter a fé. Por fé compreendo aqui o que Hegel, à sua maneira, em algum lugar, corretissimamente, chama de a certeza interior que agarra de antemão a infinitude. Se forem administradas ordenadamente as descobertas da possibilidade, aí a possibilidade há de descobrir todas as finitudes, mas há de idealizá-las na forma da infinitude, e há de mergulhar o indivíduo na angústia, até que este, por sua parte, as vença na antecipação da fé.

Estádios no caminho da vida (1845)

Bem se conhece o juízo de Salomão, que discerniu o verdadeiro do falso e adquiriu assim o renome de um príncipe cheio de sabedoria. O seu sonho é menos conhecido.

Se há na simpatia algum tormento, é quando somos obrigados a ter vergonha de nosso pai, daquele que amamos mais que tudo e a quem mais devemos; quando é necessário nos aproximarmos dele desviando-nos, o rosto virado para não ver o seu opróbrio. Mas qual felicidade maior para a simpatia, que poder amar segundo o voto de piedade filial, quando se junta a ela a ventura de poder orgulhar-se de seu pai, o único eleito, o único grande homem, força de seu povo, orgulho de seu país, amigo de Deus, promessa do futuro, honrado em sua vida, glorioso em sua memória! Feliz Salomão, tal foi tua sorte. No povo escolhido (que glória já, ter nele nascido!), ele era filho de rei (que destino digno de inveja!), filho do rei eleito entre os reis!

Salomão viveu nessa felicidade junto ao profeta Natã. O poder e as façanhas de seu pai não o incitaram às proezas, pois delas não restava muito a executar, mas deram-lhe o entusiasmo de admiração que fez dele um poeta. Mas se o poeta era quase invejoso de seu herói, o filho estava cheio de alegria na confiante devoção que tinha por Davi.

Uma vez, então, o filho fez uma visita a seu real pai. À noite, ele foi acordado por um ruído vindo do quarto em que dormia o rei. Preso de horror, creu ser um perverso que vinha assassinar Davi. Aproximou-se, insinuou-se – e viu Davi com o coração despedaçado de arrependimento, a deixar sua alma externar um grito de desespero.

Aterrorizado, retorna a seu leito e adormece; mas não repousa: ele sonha; sonha que Davi é um ímpio renegado por Deus que, em sua cólera, lhe dá a majestade real; ele deve portar a púrpura como castigo, ele está condenado a reinar, condenado a escutar a bênção de seu povo enquanto que às escondidas de todos o julgamento do Eterno exerce-se sobre o culpado; e em seu sonho percebe confusamente que Deus não é o Deus dos homens piedosos, porém dos ímpios, e que é preciso ser um ímpio para tornar-se o eleito de Deus, e o horror do sonho é esta contradição.

Enquanto Davi jazia ao chão com o coração despedaçado, Salomão levantou do leito, mas sua razão estava despedaçada. Foi presa de horror quando refletiu sobre o que significava ser o eleito de Deus. Pressentiu que a intimidade do homem santo com Deus, a sinceridade do homem puro perante Deus, não era a explicação, mas a falta oculta era o segredo que explicava tudo.

E Salomão tornou-se sábio, mas não se tornou herói; e tornou-se pensador, mas não se tornou homem de oração; tornou-se pregador, mas não se tornou um crente; e ele podia ajudar a muitos, mas não podia ajudar-se a si mesmo; ele foi voluptuoso, mas não penitente; despedaçou-se, mas não se reergueu, pois o vigor da vontade se tinha extenuado contra algo que estava acima das forças da juventude. E ele foi agitado pela vida, sacudido pela vida, forte, sobrenaturalmente forte, isto é, frágil como uma mulher nos encantamentos audaciosos e nas descobertas maravilhosas da imaginação, hábil em explicar as coisas do espírito. Mas, em seu ser estava posta a discórdia, e Salomão foi como o homem abatido que não consegue suportar o próprio corpo. Em seu harém sentava-se como um velho enfraquecido, até que o prazer despertava e ele gritava: "Mulheres, tocai o tamborim, dançai para mim!" Quando, porém, a rainha do Oriente veio visitá-lo, atraída por sua sabedoria, a alma dele estava rica e as sábias sentenças fluíam de seus lábios como a mirra preciosa que escorre das árvores da Arábia.

As obras do amor (1847)

Por outro lado é algo de ridículo, de que devemos decerto guardar-nos: falar do crístico procurando agradar. Acaso então um homem, ao apresentar a outro um instrumento extremamente cortante, de dois gumes aguçados, acaso o entregaria com gestos, atitudes e expressões como se apresentasse um buquê de flores? Isso não seria insensato? O que fazer então? Convencidos da excelência do perigoso instrumento, louvá-lo-emos decerto com plena convicção, mas de tal maneira que num certo sentido estaremos prevenindo contra ele. E é assim com o crístico. Caso se fizesse necessário, não deveríamos ter o menor escrúpulo de assumir a responsabilidade na mais alta instância de pregar *contra* o Cristianismo nas pregações *cristãs*, justamente nas pregações *cristãs*. Pois sabemos muito bem onde está a desgraça de nossos tempos: que em discursos dominicais mistificadores e lisonjeiros meteram o Cristianismo num engano e a nós homens na ilusão de que desta maneira somos cristãos. [...] O Cristianismo é, no *sentido divino*, o bem supremo, e por isso é ao mesmo tempo, no sentido humano, um bem enormemente perigoso, porque ele, compreendido de modo meramente humano, tão longe está de ser aquela flor rara, que antes ele é escândalo e loucura, agora tanto como no começo e enquanto o mundo for mundo. [...]

Quando o Cristianismo veio ao mundo, não precisava (embora o tenha feito) chamar expressamente a atenção para o fato de ser ele um escândalo, pois isso aliás bem facilmente descobriu o mundo, que se escandalizou dele. Mas agora, agora, quando o mundo se tornou cristão, agora o Cristianismo tem de antes de mais nada prestar atenção expressamente ao escândalo. [...] Não é de admirar então que o Cristianismo e sua felicidade e suas tarefas não consigam mais satisfazer "os cristãos" – afinal já não conseguem nem mesmo escandalizar-se dele! – Quando o Cristianismo veio ao mundo, não precisava expressamente (embora o tenha feito) chamar a atenção para o fato de que ele batia contra a razão humana, pois isto o mundo descobriu com a maior facilidade. Mas agora, agora que o Cristianismo ao longo dos séculos viveu em amplas relações com a razão humana, agora, quando um Cristianismo decaído – tal como aqueles anjos decaídos, que se casaram com mulheres terrenas – casou-se com a razão humana, agora que o Cristianismo e a razão vêm se tuteando: agora o Cristianismo tem de antes de mais nada prestar atenção ao conflito. Se o Cristianismo (ai, parece a história do castelo enfeitiçado por 100 anos) deve ser libertado, pela pregação, do feitiço da ilusão e de sua deformação, então a possibilidade do escândalo precisa ser antes reavivada na pregação desde os seus fundamentos. Somente a possibilidade do escândalo [...] é capaz de despertar o adormecido, capaz de chamar de volta o enfeitiçado, de modo que o Cristianismo volte a ser ele mesmo.

Se portanto diz a Sagrada Escritura: "ai daquele pelo qual o escândalo vem", então nos consolamos dizendo: ai daquele que foi o primeiro a ter a ideia de pregar o Cristianismo deixando de lado a possibilidade do escândalo. Ai daquele que agradando, enfeitando, recomendando, demonstrando, impingiu aos homens esta coisa emasculada que deveria ser o Cristianismo! [...] Porém o Cristianismo não deve ser defendido; são os homens que devem ver se conseguem defender-se a si mesmos e justificar para si o que escolhem, quando o Cristianismo, terrível como antigamente, os impele a escolher: ou escandalizar-se ou assumir o Cristianismo. Retira portanto do crístico a possibilidade do escândalo, [...] e fecha, quanto antes melhor, as igrejas, ou transforma-as em lugares de diversão abertos o dia inteiro. [...]

★ ★ ★

A retribuição em relação ao amor pode ser muito variada. Podemos tirar uma vantagem e um ganho; e este é afinal de contas sempre o que há de mais comum, é típico da "divisa pagã" de "amarmos aquele que nos retribui". Nesse sentido, a retribuição é algo de diferente do próprio amor, é algo de heterogêneo. Mas há também uma retribuição para o amor, que é da mesma natureza do amor: o amor correspondido. E tanta bondade há por certo na maioria dos homens que eles via de regra consideram de suprema importância essa retribuição, a da gratidão, do discernimento, da devoção, enfim, a correspondência do amor, mesmo se por outro lado eles se recusam a conceder que se trata de uma contrapartida, e por isso creem que não se pode chamar o amor de interessado na medida em que persegue tal correspondência. Aquele, porém, que está morto não retribui em sentido algum.

Há, sob este aspecto, uma semelhança entre o recordar amorosamente uma pessoa falecida e o amor dos pais por seus filhos. Os pais amam os filhos quase antes de eles virem à existência e bem antes que se tornem consciência de si, ou seja, como não entes. Porém, um falecido é igualmente um não ente; e esses são os dois benefícios supremos: dar a vida a uma pessoa e recordar um morto; contudo, a primeira dessas obras de amor tem retribuição. Caso os pais não tivessem esperança alguma, simplesmente nenhuma perspectiva de se deliciarem um dia com suas crianças e receberem uma retribuição por seu amor – então decerto haveria ainda um bom número de pais e mães que mesmo assim amorosamente tudo quereriam fazer por suas crianças: oh, mas haveria também muitos pais e mães, sem dúvida alguma, cujo amor se esfriaria. Não é nossa intenção pretender declarar sem mais nem menos um tal pai ou uma tal mãe desamorosos, não; mas o amor seria neles tão fraco, ou o egoísmo tão forte, que eles teriam necessidade dessa alegre esperança, dessa reconfortante perspectiva. E esta esperança, esta perspectiva têm no fundo a sua razão de ser. Os pais poderiam dizer entre si: "Nossa criancinha tem pela frente bastante tempo, longos anos; mas durante esse tempo todo, ela nos proporciona também alegria, e, sobretudo, temos a esperança de que ela um dia recompensará nosso amor e, se não fizer nada mais, além disso, pelo menos tornará feliz nossa velhice".

O morto, ao contrário, não traz nenhuma retribuição. [...] Uma pessoa falecida não alegra quem a recorda como a criança alegra a mãe, não a alegra como a criança alegra a mãe quando, à pergunta sobre de quem ela mais gosta, responde: "da Mamãe"; o morto não ama a ninguém com predileção, ele parece não amar absolutamente a ninguém. Oh, é tão desanimador pensar que ele jaz tranquilo na tumba, enquanto aumenta a saudade que temos dele, tão desanimador que não haja outra ideia de mudança a não ser a de uma dissolução sempre maior! É bem verdade, deste modo ele não dá trabalho, como pode fazê-lo às vezes uma criança; ele não causa noites de insônia, ao menos não por ser difícil – pois, coisa estranha, uma criança boa não causa noites insones, e com um morto dá-se o contrário, ele provoca noites de insônia tanto mais quanto melhor ele tiver sido. Oh, mas mesmo em relação à criança mais difícil sempre há esperança e perspectiva de retribuição pelo amor correspondido; mas um morto não retribui de jeito nenhum; quer tu por causa dele fiques insone e na espera, quer o esqueças completamente, isso parece ser-lhe totalmente indiferente.

A doença para a morte (1849)

> O desespero é uma doença no espírito, no si-mesmo, e portanto pode assumir três formas: desesperado, não ser consciente de ter um si-mesmo (desespero impropriamente dito); desesperadamente, não querer ser si-mesmo; desesperadamente querer ser si-mesmo.

O homem é espírito. Mas o que é espírito? Espírito é o si-mesmo. Mas o que é o si-mesmo? O si-mesmo é uma relação que se relaciona consigo mesma, ou consiste no seguinte: que na relação, a relação se relacione consigo mesma; o si-mesmo não é a relação, mas consiste em que a relação se relacione consigo mesma. O homem é uma síntese de infinitude e de finitude, do temporal e do eterno, de liberdade e de necessidade, em suma, é uma síntese. Uma síntese é uma relação entre dois termos. Assim considerado, o homem ainda não é um si-mesmo.

Na relação entre dois termos, a relação é o terceiro termo, como unidade negativa, e os dois relacionam-se com a relação, e na relação se relacionam com a relação. Assim, sob a determinação de alma, a relação entre alma e corpo é uma relação. Se, pelo contrário, a relação relaciona-se consigo mesma, então esta relação é o terceiro termo positivo, e isto é o si-mesmo.

Uma tal relação que se relaciona consigo mesma, um si-mesmo, deve ter constituído a si mesma, ou ser constituída por um outro.

Se essa relação que se relaciona consigo mesma é constituída por um outro, então ela é decerto o terceiro termo, porém esta relação, este terceiro, por sua vez, será uma relação que se relaciona com aquilo que constituiu a relação como um todo.

Uma relação assim derivada, constituída, é o si-mesmo humano, uma relação que se relaciona consigo mesma e no relacionar-se consigo mesma relaciona-se com um outro. Daí se segue que possa haver duas formas de desespero propriamente dito. Se o si-mesmo humano tivesse constituído a si próprio, só poderia haver uma forma de desespero: não querer ser si-mesmo, querer livrar-se de si-mesmo; não se poderia falar da outra forma, o querer desesperadamente ser si-mesmo. Com efeito, esta fórmula é a expressão da total dependência dessa relação (do si-mesmo), ela exprime que o si-mesmo não pode, por si mesmo, nem alcançar o equilíbrio e o repouso nem aí permanecer, mas só o conseguirá quando, ao relacionar-se consigo mesmo relacionar-se com aquele que constituiu a totalidade da relação. Sim, essa segunda forma de desespero (desesperadamente querer ser si-mesmo) está tão longe de designar uma espécie particular de desespero que, ao contrário, todo desespero em última análise dissolve-se nela e é reconduzido a ela. Se um desesperado está, como ele acha, atento ao seu desespero, se não fala insensatamente sobre este como de algo que lhe acontece (mais ou menos como quando aquele que sofre de vertigem se refere a ela, numa ilusão nervosa, como se fosse um peso sobre sua cabeça ou como algo que tivesse caído em cima dele etc., enquanto que este peso e esta pressão não são coisas exteriores, mas uma reflexão invertida de algo interno) – e agora com toda força por si mesmo e unicamente por si mesmo quer eliminar o desespero: então ele ainda está no desespero, com todo o seu pretenso trabalho ele só se colabora para mergulhar num desespero cada vez mais profundo. A má-relação do desespero não é uma simples má-relação, mas uma má-relação numa relação que se relaciona consigo mesma e é constituída por um outro, de modo que a má-relação, naquela relação presente, ao mesmo tempo se reflete infinitamente na relação para com o Poder que a constituiu.

Pois esta é a fórmula que descreve o estado do si-mesmo quando o desespero está completamente erradicado: relacionando-se consigo mesmo, e querendo ser ele mesmo, o si-mesmo se funda transparentemente no Poder que o constituiu.

1. *Sens et répétition.*
2. *Le vocabulaire de Kierkegaard.*

Marx

Edgar Lyra★

 **O filósofo e o seu tempo**

Karl Marx nasceu em Trèves (Trier), Renânia, em 5 de maio de 1818. A cidade de Trèves fora província francesa até 1815, sendo incorporada à Prússia após a derrota de Napoleão. Seus pais, descendentes de famílias judaicas, não exerceram todavia doutrinação religiosa sobre os filhos, nove ao todo, dos quais seis atingiram idade adulta. Converteram-se ao protestantismo em 1824, por motivos pragmáticos ligados a restrições impostas aos judeus pelo governo prussiano.

O advogado Hirshel Marx passou a chamar-se Heinrich. Livre-pensador, simpático ao pensamento das Luzes e ao ideário da Revolução Francesa, viria dele a primeira influência intelectual sobre o autor de *O capital*. Uma segunda influência foi a do aristocrata Ludwig von Westphalen, pai da bela Jenny, mulher de Karl por toda a vida. O Barão von Westphalen teria incutido no jovem Marx o gosto pela literatura, especialmente por Homero e Shakespeare, gosto que viria a se estender mais tarde a Ésquilo, Dante e Balzac.

Concluídos os estudos secundários, Karl Marx ingressou na Universidade de Bonn no final de 1835, inicialmente para estudar Direito, mas seu foco rapidamente se dispersou, tanto na boemia quanto no desabrochar de interesses diversificados pela história, arte e filosofia. Foi também nessa época que conheceu Jenny e dela ficou noivo.

Era imperativo que Marx pelo menos se formasse antes de casar com Jenny von Westphalen. O pai transferiu-o para a Universidade de Berlim, dita mais séria, onde muitas coisas decisivas aconteceram: a tomada de contato com a herança hegeliana e sua divisão entre *hegelianos de direita* e de *esquerda*, o aprofundamento dos estudos em arte e literatura e, finalmente, o interesse maior pela filosofia. Em meados de 1837, Marx já frequentava o *Doktorklub*, reduto de hegelianos de esquerda, dentre eles Arnold Ruge (1802-1880), Max Stirner (1806-1856), David Strauss (1808-1874), Moses Hess (1812-1875) e o então amigo Bruno Bauer (1809-1872). Havia então decidido doutorar-se em filosofia, como Bauer.

★ Doutor pela Pontifícia Universidade Católica do Rio de Janeiro (PUC-Rio). Professor do Departamento de Filosofia da Pontifícia Universidade Católica do Rio de Janeiro (PUC-Rio) e do Departamento de Relações Internacionais do Instituto Brasileiro de Mercado de Capitais (Ibmec-RJ).

A tese de doutorado, de título *Sobre a diferença entre as filosofias da natureza de Demócrito e Epicuro*, foi elaborada em paralelo com um trabalho de formação filosófica geral, incentivado pela atmosfera berlinense, trabalho que passou pela leitura séria de filósofos do calibre de Aristóteles, Espinosa, Kant e, naturalmente, Friedrich Hegel (1770-1831). Marx concluiu sua tese em 1841, mas acabou por defendê-la em Iena para escapar dos ventos contrários à esquerda hegeliana que haviam passado a soprar em Berlim. Mas a defesa brilhante da tese, na conjuntura que passara a reinar com Frederico Guilherme IV, não lhe deu acesso docente a nenhuma universidade, como almejava.

Sem alunos, Marx expressava-se colaborando sistematicamente com a *Gazeta Renana*, da qual chegou a ser diretor; mas esta não demorou a ser fechada (1843) pelo governo em função da sua linha abertamente crítica. Datam também dessa época o primeiro encontro com Friedrich Engels (1820-1895) e os primeiros envolvimentos intelectuais com os socialismos de Saint-Simon (1760-1825), Owen (1771-1858), Fourier (1772-1837) e Proudhon (1809-1865).

Somente em 1843, depois de quase sete anos de noivado e com a promessa de emprego nos *Anais Franco-Alemães*, recém-fundados por Ruge e pelo poeta Heinrich Heine (1797-1856), em Paris, para escapar da censura, é que Marx obteve permissão para contrair matrimônio. Sua vida familiar foi a partir daí marcada pela carestia, até a morte, em Londres, em 14 de março de 1883. Radicalmente comprometido com a superação da exploração do homem pelo homem num mundo marcado pela competição e assolado por constantes viravoltas, Marx não se dedicou, como diagnosticou sua mãe, a ganhar dinheiro, mas "apenas" a escrever sobre o capital.

Os *Anais Franco-Alemães* tiveram vida curta: apenas um número duplo, publicado em 1844, do qual constavam dois importantes trabalhos de Marx, a *Introdução a uma crítica da Filosofia do Direito de Hegel* e *A questão judaica*, além do *Esboço de uma crítica da economia política*, de Engels, que teria grande importância nos rumos do amigo, que passara a estudar com afinco clássicos da economia como Adam Smith e David Ricardo. Marx, a esta altura, se distanciava gradativamente dos hegelianos de esquerda, inclusive do "materialismo ingênuo" de Ludwig Feuerbach (1804-1872), rumo à sua própria ideia de transformação revolucionária da sociedade; encontrou em Engels a notável parceria que resultou, de imediato, na elaboração de *A Sagrada Família* (1845) e de *A ideologia alemã* (1846), além dos *Manuscritos econômico-filosóficos* (1844) e das *Teses sobre Feuerbach* (1845), de sua própria lavra.

Expulso de Paris em 1845 por força de posições assumidas num outro periódico, o *Vorwaerts*, Marx mudou-se com a mulher para Bruxelas. Lá interagiu com a recém-criada *Liga dos Comunistas*, protótipo das aspirações de Marx de uma organização internacional do proletariado. O *Manifesto comunista*, em outra parceria com Engels, foi redigido para o segundo congresso da *Liga*. Mais uma vez, Marx e Jenny foram expulsos de um país, depois de presos em meio à perseguição às associações operárias e suas lideranças.

Fundou então, em Colônia, a *Nova Gazeta Renana*, dissipando, em mais um momento de vicissitude política, o que lhe coube da herança paterna. Com breve passagem pela França, fixou-se finalmente em Londres, em 1849, onde, sem as perseguições políticas da Europa Continental, passou a viver de artigos esporádicos que conseguia encaixar nessa ou naquela revista, além da sempre providencial ajuda de Engels.

Mas a crônica londrina constitui um capítulo à parte na biografia de Marx, quanto mais não seja, pelo fato de lá ter vivido metade da sua vida; na Londres vitoriana, criou e perdeu, adultos ou recém-nascidos, vários dos seus muitos filhos – tinha três, Jenny, Laura e Edgar, e a esposa estava grávida ao mudarem-se. Foi também lá que padeceu dos seus famosos furúnculos e de vários outros problemas de saúde.

Reeditou, quando de sua chegada, por seis números, a *Nova Gazeta Renana*; tampouco demorou a reestruturar a *Liga dos Comunistas* e, com o ativista francês Auguste Blanqui (1805-1881), fundou a *Sociedade Mundial dos Comunistas Revolucionários*. Envolveu-se, em suma, em episódios políticos de maior ou menor monta, com os quais dividia o tempo dedicado à atividade teórica. Entre os primeiros, inscreve-se a sua ativa participação na *Associação Internacional dos Trabalhadores*, conhecida como *Primeira Internacional*, para a qual redigiu o estatuto, em 1864. Episódios menores, todavia, dentre os quais "caso Vogt", polêmica que acabou levando-o à redação e publicação de *O Senhor Vogt*[1], custaram a Marx muito tempo, além do exíguo dinheiro.

Mas é desse mesmo torvelinho que emergem algumas das suas obras mais importantes. Compreende-se melhor a sua bibliografia quando se tem em conta que, além de ativista e jornalista, onívoro intelectualmente, fazia questão de pôr à prova seus métodos de análise socioeconômica em vias de maturação, confrontando-os com acontecimentos históricos mais e menos próximos, no tempo e no espaço. Além das colaborações jornalísticas, dentre as quais a mais importante concerne ao *New York Daily Tribune* (tendo passado a dominar o inglês e dispensado as traduções de Engels para escrevê-las), resultaram desse *élan* prático-teórico textos sobre eventos na Índia, China, Birmânia, Espanha (tendo aprendido também o espanhol), além de clássicos como *O 18 brumário de Luiz Bonaparte* (1852), *A guerra civil na França* (1871), em torno das vicissitudes da *Comuna de Paris*, e a *Crítica ao Programa de Gotha* (1875), escrita por ocasião da elaboração do programa que unificou os partidos de esquerda na Alemanha.

O núcleo teórico de toda essa atividade, todavia, é a elaboração dos textos sobre economia política, estreitamente ligados ao projeto de *O capital*, sua obra magna. Em 1857, escreveu uma *Introdução geral à Crítica da Economia Política*, somente publicada em 1903. *Fundamentos da economia política*, hoje geralmente conhecido como *Grundrisse*, permaneceu fragmentário e só veio à luz em 1939. Apenas *Para a Crítica da Economia Política* foi publicado em 1859, numa antecipação do primeiro volume de *O capital*. Outro texto bastante lido, *Salário, preço e lucro*, traduz pronunciamentos feitos em 1865 na *Primeira Internacional*, mas somente publicados em 1898. Finalmente, o primeiro volume de *O capital* veio a público em 1867, não sem antes de ser submetido à leitura crítica de Engels, que há muito cobrava de Marx essa conclusão, acusando-o de excessivo zelo. O mesmo Engels cuidaria de organizar os manuscritos e publicar o volume 2, em 1885, e o volume 3, em 1894. Karl Kautsky (1854-1938) se incumbiu de continuar organizando os manuscritos, inclusive o material sobre as teorias da mais-valia, tido como volume 4 de *O capital*.

 ## A filosofia de Marx

O panorama biográfico é, no caso de Karl Marx, bastante necessário como apoio à apresentação da sua *filosofia*. Logo se percebe que ele não foi um professor de cátedra; que toda a sua obra foi elaborada em meio a intensa atividade política, levada a termo numa Europa em vias de industrialização e ao longo de uma vida repleta de vicissitudes familiares. Verifica-se, sobretudo, um forte entrelaçamento entre teoria e prática; conjugada com interesses prático-revolucionários, a produção teórica de Marx não é e nem pode ser "pura filosofia", voltando-se progressivamente mais para as questões socioeconômicas. Uma passada de olhos na cronologia da sua obra, da tese de doutorado sobre Demócrito e Epicuro até *O capital,* torna bem visível esse percurso.

Seu pensamento insere-se na história da filosofia, ademais, como um verdadeiro nó, capítulo a partir do qual a própria noção de *filosofia* foi afetada. Pensamento algum teve tanta repercussão na história, ligando-se estreitamente à crônica política do século XX e às suas comoções revolucionárias. A *Revolução Russa* de 1917, em particular, na medida em que acabou dividindo o mundo em dois blocos, um capitalista e um comunista, transformou a filosofia de Marx num verdadeiro campo de batalha intelectual, abrindo-se um leque de interpretações muito amplo e uma bibliografia secundária "incontrolável". Mas o enfoque desses desdobramentos pertence à última parte deste trabalho; por ora, cabe assinalar que a perspectiva aqui utilizada para reconstruir a *filosofia* de Marx está centrada em duas noções seminais intimamente ligadas, quais sejam, as de *práxis revolucionária* e *materialismo histórico*, ou seja, em ideias resumidas nas *Teses sobre Feuerbach*[2] e levadas, na famosa décima primeira tese, à sua formulação mais conhecida, a de que à filosofia cabe mais transformar o mundo que interpretá-lo; na verdade, não só transformá-lo, mas redimi-lo.

Chama oportuna atenção o brasileiro Leandro Konder para algumas ideias contidas numa dissertação escrita por Marx aos 17 anos, sobre a questão da escolha da profissão, dentre as quais a de que "o homem feliz é aquele que faz os outros felizes", e a de que a melhor profissão "deve ser a que proporcione ao homem a oportunidade de trabalhar pela felicidade do maior número de pessoas, isto é, pela humanidade"[3].

É notório que a noção de felicidade, bem como a questão da sua "fruição" pelo maior número de pessoas, foi objeto de explícita e ainda aberta discussão filosófica, pelo menos desde Aristóteles, de quem Marx foi leitor. Aqui se entende que foi na fidelidade a um ideal humanitário que ele digeriu suas influências e acrescentou-lhes a sua verve criativa, projetando uma sociedade final sem classes. Mais central, todavia, que esse horizonte comunista de redenção, apenas parcimoniosamente descrito na sua obra, é a questão dos caminhos de transformação da sociedade a partir da estrutura de dominação capitalista, donde o esforço enorme de Marx em compreender sua lógica, em outros termos, o movimento *dialético* da história ou, ainda, as potências de transformação das sociedades[4].

Dialética é, de fato, uma noção importante para a compreensão do pensamento marxiano[5]. Remete diretamente a Hegel, filósofo cuja sombra se projetou sobre toda a Alemanha durante os anos de formação de Marx. Hegel reinventou a noção a fim de conferir sentido a uma história que teria desembocado num "teatro de infindáveis disputas"[6], pondo o projeto de emancipação racional do homem sob a pecha da desconfiança e da indiferença, enfim, obrigando o grande Kant, a quem Hegel dirige várias críticas, a sacrificar as aspirações finais da *Razão à Luz*, numa limitação crítico-formal das suas possibilidades teóricas. Hegel deu então o passo ensaiado por Kant em textos como *A história de um ponto de vista cosmopolita* (1784): reorganizou o caos resultante das divergências entre os vários filósofos a partir de um movimento dialético do *Espírito*, caracterizado por oposições progressivamente reeditadas e dirigidas a uma síntese final. Esse conflito de ideias filosóficas seria o termo Racional-Real da história mesma, do formidável movimento de um Espírito destinado a uma compreensão final de si mesmo. Corresponderiam a esse *fim da história*, tanto a realização concreta da liberdade num *Estado ideal*, quanto a compreensão profunda desse Estado numa filosofia sistemática capaz de explicá-lo em sua necessidade ontológica. Essa filosofia última seria, claro, a do próprio Hegel, cujos contornos já se encontram definidos na *Fenomenologia do espírito* (1807).

O Estado ideal hegeliano, bem como a ideia de liberdade que nele se concretizou – ou deveria concretizar –, espelham, em suma, a monarquia constitucional napoleônica, expressão concreta e estabilizada das aspirações burguesas que levaram à eclosão da Revolução Francesa, em 1789. Ao monarca justo caberia garantir o direito à diferença, às individualidades, ao mesmo tempo em que, forjados na bigorna da História, a cada um dos indivíduos-cidadãos caberia legitimar o Estado como fiador do seu próprio direito à liberdade individual. A História teria, enfim, um sentido capaz de redimi-la, explicando todos os seus momentos anteriores como momentos dirigidos a uma síntese final, pautada pelo conceito de liberdade[7].

Fato é que o jovem Marx viveu exatamente no momento de realização (ou fracasso) do ideal hegeliano. Morto Hegel, sua filosofia foi objeto de uma verdadeira diáspora interpretativa, geralmente esquematizada através de uma divisão entre hegelianos de direita e hegelianos de esquerda, entre os últimos dos quais o jovem Marx por algum tempo se viu incluído.

Obviamente, um Marx comprometido com "a felicidade do maior número de pessoas" não poderia conformar-se com o fim da História proposto por Hegel, muito menos alinhar-se ao conservadorismo dos hegelianos de direita. Ainda que protagonista da dissolução das velhas formas aristocráticas de dominação, a burguesia, no seu engenho técnico-produtivo, engendrara um direito assimétrico à singularidade e à liberdade. Enquanto aos burgueses, agora admitidos nas esferas decisórias, era assegurado jurídica e economicamente o direito ao lucro, à propriedade e à administração dos meios de produção, à imensa massa proletária o Estado apenas garantia o direito de vender sua força de trabalho para sobreviver, dela expropriando o produto da sua labuta em jornadas produtivas tão longas quanto possível.

Marx ajustou suas contas com Hegel e, logo em seguida, com os neo-hegelianos de esquerda. Desse confronto amplo nasceu o que para muitos é a essência do pensamento filosófico de Marx: o *materialismo histórico*.

Hegel, primeiramente: sofreram profunda crítica tanto a noção de Estado ideal, na *Crítica da Filosofia do Direito de Hegel* (1843/1844), quanto sua concepção última, ontológica, da Realidade, especialmente no terceiro dos *Manuscritos econômico-filosóficos* (1844). Lugar-comum é que Marx "virou Hegel de cabeça para baixo": o que para Hegel era próprio do Espírito, Marx teria entregado à matéria. Mas essa condensada formulação decerto carece de uma expressão mais detalhada, que identifique antes aquilo que Marx reteve de Hegel, ou seja, a ideia de que a História progride e de que esse progresso é inteligível, podendo daí originar-se um conhecimento científico do devir histórico. Tratava-se, sobretudo, de reformular as leis que regem o curso da História para sobre ela poder agir lucidamente, no caso, em uníssono com uma moralidade intrínseca que levaria os homens um dia a um mundo realmente justo.

Uma primeira negação operada por Marx diz respeito ao fim hegeliano da História. A lei que a rege a levaria, sim, a uma síntese final, mas não em 1807, na figura de uma realização e compreensão filosófica do Estado burguês como forma consumada da Justiça e da Liberdade. Acabasse a História em fábricas onde trabalhavam crianças em condições aviltantes e era melhor desistir da filosofia, até mesmo do gênero humano. Marx propôs que uma compreensão realmente científica do processo histórico permitiria apenas entender a lógica das suas crises, sobretudo prever e aprender a administrar a próxima, aquela que atacaria inexoravelmente o capitalismo e daria origem a um novo capítulo, protagonizado pelo proletariado no poder. Não há, contudo, datação para o fim efetivo da História, quando a "ditadura do proletariado"[8] finalmente se mudaria em sociedade sem classes e sem divisão de trabalho.

Uma segunda negação diz respeito ao motor da História e concerne simultaneamente à tomada de distância de Marx em relação aos neo-hegelianos de esquerda, inclusive às suas críticas a Feuerbach. Concerne, enfim, à elaboração do *materialismo histórico* propriamente dito, desde seus primeiros momentos na *Sagrada Família* (1845), nas *Teses sobre Feuerbach* (1845) e em *A ideologia alemã* (1845/46), até a *Contribuição à Crítica da economia política,* publicada em 1859, no prefácio da qual Marx faz uma recuperação dos momentos anteriores do pensamento materialista na sua obra, falando, sem grandes ressentimentos, do fato de *A ideologia alemã* ter sido entregue "à crítica roedora dos ratos"[9]. Teriam já ele e Engels, na elaboração conjunta do calhamaço, logrado amadurecer sua própria compreensão das leis da História.

O que, em termos amplos, Marx e Engels recusaram foi a ideia de que os acontecimentos históricos seriam determinados "em última instância" pela superestrutura ideológica das sociedades, ou seja, por pensamentos nela autonomamente vigentes, sobretudo no que se pretendiam expressões de uma verdade metafísica astuciosamente advinda aos homens por intermédio da sua elite intelectual. Nesta recusa ampla estava também a rejeição de qualquer possibilidade de transformação da sociedade que apenas dissesse respeito ao embate crítico, à "crítica crítica", ou seja, operada apenas em disputas no reino do pensamento puro, sem qualquer atenção à *base material* das sociedades. *A ideologia alemã*, finalmente publicada em 1932, expressa esse antagonismo num tom escarninho, no qual os neo-hegelianos de esquerda são ditos meros comerciantes de ideias: imaginavam-se grandes revolucionários e acabavam por compactuar com a divisão de trabalho burguesa da qual sub-repticiamente se beneficiavam como elite pensante.

Uma série de episódios teria chamado a atenção de Marx e Engels para a impossibilidade de uma revolução em termos superestruturais, especialmente religiosos e jurídicos, se as condições econômicas permanecessem inalteradas. A liberdade permaneceria, na melhor das hipóteses, apenas formalmente franqueada à massa proletária, ficando a imensa maioria dela privada por absoluta falta de oportunidades econômico-materiais.

Feuerbach, no caso, foi criticado por Marx num tom mais brando que os demais neo-hegelianos. Seu ataque ao caráter "alienante" da religiosidade dominante teria reabilitado a matéria como realidade última do mundo, mais ou menos como o Epicuro enaltecido por Marx na sua tese de doutorado. A primeira tese sobre Feuerbach é mesmo uma das entradas mais diretas para o entendimento da difícil noção de *matéria* constitutiva do *materialismo histórico*.

Diz Marx na tese que "a principal deficiência de todo materialismo até aqui (inclusive o de Feuerbach) é que o dado, a realidade, a sensibilidade, só é apreendida sob a forma de *objeto* ou de *intuição,* mas não como *atividade humana sensível,* como *práxis;* não subjetivamente". Feuerbach, como os outros neo-hegelianos, teria considerado em *A essência do Cristianismo* (1841), "apenas o comportamento teórico como propriamente humano", enquanto afirmava que "a práxis só é apreendida e fixada em sua forma fenomênica judaica e suja". Marx conclui: justamente por isso ele não capta "o significado da atividade 'revolucionária', prático-crítica"[10].

Feuerbach entenderia a matéria, em termos breves, apenas objetivamente, como uma espécie de tijolo sensível do mundo, despida dos componentes subjetivos que selecionam esses tijolos e que abrigam o seu potencial prático-político. Mas não é propriamente fácil circunscrever a materialidade do mundo a que se refere Marx. É surpreendente, para muitos, ler à primeira página de *O capital* sobre a capacidade das mercadorias, produzidas pelo trabalho humano, satisfazerem necessidades que "têm sua origem no estômago ou na fantasia"[11]. Como seja, os homens teriam lutado entre si, historicamente, primeiro pelo provimento de necessidades materiais, visando a decidir quem trabalharia para quem e, no fim, o que seria prioritariamente produzido. A História seria, em suma, história da *divisão do trabalho* e da formação de *classes* de exploradores e explorados. Acompanharia essa divisão o surgimento de estruturas jurídicas, religiosas e filosóficas que estabilizassem, em favor das classes dominantes, a divisão de trabalho que lhes era vantajosa.

Os pensamentos e visões de mundo sustentados pelas grandes inteligências de cada época deixavam, por conseguinte, com Marx e Engels, de ser puras produções do espírito para enraizarem-se no conjunto de condições materiais características dessas épocas. Ofereciam-se como verdades, mas eram, no fundo, *ideologia* das classes dominantes. Não era suficiente, entretanto, denunciar as ideologias dominantes visando a substituí-las por outras, supostamente mais justas ou próximas da verdade, como queriam os neo-hegelianos de esquerda, sobretudo se isso não se fizesse acompanhar de um ganho de consciência a respeito do solo material sobre o qual a ideologia dominante estava sub-repticiamente enraizada.

O caso da religião é emblemático. Marx via de fato a religião como "ópio", mas não pensava nela como pilar da dominação burguesa que, uma vez solapado, daria lugar a uma sociedade redimida. Ao contrário, propunha que a religião só encontrava acolhida entre os homens na medida em que uma divisão de trabalho profundamente injusta levava os oprimidos a buscar consolo em promessas religiosas de uma outra vida, fora deste "vale de lágrimas".

A adesão ao proselitismo religioso poderia, decerto, funcionar como elemento de desmobilização do potencial revolucionário das massas, mas seria inócuo e mesmo louco investir contra a sombra da árvore torta, além do que, a simples revolta das massas, sem nenhuma consciência do seu momento e papel na História, pouco poderia significar.

A filosofia de Marx encontra, assim, a sua singularidade como *filosofia da práxis*: práxis transformadora, revolucionária. Não que Platão, em seus textos políticos, ou Maquiavel, não tivessem pensado antes o problema da transformação das sociedades. O que, todavia, ainda não se tornara digno das atenções filosóficas era a base material das sociedades "em sua forma fenomênica judaica e suja", ou seja, o poder de predeterminar rumos que têm as relações de produção, acumulação e circulação de bens materiais. Esses não eram, até então, assuntos de envergadura, mas meros efeitos do que se decidia no nível das ideias filosóficas e de suas expressões jurídico-políticas.

Já em *A ideologia alemã* (1845), Marx e Engels falavam dos "elementos materiais de uma transformação radical, por um lado as forças produtivas existentes e, por outro, a formação de uma massa revolucionária" capaz de agir "não só contra condições particulares da sociedade de até então, mas contra a própria 'produção anterior da existência', contra o 'conjunto da atividade' que constitui sua base"[12]. Trataram daí em diante de melhor precisar no que consiste, e como funciona, a até então filosoficamente menosprezada "base material" das sociedades, e de assim ajudar na formação da referida massa revolucionária.

Seguiu Marx por essa vereda até *O capital*. Foram tais a ênfase na necessidade de uma nova economia política e o esforço dedicado a essa elaboração que ecoou pela posteridade que o problema da *ação recíproca* da superestrutura sobre a base teria sido deixado inteiramente de lado, quando é notório que, sendo Marx um intelectual, um produtor de ideias, havia de estar, necessariamente, inserido em tal "ação recíproca". A diferença entre uma ação "idealista" e a práxis propriamente concebida por Marx concerne, no fim, ao peso por ele dado ao desenrolar de uma História, em última instância, determinado por fatores materiais.

Sobretudo Engels tratou dessa confusão em cartas trocadas depois da morte do amigo. Diz numa delas: "Tem que ser atribuída a mim e a Marx parte da culpa pelo fato de, às vezes, os jovens atribuírem ao aspecto econômico maior importância do que a devida. Tivemos que fortalecer esse princípio fundamental frente a adversários que o negavam, e nem sempre tivemos tempo, lugar e oportunidade para fazer justiça aos demais fatores participantes do contexto da ação recíproca"[13].

Fato é que o *Manifesto comunista*, em seu tom de conclamação, chama com muita ênfase a atenção do proletariado para as injunções histórico-materiais que, determinando em última instância os acontecimentos, fariam com que a queda da burguesia e a vitória do proletariado fossem "igualmente inevitáveis"; foram também nesse documento antecipados os procedimentos iniciais de organização do proletariado como nova classe dominante. O conjunto de medidas[14], dentre as quais se contavam a "expropriação da propriedade fundiária", "a abolição do direito de herança" e o "confisco da propriedade de todos os emigrados e revoltosos", provocou, obviamente, grande alarde nos meios burgueses, motivando, inclusive, interdições à circulação do texto. Interessante é notar que, no prefácio à edição alemã de 1872, com Marx ainda vivo, encontra-se a advertência de que, devido à mudança das circunstâncias históricas na Europa "dos últimos vinte e cinco anos", não se deveria dar muita importância às tais medidas. Seja como for, ainda que alinhadas ao espírito geral do comunismo em sua oposição à mentalidade burguesa, isto é, ao início da *ditadura do proletariado,* as tais medidas certamente passavam à margem de qualquer análise histórica mais cuidadosa, como as que motivaram muitas das advertências posteriores quanto ao desvirtuamento do "marxismo". Engels chegou a dizer em 1890: "A concepção materialista da história tem hoje em dia numerosos amigos que a utilizam como desculpa para *não* estudar história". Consta ainda que "Marx costumava dizer, referindo-se aos 'marxistas' franceses dos fins dos anos 1870: 'Tudo o que sei é que não sou um marxista'"[15].

A tensão aí implícita, entre o ímpeto revolucionário e a paciência necessária a "investigar detalhadamente as condições de vida das diversas formações sociais"[16], vai, inclusive, se alojar no cerne do legado marxista em um verdadeiro fogo cruzado. Fato é que a tensão existe no próprio autor: o tom do *Manifesto comunista* contrasta com a prudência posterior de Marx, tanto se levarmos em conta sua atuação na *Primeira Internacional* quanto a dedicação intelectual que resultou no primeiro volume de *O capital* e reuniu material para os seguintes.

É, enfim, a teoria socioeconômica reunida na obra magna que precisa ser objeto e conclusão desta sumária exposição da filosofia de Marx. O autor define seu plano no prefácio à primeira edição de 1867: "o que tenho a pesquisar é o modo de produção capitalista e as correspondentes relações de produção e circulação". Explica mais adiante que "o objetivo final desta obra é descobrir a lei econômica do movimento da sociedade moderna", mas que essa descoberta "pode apenas encurtar e reduzir as dores do parto", nunca "suprimir, por saltos ou por decreto, as fases naturais do seu desenvolvimento"[17].

O capital é claro desde suas primeiras páginas, não é nenhum manual de instruções para a revolução, mas um texto analítico, produzido com o intuito de fornecer à classe operária um método de compreensão do mundo político-econômico desligado da ideologia burguesa, método, em contrapartida, perspectivado pela certeza de não ser o capitalismo o ponto de chegada da História, mas sim o proletariado à classe "cuja missão histórica é derrubar o modo de produção capitalista e abolir, finalmente, todas as classes"[18]. Marx reivindica para o texto um espírito científico rigoroso; escreve de forma didática, mas nem por isso simplória; chama atenção, por fim, o tom de desqualificação por ele usado em relação a várias das teorias a que faz referência ao longo do texto, ainda que muito mais brando que o de outrora.

Importa notar que os vários prefácios ao primeiro livro oscilam entre advertências sobre a tenacidade necessária à superação dos capítulos iniciais e comemorações, já sob a pena de

Engels, de que as conclusões de Marx se tornavam, "cada dia mais, os princípios fundamentais do movimento da classe trabalhadora, na Alemanha, na Suíça, na França, na Holanda, na Bélgica, na América, e mesmo na Itália e Espanha." Engels entendia que *O capital* tinha se tornado, no continente europeu, "a Bíblia da classe operária"[19].

O livro visava, certamente, a dar expressão e articulação dialética, isto é, atenta às potências de transformação presentes no processo, às noções seminais concernentes a um mundo bastante familiar à classe operária: o do *trabalho*. Entendendo como se davam e quais eram as tensões presentes no modo capitalista de produção e troca de mercadorias, o proletariado, classe que sobrevivia à custa da venda depreciada da sua força de trabalho, poderia melhor se organizar e lutar pelos seus interesses. Termos como *mercadoria, valor-de-uso* e *valor-de-troca, relação valor-trabalho, dinheiro, troca e circulação, capital, mais-valia* etc., vão sendo definidos ou redefinidos para dar aos operários consciência da base material do mundo e, concomitantemente, da sua situação de classe, da sua importância e papel histórico, finalmente, das perspectivas de superação da exploração do homem pelo homem.

Marx afirmava: "A mercadoria parece à primeira vista uma coisa de entendimento evidente, trivial. Sua análise, todavia, mostra que ela é coisa bem complicada, cheia de sutilezas metafísicas e caprichos teológicos"[20]. Assim começa a famosa seção sobre "o fetichismo da mercadoria", cuja imensa acumulação e circulação é característica das sociedades capitalistas. Tratava-se de dissipar, através de reconstrução conceitual e comparação com outros períodos históricos, o véu que no mundo capitalista encobre as relações de trabalho, que, em última instância, sustentam o valor das mercadorias e dizem particular respeito ao trabalhador. Partindo da análise da mercadoria, como algo que é produzido não para ser usado, mas trocado, e seguindo através de uma minuciosa reconstrução da noção de *valor*, Marx chega ao *dinheiro*, equivalente universal necessário à agilização do sistema de trocas, por fim, ao problema da sua transformação em *capital*. A análise do capital, por sua vez, leva a uma nova rede de noções: *mais-valia, salário, jornada de trabalho, desenvolvimento industrial* e, ao final do primeiro livro, à discussão sobre as *leis gerais da acumulação* e à história da *acumulação primitiva* que socou o terreno para as sociedades capitalistas.

O percurso é sinuoso e não faz sentido organizar aqui um glossário, mesmo porque o que está filosoficamente em jogo é o apelo à compreensão profunda da base material que condiciona o devir histórico. Como já exposto, mais dois livros foram publicados por Engels após a morte de Marx, reunindo o material por ele deixado, além de um quarto, por Karl Kautsky, sobre as teorias da mais-valia. Esta última noção, intrinsecamente ligada à exploração do trabalho nas sociedades capitalistas, percorre de fato toda a obra. Com ela, Marx convida o leitor a, "juntamente com o dono do dinheiro e o possuidor da força de trabalho", abandonar "a esfera ruidosa onde tudo ocorre na superfície e à vista de todos, para acompanhá-los ao local reservado da produção, em cuja entrada está escrito: '*No admittance except on business*'"[21].

Muito se repete que as análises de Marx já muito se distanciam do atual mundo capitalista e das suas formas de produção e circulação de mercadorias, sobretudo que falharam nos seus prognósticos históricos quanto à iminência da crise final do capitalismo. Seja como for, continuamos instados a aprender a lidar com as muitas caixas-pretas que, como verdadeiros fetiches, nos levam, em plena era da onisciência científica, sabe-se lá rumo a qual mundo. O lugar onde circulam as mercadorias, o *mercado*, tem hoje humores e mais humores, fica nervoso e se acalma, quase como a mesa-fetiche de Marx que dança por vontade própria[22] – e, assim fazendo, decide não mais apenas o rumo das sociedades, mas do *planeta*. Melhor valermo-nos dos nossos clássicos para pensar o que precisa ser pensado.

 ## Conceito-chave

Há muitos conceitos-chave na obra de Marx, que variam de importância segundo suas fases: alienação, materialismo histórico, *práxis*, comunismo, mercadoria, trabalho, capital e mais-valia são alguns deles. O de *práxis* é aquele que, segundo a linha deste trabalho, tem maior fôlego: enfrentado na sua envergadura filosófica, é possível dele partir para rearticular todos os outros.

Marx conhecia a filosofia grega e, em particular, Aristóteles, para onde o termo *práxis* mais diretamente nos remete. É sabido, o estagirita propôs uma divisão do conhecimento em *theoria, póiesis e práxis*, além da subdivisão *práxis* em *ética, política* e *economia*. Diz-se: *práxis* concerne à ação; *póiesis* à produção. Mas aí começam os problemas.Como pensar juntas a política, a ética e a economia? Não teria sido justamente o que durante toda a sua vida tentou Marx fazer?

A segunda *Tese sobre Feuerbach* é explícita: "é na *práxis* que o homem tem que demonstrar a verdade, isto é, a realidade e a potência, a face do seu pensamento que se volta para este mundo"[23]. Trata-se, enfim, de uma única verdade: de efetivamente agir *neste mundo*, visando a transformá-lo – o que equivale, minimamente, a pensar como, em que circunstâncias e com que intuito buscar essa transformação, ou seja, nos contornos do que seria uma *eupraxia* ou *boa práxis*. Percebe-se sem muita dificuldade que se entrelaçam em torno desta noção: 1) Os esforços de Marx em pensar as leis gerais da História; 2) O de conhecê-la em suas tensões localizadas; 3) O de atuar politicamente sobre elas e 4) Uma certa noção de felicidade, individual e coletiva, ligada à possibilidade de uma futura sociedade sem classes. É mesmo impossível pensar a economia política de Marx descolada de uma *práxis* capaz de livrar o mundo de uma divisão de trabalho moralmente injustificável.

Pode-se ainda propor, nesta indicação de caminho, que a disputa sobre os contornos do que seria essa *boa práxis* atravessa grande parte da herança marxista, disputa que diz respeito: 1) Ao maior ou menor grau de liberdade a ela inerente; 2. À) relação entre pensamento e ação que nela se aglutina e 3) À noção de *violência* por ela circunstancialmente justificada[24].

 **Percursos e influências**

Já foi dito que a obra de Marx originou um amplo leque de possibilidades interpretativas. Além da sua envergadura clássica, há outras razões para isso: ao insistir no caráter histórico do pensamento, ele abriu campo para a atualização constante das suas próprias ideias; como alguém que pretendeu revolucionariamente transformar o mundo, atraiu sobre si todo o tipo de adeptos e de inimigos. A crônica do marxismo é, de fato, incontrolável. Há quem pense que, passado o turbilhão da guerra fria, estaria enfim aberta a possibilidade de extrair de Marx suas lições mais filosóficas; há, em contrapartida, quem ache que especulações pautadas por preocupações essencialmente "filosóficas" acabam por trair o espírito marxiano. Aqui cabível, ainda que de forma irremediavelmente lacunar, é mostrar nessa diáspora a magnitude de uma influência que foi muitíssimo "além da feira de livros de Leipzig", estendendo-se às áreas da sociologia, história, economia, ciência política e também da filosofia.

Imediatamente após a sua morte, continuou a obra de Marx a ser editada por Engels e, logo a seguir, pelo tcheco Karl Kautsky, que dirigiu, a partir de 1884, a primeira revista marxista de publicação sistemática: *Die Neue Zeit*. Kautsky teve grande influência no movimento comunista alemão e na *Segunda Internacional*, entre 1889 e 1914, pendendo, em termos teóricos, para um materialismo científico de inspiração darwinista, exposto de *A concepção materialista da História* (1927).

O outro grande nome dessa primeira fase de disseminação e consolidação do marxismo foi Gheorghy Plekhanov (1856-1918), que traduziu para o russo, em 1882, o *Manifesto comunista*, com prefácio de Marx e Engels. Plekhanov colaborou com várias outras traduções e escreveu, como Kautsky, uma *Concepção materialista da História*, todavia voltada para a face econômica da matéria. Foi o primeiro a caracterizar a filosofia de Marx e Engels em sua *visão de mundo* como *materialismo dialético*; acabou reputado "pai do marxismo russo", tendo grande e declarada influência na formação de Lênin.

Vladimir Ulianov "Lênin" (1870-1924) abriu, de fato, outro capítulo na história do marxismo. Líder da revolução bolchevique de 1917, foi autor de volumosa obra elaborada a partir do legado de Marx e Engels e dos problemas ligados à revolução. Lênin repensou as teses dos seus predecessores, sobretudo visando a adequá-las às mutáveis circunstâncias históricas, por exemplo, em *O desenvolvimento do capitalismo na Rússia* (1899), em que o *imperialismo* é pensado como fase final do desenvolvimento do capital e fermento para a revolução comunista. Após a derrubada do czarismo, teve que rever muita coisa para se ocupar da administração da *ditadura do proletariado* e das contradições internas presentes no aparelho de Estado. Tendo acalentado a esperança de que a internacionalização da revolução pudesse facilitar o caminho em direção à *sociedade sem classes*, morreu um tanto incerto quanto às perspectivas da revolução.

Em 1924, subiu "Stálin" (1879-1953) ao poder. Passou a enfatizar, nos *Problemas do leninismo* (1924) e nas *Questões do leninismo* (1926), o caráter estritamente científico do marxismo-leninismo e a afirmá-lo como "marxismo da era do imperialismo e da ditadura do proletariado". Visava a justificar a necessidade de um Estado forte que tornasse possível edificar "o socialismo num só país", em meio a uma difícil conjuntura internacional. Sob sua radical batuta o *materialismo dialético* alcançou todos os âmbitos da produção intelectual, da linguística à genética; por volta de 1934, desembocou na "eliminação das dissidências". Coube ao seu sucessor imediato, Nikita Kruschev (1894-1971), trazer os desatinos stalinistas à luz.

Importa recuperar as linhas gerais da crônica soviética porque todos os olhos para lá estiveram durante muito tempo voltados. Afinal, o comunismo russo era "o resultado" da filosofia de Marx e Engels, juízo que, com certeza, facilitava a irradiação ortodoxa. De um modo ou de outro, as várias outras hermenêuticas marxistas tiveram que se haver com a ortodoxia. "Marxismo ocidental", por exemplo, é uma rubrica que apenas distingue, valendo-se de um atributo geográfico nem sempre preciso, leituras dotadas de perfil próprio e posicionadas de formas diversas em relação ao marxismo-leninismo. Conhecidíssimo é o caso de György Lukács (1885-1971), que acabou por fazer a autocrítica do seu clássico *História e consciência de classe* (1923)[25].

São muitos, além de Lukács, os pensadores de importância ligados ao marxismo ocidental. Karl Korsch (1886-1961) e Antonio Gramsci (1891-1937) são imediatamente lembrados, até por questões cronológicas. Sobressaem num segundo momento Lucien Goldmann (1913-1970), Jean-Paul Sartre (1905-1980) e os integrantes da Escola de Frankfurt, Walther Benjamin (1892-1940), Ernst Bloch (1885-1977), Theodor Adorno (1903-1969) e Herbert Marcuse (1898-1979) entre os mais conhecidos. Por diversa que possa ser, a relação desses autores todos com a obra de Marx tem em comum alguns traços: a recusa do determinismo econômico, a atenção à necessidade de uma crítica da cultura, o resgate do papel criativo do intelectual, em suma, os refluxos da superestrutura sobre a base numa época em que, mais e mais, o fenômeno principal foi deixando de ser o florescimento da grande indústria, para dar lugar ao crescimento da mídia e de uma tecnologia que não mais conspirava em favor dos interesses do proletariado, como subentendeu Marx.

Falar de marxismo nos países do Leste Europeu demanda alguns esclarecimentos preliminares. Lukács, por exemplo, era húngaro, e Goldmann, romeno. Em geral, os intelectuais *alinhados* ao marxismo-leninismo ficaram, aos olhos ocidentais, à sombra dos expoentes soviéticos; apenas os que, por seu perfil, se aproximaram mais dos marxistas ocidentais tiveram maior apelo do lado de cá. Contam-se entre eles o iugoslavo Gajo Petrovic (1927-1993), os tchecos Karel Kosik (1926-) e Ivan Dubsky (1926-), a húngara Agnes Heller (1929-), além dos poloneses Adam Schaff (1913-2006) e Leszek Kolakowski (1927-). Além do não alinhamento ao marxismo-leninismo, a aproximação se deu por vezes através do interesse pelo jovem Marx e pelos temas humanistas, nesse caso encontrando eco em Marcuse, Sartre e na transposição do fosso entre o marxismo e o existencialismo. Verifica-se, também, em outros casos, tentativas de irrigação do marxismo com filosofias ocidentais, por exemplo, com a de Heidegger, no caso de Kosik e Dubsky, com os neokantianos, no caso de Heller, e com a filosofia analítica da linguagem, no caso de Adam Schaff.

Entre os autores de língua francesa, destaca-se, fora Sartre, o argelino Louis Althusser (1918-1990), por separar através de um *corte epistemológico* radical as obras jovem e madura de Marx, minimizando a importância das primeiras. Opôs-se tanto ao marxismo ocidental quanto ao soviético, em geral voltado para questões epistemológicas.

O marxismo teve forte disseminação também em países não europeus. Além do maoismo chinês, que constitui um caso à parte, fala-se de um "marxismo no Terceiro Mundo". É impossível recontar, por exemplo, a história da América Latina no século XX sem considerar essa influência; no Brasil, do comunismo de Prestes à ascensão do Partido dos Trabalhadores ao poder, o marxismo tem sua história dentro e fora das universidades. Há esforços recentes para reconstruir essa crônica, como o de João Quartim de Moraes, organizador de *A história do marxismo no Brasil*[26] e, num escopo mais amplo, o de Michel Löwy, que organizou *O marxismo na América Latina – uma antologia de 1909 aos dias atuais*[27].

Há, enfim, muitos e muitos nomes de importância. A levar em conta também o espectro de Marx em autores de grande visibilidade, como Karl Popper (1902-1994) e Hannah Arendt (1906-1975) que rejeitaram fortemente qualquer forma de historicismo, a lista dificilmente terá fim.

 **Obras**

Todos os originais citados pertencem às *Marx-Engels Werke* (MEW), Berlim, Dietz Verlag, publicados entre 1966 e 1977. São fornecidos os títulos em alemão, seguidos da identificação do volume das obras completas, esclarecimentos sobre a data de publicação e indicação de tradução em português.

1841. *Über die Differenz der demokritischen und epikureischen Naturphilosphie* (MEW, Ergänzungsband 1). *Sobre a diferença entre as filosofias da natureza de Demócrito e Epicuro.* Trad. Edson Bini e Armandina Venâncio. São Paulo: Global, 1979.

1844a. *Zur Kritik des hegelschen Staatsrecht* (MEW 1). *Crítica da Filosofia do Direito de Hegel.* Trad. Rubens Enderle e Leonardo de Deus. São Paulo: Boitempo, 2005.

1844b. *Zur Judenfrage* (MEW 1). *A questão judaica.* Trad. Wladimir Gomide. Rio de Janeiro: Achiamé, s.d.

1844c. *Ökonomische-philosophischen Manuskripte* (publicado em 1932 – MEW 40, Ergänzungsband). *Manuscritos econômico-filosóficos.* Trad. José Carlos Bruni (apenas o terceiro manuscrito). Coleção Os Pensadores. São Paulo: Abril, 1974.

1845a, com ENGELS. *Die Heilige Familie. Oder Kritik der kritischen Kritik, eine Streitschrift gegen Bruno Bauer und Consorten.*(MEW 2). *A Sagrada Família: crítica da crítica crítica contra Bruno Bauer e seus seguidores.* Trad. Sérgio José Schirato. São Paulo: Centauro, 2001.

1845b, com ENGELS. *Die deutsche Ideologie. Kritik der neuesten deutschen Philosophie* (publicado em 1932 – MEW 3).*A ideologia alemã.* Trad. Luís Cláudio de Castro e Costa (apenas a parte relativa a Feuerbach). São Paulo: Martins Fontes, 2001.

1845c. Thesen über Feuerbach (MEW 3). Teses sobre Feuerbach. Trad. Luís Cláudio de Castro e Costa. In: *A ideologia alemã,* op. cit., e *Teses sobre Feuerbach,* neste.

1847. *Misère de la philosophie: réponse à la philosophie de la misère de M. Proudhon* (escrito em francês – MEW 4). *Miséria da filosofia: resposta à filosofia da miséria do Sr. Proudhon.* Trad. José Paulo Neto. São Paulo: Ciências Humanas, 1982.

1848, com ENGELS. Manifest der Kommunistschen Partei (MEW 4). Manifesto comunista. In: *Obras escolhidas,* vol. 1. São Paulo: Alfa-Ômega, s.d.

1850. *Die Klassenkämpfe in Frankreich 1848 von 1850* (MEW 7). *As lutas de classe na França 1848-1850.* Trad. Antonio Roberto Bertelli. São Paulo: Global, 1986.

1852. *Der Achzehnte Brumaire de Louis Bonaparte* (MEW 8). *O 18 Brumário* (e *Cartas a Kugelmann*). Trad. revista por Leandro Konder. São Paulo: Paz e Terra, 1974.

1857/1858. *Grundrisse der Kritik der politischen Ökonomie: Rohentwurf* (publicado em 1939-1941 – MEW 42). *Compêndio crítico de economia política* [conhecido como *Grundrisse*], sem tradução em português.

1859. Zur Kritik der politischen Ökonomie (MEW 13). Contribuição à Crítica da Economia Política. Trad. Eduardo Malagodi e José Arthur Gianotti. In: *Os economistas.* São Paulo: Abril, 1982.

1862 et seq. *Theorien über Mehr-Wehrt,* reunidos como vol. 4 de *Das Kapital* (MEW 26) e publicados entre 1905 e 1910. *Teorias da mais-valia,* 3 vols. Trad. Reginaldo Sant'Anna. Rio de Janeiro: Bertrand, 1987.

1864. *Inaugural adress of the Working Men's International Association* (escrito em inglês) (MEW 16). Manifesto de lançamento da Associação Internacional dos Trabalhadores. In: *Obras escolhidas,* vol. 1. São Paulo: Alfa-Ômega, s.d.

1865. *Value, Price and Profit* (escrito em inglês e publicado somente em 1898 – MEW 16). Salário, preço, lucro. Trad. Leandro Konder. In: *Os economistas.* São Paulo: Abril, 1982.

1867 et seq. *Das Kapital,* vol. 1 publicado em 1867 (MEW 23), vol. 2 em 1885 (MEW 24), vol. 3 em 1894 (MEW 25). *O capital,* 3 vols. Trad. Reginaldo Sant'Anna. Rio de Janeiro: Civilização Brasileira, 2006.

1871. *The civil War in France* (escrito por Marx em inglês e publicado primeiro em Moscou, 1934) (MEW 17). A guerra civil na França. In: *Obras escolhidas*, vol. 2. São Paulo: Alfa-Ômega, s.d.

1875. *Kritik des Gothaer Programms. Randglossen zum Programm der deutschen Arbeiterpartei* (publicado em 1891 – MEW 19). *Crítica do Programa de Gotha*. Trad. Neuza Campos. Rio de Janeiro: Ciência e Paz, 1984.

1875. *Briefe* (MEW 27 a 38). Tradução para o português apenas de seleções.

 **SELEÇÃO DE TEXTOS**

Teses sobre Feuerbach[28]

I. A principal deficiência de todo materialismo até aqui – inclusive o de Feuerbach – é que o objeto dado (*Gegenstand*), a realidade, a sensibilidade, só é apreendida sob a forma de *objeto (Objekt)* ou de *intuição,* mas não como *atividade humana sensível,* como *práxis*; não subjetivamente. Ocorreu a partir daí ter-se desenvolvido, em oposição ao materialismo, o aspecto *ativo* do idealismo – mas apenas de maneira abstrata, visto que o idealismo naturalmente desconhece a atividade real, sensível, como tal. Feuerbach quer objetos sensíveis, realmente distintos dos objetos do pensamento: mas não apreende a atividade humana em si mesma como atividade objetificante. Considera, por isso, em *A essência do Cristianismo,* apenas o comportamento teórico como propriamente humano, enquanto a *práxis* só é apreendida e fixada em sua forma fenomênica judaica e suja. Não capta, por conseguinte, o significado da atividade "revolucionária", prático-crítica.

II. A questão de saber se ao pensamento humano se destina uma verdade objetiva não é uma questão teórica, mas *prática*. É na *práxis* que o homem tem que demonstrar a verdade, isto é, a realidade e a potência, a face do seu pensamento que se volta para este mundo. A disputa sobre a realidade ou irrealidade de um pensamento que da *práxis* se isola é uma questão puramente *escolástica*.

III. A doutrina materialista de que os homens são produtos das circunstâncias e da educação, e, portanto, que homens transformados são produtos de outras circunstâncias e de uma mudança na educação, esquece que são os homens que transformam as circunstâncias, e que o próprio educador tem que ser educado. Acaba, assim, necessariamente por cindir a sociedade em duas partes, uma das quais é elevada acima da outra (por exemplo, em Robert Owen).

A conjunção da mudança das circunstâncias com a atividade humana só pode ser racionalmente compreendida e assimilada como *práxis revolucionária*.

IV. Feuerbach parte do fato da autoalienação religiosa, da duplicação do mundo em um mundo religioso, imaginado, e um mundo real. Seu trabalho consiste em dissolver o mundo religioso em sua base secular. Perde de vista que, concluído esse trabalho, o principal ainda fica por fazer. O fato, registre-se, de que a base secular se desprende de si própria e fixa para si, nas nuvens, um reino autossuficiente, só pode ser explicado a partir da ruptura interna e da contradição a ela inerente. Tal base tem, portanto, que ser primeiro compreendida em sua contradição para, só então, através da eliminação da contradição, vir a ser objeto de uma revolução em termos práticos. Assim, por exemplo, uma vez revelada a família terrena como segredo da família celeste, é a primeira que tem que ser teoricamente criticada e revolucionada na prática.

V. Feuerbach, descontente com o *pensamento abstrato,* apela à *intuição sensível*; mas não apreende a sensibilidade como atividade *prática* humana e sensível.

VI. Feuerbach dilui a essência religiosa na essência *humana.* Mas a essência do homem não é uma abstração inerente ao indivíduo isolado. É, em sua realidade, o conjunto das relações sociais.

Feuerbach, que não empreende a crítica dessa essência efetiva, é por isso coagido:

1) a fazer abstração do curso da história e a fixar o *élan* religioso como algo por si mesmo existente, pressupondo a existência de um indivíduo humano abstrato – *isolado*;

2) a, partindo desse indivíduo, tomar a essência humana como algo que só pode ser apreendido como "espécie", como generalidade interna, muda, a ligar *de um modo puramente natural* os vários indivíduos.

VII. Feuerbach não vê, portanto, que o próprio "*élan* religioso" é um *produto social* e que o indivíduo abstrato que ele analisa pertence na realidade a uma forma social determinada.

VIII. A vida social é essencialmente *prática.* Todos os mistérios que desviam a teoria para o misticismo encontram sua solução racional na *práxis* humana e na apreensão dessa *práxis.*

IX. O materialismo *sensível-intuitivo,* isto é, o materialismo que não concebe a sensibilidade como atividade prática, alcança no máximo a intuição dos indivíduos, cada um por si, na "sociedade burguesa"[29].

X. O ponto de vista do velho materialismo é a sociedade "burguesa". O ponto de vista do novo materialismo é a sociedade *humana,* ou a humanidade socializada.

XI. Os filósofos apenas *interpretaram* o mundo de diferentes maneiras; mas trata-se de *transformá-lo.*

Sobre base e superestrutura

[...] Segundo a concepção materialista, o fator determinante na história é, *em última instância,* a produção e a reprodução da vida efetiva. Nem Marx, nem eu afirmamos outra coisa além disto. Portanto, se alguém distorce a frase dizendo que o elemento econômico é o *único* determinante, transforma-a em algo sem sentido, abstrato e absurdo. A situação econômica é a base, mas os diversos fatores da superestrutura – formas políticas da luta de classes e seus resultados – constituições estabelecidas uma vez ganha a batalha pela classe vitoriosa etc. – formas jurídicas e até mesmo os reflexos de todas essas lutas reais no cérebro dos participantes, teorias políticas, jurídicas, filosóficas, concepções religiosas e seu desenvolvimento posterior em sistemas dogmáticos – exercem igualmente sua influência sobre o curso das lutas históricas e, em muitos casos, determinam de modo preponderante sua *forma.* Trata-se de uma ação recíproca de todos esses fatores, no seio da qual, em meio a toda uma infinita multidão de contingências (ou seja, de coisas e acontecimentos cujo nexo é tão distante ou indemonstrável que podemos considerá-lo como inexistente e negligenciá-lo), o movimento econômico acaba por se impor como uma necessidade. Se assim não fosse, a aplicação da teoria a um período histórico qualquer seria mesmo mais fácil que a resolução de uma simples equação de primeiro grau.

Nós mesmos fazemos nossa história, mas, antes de tudo, sob pressuposições e condições bem-determinadas. Entre essas, são as econômicas as condições em última instância decisivas. Mas também as condições políticas etc., e decerto as tradições fantasmáticas presentes nos cérebros dos homens, desempenham um papel, embora não o decisivo. [...] Tem que ser atribuída a mim e a Marx parte da culpa pelo fato de, às vezes, os jovens atribuírem ao aspecto econômico maior importância do que a devida. Tivemos que fortalecer esse princípio fundamental frente a adversários que o negavam, e nem sempre tivemos tempo, lugar e oportunidade para fazer justiça aos demais fatores participantes do contexto da ação recíproca[30].

[...] De resto, há apenas mais um ponto que, entretanto, nem Marx nem eu salientamos o suficiente em nossos assuntos usuais, cabendo-nos a culpa por igual. Nós colocávamos, antes de qualquer coisa – e *éramos obrigados* a colocar –, a ênfase no fato de serem as ideias políticas, jurídicas e as demais noções ideológicas e as ações por elas desencadeadas, *derivações* dos fatos econômicos fundamentais. Assim procedendo, negligenciamos a forma em relação ao conteúdo, ou seja, o modo como essas ideias tomam corpo. Demos, com isto, ocasião propícia aos adversários para equívocos e deturpações. Paul Barth é um exemplo patente disto[31].

A condição essencial da existência e do poderio da classe burguesa é a acumulação da riqueza em mãos privadas, a formação e a multiplicação do capital; a condição do capital é o trabalho assalariado. Este baseia-se exclusivamente na concorrência dos operários entre si. O progresso da indústria, do qual a burguesia é agente passivo e inconsciente, transforma o isolamento dos operários, resultante da concorrência, em sua união revolucionária mediante a associação. Assim, com desenvolvimento da grande indústria, é solapada da burguesia a própria base sobre a qual se apoia ao produzir e se apropriar da produção. Ela produz sobretudo seus próprios coveiros. Sua queda e a vitória do proletariado são igualmente inevitáveis[32].

Ditadura do proletariado

O proletariado, isto é, o proletariado organizado como classe dominante, utilizará todo o seu poderio político para arrancar pouco a pouco todo capital à burguesia, para centralizar todos os meios de produção nas mãos do Estado e para multiplicar, o mais rapidamente possível, o volume das forças produtivas. Naturalmente, isso só pode acontecer, num primeiro momento, por meio de ingerências despóticas no direito de propriedade e nas relações de produção burguesas, portanto, através de medidas que parecem insuficientes e insustentáveis, mas que são inevitáveis como meio de transformação radical da totalidade dos meios de produção e que, no desenrolar do movimento, são por si mesmas deixadas para trás. Essas medidas, é claro, serão diferentes para cada um dos vários países. Todavia, nos países mais adiantados, poderão em geral entrar em uso as seguintes: 1) Expropriação da propriedade fundiária e emprego da renda da terra em proveito do Estado; 2) Imposto fortemente progressivo; 3) Abolição do direito de herança; 4) Confisco da propriedade de todos os emigrados e revoltosos; 5) Centralização do crédito nas mãos do Estado por meio de um banco nacional com capital do Estado e monopólio exclusivo; 6) Centralização dos meios de transporte nas mãos do Estado; 7) Multiplicação das fábricas nacionais e dos instrumentos de produção, arroteamento das terras incultas e melhoria das terras cultivadas, segundo um plano geral; 8) Trabalho igualmente obrigatório para todos, instituição de exércitos industriais, especialmente para a agricultura; 9) Integração da atividade agrícola e industrial, disposições visando à erradicação gradual da distinção entre cidade e campo; 10) Educação pública e gratuita para todas as crianças. Erradicação do trabalho das crianças nas fábricas na sua forma atual. Integração da educação com a produção material etc."[33]

Mas estas dificuldades são inevitáveis na primeira fase da sociedade comunista, tal como surgiu da sociedade capitalista, depois de um longo e doloroso parto. O direito não pode jamais superar o nível da forma econômica da sociedade e de seu correspondente desenvolvimento cultural.

Na fase superior da sociedade comunista, quando houver desaparecido a subordinação escravizadora dos indivíduos à divisão de trabalho e, com ela, portanto, o antagonismo entre o trabalho intelectual e o trabalho manual; quando o trabalho se converter não só em meio de vida, mas na primeira condição da existência; quando os indivíduos, ao se desenvolverem em todos os seus aspectos, desenvolverem também as forças produtivas e fluírem com todo o seu caudal os mananciais da riqueza coletiva, só então será definitivamente ultrapassado o estreito horizonte do direito burguês, e a sociedade poderá escrever em sua bandeira: "De cada um segundo sua capacidade, a cada um segundo suas necessidades"[34].

Entre a sociedade capitalista e a comunista se situa um período de metamorfose revolucionária de uma na outra. A esse período corresponde um período de transição política, cujo Estado não pode ser outra coisa que a *ditadura revolucionária do proletariado*[35].

No que me concerne, não tenho o mérito de ter descoberto a existência de classes na sociedade moderna ou a luta entre elas. Bem antes de mim, alguns historiadores burgueses tinham exposto o desdobramento histórico dessa luta de classes e alguns economistas a anatomia econômica das classes. O que eu fiz de novo foi demonstrar: 1) que a *existência das classes* está ligada apenas a *determinadas fases históricas do desenvolvimento da produção*; 2) que a luta de classes conduz necessariamente à ditadura do proletariado; 3) que esta mesma ditadura constitui tão somente a transição para a *absorção de todas as classes* e para uma *sociedade sem classes*[36].

Mercadoria

1. *Os dois fatores da mercadoria*: *valor-de-uso e valor* (*valor substancial e quantitativo*)

A riqueza das sociedades onde domina a produção capitalista tem a aparência de uma "imensa coleção de mercadorias"[37], sendo a mercadoria, isoladamente, a forma elementar dessa riqueza. Por isso, nossa investigação começa com a análise da mercadoria.

A mercadoria é, antes de mais nada, um objeto, uma coisa que, por suas propriedades, de algum modo satisfaz as necessidades humanas. A natureza dessas necessidades, se, por exemplo, tem sua origem no estômago ou na fantasia[38], não altera a questão. Tampouco se trata aqui de como a coisa satisfaz a necessidade humana, se imediatamente, como meio de subsistência, quer dizer, como objeto de consumo, ou por via indireta, como meio de produção.

Cada coisa útil, como ferro, papel etc., pode ser considerada sob duplo aspecto, segundo qualidade e quantidade. Cada um desses objetos é um feixe de muitas propriedades e pode, por isso, ser útil de diferentes formas. [...] A utilidade de uma coisa faz dela um valor-de-uso[39]. Mas essa utilidade não paira no ar. [...] O valor-de-uso só se efetiva no uso ou no consumo. Os valores-de-uso constituem o conteúdo material da riqueza, seja qual for a sua forma social. Na forma da sociedade a ser por nós examinada, os valores-de-uso são simultaneamente os veículos materiais dos valores-de-troca.

O valor-de-troca surge, de início, como relação quantitativa, como proporção em que se permutam valores-de-uso de um tipo por valores-de-uso de outro[40], relação que muda incessantemente no tempo e no espaço. O valor-de-troca parece, por isso, algo casual e puramente relativo, por conseguinte, um valor-de-troca inerente, imanente à mercadoria, seria uma *contradictio ad adjecto*[41]. Vejamos a coisa mais de perto[42].

Fetichismo

A mercadoria parece à primeira vista uma coisa de entendimento evidente, trivial. Sua análise, todavia, mostra que ela é coisa bem complicada, cheia de sutilezas metafísicas e caprichos teológicos. Enquanto valor-de-uso, não há nela nada de misterioso, quer na perspectiva de satisfazer com suas propriedades as necessidades humanas, quer na consideração de que essas propriedades só se sustentam como produto do trabalho dos homens. É cristalino que o homem através da sua atividade transforma as coisas naturais de modo a lhe serem úteis. A forma da madeira, por exemplo, é transformada quando dela se faz uma mesa. Não obstante, a mesa permanece madeira, uma coisa sensível ordinária. Mas, tão logo se apresente como mercadoria, transforma-se em algo que é simultaneamente sensível e suprassensível. Não se limita a ter pés no chão, mas fica de ponta-cabeça em frente às outras mercadorias, saindo da sua aura de madeira para produzir prodígios, muito mais maravilhosos do que se começasse a dançar por livre e espontânea vontade[43].

1. Senhor Vogt. In: *Marx-Engels Werke* (MEW), vol. 14. As referências aos textos de Marx e Engels obedecerão doravante à seguinte forma: Título em português, MEW n., paginação, conforme a necessidade.

2. As *Teses sobre Feuerbach* encontram-se traduzidas na sua íntegra ao final deste capítulo, com os esclarecimentos relativos às suas edições.

3. KONDER, Leandro. *Marx: vida e obra*. São Paulo: Paz e Terra, 1983, p. 21. O livro de Leandro Konder foi o guia escolhido para recompor a biografia de Marx. Mas são inúmeras as fontes às quais se pode recorrer para fazer um mapeamento primário de fontes, dentre elas BOTTOMORE, Tom (org.). *Dicionário do Pensamento Marxista* (Rio de Janeiro: Zahar, 1988), em que cada verbete é seguido de uma lista de sugestões de consulta, além do material disponível na internet, em vários idiomas, cujo rastreamento pode começar por www.marxists.org

4. Cf. Prefácio à 2ª edição de *O capital*, de 24 de janeiro de 1873. MEW 23.

5. Marxiano é o termo usado para contornar a pluralidade dos enfoques marxistas.

6. KANT, Immanuel (1781). *Crítica da razão pura*. Prefácio da 1ª edição, A VIII.

7. Aqueles a quem a ideia hegeliana de um fim consumado da História parecer demasiado insólita, devem ler, ainda que o autor já o tenha revisto – FUKUYAMA, Francis. *O fim da história e o último homem*. Rio de Janeiro: Rocco, 1992. Trata-se de uma transferência do fim da história do início do século XIX para o momento posterior à queda do muro de Berlim.

8. A noção, muito evidenciada em sua ligação com o marxismo soviético, está presente em algumas passagens traduzidas ao final deste trabalho.

9. MEW 13, p. 10, tradução brasileira, p. 26.

10. MEW 3, p. 533. Tradução minha.

11. Cf. *O capital*, MEW 23, p. 49. Cf. também a tradução da passagem integral ao final deste trabalho.

12. *A ideologia alemã*. MEW 3, p. 38-39.Tradução minha.

13. Carta de Engels a Joseph Bloch. Londres, 21 de setembro de 1890. MEW 37, p. 463. Tradução minha.

14. Cf. tradução da passagem na última seção deste artigo.

15. Carta de Engels a Konrad Schmidt. Londres, 5 de agosto de 1890, MEW 37. In: *Cartas filosóficas e outros escritos*. São Paulo: Grijalbo, 1977, p. 32.

16. Ibid.

17. Cf. MEW 23, p. 11-17. Tradução brasileira, p. 15-19.

18. *O capital*. Prefácio da 2ª edição, de 1873. MEW 23, p. 18-28. Tradução brasileira, p. 21-29.

19. Prefácio da edição inglesa de 1886, MEW 23, p. 36-40. Tradução brasileira, p. 39- 43.

20. MEW 23, p. 85. Tradução minha.

21. MEW 23, p. 189. Tradução brasileira, p. 206.

22. Cf. passagem traduzida ao final do texto.

23. MEW 3, p. 533. Tradução minha.

24. Algumas boas referências para um estudo inicial sobre a *práxis* são: PETROVIC, G. Práxis (verbete). In: BOTTOMORE, Tom (org.). *Dicionário do Pensamento Marxista*. Rio de Janeiro: Zahar, 1998. • VÁZQUEZ, Adolfo Sanchez. *Filosofia da práxis*. Rio de Janeiro: Paz e Terra, 1997. • KONDER, Leandro. *O futuro da filosofia da práxis*. São Paulo: Paz e Terra, 1992.

25. Vale a pena ler o prefácio da edição de 1967, até pela sua reconstituição da cena em questão. In: LUKÁCS, G. *História e consciência de classe*. São Paulo: Martins Fontes, 2003.

26. Campinas: Unicamp, 1995.

27. São Paulo: Fundação Perseu Abramo, 1999.

28. MEW 3, p. 533. A versão original do manuscrito de Marx trazia como título apenas as palavras *Ad Feuerbach*. O título *Teses sobre Feuerbach* foi usado por Engels na edição de 1888 de *Ludwig Feuerbach e o fim da filosofia clássica alemã*, na qual as teses foram publicadas pela primeira vez, como apêndice. A tradução baseia-se nessa edição retocada por Engels.

29. "Bürgerliche Gesellschaft" é correntemente traduzido por "sociedade civil". A tradução por sociedade burguesa, acompanhada da nota, visa à clareza e ao evidenciamento de injunções ausentes em português, que inclusive motivam as aspas no original.

30. Carta de Engels a Joseph Bloch. Londres, 21 de setembro de 1890. MEW 37, p. 462ss.

31. Carta de Engels a Franz Mehring. Londres, 14 de julho de 1893. MEW 39, p. 96.

32. *Manifesto comunista.* MEW 4, p. 474.

33. Ibid., p. 481-482.

34. *Crítica do Programa de Gotha.* MEW 19, p. 22.

35. Ibid., p. 28.

36. Carta de Marx a J. Weudemeyer. Londres, 5 de março de 1852.

37. Nota do autor: MARX, Karl. *Contribuição à crítica da economia política.* Berlim, 1859, p. 3.

38. NA: "Anseio envolve necessidade; é o apetite do espírito e tão natural como a fome para o corpo... a maioria (das coisas) tem valor porque satisfaz as necessidades do espírito" (Nicholas Barbon. A discourse on coining the new money lighter. In: *Answer to Mr. Locke's considerations* etc. Londres, 1696, p. 2-3).

39. NA: O valor natural de qualquer coisa consiste em sua aptidão em satisfazer as demandas necessárias ou de servir às comodidades da vida humana (LOCKE, John. "Some considerations on the consequences of the lowering of interest", 169. In: *Works.* Londres, 1977, vol. II, p. 28). No século XVII, encontramos ainda nos escritores ingleses, muitas vezes, "worth" para valor-de-uso e "value" para valor-de-troca, bem ao espírito de um idioma que adora expressar o fenômeno imediato com termos germânicos e o reflexo com termos latinos.

40. NA: "O valor consiste na relação de troca que se estabelece entre uma coisa e outra, entre a quantidade de um produto e a de outro" (LE TROSNE. De l'intérêt social. In: *Physiocrates.* Ed. Daire, 1846, p. 889).

41. NA: "Nada pode ter um valor-de-troca intrínseco" (BARBON, N. Op. cit., p. 6). Ou, como diz Butler: "O valor de uma coisa é exatamente o que ela dá em troca."

42. *O capital*, vol. 1. MEW 23, p. 49-50.

43. NA: As pessoas se lembram de que a China e as mesas começaram a dançar, enquanto o resto do mundo parecia estar em repouso – *pour encourager les autres*. NT: Uma nota à p. 848 (MEW 23) remete, simultaneamente, a um entusiasmo por práticas espíritas em círculos aristocráticos e burgueses na Europa dos anos 1850, e ao movimento camponês na China, ocorrido na mesma época em torno de uma liderança mística e conhecido como "Revolução Taiping". As correlações ficam ao encargo do leitor.

Nietzsche

Scarlett Marton ★

 **O filósofo e seu tempo**

Friedrich Wilhelm Nietzsche morre em Weimar ao meio-dia de 25 de agosto de 1900. Alheio ao que ocorre à sua volta, ele passa os 10 últimos anos de vida sob a tutela da mãe e, depois, da irmã. Uma vida de errança, sofrimento, solidão.

Nietzsche nascera numa família de pastores protestantes. Em 1858, aos 14 anos, ingressara como bolsista no Colégio Real de Pforta, renomada instituição de ensino. Dedicara grande parte do tempo ao estudo da teologia; queria ser pastor como o pai. Mas era sobretudo pela música e pela poesia que se sentia atraído. Começara então a escrever e compor. Ao terminar os estudos secundários, em setembro de 1864, escolheu especializar-se em filologia clássica. E, em 1869, foi nomeado professor na Universidade da Basileia, na Suíça. Passou então a frequentar o teólogo Franz Overbeck, o historiador Jakob Burckhardt e o compositor Richard Wagner.

Seu primeiro livro, *O nascimento da tragédia no espírito da música*, publicado em janeiro de 1872, embora bem-acolhido nos círculos wagnerianos, provocou o constrangimento dos filólogos e foi objeto de severas críticas. Na verdade, ele já testemunhava o interesse de seu autor pelas questões filosóficas. Se a *Primeira consideração extemporânea* teve alguma repercussão em 1873, com artigos e resenhas publicados nos jornais de Augsburgo e Leipzig, a *Segunda* e a *Terceira*, em 1874, passaram quase desapercebidas e, em 1876, a *Quarta, Richard Wagner em Bayreuth*, foi celebrada apenas pelos que se achavam ligados ao compositor.

Em 1879, Nietzsche atinge o ponto mais baixo de sua vitalidade. Seu estado de saúde é desesperador. Atravessa mais de 70 horas de dores ininterruptas, mais de 118 dias de crises graves. Problemas estomacais, náuseas e vômitos o retêm na cama, dores na vista interferem no seu ritmo diário, insônias frequentes desorganizam o seu cotidiano, violentas enxaquecas o lançam em profunda prostração. Apesar disso, escreve. No ano anterior, reunindo as suas notas, folhas e fo-

★ Doutora em Filosofia pela Universidade de São Paulo (USP) e Pós-doutora pela Université de Paris X (Nanterre) e pela École Normale Supérieure de Paris. Livre-docente pela Universidade de São Paulo (USP) e professora titular de Filosofia Contemporânea do Departamento de Filosofia da Universidade de São Paulo (USP). Pesquisadora do CNPq.

lhas cobertas de reflexões sobre diversos temas sem nenhum elo aparente, publicara *Humano, demasiado humano*. Pensara nos enciclopedistas – Voltaire, Diderot – e na sua aversão pelos sistemas filosóficos acabados. Lembrara-se dos moralistas – Chamfort, La Rochefoucauld – e de suas máximas e pensamentos. Agora, adotando ainda o estilo aforismático, elabora dois apêndices ao livro *Miscelânea de opiniões e sentenças* e *O andarilho e sua sombra*.

No mês de maio de 1879, ele apresenta a sua carta de demissão à Universidade da Basileia. Graças ao empenho de Overbeck, a municipalidade, a "sociedade acadêmica" e a universidade se cotizam e lhe concedem uma pensão anual pelos serviços prestados. É o quanto lhe basta para viver modestamente até o fim de seus dias. Doente, abraça então uma vida errante.

Para onde ir? – é a pergunta que se fará inúmeras vezes nos anos seguintes. Em nenhuma parte se deixará reter por mais de seis meses. Percorrerá as estradas da Suíça, Itália, França e Alemanha; sonhará com lugares mais distantes, "horizontes mais longínquos". Em fevereiro de 1881, conclui um novo livro: *Aurora*. Um ano depois, mais um: *A gaia ciência*. *Aurora* e *A gaia ciência*, como *Humano, demasiado humano* e seus dois apêndices, *só* encontrarão resposta em cartas de amigos – entusiasmadas, embaraçadas, consternadas.

Nietzsche não se habitua à solidão; ela lhe pesa e talvez lhe fosse indispensável. Em Roma, numa manhã de abril de 1882, encontra Lou Salomé. Aos 37 anos, apaixona-se. Mas todos parecem conspirar contra a sua paixão. A família empenha-se em denegrir "a jovem russa"; insinua que seu comportamento não é dos mais convenientes e suas atitudes chegam a ser debochadas. Mal-entendidos, intrigas, trocas de injúrias, calúnias. Arrastado por sentimentos contraditórios, ele não sabe em quem confiar. Em dezembro, rompe com Lou e interrompe a correspondência com a mãe e a irmã. Ideias de suicídio perseguem-no; por três vezes, toma uma quantidade abusiva de narcóticos.

Mas, logo em janeiro de 1883, num vilarejo da riviera italiana chamado Portofino, Nietzsche cria a primeira parte de *Assim falava Zaratustra – Um livro para todos e para ninguém* em 10 dias. Em julho do mesmo ano, escreverá a segunda parte em Sils Maria, também em 10 dias. E apenas 10 dias serão suficientes, em Nice, para redigir, em janeiro de 1884, a terceira. Um ano depois, nessa mesma cidade, virá a elaborar em 10 dias a quarta e última parte do livro. Para publicá-lo, tem de enfrentar vários obstáculos. A primeira parte leva meses para aparecer. Schmeitzner, seu editor, cumpre sem pressa o contrato com um autor malsucedido, dando prioridade à impressão de cânticos religiosos e brochuras antissemitas. Aceita ainda editar, juntas, a segunda e a terceira partes, mas diante da quarta mostra-se intransigente em sua recusa. Depois de tentativas humilhantes e estéreis, o autor custeia uma tiragem de 40 exemplares. É mais do que suficiente: não chega a 10 o número de pessoas a quem pensa enviá-los.

Veneza, Sils Maria, Naumburgo, Leipzig, Munique, Florença, Gênova, Nice. De um ponto a outro, Nietzsche expede a mala de 100 quilos, com livros e manuscritos. Por vezes, sem saber o que fazer, deixa-a durante dias no guarda-volumes; no bolso, o recibo de todos os seus pertences. De quando em quando, chegam-lhe pacotes de livros enviados por Overbeck; o amigo conhece suas dificuldades financeiras. Numa ou noutra cidade, detém-se para trabalhar nas bibliotecas públicas. Há muito, sente-se atraído pelas ciências naturais e biológicas. Ainda na Basileia, começara suas leituras em física e química. Em 1873, entusiasmara-se pelas ideias do astrônomo e matemático Boscovich. A partir de então, familiarizara-se com a física moderna – Vogt e Zoellner, com a biologia – Roux e Rolph, com a psicologia francesa – Ribot e Espinas, sem falar nos recentes estudos etnográficos.

Em 1886, Nietzsche acaba por elaborar um novo livro, *Para além de bem e mal*, que pensa publicar por sua própria conta. Desde que Schmeitzner se negara a imprimir a quarta parte de *Assim falava Zaratustra*, ele está às voltas com editores; todos se recusam a publicar os seus livros. Por fim, Fritzsch, o editor de Wagner, assume a publicação das suas obras. Nietzsche lhe envia, então, os prefácios às novas edições de *O nascimento da tragédia*, do primeiro e do segundo volumes de *Humano, demasiado humano*, de *Aurora* e de *A gaia ciência*, assim como a quinta parte deste último livro. A ele encaminhará todos os seus escritos posteriores, a começar pela *Genealogia da moral*, que redige em 1887.

É por essa época que Nietzsche descobre Dostoievski, deixando-se fascinar pela fina análise psicológica que ele faz do criminoso. Em 1879, descobrira Stendhal, ficando encantado com as suas palavras: "entro na sociedade por um duelo". Com esses autores, busca cumplicidades. Há tempo, se sente abandonado: nem discípulos, nem leitores. Há tempo, percorre ansioso as livrarias; talvez tenha sido publicado algum artigo ou resenha sobre os seus próprios livros. Nada encontra. Seu estado de saúde se agrava.

Em 1888, um de seus anos mais fecundos no que concerne à atividade intelectual, escreve *O caso Wagner, Crepúsculo dos ídolos, O anticristo, Ecce homo* e elabora *Nietzsche contra Wagner* e *Ditirambos de Dioniso*. Sua saúde se depaupera ainda mais.

Contudo, Nietzsche começa a fazer-se conhecer. Georg Brandes, professor de literatura comparada na Universidade de Copenhague, relata-lhe o sucesso das conferências sobre sua filosofia. August Strindberg, escritor sueco, participa-lhe a emoção causada pela virulência de suas palavras e coragem de suas ideias. Hippolyte Taine, crítico e historiador da arte francês, sugere-lhe tradutores para a edição francesa do *Crepúsculo dos ídolos*. Artigos polêmicos aparecem em jornais da Alemanha e da Suíça a propósito de seus livros. De São Petersburgo e de Nova York chegam-lhe as primeiras cartas de admiradores de sua obra.

E assim Nietzsche faz planos e inicia contatos para assegurar a tradução de seus escritos. Quer editar o *Ecce homo* em 1889 e, daí a dois anos, lançar *O anticristo* em sete línguas simultaneamente. Nos últimos dias de dezembro de 1888, em Turim, uma forte tensão psíquica o leva a mergulhar no delírio.

 ## A filosofia de Nietzsche

Pluralista, a filosofia de Nietzsche propõe ao leitor não uma, mas múltiplas provocações: o combate à metafísica, que devasta noções consagradas pela tradição filosófica; a desconstrução da linguagem, que subverte termos comumente empregados; a tentativa de implodir as dicotomias, que desestabiliza nossa lógica, nosso modo habitual de raciocinar; os ataques virulentos à religião cristã e à moral do ressentimento, constitutivas de nossa forma de pensar; a crítica contundente dos valores que entre nós ainda vigem. Em suma, ela vem pôr em questão nossa maneira de pensar, agir e sentir.

Mas esse pensador iconoclasta insiste em apresentar-se como um filólogo, "um velho filólogo", dirá ele, "que não pode resistir à maldade de pôr o dedo sobre artes-de-interpretação ruins"[1]. Assim Nietzsche supõe que as técnicas interpretativas podem ser boas ou ruins. Entendendo que a física não poderia constituir uma explicação do mundo, julga que, ao postular a conformidade da natureza a leis, ela nada mais faz do que propor uma interpretação – uma interpretação ruim. E a essa interpretação ruim ele quer opor a sua própria visão de mundo.

É em *Assim falava Zaratustra* que o filósofo apresenta, pela primeira vez em sua obra publicada, sua concepção de vontade de potência. Nesse momento, é com ela que passa a identificar a vida. Concebe então a vontade de potência como vontade orgânica; ela é própria não unicamente do homem, mas de todo ser vivo, mais ainda: exerce-se nos órgãos, tecidos e células, nos numerosos seres vivos microscópicos que constituem o organismo. Atuando em cada elemento, encontra empecilhos nos que o rodeiam, mas tenta submeter os que a ela se opõem e colocá-los a seu serviço. É por encontrar resistências que ela se exerce; é por exercer-se que torna a luta inevitável. Efetivando-se, a vontade de potência faz com que a célula esbarre em outras que a ela resistem; o obstáculo, porém, constitui um estímulo. Com o combate, uma célula passa a obedecer a outra mais forte, um tecido submete-se a outro que predomina, uma parte do organismo torna-se função de outra que vence – durante algum tempo. A luta desencadeia-se de tal forma que não há pausa ou fim possíveis; mais ainda, ela propicia que se estabeleçam hierarquias – jamais definitivas.

Na tentativa de resolver um dos problemas candentes da ciência da época, Nietzsche se dedica a examinar como se dá a passagem da matéria inerte à vida. Em escritos posteriores a *Assim falava Zaratustra,* ele elabora então sua teoria das forças. A força só existe no plural; não é em si, mas em relação a, não é algo, mas um agir sobre. Não se pode dizer, pois, que ela produz efeitos nem que se desencadeia a partir de algo que a impulsiona; isso implicaria distingui-la de suas manifestações e enquadrá-la nos parâmetros da causalidade. Tampouco se pode dizer que a ela seria facultado não se exercer; isso importaria atribuir-lhe intencionalidade e enredá-la nas malhas do antropomorfismo. A força simplesmente se efetiva, melhor ainda, é um efetivar-se. Atuando sobre outras e resistindo a outras mais, ela tende a exercer-se o quanto pode, quer estender-se até o limite, manifestando um querer-vir-a-ser-mais-forte, irradiando uma vontade de potência. "Toda força motora é vontade de potência, não existe fora dela nenhuma força física, dinâmica ou psíquica"[2]. Segundo minha hipótese interpretativa, a vontade de potência aparece agora como explicitação do caráter intrínseco da força.

Querendo-vir-a-ser-mais-forte, a força esbarra em outras, que lhe opõem resistência; inevitável, trava-se a luta – por mais potência. Não há objetivos a atingir; por isso ela não admite trégua nem prevê termo. Insaciável, continua a exercer-se a vontade de potência. Não há finalidades a realizar; por isso ela é desprovida de caráter teleológico. A cada momento, as forças relacionam-se de modo diferente, dispõem-se de outra maneira; a todo instante, a vontade de potência, vencendo resistências, se autossupera e, nessa superação de si, faz surgir novas formas. Enquanto força eficiente, ela é pois força plástica, criadora. É o que revela a própria expressão *Wille zur Macht* (vontade de potência): o termo *Wille* entendido enquanto disposição, tendência, impulso e *Macht* associado ao verbo *machen*, fazer, produzir, formar, efetuar, criar. A vontade de potência é o impulso de toda força a efetivar-se e, com isso, criar novas configurações em sua relação com as demais. Ela não se impõe, porém, como *nomos*; instigando as transformações, não poderia coagir as forças a se relacionarem seguindo sempre o mesmo padrão. Tampouco reflete um *telos*; superando-se a si mesma, não poderia ter em vista nenhuma configuração específica das forças.

O mundo apresenta-se, então, como pleno vir-a-ser: a cada mudança se segue uma outra, a cada estado atingido se sucede um outro. "Que o mundo *não* aspira a um estado durável, é a única coisa *demonstrada*"[3]. Se nada é senão vir a ser, então o mundo não teve início nem terá fim. Supor que tenha sido criado implica tomá-lo como efeito da atuação da vontade de potência, como resultado do efetivar-se da força, ou então, implica vê-lo como produto de um poder transcendente que o fez surgir *ex nihilo*. Neste caso, lança-se mão da teologia; naquele, apela-se para a explicação mecanicista. Contra ambas, Nietzsche concebe o mundo como eterno. "O mundo subsiste; não é nada que vem a ser, nada que perece. Ou antes: vem a ser, perece, mas nunca começou a vir a ser e nunca cessou de perecer – *conserva-se* em ambos... *Vive* de si próprio: seus excrementos são seu alimento"[4]. Não houve momento inicial, pois à vontade de potência não se pode atribuir nenhuma intencionalidade; tampouco haverá instante final, pois a ela não se deve conferir caráter teleológico algum.

Totalidade permanentemente geradora e destruidora de si mesma, o mundo não constitui, porém, um sistema. Pluralidade de forças, tampouco se apresenta como mera multiplicidade. O mundo é antes um processo – e não uma estrutura estável; os elementos em causa, inter-relações – e não substâncias, átomos, mônadas. Totalidade interconectada de *quanta* dinâmicos ou, se se quiser, de campos de força instáveis em permanente tensão, o mundo não é governado por leis, não cumpre finalidades, não se acha submetido a um poder transcendente – e mais: sua coesão não é garantida por substância alguma. Se permanece uno, é porque as forças, múltiplas, estão todas inter-relacionadas.

Na biologia, Nietzsche buscou subsídios para elaborar o conceito de vontade de potência; na física, encontrou elementos para construir a teoria das forças. Tributária da ciência da época, a noção de força permite-lhe postular a homogeneidade de todos os acontecimentos; entre orgânico e inorgânico não existe traço distintivo fundamental – e tampouco entre físico e psíquico ou, se se quiser, "material" e "espiritual". De posse dessa noção, ele poderia muito bem abrir mão do conceito de vontade de potência. Se o mantém, é porque acredita que o mecanicismo não dá conta do que existe; quer, então, juntar aos *quanta* dinâmicos uma qualidade. Isso não quer dizer que a vontade de potência seja uma substância ou uma espécie de sujeito. Qualidade dada nas relações quantitativas, ela "não um ser, não um vir a ser, mas um *pathos*, é o fato mais elementar, do qual resulta um vir a ser, um efetivar-se..."[5] Isso não significa que constitua um ente metafísico ou um princípio transcendente. Qualidade de todo acontecer, ela, que diz respeito ao efetivar-se da força, é fenômeno universal e absoluto; em outras palavras, *"esse mundo é a vontade de potência – e nada além disso!"*[6] Mais próximo da *arché* dos pré-socráticos que da *entelecheia* de Aristóteles, o conceito nietzschiano constitui, a meu ver, um dos principais pontos de ruptura em relação à tradição filosófica.

No contexto das preocupações cosmológicas de Nietzsche, a doutrina do eterno retorno do mesmo aparece estreitamente vinculada à teoria das forças e ao conceito de vontade de potência. Admitindo que a soma das forças permanece constante no mundo, Nietzsche postula que, embora múltiplas, elas são finitas. Num tempo infinito, só haveria, então, duas possibilidades: ou o mundo atingiria um estado de equilíbrio durável ou os estados por que passasse se repetiriam.

Dadas as suas concepções acerca do mundo, o filósofo não pode aceitar que ele chegue a um estado final. O caráter essencialmente dinâmico da força impede que ela não se exerça; seu querer-vir-a-ser-mais-forte impede que cesse o combate. A vontade de potência, impulso de apropriar e dominar, leva a força a querer prevalecer na relação com as demais; atuando em todas elas, desencadeia uma luta geral e permanente. Em suma, se o mundo tivesse algum objetivo, já o teria atingido; se tivesse alguma finalidade, já a teria realizado.

Finito, mas eterno: é o quanto basta para formular a doutrina do eterno retorno do mesmo. Todos os dados são conhecidos: finitas são as forças, finito é o número de combinações entre elas, mas o mundo é eterno. Daí se segue que tudo já existiu e tudo tornará a existir. Se o número dos estados por que passa o mundo é finito e se o tempo é infinito, todos os estados que hão de ocorrer no futuro já ocorreram no passado. Cada instante retorna um número infinito de vezes, cada instante traz a marca da eternidade.

Além de hipótese cosmológica, a doutrina do eterno retorno do mesmo aparece como um imperativo ético. Pois ela põe o ser humano diante de um desafio: o de viver esta vida, tal como ela é, ainda uma vez, ainda inúmeras vezes; o de dizer-sim ao mundo, tal como é, "sem desconto, exceção e seleção". Contra o ressentimento que envenena a metafísica, Nietzsche quer mostrar que não existe outro mundo; este é o único com que se pode contar. Contra o ascetismo que contamina o cristianismo, quer lembrar que não existe outra vida; esta é a única de que se pode dispor. É urgente, pois, abandonar o além e voltar-se para este mundo em que nos achamos; é premente entender que eterna é esta vida tal como a vivemos aqui e agora. E não há afirmação maior da existência que a afirmação de que tudo retorna sem cessar. Discípulo de Dioniso, Nietzsche recusa que o suprassensível possa justificar o mundo, rejeita que um poder transcendente venha redimir a vida.

Tanto na sua obra quanto na sua correspondência, o filósofo não hesita em recorrer a diferentes meios para atrair seus leitores, provocá-los, levá-los a todo tipo de tentações. E todos eles concorrem a instigá-los a ruminar os seus pensamentos. Tanto é que, na *Genealogia da moral*, adverte:

"Para praticar assim a leitura como *arte*, é preciso antes de mais nada de algo que em nossos dias precisamente se desaprendeu – eis por que a 'lisibilidade' de meus escritos não é para amanhã –, algo para o qual é preciso ser quase um bovino, em todo caso *não* um 'homem moderno': a *ruminação*..."[7] Ele não vacila em se servir de diferentes estratégias para induzir seus leitores a uma abordagem perspicaz de seus textos. E todas elas contribuem a incitá-los a se comportar enquanto filólogos. Não é por acaso que, em sua autobiografia, assegura: "que, nos meus escritos, fala um *psicólogo* sem igual, é talvez a primeira constatação a que chega um bom leitor – um leitor tal como mereço e que me lê como os bons filólogos de outrora liam Horácio"[8]. Nietzsche, esse velho filólogo, deseja que se leiam seus textos "lentamente, profundamente, olhando para trás e para diante, com segundas intenções, com as portas abertas, com dedos e olhos delicados..."[9]

Em seus primeiros escritos, ele já se dedica a mostrar a maneira pela qual se deve fazer filologia. No *Nascimento da tragédia*, fornece um exemplo; nas conferências *Sobre o futuro de nossos estabelecimentos de ensino*, faz um apelo. Na *Consideração extemporânea, Nós, Filólogos*, que então planeja, mas não chega a escrever, pretende explicitar o que pensa a respeito. Nos fragmentos póstumos do período, deixa claro que o filólogo não deve se restringir a atuar como um especialista, mas deve ter em certa medida alma de artista. Indispensável, o trabalho de erudição revela-se, porém, insuficiente. Ao filólogo cabe a paciente tarefa de reconstruir os textos, recuperar os documentos, resgatar o que ficou enterrado sob os barbarismos dos copistas.

Filólogo de formação, Nietzsche vê o mundo como um texto a ser decifrado. Contra a interpretação da física de sua época, que, tal como a concebe, postula a "conformidade da natureza a leis", ele julga necessário resgatar o texto que é o mundo. Contra essa má interpretação, entende ser preciso opor a sua própria visão do mundo. Mas, ao fazê-lo, é forçado a admitir que as posições que defende também se reduzem a interpretações. Assim é que, em seguida, se refere a si mesmo como "um intérprete que vos colocasse diante dos olhos a falta de exceção e a incondicionalidade que há em toda 'vontade de potência', em tal medida que quase toda palavra, e mesmo a palavra 'tirania', se mostrasse, no fim das contas, inutilizável, ou já como metáfora enfraquecedora e atenuante – por demasiado humana"[10].

Contudo, Nietzsche induz a pensar que, embora a doutrina da vontade de potência e a visão que os físicos teriam do mundo sejam interpretações, nem por isso elas se equivalem. Tanto é que, imediatamente depois de expor suas teses, conclui: "Posto que também isto seja somente interpretação – e sereis bastante zelosos para fazer essa objeção? – ora, tanto melhor!" Objetar-lhe que sustentar a doutrina da vontade de potência é interpretar o mundo, como faria o mecanicismo ou o causalismo, contaria com o seu assentimento. Objetar-lhe que as posições que defende não passam de interpretações, como seria a metafísica ou o positivismo, apenas viria confirmá-lo. No fim das contas, "que pode ser simplesmente o conhecimento? – 'interpretação', não 'explicação'"[11].

Da perspectiva nietzscheana, tal como a interpreto, a vida humana é o contexto em que surgem todas as formas de conhecimento de que o homem pode dispor. As operações intelectuais, que ele realiza, resultam do desenvolvimento de suas aptidões e refletem necessariamente tanto aspecto da constituição biológica quanto circunstâncias da existência social. Biologicamente condicionado, o ser humano só pode captar o que o cerca com os "órgãos do conhecimento" de que dispõe. Condicionando o mundo a suas necessidades práticas, atribui a ele sentido; torna-o calculável e previsível. Relação condicional, o conhecimento humano é, antes de mais nada, interpretação. "São nossas necessidades *que interpretam o mundo,* nossos instintos e seus prós e contras. Cada instinto é uma espécie de busca de dominação, cada um possui a sua perspectiva que quer impor como norma a todos os outros instintos"[12]. Em outras palavras, as interpretações do mundo que se impõem são sintomas de instintos dominantes.

Mas está equivocado quem acredita que somente o homem interpreta; as diferentes formas de vida também o fazem. Cada uma delas, visando às condições de conservação e crescimento de uma espécie determinada, expressa interpretações. "A vontade de potência *interpreta*; quando um órgão se forma, trata-se de uma interpretação [...]. O processo orgânico pressupõe um perpétuo *interpretar*"[13]. Engana-se, porém, quem supõe que apenas o vivente interpreta; no limite, toda existência é interpretativa. As interpretações expressam certas relações de forças, ou melhor, forças que se relacionam de certa maneira. "Não se deve perguntar: '*Quem* pois interpreta?', ao contrário, o próprio interpretar, enquanto forma da vontade de potência, tem existência (contudo, não como um 'ser', mas como um *processo,* um *vir a ser)* enquanto um afeto"[14].

Uma configuração de forças tem em relação a tudo o mais sua maneira de apreciar, de agir e reagir. Da sua perspectiva, ela organiza o mundo. É impossível impedir que procure impor sua interpretação ao que a cerca; no fim das contas, a vontade de potência é impulso de apropriar e dominar. É igualmente impossível evitar que se defronte com as demais interpretações; afinal, a luta não admite trégua nem prevê termo. Na medida em que as configurações de forças se sucedem, surgem sempre outras perspectivas e, portanto, outras interpretações. "Penso que hoje estamos longe, pelo menos, da ridícula imodéstia de decretar a partir de nosso ângulo que só se deveria ter perspectivas a partir desse ângulo. O mundo, ao contrário, tornou-se para nós 'infinito' uma vez mais: na medida em que não podemos recusar que ele *encerra infinitas interpretações*"[15].

É no contexto de sua visão de mundo, no quadro do que chamo de cosmologia, que Nietzsche entende o interpretar. Presente nos instintos ou afetos que habitam o homem, a vontade de potência imprime-lhes direções diversas. Exercendo-se nos ínfimos seres vivos que constituem o organismo, ela, como vontade orgânica, confere-lhes sentidos vários. Manifestando-se nas diferentes configurações de forças, ela, enquanto caráter intrínseco da força, constitui o próprio interpretar. No embate do homem com o meio, na luta entre os órgãos, tecidos ou células, no combate entre as forças, deparam-se múltiplas interpretações; cada uma delas surge a partir de determinada perspectiva. É preciso levar em conta "o perspectivismo necessário mediante o qual cada centro de forças – e não unicamente o homem – constrói *a partir de si mesmo* todo o resto do mundo, isto é, mede segundo sua força, tateia, dá forma..."[16]

Ao conceber o mundo como campos de força instáveis em permanente tensão, Nietzsche acaba por ressaltar seu caráter perspectivista; o perspectivismo nele estaria inscrito. Esta concepção traz consequências importantes para a gnoseologia. Contudo, seria precipitado concluir que o conhecimento é relativo; mais adequado, talvez, fosse entendê-lo como relacional. A soma das diferentes perspectivas, ainda que possível, não proporciona uma visão de conjunto, pois o mundo não se apresenta enquanto sistema; ele é um processo. Sujeito e objeto não passam de conceitos inter-relacionais; o objeto constitui-se pelas formas de interação e, de igual modo, o sujeito. Tanto é assim que o ato de conhecer se define como "entrar em relação condicional com algo"[17]. Nessa medida, é vão pretender o conhecimento absoluto; o ser humano é incapaz de libertar-se dos erros e distorções inerentes à sua ótica.

Mas se Nietzsche admite que suas concepções constituem também *uma* interpretação, por certo, não as considera apenas *mais uma* interpretação.

Sendo o mundo um conjunto de relações, o homem poderia apreendê-lo assumindo pontos de vista em harmonia com as espécies de relações que o constituem, adotando perspectivas em sintonia com elas. Ele poderia assim chegar a uma interpretação mais compatível com esse mundo em permanente mudança, acabaria por atingir uma interpretação mais compreensiva desse mundo de puro vir a ser. Nunca lhe seria dado, porém, transcender a condição humana: ele jamais lograria um conhecimento objetivo. A noção de objetividade, aliás, ganharia um novo sentido. Ela deixaria de ser a maneira de ver desinteressada, neutra e impessoal, para impor-se como "o que permite *ter em seu poder* seu pró e seu contra e combiná-los de diferentes formas, de modo que se saiba tornar utilizável para o conhecimento a *diversidade* mesma das perspectivas de ordem afetiva"[18].

Seria então possível avançar a hipótese segundo a qual, dentre as interpretações humanas, algumas seriam estreitas e superficiais enquanto outras, mais abrangentes e penetrantes. Estas poderiam incorporar diferentes perspectivas, mas não chegariam a assegurar uma visão globalizadora; aquelas acabariam por restringir-se a uma única perspectiva e ainda tentariam impô-la como a única válida. É nesse contexto que se compreenderia a oposição da doutrina da vontade de potência à visão de mundo defendida pelos físicos. Enquanto a física se mostra uma interpretação estreita e superficial, a doutrina da vontade de potência incorpora diferentes perspectivas. É também nesse contexto que se inscreveria a crítica nietzscheana ao positivismo e à metafísica. Interpretações limitadas, enquanto o primeiro erra por ater-se aos fatos, a última peca por ignorá-los. O positivismo não percebe que a visão que propõe não passa de uma interpretação; a metafísica, por sua vez, postula a existência de um mundo verdadeiro em detrimento deste em que nos achamos aqui e agora.

Apesar de encontrar apoio nos próprios textos de Nietzsche, essa hipótese interpretativa não basta para dar conta de um problema central presente em sua filosofia. Uma questão continua a reclamar resposta. O que permite ao filósofo distinguir entre as boas e as más interpretações?

Ora, para avaliar as avaliações, para interpretar as interpretações, é preciso dispor de um critério. E este critério deve ser tal, que não possa prestar-se, ele mesmo, a interpretações nem a avaliações. No entender de Nietzsche, é a vida o único critério que se impõe por si mesmo. "É preciso estender os dedos, completamente, nessa direção", diz ele, "e fazer o ensaio de captar essa assombrosa *finesse – de que o valor da vida não pode ser avaliado*. Por um vivente não, porque este é parte interessada, e até mesmo objeto de litígio, e não juiz; por um morto não, por uma outra razão"[19].

E eis que o filólogo se converte em filósofo genealogista. O filólogo, que concebe o mundo como um texto a ser decifrado, parece também interessar-se em interpretar as interpretações. O filólogo, que se empenha em resgatar o texto que é o mundo, também parece dedicar-se a avaliar as avaliações.

Para bem realizar tal tarefa, Nietzsche contará uma vez mais com a contribuição decisiva da filologia. No prefácio à *Genealogia da moral,* ele sugere que "algo da escolaridade histórica e filológica, inclusive um inato sentido seletivo em vista de questões psicológicas em geral" (§ 3) auxiliaram-no a instaurar o procedimento genealógico. Ao propor-se questionar o valor dos valores "bem" e "mal", ao deter-se no exame do cristianismo, ao empenhar-se na análise da moral dos ressentidos, ele sempre recorre de uma maneira ou de outra à filologia.

No quadro do procedimento genealógico, a noção de valor se acha intimamente ligada à de vida. Uma vez que a vida constitui o único critério de avaliação que se impõe por si mesmo para interpretar as interpretações, para avaliar as avaliações, é apenas dessa perspectiva que se pode julgar a proveniência dos valores; é apenas nesses parâmetros que se pode colocar a pergunta pelo valor dos valores. Tanto é assim que, no prefácio à *Genealogia da moral,* Nietzsche expõe desta forma o problema de que pretende tratar: "sob que condições inventou-se o homem aqueles juízos de valor, bom e mau? *E que valor têm eles mesmos?* Obstruíram ou favoreceram até agora o prosperar da humanidade? São um signo de estado de indigência, de empobrecimento, de degeneração da vida? Ou, inversamente, denuncia-se neles a plenitude, a força, a vontade de vida, seu ânimo, sua confiança, seu futuro?"[20].

Fazer ideias passar pelo crivo da vida equivale a perguntar se contribuem para favorecê-la ou obstruí-la; submeter atitudes ao exame genealógico é o mesmo que inquirir se são signos de plenitude de vida ou da sua degeneração; avaliar uma avaliação, enfim, significa questionar se é sintoma de vida ascendente ou declinante. Moral, política, religião, ciência, arte, filosofia, qualquer apreciação de qualquer ordem deve ser submetida a um exame, deve passar pelo crivo da vida. E vida é vontade de potência.

Um exame atento dos textos revela que vida e vontade de potência estão relacionadas de duas maneiras distintas. Ora acham-se claramente identificadas, ora a vida aparece como caso particular da vontade de potência. Com a teoria das forças, Nietzsche é levado a ampliar o âmbito de atuação desse conceito: se, ao ser introduzido, ele operava apenas no domínio orgânico, agora passa a atuar em relação a tudo o que existe. Se vida é vontade de potência, isto não significa necessariamente que a vontade de potência se restrinja à vida.

É no âmbito das preocupações cosmológicas que Nietzsche postula a existência de forças, que se exercem em todos os domínios irradiando uma vontade de potência. Contudo, quando se trata da crítica dos valores, é a vida, enquanto vontade de potência, que toma como critério de avaliação. Em ambos os registros, porém, o conceito de vontade de potência desempenha papel de extrema relevância: é elemento constitutivo do mundo e, ao mesmo tempo, parâmetro no procedimento genealógico.

Eis a astúcia do filósofo genealogista. No fim das contas, ela consiste, graças à filologia, em fazer de sua interpretação do mundo o critério mesmo para interpretar as interpretações. Por um lado, o texto a ser decifrado que é o mundo se converte, segundo a interpretação de Nietzsche, num feixe de interpretações; por outro, são essas mesmas interpretações que se apresentam através de sua própria interpretação. "Quando falamos de valores, falamos sob a inspiração, sob a ótica da vida: a vida mesma nos coage a instituir valores; a vida mesma valora através de nós, *quando* instituímos valores..."[21]

Graças à sua técnica interpretativa, ao mesmo tempo singular e extraordinária, Nietzsche resgata o texto que é o mundo de tal maneira que este acaba por entregar-se a ele. O velho filólogo exerce sua arte de ler bem o mundo a tal ponto que este acaba por exprimir-se em seu texto, em sua interpretação. Zaratustra se diz "o porta-voz da vida, o porta-voz do sofrimento, o porta-voz do círculo"[22]. Tal como seu *alter ego*, Nietzsche se quer o porta-voz do mundo.

 ## Conceito-chave

Que Nietzsche não se pretenda um pensador sistemático, salta aos olhos de quem entra em contato com sua obra. E isso não só devido à pluralidade de estilos que adota ou ao tratamento peculiar que dá a certas questões. Se é certo que rejeita os sistemas filosóficos, a crítica que faz a eles não resulta do fato de apresentarem uma unidade metodológica e sim de fixarem uma dogmática. "Não sou limitado o bastante para um sistema – nem mesmo para *meu* sistema..."[23] Acreditando precisar de amplos horizontes para chegar a ter grandes ideias, nega-se a encerrar o pensamento numa totalidade coesa, mas fechada. Contudo, coerência e sistema não são noções que necessariamente coincidem. E a coerência reside, aqui, no perspectivismo e no experimentalismo, que são as marcas mesmas da filosofia nietzscheana.

Experimentalismo e perspectivismo se acham, de certa forma, estreitamente relacionados. São vários os textos em que o próprio Nietzsche convida o leitor à experimentação, seja por entender que nós, humanos, não passamos de experiências ou por acreditar que não nos devemos furtar a fazer experiências com nós mesmos. Em *Para além de bem e mal*, ele se refere aos filósofos que estão por vir como os experimentadores, os que têm o dever "das cem tentativas, das cem tentações da vida". Em seus escritos, a intenção de fazer experimentos com o pensar encontra tradução em perseguir uma ideia em seus múltiplos aspectos, abordar uma questão a partir de vários ângulos de visão, tratar de um tema assumindo diversos pontos de vista, enfim, refletir sobre uma problemática adotando diferentes perspectivas. Intimamente ligados, perspectivismo e experimentalismo explicam as aparentes contradições que emergem dos textos. Mais ainda: impedem que se busque, no pensamento nietzscheano, um conceito fundamental, que constituiria o seu eixo ou serviria como fio condutor para o seu desenrolar.

Contudo, de acordo com a minha interpretação, tal pensamento poderia muito bem encontrar na ideia de dionisíaco a sua mais completa tradução. Se Nietzsche se diz em vários momentos de sua obra "um discípulo do filósofo Dioniso", é porque reivindica a necessidade de destruição, mudança, vir a ser; reclama o processo permanente de aniquilamento e criação. Quer afirmar este mundo tal como ele é, "esse meu mundo *dionisíaco* do eternamente-criar-a-si-próprio e do eternamente-destruir-a-si-próprio, esse mundo secreto da dupla volúpia, esse meu 'para além de bem e mal'"[24]. Quer afirmar esta vida tal como ela é, interpretando seu caráter efêmero "como gozo da força procriadora e destruidora, como criação contínua"[25].

Suprimindo o dualismo entre mundo verdadeiro e mundo aparente, instaurado pela metafísica, mantido pela religião cristã, perpetuado por doutrinas morais, Nietzsche julga que só a alegria dionisíaca está à altura das velhas concepções. Negando a oposição entre *ego* e *fatum*, acredita que o homem partilha o destino de todas as coisas. Limitado pela perspectiva humana, é só a partir dela que o homem fala do mundo. Mas, se a vida e a experiência humanas não constituem a totalidade, dela tampouco se acham desligadas; se não abarcam o mundo, dele tampouco são independentes. Fornecem, pois, ao homem a oportunidade de aprender a conhecer o curso do mundo e com ele identificar-se. "Deve-se tomar todos os movimentos, todos os 'fenômenos', todas as 'leis'", esclarece o filósofo, "apenas como sintomas de um acontecimento interno e servir-se, para esse fim, do homem como analogia"[26]. Tomar o homem como analogia para compreender o mundo é reiterar, ainda uma vez, que a perspectiva humana é o único ponto de vista a partir do qual lhe é possível falar acerca dele; muito mais, é sustentar que o que se passa no homem e no mundo não pode ser irredutível.

Dionisíaca é a filosofia que afirma sem reservas o *fatum*, que aceita que ele se afirme através do homem. Dionisíaca é a filosofia que espelha o mundo, que traduz a vida. Se o mundo não é uma criação divina e o homem não foi feito à imagem e semelhança de Deus, a relação entre eles tem de mudar. Homem e mundo não mais se opõem; acham-se em harmonia. Os filósofos supuseram que a medida era o homem; Nietzsche entende que o mundo é a medida. Pretendendo acabar com a primazia da subjetividade, ele julga que o homem tem de deixar de colocar-se como um sujeito frente à realidade para tornar-se parte do mundo.

 ## Percursos e influências

Conhecido sobretudo por filosofar a golpes de martelo, desafiar normas e destruir ídolos, Friedrich Nietzsche, um dos pensadores mais controvertidos de nosso tempo, deixou uma obra polêmica que continua no centro do debate filosófico.

Num primeiro momento, a difusão de seus escritos acarretou o exorcismo de sua filosofia. A força de suas ideias foi atenuada pelo interesse por sua biografia e por seu estilo. Episódios de sua vida – como a estada em clínicas psiquiátricas – atraíam as atenções *e* aguçavam a curiosidade. Nos "círculos nietzscheanos", que começaram a proliferar em toda a Alemanha na passagem do século XIX, genialidade e loucura eram termos indissociáveis. Tudo se passava como se a crise em que ele mergulhara o envolvesse numa aura de mistério, conferindo a afirmações suas o peso das proclamações de um profeta.

Era na literatura mais do que em qualquer outro campo que a influência do filósofo se exercia. Nele se inspiraram autores naturalistas e expressionistas menos conhecidos e, também, renomados escritores como Stefan George, Thomas Mann e, mais recentemente, Robert Musil e Hermann Hesse. Muitos partiam do princípio de que Nietzsche não elaborou um programa, mas criou uma atmosfera: o importante era respirar o ar de seus escritos. Fascinados por sua linguagem, nele redescobriam a sonoridade pura e cristalina das palavras, a correspondência exata entre nuanças de sons e sentidos, a nova perfeição da língua alemã. Mas viam-no sobretudo como um fino estilista e abandonavam quase por completo o exame de suas ideias.

Se entre 1890 e 1920 biografia e estilo ficaram em primeiro plano, com os anos, começaram a surgir as mais diversas leituras do pensamento nietzscheano. O filósofo foi invocado por socialistas, nazistas e fascistas; cristãos, judeus e ateus. Estudiosos e literatos, jornalistas e políticos tiveram nele um ponto de referência, atacando ou defendendo a obra, reivindicando ou exorcizando o pensamento. Alguns fizeram dele o defensor do irracionalismo; outros, o fundador de uma nova seita, guru dos tempos modernos. Houve os que o consideraram um cristão ressentido e os que viram nele o inspirador da psicanálise. Houve ainda os que o tomaram por precursor do nazismo e os que o encararam como crítico da ideologia, no sentido marxista da palavra.

Por diferentes vias, Nietzsche se tornou célebre antes de ser conhecido. Por volta de 1900, atento à difusão do pensamento nietzscheano na França, André Gide escrevia nas *Lettres à Angèle:* "entre nós, a influência de Nietzsche precedeu o aparecimento de sua obra"; referia-se ao fato de seus livros não terem sido todos traduzidos para o francês. No Brasil, mais de um século depois, ainda hoje não se dispõe de uma edição das obras completas em português.

Com o tempo, multiplicaram-se as interpretações das ideias de Nietzsche. Alguns tentaram esclarecer a obra partindo de uma abordagem psicológica; entendiam as possíveis contradições nela presentes como manifestação de conflitos pessoais. Outros, apoiando-se na psicanálise, diagnosticaram seu pensamento como expressão de uma personalidade neurótica; relacionavam a doutrina da vontade de potência com seu sentimento de inferioridade. Houve ainda os que, recorrendo à sociologia, propuseram-se a explicar suas afirmações como resultantes de uma posição ideológica, que vinha em defesa da burguesia imperialista na Alemanha.

Os historiadores da filosofia, por sua vez, procuraram apontar os referenciais teóricos que Nietzsche adotou e refazer a trama conceitual de seus textos; buscaram reintroduzi-lo na tradição cultural e reinscrevê-lo no pensamento alemão do século XIX. Alguns detinham-se no exame da teoria da vontade de potência e na análise da doutrina do eterno retorno. Outros punham em relevo o conceito de valor e salientavam a importância do procedimento genealógico. Assim surgiram trabalhos que ainda hoje constituem obras de referência sobre o pensamento nietzscheano.

No Brasil, a presença de Nietzsche é, sem dúvida, incontestável. Muito cedo suas ideias despertaram interesse. Aqui chegaram através do movimento anarquista europeu e, em particular, do espanhol; já no início do século XX, deixavam marcas em romances e contos brasileiros. Poucas décadas depois, seguindo o espírito da época, Nietzsche passou a ser tomado em nosso país como pensador de direita. Por ocasião da Segunda Grande Guerra, artigos ideológicos, que apareciam em revistas de cunho fascista, pretenderam apropriar-se de seu pensamento. Na Europa, ele passava a ser difundido como um dos pilares do nazismo na Alemanha e era apropriado pela direita na França. Por certo, houve quem denunciasse a trama que ligava o nome do filósofo ao de Hitler. De 1935 a 1945, vários intelectuais – dentre eles: Bataille, Klossowski, Jean Wahl, que se reuniam em torno da revista *Acéphale* – empenharam-se em desfazer o equívoco. E, entre nós, quando chegava ao auge a difamação, intelectuais de peso tomaram a sua defesa, conclamando a que se levasse em conta "sua técnica de pensamento" e se recuperasse o filósofo Nietzsche.

No início da década de 1980, o pensamento nietzscheano ganhou outra vez destaque no Brasil. Ele chegou até nós através da leitura dos pensadores franceses, em particular de Foucault e Deleuze. Foucault encarou Nietzsche menos como objeto de análise do que como instrumento; relacionou-se com ele menos como o comentador com seu *interpretandum* do que como o pensador com sua caixa de ferramentas. Deleuze, que em 1962 havia publicado *Nietzsche e a filosofia*, um comentário exemplar da obra do filósofo, questionou o que era ser nietzscheano hoje: preparar um trabalho sobre Nietzsche ou produzir, no curso da experiência, enunciados nietzscheanos? Eles não quiseram pensar a atualidade *do* texto nietzscheano, mas pensar a atualidade *através* dele.

Na França, Foucault, Deleuze, Derrida e outros questionavam conceitos desde sempre presentes na investigação filosófica, punham em xeque noções consagradas pela tradição, subvertiam formas habituais de pensar e, ao lado de Marx e Freud, incluíam Nietzsche entre os "filósofos da suspeita"; em nosso país, quase como uma caixa de ressonância, privilegiava-se a vertente corrosiva do seu pensamento. Então, Nietzsche passou a nomear um estilo a serviço de um certo sentimento de existência, marcado pela ousadia e pela irreverência. Invocou-se o seu nome para pôr em causa as instituições e os valores estabelecidos, a maneira bem-comportada de pensar e de agir de nossa sociedade. A ele se recorreu para afirmar a necessidade de transbordamento e excesso, o desejo de êxtase e vertigem. Enfim, dele se lançou mão para proclamar radicalismos políticos e pulsões eróticas; dele se fez o patrono de uma "comunidade de rebeldes imaginários". E assim se formou e cristalizou a imagem de Nietzsche libertário.

Contraposta a essa imagem, outra começou a esboçar-se na década de 1980. Então, por furtar-se a enfrentar seu pensamento, houve quem pretextasse os efeitos políticos desastrosos que Nietzsche teria causado, declarando que seus escritos eram monstruosos, sem querer ver as deturpações de que foram objeto. Assim reavivou-se a imagem de Nietzsche precursor do nazismo, fruto de uma leitura ligeira e superficial. Por desprezar sua reflexão, houve quem sustentasse que Nietzsche não fornecia instrumentos para analisar as questões políticas, assegurando que aqui era inútil ler seus textos, por deles esperar respostas imediatas para os nossos problemas. Assim divulgou-se a imagem de Nietzsche desnecessário e inoperante, fruto de um modo de pensar pragmático e utilitarista. Para desvalorizar suas ideias, houve quem argumentasse que Nietzsche era um fenômeno episódico da história da filosofia, afirmando que sua obra não deixou marcas, por desconhecer a gama de escritos e debates que ela continua a ensejar. Assim difundiu-se a imagem de Nietzsche sem escola ou seguidores, fruto de uma abordagem precipitada e cheia de prevenção. Em suma, houve quem alertasse para os perigos do contágio Nietzsche, concluindo que ele era um pensador contraditório e irracionalista.

Foi durante as décadas de 1970 e 1980 que Nietzsche se tornou "popular" no Brasil. Então, passou a ser explorado pela mídia, utilizado pelos meios de comunicação, apropriado pelo mercado editorial. Publicaram-se livros introdutórios a respeito da sua filosofia, textos de divulgação das suas ideias, artigos em jornais e revistas que mencionavam a qualquer propósito palavras suas. No mais das vezes, operaram-se recortes arbitrários em seus escritos visando a satisfazer interesses imediatos. Durante anos, dele se falou como se fala de um autor na moda: sem conhecimento da densidade de sua reflexão filosófica.

Também é fato que, nas últimas décadas, a repercussão dos escritos de Nietzsche acabou por fazer-se sentir nas mais diversas áreas: na literatura, nas artes plásticas, na música, na psicanálise, nas chamadas ciências humanas. Enfim, seus textos deixaram marcas indeléveis em nossa cultura.

 **Obras**

I. Textos editados pelo próprio Nietzsche

1872. *O nascimento da tragédia no espírito da música.*

1873. *Primeira consideração extemporânea: David Strauss, o devoto e o escritor.*

1874. *Segunda consideração extemporânea: da utilidade e desvantagens da história para a vida; Terceira consideração extemporânea: Schopehauer como educador.*

1876. *Quarta consideração extemporânea: Richard Wagner em Bayreuth.*

1878. *Humano, demasiado humano – Um livro para espíritos livres.*

1879. *Miscelânea de opiniões e sentenças* e *O andarilho e sua sombra,* que virão a constituir o segundo volume de *Humano, demasiado humano.*

1881. *Aurora – Pensamentos sobre os preconceitos morais.*

1882. *A gaia ciência*, em quatro partes; *Idílios de Messina*.

1883. *Assim falava Zaratustra – Um livro para todos e para ninguém* (primeira parte); *Assim falava Zaratustra* (segunda parte).

1884. *Assim falava Zaratustra* (terceira parte).

1885. *Assim falava Zaratustra* (quarta parte).

1886. *Para-além de bem e mal – Prelúdio a uma filosofia do porvir*. Reedição das obras publicadas, com prefácios ao primeiro e segundo volumes de *Humano, demasiado humano, O nascimento da tragédia, Aurora* e *A gaia ciência*, assim como a quinta parte deste último livro.

1887. *Para a genealogia da moral – Um escrito polêmico em adendo a "Para-além de bem e mal" como complemento e ilustração*.

1888. *O caso Wagner*; *Crepúsculo dos ídolos*; *Nietzsche contra Wagner*.

II. Textos preparados por Nietzsche para edição

1888. *O anticristo*; *Ecce homo*; *Ditirambos de Dioniso*.

III. Escritos inéditos inacabados

1870. *O drama musical grego*; *Sócrates e a tragédia*; *A visão dionisíaca do mundo*.

1872. *Sobre o futuro de nossos estabelecimentos de ensino*; *Cinco prefácios a cinco livros não escritos*.

1873. *A filosofia na época trágica dos gregos*; *Sobre verdade e mentira no sentido extramoral*.

 **SELEÇÃO DE TEXTOS**

Aurora, prefácio, § 5

– E para terminar: Por que teríamos de dizer tão alto e com tal ardor o que somos, o que queremos ou não queremos? Vamos observá-lo com maior frieza, distância, prudência, de uma maior altura; vamos dizê-lo, como pode ser dito entre nós, tão discretamente que o mundo inteiro não o ouça, que o mundo inteiro não *nos* ouça! Sobretudo, digamo-lo *lentamente*... Este prólogo chega tarde, mas não tarde demais; que importam, no fundo, cinco ou seis anos? Um tal livro, um tal problema não tem pressa; além disso, somos ambos amigos do *lento*, tanto eu quanto o meu livro. Não se foi filólogo em vão, talvez se seja ainda, o que quer dizer, um professor da lenta leitura: – afinal, também se escreve lentamente. Agora isso não faz parte apenas de meus hábitos, mas também de meu gosto – um gosto maldoso, talvez? – Nada mais escrever que não leve ao desespero esse tipo de homem que "tem pressa". Filologia é mesmo essa arte venerável que exige de seu admirador sobretudo uma coisa: pôr-se de lado, dar-se tempo, tornar-se silencioso, tornar-se lento – como uma arte e um conhecimento da ourivesaria da *palavra*, que tem de realizar um trabalho sutil e cuidadoso e nada chega a nada se não chegar ao *lento*. Precisamente por isso ela é hoje mais necessária do que nunca, precisamente por isso ela nos atrai e encanta mais, em meio a uma época de "trabalho", isto é, de pressa, de indecorosa e suada sofreguidão, que quer logo "terminar" com tudo, também com todos os livros velhos e novos: – ela própria não termina facilmente com algo, ela ensina a ler *bem*, ou seja, lentamente, profundamente, olhando para trás e para diante, com segundas intenções, com as portas abertas, com dedos e olhos delicados... Meus pacientes amigos, este livro deseja apenas leitores e filólogos perfeitos: *aprendam* a bem me ler!

A gaia ciência § 374

Nosso novo "infinito". Até onde vai o caráter perspectivista da existência, ou mesmo se ela tem ainda algum outro caráter, se uma existência sem interpretação, sem "sentido", não vem a ser justamente um "sem-sentido", se, por outro lado, toda a existência não é essencialmente *interpretativa* – isso, como de hábito, não pode ser decidido nem pela mais diligente e conscienciosa análise e autoexame do intelecto: pois o intelecto humano nessa análise não pode deixar de ver a si mesmo sob suas formas perspectivas e *apenas* nelas. Não podemos ver para além do nosso ângulo: é uma curiosidade desesperada querer saber que outros tipos de intelecto e de perspectiva *poderia* haver: por exemplo, se quaisquer outros seres podem sentir o tempo retroativamente ou, alternando, progressiva e retroativamente (o que daria lugar a uma outra orientação da vida e uma outra noção de causa e efeito). Mas penso que hoje estamos longe, pelo menos, da ridícula imodéstia de decretar a partir de nosso ângulo que só se deveria ter perspectivas a partir desse ângulo. O mundo, ao contrário, tornou-se para nós "infinito" uma vez mais: na medida em que não podemos recusar que ele *encerra infinitas interpretações*. Mais uma vez nos toma o grande tremor – mas quem teria vontade de imediatamente divinizar outra vez, à maneira antiga, *esse* prodigioso mundo desconhecido? E passar a adorar *esse* desconhecido como "o ser desconhecido"? Ah, há demasiadas possibilidades *não divinas* de interpretação inscritas nesse desconhecido, demasiada diabrura, estupidez, loucura de interpretação – a nossa própria, humana, demasiado humana, que conhecemos...

Assim falava Zaratustra, Terceira Parte, A volta ao lar

Ó solidão! Ó solidão, meu *lar*! Tempo demais vivi selvagemente em selvagens terras estranhas, para não regressar sem lágrimas!

Ameaça-me, pois, agora com o dedo, como ameaçam as mães, e sorri para mim, como sorriem as mães, e logo dizes: "E quem foi que outrora feito um vendaval se afastou de mim?

Que, ao despedir-se, exclamou: tempo demais estive sentado junto da solidão e, assim, desaprendi a calar! *Isto* – aprendeste agora?

Ó Zaratustra, eu sei tudo: e que entre muitos estavas mais *abandonado*, tu, o único, do que jamais estiveste comigo!

Uma coisa é o abandono, outra, a solidão. *Isto* – aprendeste agora! E que entre os homens serás sempre selvagem e estranho.

Selvagem e estranho ainda quando te amem: porque, antes de tudo, querem ser *poupados*!

Mas, aqui, estás na tua casa e no teu lar; aqui, podes dizer tudo livremente e desabafar as tuas razões; nada se esvergonha aqui de sentimentos escondidos e endurecidos.

Aqui, todas as coisas acorrem carinhosas a teu discurso e te lisonjeiam: pois querem cavalgar nas tuas costas. Em cada imagem, cavalgas, aqui, para todas as verdades.

Com sinceridade e franqueza, podes aqui falar a todas as coisas; e, em verdade, soa como um louvor a seus ouvidos que alguém fale com todas as coisas – sem rodeios!

Mas outra coisa é o abandono. Ainda te lembras, ó Zaratustra? Quando outrora teu pássaro gritou acima de ti, quando estavas na floresta, hesitante, sem saber para onde ir, perto de um cadáver.

Quando disseste: "Possam guiar-me os meus animais!" Encontrei mais perigos entre os homens do que entre os animais. – *Isto* era abandono!

E ainda te lembras, ó Zaratustra? Quando estavas sentado na tua ilha, fonte de vinho em meio a baldes vazios, dando e presenteando, vertendo e partilhando entre sedentos.

Até que por fim foste o único sedento em meio a bêbados e, à noite, lamentavas-te: "Não é receber mais bem-aventurado que dar? E roubar ainda mais bem-aventurado que receber?" *Isto* era abandono!

E ainda te lembras, ó Zaratustra? Quando veio a tua hora mais silenciosa e te arrastou para longe de ti mesmo, ao falar-te com malvado murmúrio: "Fala e despedaça-te!"

Quando ela tornou penosos para ti tua espera e teu silêncio e desencorajou tua desanimada coragem. – *Isto* era abandono!

Ó solidão! Ó solidão, meu *lar*! Quão feliz e meiga me fala a tua voz!

Não nos interrogamos um ao outro, não nos queixamos um ao outro, vamos juntos, de coração abertamente, através de portas abertas.

Porque em ti tudo é aberto e claro: e também as horas correm aqui com pés mais leves. Na escuridão, o tempo se torna mais pesado do que na luz.

Aqui, abrem-se para mim todas as palavras e cofres de palavras do ser; todo ser quer tornar-se, aqui, palavra, todo vir-a-ser quer aprender comigo a falar.

Lá embaixo, porém – lá é inútil todo discurso! Lá esquecer e passar além é a melhor sabedoria. *Isto* – agora, aprendi!

Quem quisesse entre os homens tudo apreender teria de tudo atacar. Mas eu tenho mãos demasiado limpas para isso.

Já não posso respirar o ar que respiram; ah, como vivi tanto tempo em meio ao seu alarido e ao seu mau hálito!

Ó bem-aventurado silêncio a meu redor! Ó puros odores a meu redor! Ó como esse silêncio haure ar puro de um peito profundo! Ó como escuta esse bem-aventurado silêncio!

Mas lá embaixo – tudo fala, nada se ouve. Pode alguém com repicar de sinos anunciar a sua sabedoria: mais forte os vendedores no mercado farão soar as moedas!

Tudo, entre eles, fala, ninguém sabe mais compreender. Tudo vai por água abaixo, nada cai em poços profundos.

Tudo, entre eles, fala, nada se realiza nem chega a seu fim. Tudo cacareja, mas quem quer ainda sentar-se calado no ninho e chocar ovos?

Tudo, entre eles, fala, tudo se esfrangalha em palavras. E o que ainda ontem era duro demais para o próprio tempo e para seu dente – hoje pende, esmigalhado e triturado, da boca dos homens de hoje.

Tudo, entre eles, fala, tudo se trai. E o que outrora se chamou segredo e mistério de almas profundas, hoje pertence aos pregadores de rua e outras espécies de borboletas.

Ó ser humano, estranha criatura! Ó alarido em becos escuros! Agora estás outra vez abaixo de mim: – o meu maior perigo jaz abaixo de mim!

Em ser indulgente e compassivo esteve sempre o meu maior perigo; e todo ser humano quer ser poupado e suportado.

Retendo verdades, com mão de louco e coração enlouquecido, rico em pequenas mentiras de compaixão – assim sempre vivi entre os homens.

Disfarçado, sentava entre eles, disposto a desconhecer-*me*, a fim de poder suportá-*los*, dizendo com gosto a mim mesmo: "Ó louco, não conheces os homens!"

Desaprende-se a conhecer os homens quando se vive entre os homens: há demasiados pertos em todos os homens – e que têm a fazer *lá* olhos que veem ao longe, que buscam os longes!

E quando me desconheciam, eu, louco, era mais indulgente com eles do que comigo, habituado à dureza para comigo e, muitas vezes, ainda me vingava em mim mesmo dessa indulgência.

Picado por moscas venenosas e escavado, como pedra, por muitas gotas de maldade, assim me sentava entre eles e ainda me dizia a mim mesmo: "Inocente de sua pequenez é todo o pequeno!"

Sobretudo os que se chamam "os bons" foram os que encontrei como as moscas mais venenosas. Picam com toda a inocência, mentem com toda a inocência; como *poderiam* – ser justos comigo!

A quem vive entre os bons a compaixão ensina a mentir. A compaixão torna abafado o ar para todas as almas livres. A estupidez dos bons é mesmo insondável.

Ocultar-me a mim mesmo e à minha riqueza – *isto* aprendi lá embaixo: pois a todos encontrei ainda pobres de espírito. Esta era a mentira da minha compaixão: que, em cada um, eu sabia.

Que, em cada um, eu via e farejava o que, para ele, era espírito *suficiente* e o que, para ele, já era espírito *demais*!

Seus rígidos sábios: eu os chamava sábios, e não rígidos – assim aprendi a engolir palavras. Seus coveiros: eu os chamava indagadores e pesquisadores – assim aprendi a trocar palavras.

Cavam os coveiros suas próprias enfermidades. Sob os velhos escombros, jazem mefíticas exalações. Não se deve revolver o lodo. Deve-se viver nas montanhas.

Com felizes narinas, volto a respirar a liberdade da montanha! Redimido, por fim, está meu nariz do odor de todo ser humano!

Tocada por ventos agrestes como por espumantes vinhos, *espirra* a minha alma – espirra e de júbilo grita: saúde!

Assim falava Zaratustra.

Para além de bem e mal. Prefácio

Supondo que a verdade seja uma mulher – como? não está bem-fundada a suspeita de que todos os filósofos, na medida em que foram dogmáticos, entenderam pouco de mulheres? De que a terrível seriedade, a desajeitada insistência com que até agora se acercaram da verdade, eram meios inábeis e impróprios para conquistar os favores de uma mulher? É certo que ela não se deixou conquistar – e hoje toda espécie de dogmática está em pé, aflita e sem ânimo. *Se* é que ainda permanece em pé! Pois há os zombadores que afirmam que caiu, que toda dogmática está no chão, mais ainda, que toda dogmática está nas últimas. Falando sério, há boas razões para esperar que todo dogmatizar em filosofia, ainda que se tenha apresentado como algo solene e definitivo, não foi mais do que nobre infantilidade e coisa de iniciante; e talvez esteja muito próximo o tempo em que se perceberá cada vez mais *o que* propriamente bastou, para colocar a primeira pedra desses sublimes e incondicionais edifícios filosóficos que os dogmáticos construíram até agora – uma superstição popular qualquer de uma época imemorial (como a superstição da alma, que, enquanto superstição do sujeito e do eu, ainda hoje não deixou de causar danos), talvez um jogo de palavras qualquer, uma sedução por parte da gramática ou uma temerária generalização de fatos muito estreitos, muito pessoais, muito humanos, demasiado humanos. A filosofia dos dogmáticos foi, esperemos, apenas uma promessa durante milênios: assim como numa época ainda anterior a astrologia, para cujo serviço talvez se tenha aplicado mais trabalho, dinheiro, perspicácia, paciência, do que até agora para qualquer verdadeira ciência: a ela e a suas pretensões "supraterrenas" se deve na Ásia e no Egito o grande estilo da arquitetura. Parece que todas as coisas grandes, para se inscrever no coração da humanidade com suas exigências eternas, tiveram que vagar antes pela Terra como grotescas figuras monstruosas e apavorantes: uma dessas figuras grotescas foi a filosofia dogmática, por exemplo, a doutrina Vedanta na Ásia, o platonismo na Europa. Não sejamos ingratos para com eles, embora também tenhamos de admitir que o pior, o mais duradouro e perigoso de todos os erros até hoje foi um erro de dogmática, a saber, a invenção por Platão do puro espírito e do bem em si. Mas agora que ele foi superado, agora que a Europa respira aliviada do seu pesadelo e pode desfrutar ao menos de um sono mais sadio, somos nós, *cuja tarefa é estar despertos*, os herdeiros de toda a força engendrada pelo combate a esse erro. Falar do espírito e do bem tal como fez Platão significou, por certo, pôr a verdade de ponta-cabeça e negar o *perspectivismo*, a condição básica de toda vida; pode-se mesmo perguntar, como médico: "De onde vem essa enfermidade no mais belo rebento da Antiguidade, em Platão? O malvado Sócrates o teria mesmo corrompido? Teria sido mesmo Sócrates o corruptor da juventude? E teria merecido a cicuta?" Mas a luta contra Platão ou, para dizê-lo de maneira mais inteligível e para o "povo", a luta contra a pressão cristã-eclesiástica de milênios – pois cristianismo é platonismo para o "povo" – produziu na Europa uma magnífica tensão do espírito, como até então não houvera na Terra: com um arco tão tenso se pode agora visar os alvos mais distantes. É certo que o homem europeu sente essa tensão como uma miséria; e por duas vezes já se tentou em grande estilo distender o arco, a primeira com o jesuitismo, a segunda com a filosofia democrática das Luzes – a qual pôde realmente conseguir, com ajuda da liberdade de imprensa e da leitura de jornais, que o espírito não mais se sentisse tão facilmente a si mesmo como "miséria"! (Os alemães inventaram a pólvora – todo o respeito! – mas ficaram novamente quites: inventaram a imprensa.) Mas nós, que não somos nem jesuítas, nem democratas, nem mesmo alemães o bastante, nós, *bons europeus* e espíritos livres, *muito* livres, nós ainda as temos, toda a necessidade do espírito e toda a tensão de seu arco! E talvez também a seta, a tarefa e, quem sabe?, *o alvo...*

Genealogia da moral III § 12

Supondo que esta vontade encarnada de contradição e antinatureza seja levada a *filosofar*: sobre o que descarregará a sua mais íntima arbitrariedade? Sobre o que é sentido, de maneira seguríssima, como verdadeiro, como real: buscará o *erro* precisamente ali onde o autêntico instinto de vida coloca incondicionalmente a verdade. Rebaixará, por exemplo, como fizeram os ascetas da filosofia Vedanta, a corporalidade a uma ilusão, assim como a dor, a multiplicidade, toda oposição conceitual de "sujeito" e "objeto" – erros, nada mais do que erros! Recusar a crença em seu eu, negar a si mesmo sua "realidade" – que triunfo! – não mais simplesmente sobre os sentidos, sobre a evidência, mas uma espécie bem mais elevada de triunfo, uma violentação e uma crueldade contra a *razão*: volúpia que atinge seu ápice quando o autodesprezo ascético, o autoescárnio da razão decreta: "*existe* um reino da verdade e do ser, mas precisamente a razão dele está *excluída*!..." (Dito de passagem: mesmo no conceito kantiano de "caráter inteligível das coisas" sobreviveu algo desta lasciva discordância de ascetas que gosta de voltar a razão contra a razão: com efeito, "caráter inteligível" significa, em Kant, um modo de constituição das coisas, do qual o intelecto compreende precisamente que é, para o intelecto, *total e absolutamente incompreensível*.) Não sejamos afinal, como homens do conhecimento, ingratos a tais resolutas inversões das perspectivas e valorações habituais, com que o espírito, de maneira aparentemente sacrílega e inútil, se enfureceu contra si mesmo por tanto tempo: ver uma vez de outro modo, *querer* ver de outro modo, é uma grande disciplina e preparação do intelecto para a sua futura "objetividade" – entendida esta última não como "observação desinteressada" (que enquanto tal é um não conceito e um contrassenso), mas como o que permite *ter em seu poder* seu pró e seu contra e combiná-los de diferentes formas, de modo que se saiba tornar utilizável para o conhecimento a *diversidade* mesma das perspectivas de ordem afetiva. A partir de agora, senhores filósofos, guardemo-nos bem contra a perigosa e antiga fábula conceitual que estabeleceu um "sujeito puro do conhecimento, alheio à vontade, à dor e ao tempo", guardemo-nos dos tentáculos de conceitos contraditórios como "razão pura", "espiritualidade absoluta", "conhecimento em si". Tudo isso pede que se pense um olho que não pode de modo algum ser pensado, um olho absolutamente carente de toda orientação, no qual devem estar entorpecidas e ausentes as forças ativas e interpretativas, que, no entanto, são as que fazem com que ver seja ver-algo; aqui se pede sempre, portanto, um contrassenso e um não conceito de olho. *Só* existe uma visão perspectiva, *só* um "conhecer" perspectivo; e *quanto mais* afetos permitirmos tomar a palavra sobre uma coisa, *quanto mais* olhos, olhos distintos, soubermos utilizar para essa coisa, tanto mais completo será nosso "conceito" dessa coisa, nossa "objetividade". Mas eliminar por completo a vontade, deixar em suspenso todos os afetos, supondo-se que pudéssemos fazê-lo: Como? Isso não significaria *castrar* o intelecto?...

Crepúsculo dos ídolos. Os "melhoradores" da humanidade, § 1

Sabe-se que exigência faço ao filósofo: que se situe *para além de bem e mal* – que tenha abaixo de si a ilusão do juízo moral. Essa exigência decorre de uma intuição que fui o primeiro a formular: *a de que não existem fatos morais*. O juízo moral tem isto em comum com o juízo religioso: acreditar em realidades que não existem. A moral é apenas uma interpretação de certos fenômenos, ou mais exatamente, uma interpretação *equivocada*. O juízo moral, assim como o religioso, corresponde a um nível de ignorância em que ainda faltam o conceito de real, a distinção entre real e imaginário, de tal maneira que nesse nível "verdade" designa simplesmente coisas que hoje denominamos "imaginações". Não se deve, pois, jamais tomar ao pé da letra o juízo moral: enquanto tal, ele sempre contém unicamente um sem-sentido. Mas enquanto *semiótica*, não deixa de ser inestimável; revela, pelo menos para aquele que "sabe", as realidades mais valiosas de culturas e sensibilidades profundas que não *sabiam* o bastante para "se entenderem" a si mesmas. A moral é meramente um falar por signos, meramente uma sintomatologia: é preciso antes saber *do que* se trata para dela tirar proveito.

Fragmento póstumo 37 [4] de junho/julho de 1885

Moral e fisiologia – Consideramos que é por uma conclusão prematura que se tomou durante tanto tempo a consciência humana como o grau mais elevado da evolução orgânica e como a mais supreendente de todas as coisas terrestres, até mesmo como o seu apogeu e o seu termo. Bem mais surpreendente é o *corpo:* não cansamos de maravilhar-nos com a ideia de como o *corpo* humano se tornou possível, como essa prodigiosa coletividade de seres vivos, todos dependentes e subordinados, mas num outro sentido dominantes e dotados de atividade voluntária, pode viver e crescer enquanto um todo e subsistir algum tempo – e isso *não* acontece evidentemente através da consciência! Para esse "milagre dos milagres", a consciência não passa de um instrumento, nada mais – no mesmo sentido em que o estômago também é um instrumento. A esplêndida coesão dos mais múltiplos viventes, a maneira pela qual as atividades superiores e inferiores se ajustam e integram, a obediência multiforme, que não é cega e muito menos mecânica, mas seletiva, inteligente, cuidadosa e até rebelde – todo esse fenômeno "corpo" é, do ponto de vista intelectual, tão superior à nossa consciência, ao nosso "espírito", ao nosso consciente pensar, sentir e querer, quanto a álgebra é superior à tabuada. O "aparelho neurocerebral" *não* foi construído com essa "divina" sutileza para produzir sobretudo o pensamento, o sentimento, a vontade; parece-me, bem ao contrário, que justamente não há necessidade alguma de um "aparelho", para produzir o pensar, o sentir e o querer, e que esses fenômenos, e apenas eles, constituem "a própria coisa". Bem ao contrário, essa prodigiosa síntese de seres vivos e intelectos que se chama "homem" só pode viver a partir do momento em que se criou esse sistema sutil de relações e transmissões e, através dele, um entendimento extremamente rápido entre todos esses seres superiores e inferiores – graças a intermediários, todos eles viventes; mas esse não é um problema de mecânica, é um problema moral. Nós nos proibimos hoje fabular sobre a "unidade", a "alma", a "personalidade"; com tais hipóteses *complica-se* o problema, isto é claro. E mesmo esses seres vivos microscópicos que constituem nosso corpo (mais precisamente, cuja cooperação não se pode simbolizar melhor do que por aquilo que chamamos "corpo") não valem para nós como átomos, almas, mas como seres que crescem, lutam, expandem-se e de novo perecem; tanto é que o seu número muda sem cessar e nossa vida, como toda vida, é ao mesmo tempo uma morte perpétua. Há, pois, no homem tantas "consciências" quantos seres – em cada instante de sua existência – que constituem o seu corpo. O que distingue esse "consciente" que habitualmente se pensa como sendo único, o intelecto, é justamente o fato de ele permanecer protegido e excluído do que existe de inumerável e diverso na vivência dessas muitas consciência; como uma consciência de nível superior, uma multiplicidade reinante, uma aristocracia, ele só recebe uma *seleção* de vivências, mais ainda, vivências simplificadas, fáceis de perceber e apreender, portanto, *falsificadas* – para que, por sua vez, ele continue esse trabalho de simplificar e apresentar, portanto, de falsificar, e prepare o que se denomina comumente "um querer" –, cada um desses atos de vontade supõe de alguma forma a nomeação de um ditador. Mas quem oferece essa seleção ao nosso intelecto, quem previamente simplificou, nivelou, interpretou as vivências, não é certamente esse mesmo intelecto; e menos ainda é quem *executa* a vontade, quem recebe uma representação pálida, difusa e extremamente inexata do valor e da força, traduzindo-a em força viva e exatas medidas de valor. E essa mesma espécie de operação, que se realiza aqui, deve continuar a realizar-se em todos os graus inferiores, na relação de todos esses seres superiores e inferiores entre si: essa mesma seleção, essa mesma apresentação de vivências, essa maneira de abstrair e agrupar, esse querer, essa tradução de um querer muito vago numa atividade definida. Guiados pelo fio condutor do corpo, como disse, aprendemos que nossa vida só é possível graças ao jogo combinado de numerosas inteligências de valor muito desigual, portanto, graças a um permanente obedecer e mandar de formas inumeráveis – ou, em termos de moral, graças ao exercício ininterrupto de numerosas *virtudes*. E como se poderia deixar de falar de moral! Conversando assim, eu me abandonava sem me reter ao meu instinto de pedagogo: pois eu estava feliz por ter alguém que quisesse me ouvir. Justamente nesse momento, Ariadne perdeu a paciência – a história se passava por ocasião de minha primeira estada em Naxos.

– Mas meu senhor – disse ela –, falais alemão como um porco!

– Alemão – respondi sem me aborrecer –, simplesmente alemão. Deixai de lado o porco, minha deusa! Subestimais a dificuldade de dizer em alemão coisas sutis!

– Coisas sutis! – gritou Ariadne indignada. – Mas não passava de positivismo! Filosofia com focinho! Uma mistura de conceitos, extraída do esterco de cem filosofias! Para onde ainda quereis nos levar?

E ela brincava impaciente com o célebre fio que outrora guiou o seu Teseu através do labirinto. Assim ficou claro que Ariadne em matéria de cultura filosófica se achava há dois mil anos atrás.

NOTAS

1. *Para além de bem e mal* § 22.

2. Fragmento póstumo 14 (121) da primavera de 1888.

3. Fragmento póstumo (250) 10 [138] do outono de 1887.

4. Fragmento póstumo 14 [188] da primavera de 1888.

5. Fragmento póstumo 14 [79] da primavera de 1888.

6. Fragmento póstumo 38 [12] de junho/julho de 1885.

7. Prefácio, § 8.

8. *Ecce homo*. Por que escrevo livros tão bons, § 5.

9. *Aurora*. Prefácio, § 5.

10. *Para além de bem e mal* § 22.

11. Fragmento póstumo 2 [86] do outono de 1885/outono de 1886.

12. Fragmento póstumo 7 [60] do final de 1886/primavera de 1887.

13. Fragmento póstumo 2 [148] do outono de 1885/outono de 1886.

14. Fragmento póstumo 2 [151] do outono de 1885/outono de 1886.

15. *A gaia ciência* § 374.

16. Fragmento póstumo 14 [186] da primavera de 1888.

17. Fragmento póstumo 2 [154] do outono de 1885/outono de 1886.

18. *Genealogia da moral* III § 12.

19. *Crepúsculo dos ídolos*. O problema de Sócrates, § 2.

20. Genealogia da moral, § 3.

21. *Crepúsculo dos ídolos*. Moral como contranatureza, § 5.

22. *Assim falava Zaratustra*. "O Convalescente", 1ª Subseção.

23. Fragmento póstumo (255) 10 [146] do outono de 1887.

24. Fragmento póstumo 38 [12] de junho/julho de 1885.

25. Fragmento póstumo 2 [106] do outono de 1885/outono de 1886.

26. Fragmento póstumo 36 [31] de junho/julho de 1885.

Bergson

Débora Cristina Morato Pinto *

O filósofo e o seu tempo

Henri-Louis Bergson nasceu em Paris, em 18 de outubro de 1859, filho de uma família judaica. Seu pai, Michaël Bergson, era músico e imigrou da Polônia; sua mãe, Kate Levinson, era inglesa. No ano de 1868, auxiliado por uma bolsa do governo francês, iniciou seus estudos no Liceu Bonaparte, ali permanecendo até o final do ciclo fundamental. Durante os anos de formação, o jovem Bergson destacou-se ao receber várias distinções, como o prêmio de honra de retórica e, notoriamente, o primeiro prêmio de matemática no Concurso Geral da França. Seu professor, Desboves, acalentou então esperanças de que a matemática fosse o destino intelectual do aluno, lamentando posteriormente a escolha, que recaiu sobre a filosofia. O episódio tem um significado amplo: um aspecto relevante do pensamento de Bergson consiste em ter apontado os limites da matemática como modelo de inteligibilidade do real. Em 1878, Bergson entrou na renomada Escola Normal Superior, lá realizando seus estudos acadêmicos em filosofia até o exame nacional da Agregação, quando foi aprovado em segundo lugar, habilitando-se para a carreira docente universitária. Como professor, começou ensinando em liceus do interior da França (Angers e Clermont-Ferrand) até 1888, quando passou a lecionar em Paris. Durante o período inicial de docência, Bergson escreveu as duas teses exigidas para obter o grau de Doutor em Letras. A principal, o *Ensaio sobre os dados imediatos da consciência*[1], e a secundária em latim (uma exigência acadêmica à época), *Quid Aristoteles de loco senserit*[2], foram defendidas em 27 de dezembro de 1889. O *Ensaio*, sua primeira grande obra, foi de imediato reconhecido como expressão de um esforço filosófico singular e original, que nos apresenta a exposição de sua noção fundamental, a duração.

Em 1890, Bergson foi nomeado professor no Liceu Henri-IV em Paris, onde permaneceu por alguns anos (com uma breve passagem pela Escola Normal Superior como mestre de conferências) até que foi eleito para a cadeira de filosofia antiga do Colégio de França, no qual assumiu posteriormente a cadeira de filosofia moderna. Os seus biógrafos[3] apontam a razão da elei-

* Doutora em História da Filosofia Contemporânea pela Universidade de São Paulo (USP). Professora do Departamento de Filosofia e dos Programas de Pós-Graduação em Filosofia e em Antropologia da Universidade Federal de São Carlos (UFSCar). Pesquisadora do CNPq.

ção justamente na sua segunda obra filosófica, *Matéria e memória*. O livro apresenta uma investigação sobre a relação entre corpo e espírito explorando os progressos no campo da fisiologia e da psicologia. A tentativa de conciliar o exame dos fatos e o esforço de construção metafísica impressionou o meio filosófico e pode ser atestada pela publicação separada de dois capítulos da obra em duas revistas de tendências quase opostas[4]. Um pouco antes de terminar o livro, em 1892, Bergson casou-se com Louise Neuburger, sua esposa até o fim da vida e com quem teve sua única filha, Jeanne Bergson, que nasceu surda. A dedicação dos pais possibilitou que Jeanne se tornasse escultora e pintora, assim como lhe proporcionou a aquisição da capacidade de se comunicar. Ela nasceu em 1896, ano de publicação de *Matéria e memória*, curiosamente o livro que trata diretamente dos casos clínicos de distúrbios no uso da linguagem. A entrada no Colégio de França data de 1900 e foi seguida pela eleição, em 1901, para a Academia de Ciências Morais e Políticas. Ainda em 1900, Bergson publicou *O riso, um ensaio sobre o cômico*. Iniciou-se então o período de imensa notoriedade, com o grande número de alunos que passaram a frequentar os seus cursos e conferências. Essa popularidade aumentou consideravelmente a partir de 1907, com a publicação da terceira grande obra, *A evolução criadora*, a ponto de fazer com que ele mesmo encarasse o sucesso inesperado como um fardo. Vários estudiosos da obra de Bergson reconhecem que esse sucesso, ultrapassando os limites da academia e atingindo o grande público, veio acompanhado de leituras apressadas e de uma má compreensão geral da sua filosofia. Também data dessa época uma conferência famosa, *O sonho*[5], desdobramento do segundo livro.

Com a tradução de *Evolução* para o inglês, Bergson tornou-se conhecido na Inglaterra e nos Estados Unidos, numa ampla recepção pontuada por resistência e ceticismo, especialmente no caso dos ingleses – Bertrand Russell é o nome de maior expressão entre os críticos. A expansão de seu pensamento para a Europa (o terceiro livro também foi traduzido na Alemanha) propiciou a apresentação de conferências para o público de língua inglesa que se tornaram textos importantes no conjunto da obra. É o caso de *A percepção da mudança*, pronunciada na Universidade de Oxford em 1911, *O possível e o real*, modificação de algumas ideias apresentadas também em Oxford, em 1920, e *A consciência e a vida*, pronunciada em inglês sob o título de *Life and Consciousness* na Universidade de Birmingham, para ficar entre as mais conhecidas. Os textos resultantes dessas e de outras conferências estão reunidos, junto com ensaios inicialmente publicados em periódicos diversos, nas coletâneas *A energia espiritual* (1919) e *O pensamento e o movente* (1934). Da relação com os anglo-falantes surge também o diálogo e a influência recíproca entre Bergson e William James. O advento da guerra de 1914 interrompeu essa expansão acelerada da obra bergsoniana. O filósofo, por ter morado na Inglaterra em seus primeiros anos de vida, teve a possibilidade de optar pela nacionalidade francesa e, durante a guerra, expressou a um só tempo seu patriotismo e sua postura pacifista. Em artigos e palestras, deixou claro que defendia a vitória francesa por considerar que ela se colocava contra o militarismo e imperialismo alemães, chegando a afirmar, em discurso na Academia de Ciências Morais, que se tratava da luta entre a civilização e a barbárie. Além de pronunciar-se constantemente sobre o conflito mundial, Bergson aceitou participar de duas missões diplomáticas junto aos americanos, consideradas fundamentais para que o Presidente Wilson decidisse que os Estados Unidos entrariam na guerra[6]. Ainda no conturbado contexto europeu do período, foi eleito para a Academia Francesa em 1914. Participou, em 1925, da Comissão Internacional de Cooperação Intelectual (futura Unesco) e, em 1927, o Prêmio Nobel de Literatura lhe foi outorgado.

Nesse entretempo, publicou, em 1919, a coletânea *A energia espiritual* e, em 1922, o livro no qual interpreta, à luz de sua filosofia da duração, a Teoria da Relatividade de Einstein. Intitulada *Duração e simultaneidade*, a obra marcou algumas polêmicas públicas iniciando uma discussão ainda aberta (e extremamente interessante para a reflexão sobre as relações possíveis entre ciência e metafísica), o que levou o autor a cancelar sua reedição. Em 1934, temos a publicação de *O pensamento e o movente*, coletânea de textos precedida por duas introduções que apresentam uma espécie de biografia intelectual, em que o filósofo sistematiza explicações sobre o que considera o objeto central e o método particular à sua filosofia. A última obra de Bergson, *As duas fontes da moral e da religião*, foi escrita num período já de isolamento devido ao reumatismo que o atacara desde 1920 e que o fez sofrer até sua morte, em 1941. As reflexões sobre a moral e a religião, permeadas pela admiração e pela meditação filosófica em torno da mística cristã, foram escritas, portanto, em condições penosas, agravadas pela percepção aguda do perigo que representava o nacional-socialismo alemão em ascensão. Sua morte, em meio às atrocidades da Segunda Guerra, é cercada por um episódio pleno de significado ético. Reconhecendo que sua filosofia o aproximara do catolicismo, Bergson não se converteu e assim expressa, em seu testamento, as suas razões:

> Minhas reflexões me aproximaram cada vez mais do catolicismo, no qual vejo o acabamento completo do judaísmo. Eu teria me convertido se não tivesse visto preparar-se, há anos, a considerável vaga de antissemitismo que vai arrebentar sobre o mundo. Eu quis permanecer entre os que serão amanhã perseguidos.

A filosofia de Bergson

A filosofia bergsoniana pode ser descrita muito sinteticamente como uma meditação sobre o tempo. Ela teve uma motivação inicial, o estudo da teoria da evolução. Desde o início de sua formação intelectual, Bergson interessou-se pela questão da vida e dedicou-se à leitura de obras sobre o tema, particularmente a de Herbert Spencer. Estudou os fenômenos vitais em plena ebulição das novas teorias e foi surpreendido pela característica que eles manifestavam de modo contundente: a temporalidade, já que suas marcas efetivas são a mudança contínua, a resistência à morte e a permanência na existência. É muito importante ter em mente que, para Bergson, temporalidade, vida e consciência estão essencialmente vinculadas e a sua filosofia apresenta-se também como um estudo progressivo e profundo da consciência em geral. Além de seu caráter temporal, os processos vitais e conscientes mostraram-se inapreensíveis pela forma do conhecimento que Bergson considera natural ao nosso intelecto. Ele encontrou fenômenos cuja manifestação ultrapassava tal forma, pois os conceitos racionais perdiam de vista a unidade e a singularidade dos objetos. Só era possível, por esse meio, obter deles uma imagem artificial, simbólica e fragmentada. Entretanto, o conhecimento efetivamente almejado por uma investigação filosófica teria que ser direto, imediato e total. Em suma, Bergson percebeu que o evolucionismo girava em falso ao aplicar aos fenômenos um determinado modo de pensar, tributário das ciências e de índole essencialmente matemática e conceitual. Pensar o tempo com esse raciocínio trazia à investigação mais problemas do que soluções e provocou um estranhamento que o conduziu ao âmago da sua reflexão filosófica – a compreensão da temporalidade.

O desconforto adquirido levou-o a revisar o conceito usual de tempo: "foi a análise da noção de tempo que perturbou e transformou todas as minhas ideias"[7], uma surpresa várias vezes descrita como evento notável de sua vida e um ponto de partida que provocou a rejeição de tudo o que aceitara até aquele momento. Bergson impôs-se a tarefa de refazer o evolucionismo à luz do estudo da temporalidade, cujas verdadeiras determinações ele passou a buscar nas bordas da racionalidade e nos limites da linguagem. O tempo real, objeto a partir de então visado, foi redefinido como *durée* – a duração, noção-chave e centro de toda a sua filosofia. Por que o estudo da *durée* nos leva aos limites da atividade racional? Em que medida o conhecimento racional deixa escapar o tempo? E como fazer para superá-lo e apreender o real duracional? As obras de Bergson expressam a reflexão em torno dessas questões, compreendendo duas vertentes complementares: uma teoria do conhecimento como crítica da inteligência e uma teoria da vida como metafísica da duração. Mas *crítica* e *metafísica* só ganham seu sentido propriamente bergsoniano à luz da noção de *experiência*: é indispensável guiar-se pela dimensão concreta dos fenômenos, em contraposição aos sistemas filosóficos demasiadamente abstratos.

A afirmação crítica fundamental atribui à inteligência uma forma, o espaço[8], e explica que tudo o que ela pode conhecer se dá por uma espécie de refração espacial, isto é, por desdobramento de partes ou unidades nitidamente separadas. Trata-se de uma tese extremamente original, a ideia de que inteligência é uma faculdade de *ação* e desenvolve-se na mesma medida do progresso da linguagem. Ambas são talhadas pelas necessidades vitais e sociais e não se destinam nem se conformam ao trabalho especulativo. Assim se explica o fundamento do vínculo entre intelecto e negação da *mudança*: pelo estudo de suas operações concretas, Bergson nos mostra que a função do intelecto é adaptativa, vital. Nesse sentido, ele naturaliza a inteligência num itinerário convergente com as ciências de seu tempo. A nossa ação somente se exerce sobre pontos fixos, agir é dominar a matéria procurando, na pura mobilidade que é o estofo da realidade, estabilidades cômodas. Para viver, é preciso recortar o real em função das nossas necessidades. Ao desenvolver-se modelada por sua função vital, a inteligência progressivamente leva ao extremo a forma pela qual é capaz de fixar e recortar o real – o espaço, um meio vazio e homogêneo. O espaço é o meio de conservação das partes *atualmente* dadas por justaposição, fundamento das figuras geométricas e condição da percepção e da concepção de objetos distintos e determinados.

Ora, se o tempo consiste, por definição, numa *passagem*, a sobreposição simultânea de suas supostas partes descaracteriza a sua manifestação concreta. E é exatamente desse modo que o senso comum, a ciência e parte da filosofia tratam o tempo, ao delimitá-lo intelectual e geometricamente, sobretudo ao procurar medi-lo e desdobrá-lo no espaço. A descrição comum do tempo, base da ciência, não corresponde, portanto, aos fenômenos que o expressam. Mais que isso, esse caminho equivocado acaba por determiná-los por aspectos opostos àqueles que se manifestam quando os consideramos sem partir de ideias preconcebidas. Consequentemente, prolongando essa descrição, a filosofia acaba por perder a duração de vista e, no limite, negá-la – eis a tese forte defendida por Bergson, que o situará no campo das filosofias que põem a racionalidade ocidental na berlinda. Nesse contexto, é de extrema importância o fato de que sua descoberta original seja também a constatação de um equívoco geral das ciências e da história da metafísica no tratamento dos diversos aspectos da duração, como, por exemplo, a mobilidade e a transformação. Já na filosofia pré-socrática, os famosos paradoxos de Zenão de Eleia em torno do movimento seriam o momento inicial de um gesto teórico apenas prolongado pela história da filosofia posterior, pois ele acarreta a negação do movimento real e a determinação dos fenômenos por fixação e justaposição, marcando todos os sistemas filosóficos, inclusive o evolucionismo.

A filosofia, como atividade de reflexão teórica cujo objetivo é o puro conhecimento do real, exige um esforço que não é natural ao homem e que se efetiva *contra* as tendências da inteligência e da linguagem: "Filosofar consiste em inverter a direção habitual do trabalho do pensamento"[9], diz Bergson. Ao mesmo tempo, não pode dispensá-las, já que se trata ainda de uma atividade de conhecimento. A filosofia lida, nesse âmbito, com um enigma, pois é da essência da duração não poder ser apreendida pelas ferramentas de conhecimento de que dispomos. Entretanto, somente através de um comércio com a base de tais ferramentas, a linguagem, é possível obter do real um conhecimento verdadeiro – a filosofia é sempre discurso. É por isso que Bergson aponta, na atividade filosófica, uma reflexão que só é possível nos limites da inteligência, necessariamente complementada por outro modo de conhecimento, a *intuição*, modo de apreensão de um objeto sem a mediação própria à atividade intelectual (a forma espacial, como vimos). Ela é um conhecimento interior e absoluto do real, dado numa experiência especial, porque preparada por uma crítica que afasta ideias excessivamente gerais e formas preestabelecidas. A intuição consiste na consciência ampliada, porque apreende o objeto em ato, no seu fazer-se, em devir. É, a um só tempo, apreensão direta e imediata da mobilidade ou da duração e método que torna possível esse contato – uma *simpatia espiritual* com a realidade que ilumina a inteligência. Através da colaboração mútua entre intuição e inteligência, o sujeito torna-se capaz de ver os fenômenos além dos limites da percepção comum, o que Bergson enfatiza muitas vezes ao fazer uma analogia entre o trabalho do filósofo e o do artista. Esse conhecimento especial, justamente porque requer um trabalho de inversão e complementação da inteligência, exige uma remodelação da ferramenta mais útil à racionalidade, a linguagem. O discurso filosófico, para expressar a intuição da duração[10], precisa ser modificado: a literatura, especialmente com recursos tais como a metáfora, possibilitará um trabalho da linguagem contra si mesma e prestará, nessa medida, um precioso auxílio à filosofia. A mudança no estilo da linguagem filosófica foi defendida e praticada por Bergson, o que lhe valeu o Prêmio Nobel de Literatura.

O movimento de análise crítica das operações do intelecto e dos sistemas teóricos produzidos pelo uso exacerbado da razão conduz Bergson à outra vertente de sua filosofia. Ela resulta no encontro, em cada tema estudado, com a temporalidade. Constitui-se a partir de então sua metafísica da vida como *duração criadora*, pois o núcleo de cada campo do real examinado é algo que escapa aos raciocínios usuais: manifestações e significações dos fenômenos que não se prestam à conservação das partes no espaço. Em primeiro lugar, esse encontro ocorre no domínio psicológico, os estados de consciência dos indivíduos: considerados espacialmente tal como se faz no âmbito do senso comum e da psicologia científica, eles sofrem uma mudança de natureza. Ao evitar desdobrar os fenômenos psicológicos no espaço, uma forma artificial imposta às sensações, sentimentos etc., Bergson obtém deles uma apreensão de outra ordem, descobrindo e explorando progressivamente os aspectos da duração real. O encontro com a duração é assim indireto e se dá nas entrelinhas das análises críticas: em cada questão enfrentada há conceitos e teses dogmáticas que são desconstruídas, libertando desse modo camadas dos fenômenos antes ocultas, trazendo à tona a dimensão temporal dos objetos e promovendo o conhecimento metafísico do real.

É possível, agora, indicar mais precisamente o sentido do questionamento da racionalidade ocidental no pensamento de Bergson e situá-lo em relação ao projeto da filosofia moderna: o problema do senso comum e da ciência tem sua origem no uso da inteligência como *única* faculdade de conhecimento. Ao estudar a evolução vital, nosso filósofo procurou acompanhar a *gênese* da inteligência e indicar seu papel no desenvolvimento das espécies. Pôde compreender assim, em sua origem, o tipo de conhecimento teórico por ela produzido, dando um passo adiante no sentido da crítica da razão tal como foi delimitada por Kant, de grande influência sobre a filosofia francesa à época em que Bergson foi formado. Não basta, como fez o pensador alemão, estudar a estrutura (formas e categorias *a priori*) da sensibilidade e do entendimento, é preciso situá-los em sua *função* concreta e encontrar a sua *origem* e seu desenvolvimento progressivo. O interessante é que, delimitando corretamente o campo de aplicação do intelecto e encontrando uma faculdade complementar de conhecimento, abrem-se as portas para o conhecimento efetivo e absoluto do real, isto é, da metafísica. A ampliação da noção de crítica, que aqui tem lugar, permite escapar aos limites muito rígidos impostos ao conhecimento humano, o que será o ponto de divergência da filosofia da duração em relação ao projeto crítico. Em síntese, temos a dimensão crítica como condição da retomada do projeto de uma metafísica intuitiva. Desse modo, grande parte do trabalho do filósofo consiste em discriminar aquilo que a inteligência insere ilegitimamente na experiência, para assim afastar os obstáculos e promover a intuição da mudança, da mobilidade, da passagem do tempo, enfim, da duração.

Progressão qualitativa e continuidade indivisível da duração interior – A liberdade

A filosofia de Bergson realiza passo a passo uma nova metafísica, tomando como objetos privilegiados de investigação alguns temas filosóficos tradicionais: a liberdade; o dualismo "corpo e espírito"; a evolução da vida; as fontes da moral e da religião. A cada obra, há um recomeço e a busca de um solo fértil a partir do afastamento de categorias impróprias à formulação das questões: trata-se de reencontrar o campo da experiência pura e originária relativa a cada objeto. Os problemas são reformulados para que sejam delineadas soluções aproximativas, num enriquecimento progressivo da noção de duração. Primeiramente, Bergson enfrenta o problema da liberdade e nos conduz ao movimento de passagem do eu *psicológico* ao eu *metafísico* através da crítica. O estudo da interioridade marca o encontro originário da consciência com sua temporalidade concreta – a consciência obtém a visão de seus próprios fatos em sucessão. Se há um caráter reflexivo nessa descoberta da duração real, ela tem uma dimensão sensível que nunca deve ser excluída de qualquer análise sobre a obra inaugural de Bergson, o *Ensaio sobre os dados imediatos da consciência*. Nela, o filósofo enfrenta e desqualifica o modo tradicional de pensar a liberdade: "ou somos livres e podemos escolher entre possibilidades à nossa frente, ou somos determinados por forças externas e leis invariáveis que governam todos os fenômenos". Trata-se da famosa polêmica entre os deterministas e os defensores do livre-arbítrio. Bergson recoloca o problema em novos termos, já que reconhece de imediato a liberdade como um fato. Mais que isso, *um fato de consciência* que escapou aos teóricos da tradição justamente na medida em que interpuseram, entre a experiência e o pensamento, conceitos forjados pelas necessidades práticas e pela linguagem, ou seja, as ideias que deformam o fato da liberdade.

Bergson inverte a ordem da reflexão filosófica: do fato, parte para a determinação das condições de possibilidade da ação livre – ele não pergunta "se somos livres", mas sim "como somos livres". O primado do fato o encaminha diretamente para a tentativa de descrição dos dados imediatos da consciência subjetiva, isto é, a análise dos estados internos interpenetrantes que compõem nossa vida psicológica. Ocorre que o senso comum e a ciência impõem ao campo da psicologia uma deformação decorrente das armadilhas da linguagem e da inteligência. No senso comum, os sentimentos, as sensações, estados de consciência em geral são comparados em graus de intensidade, o que se expressa nos juízos como "estou mais triste hoje do que ontem". Na ciência, as pesquisas da segunda metade do século XIX concentram-se largamente no tratamento dos estados subjetivos como coisas, unidades que podem ser somadas e comparadas. Encontra-se no panorama científico um amplo tratamento quantitativo dos estados psicológicos, sobretudo das sensações.

A chave da solução para o problema é uma nova apreensão da experiência consciente que mostra com clareza como a quantificação produz uma imagem artificial da vida psicológica. Uma ordem ou série numérica qualquer (um, dois e três, para citar a mais simples) exige da consciência uma operação imaginária e intelectual que se dá numa forma espacial, condição da relação entre continentes e conteúdos. Contar significa sempre pensar em unidades distintas, eliminando toda e qualquer diferença qualitativa entre elas; posteriormente, é necessário proceder à justaposição destas unidades num meio vazio e também homogêneo. Surge aí o descompasso que expusemos acima: ao examinar os estados de consciência de modo mais direto e sem preconceitos, Bergson encontra uma manifestação de outra ordem. Os sentimentos e as sensações, entre outros, são experimentados como processos de autoconstituição de um conteúdo que se processa por *diferenciação qualitativa* e *totalização*. O exame direto do sentimento da alegria, por exemplo, revela que seu aparente aumento de intensidade é na verdade uma mudança qualitativa que invade de modo mais profundo a totalidade de nossa vida psicológica. Na vivência da alegria encontramos figuras heterogêneas que se sucedem marcadas por um mesmo tom e não unidades que se acrescentam a si mesmas formando uma totalidade de partes exteriores umas às outras, tal como é o caso das coisas materiais e das figuras geométricas. Somente os estímulos exteriores que provocam os estados de consciência podem ser descritos como unidades desse tipo, os próprios estados são o *desenrolar de diferenças* e formam uma multiplicidade qualitativa incompatível com a quantidade. Há aí uma *distinção* fundamental a ser explorada, pela consideração de um *outro* modo de ver a experiência, sem refração no espaço.

A experiência interna diretamente vivida ou os dados imediatos da consciência revelam uma continuidade qualitativamente diferenciada: há uma passagem de momentos virtualmente presentes uns nos outros e assim uma pré-formação do que segue naquilo que sucedeu, sem que isso implique a causalidade mecânica. Bergson encontra, na experiência psicológica, um outro tipo de relação entre "causa" e "efeito", uma causalidade *dinâmica* em nada comparável com o tipo de condicionamento existente entre os fenômenos exteriores. As ações humanas que decorrem da duração própria a cada indivíduo são os atos livres: "nós somos livres quando nossos atos emanam de nossa personalidade inteira, quando a exprimem, quando estabelecem com ela essa indefinível semelhança que se encontra por vezes entre a obra e o artista"[11]. A descoberta da sucessão própria à duração concreta, que se opõe à imagem da justaposição de pontos exteriores uns aos outros, identifica-se, portanto, ao encontro com a verdadeira liberdade.

A psicologia da memória e a solução do dualismo – Corpo e espírito

A liberdade é encontrada como um fato e seu fundamento está na duração interna. Resta saber, entretanto, como a ação livre pode efetivar-se no mundo, que é de certo modo exterior ao sujeito e cujos fenômenos manifestam uma relação de causalidade externa e mecânica. A investigação da consciência e a descoberta da duração apontam na direção de um novo problema: a relação entre corpo e espírito. Estamos diante de um dos nós da filosofia moderna, a questão do "dualismo alma e corpo". Assim, o segundo livro de Bergson, *Matéria e memória*, estuda a relação psicofisiológica, já que se torna necessário saber como a liberdade humana é compatível com o determinismo da natureza e como, no homem, a espiritualidade se une à materialidade. Em suma, como podem unir-se a consciência e o corpo, o enigma que Descartes legou à história da filosofia. Novamente, o problema exige uma redefinição dos termos e uma crítica de sua colocação tradicional, a superação dos obstáculos já instituídos. Todo o esforço será então o de evitar as armadilhas teóricas do *realismo* e do *idealismo*, as duas correntes modernas que pensam a matéria e a representação como dados exteriormente recíprocos e atribuem o estatuto de realidade a apenas uma das duas noções[12].

Bergson propõe um novo ponto de partida: pensar em *imagens*[13] e considerar o que ocorre num campo de imagens que agem e reagem umas sobre as outras segundo leis invariáveis (o equivalente ao "mundo material"), a partir da *suposição* da presença de uma imagem especial, um ser vivo. Economiza, desse modo, os termos e as teses pressupostas, partindo de uma indistinção ontológica – não determina nada inicialmente sobre o que é real e o que não é – e examinando os dados do processo que se vincula inexoravelmente à vida, a percepção consciente. Tudo se passa como se ele perguntasse: Considerando que tudo é imagem, o que ocorre se houver a presença da vida? Pela investigação das aparências, apenas delimitando teses imediatamente sugeridas pelos dados diretamente apreendidos e por linhas de fatos disponíveis no saber, a presença da vida mostra ser indissociável da *indeterminação* das ações dirigidas ao mundo. Assim, o percurso de *Matéria e memória* explora as consequências da compreensão de que vida, ação e percepção são *internamente* ligadas. A força desse estudo cujo centro é a memória reside justamente no ponto de partida: o universo de imagens e o poder especial de agir do corpo próprio. Bergson procura construir uma teoria da percepção purificada de todo elemento interior, que parte da relação imediata do corpo com o mundo e encontra, no seu limite, a ação da memória, isto é, uma explicitação da duração. Partindo do corpo em existência, permeado por uma memória imediata que contrai vibrações e insere lembranças na ação atual, o caminho da investigação passa pela compreensão de como se dá o reconhecimento corporal – *a memória-hábito*. Ao seu termo, encontra a presença atuante da história de lembranças de uma vida individual, a *memória pura* que constitui propriamente uma subjetividade. Do corpo ao espírito, sem invenções, mistérios ou recurso a dados exteriores à percepção: o estudo empírico da memória decorre e é exigido pelo exame de fatos que se apresentam na imanência da relação perceptiva entre o homem e o mundo. A análise conduz o filósofo à recuperação da presença inelutável do universo espiritual representado por nossas lembranças, cuja conservação não pode ser totalmente atribuída ao cérebro, o que Bergson vai demonstrando pelo recurso aos dados da psicopatologia da memória das palavras. No diálogo com a neurofisiologia cerebral, o filósofo defende que o cérebro conserva mecanismos motores responsáveis pela atualização das lembranças, mas não as próprias lembranças. A existência das lembranças e seu papel na percepção constituem o solo para desvendar a união entre espírito e matéria – a percepção pura é contato real e efetivo com o universo material, a rememoração é contato real e efetivo com o universo espiritual.

O encontro inevitável com a memória como núcleo da investigação novamente explicita o papel da temporalidade como chave da reflexão filosófica. A recolocação do tema da união entre espírito e corpo significa perguntar como lembrança e percepção se diferenciam e convergem numa ação. A resposta a essa questão será o fio condutor para a solução do problema do dualismo. Em síntese, podemos definir o percurso de *Matéria e memória* como uma profunda análise da consciência em seu vínculo indissociável com a vida e com a ação no mundo, possibilitando passar do estudo psicológico da memória ao conhecimento metafísico da matéria. Mais que isso, a nova posição do problema muda os seus termos: aquilo que a tradição legou como a relação entre sujeito e objeto torna-se, pela crítica dos pressupostos clássicos, a investigação sobre a gênese da subjetividade e da objetividade a partir de um campo que lhes é anterior. Para acompanhar tal gênese é preciso concentrar-se no exame da representação atual e sua relação com a representação do objeto ausente, a lembrança. Trata-se assim, pela inversão que o livro opera, de compreender a distinção entre presente e passado, o que significa, como vemos pelas próprias palavras de Bergson, colocar as questões relativas ao sujeito e ao objeto "mais em função do tempo do que do espaço"[14]. A memória, em sentidos distintos, é a nova figura ou aspecto da duração em torno da qual giram todas as análises do livro, fundamento de suas conclusões metafísicas. Isso porque a memória revela-se ato de contração ou tensão tal como o ato do querer, posteriormente identificado ao próprio ato de passagem do tempo, inverso ao ato de extensão. Tensão e extensão são ritmos da *durée* e explicam o *dualismo de tendências* que compõem o real em todas as instâncias. Ao levar a cabo esse estudo, tanto psicológico quanto metafísico, Bergson explicita de modo singular o espírito de sua época, marcada pela relevância do tema da memória em todos os campos. Desde os estudos empíricos sobre as afasias até uma das obras capitais da literatura mundial – *Em busca do tempo perdido*, de Proust – a questão da memória estava na ordem do dia, determinando muitas direções do saber no início do século XX.

A criação na base da evolução – A metafísica da vida e a reflexão ética

Se a vida foi o pressuposto de *Matéria e memória*, é indispensável conhecê-la: o livro *A evolução criadora* pensa a vida em sua significação essencial, elaborando uma cosmologia à luz das atribuições da duração. A existência psicológica foi compreendida nas obras anteriores como passagem contínua de momentos que mudam incessantemente e como processo de amadurecimento definido pela acumulação do passado que se prolonga no presente criando para si um futuro. Agora, será a base para pensar a *existência em geral*. A totalidade do universo, composta de tendências divergentes e complementares virtualmente imanentes à Consciência em geral ou à Duração, pode ser descrita e explorada como processo de índole psicológica, por analogia com os atos de tensão e extensão encontrados na análise do livro anterior. Isso significa que a reflexão sobre a evolução criadora, que pretende dar conta da própria diferença entre materialidade e espiritualidade, toma como modelo o ato livre, expressão máxima da vontade. Tudo se joga em torno da substituição da noção de *coisa* pela de *ação*, ou seja, não se trata mais de *substâncias* que compõem um mundo estático, mas sim de *tendências* nas quais a Duração se divide. O mundo é dinamismo. É na ação consciente que vemos a contração do passado inserindo-se no presente, num esforço cuja excelência é atingida apenas pelos seres humanos e que se efetiva em diferentes graus. Assim, as atribuições da duração, especialmente a mobilidade, a transformação incessante e os atos que são seus próprios ritmos explicam a origem da totalidade do real. Bergson pensará, portanto, a criação dos entes no real à luz das ações humanas, nas quais o querer ocupa o lugar de honra.

O estudo da vida não é apenas biológico ou psicológico: trata-se da própria metafísica em suas consequências últimas. Eis o ápice da filosofia de Bergson, que permitirá, além do estudo da evolução das espécies num percurso compartilhado com a biologia, delinear a gênese ideal da inteligência em concomitância com a matéria. A obra apresenta-nos o estudo da vida como evolução criadora realizando aquilo que Bergson sempre afirmou como um dos seus principais objetivos: fundar o evolucionismo verdadeiro, no qual a duração ocupará o principal papel. Para isso, também é necessário preparar o terreno da boa posição do problema através da crítica das categorias intelectuais que atuam no campo da ciência e da filosofia. As duas correntes que dominam a cena no tratamento da vida, mecanicismo e finalismo, recebem então o tratamento crítico. Bergson avança em etapas para superar a nossa representação intelectual do mundo e das coisas; para que, pelo método intuitivo, possamos seguir o movimento interior à vida. Esse caminho permite encontrar de imediato os fundamentos de sua doutrina e organizá-la em torno da hipótese central: a vida, desde as suas origens, é a continuação de um único e mesmo impulso que se distribuiu entre linhas de evolução divergentes – o *elã vital*. A hipótese compartilha, portanto, de um terreno comum com o transformismo: as espécies são variações de uma mesma origem, um "jorro original", do qual novas criações brotaram, surgindo tendências que, ao se transformarem, chegaram a se tornar incompatíveis entre si. O mundo vivo pode ser dito uma harmonia discordante, já que cada espécie retém do impulso inicial apenas uma certa direção e tende a utilizar a energia em seu interesse próprio; a adaptação nada mais é do que esse uso. O torpor vegetativo, o instinto e a inteligência são as direções cuja presença predominante definirá as espécies e assim se esclarece a relação direta entre a animalidade, a capacidade de se movimentar ou deslocar-se no espaço e a ampliação do campo de ação. Como Bergson já explorou o vínculo entre consciência e ação indeterminada na obra anterior, o estudo psicológico da percepção e da memória recebe aqui um sentido muito mais profundo: a evolução das espécies e mesmo a criação do mundo como explosão de tendências divergentes pode ser pensada como o desdobramento de uma direção essencial. A vida expõe o sentido da *durée*: liberdade, ação, criação. O homem, acabamento mais próximo do que a duração, procura por seu próprio movimento, aparece como o sentido da evolução – sentido e não finalidade, convém ressaltar.

Da biologia ao estudo metafísico da criação total, isto é, da origem das tendências divergentes e complementares que são a própria vida e a materialidade, o trajeto de *Evolução* implica, portanto, a possibilidade de pensar outro atributo da duração: a criação. Ao afastar os obstáculos impostos pelas categorias intelectuais, encontramos a vida em sua capacidade de criação contínua, pois em termos de *atos* não há contradição em falar de tirar mais do menos – no caso das *coisas*, isto configura efetivamente um problema. A matéria e a vida são ritmos do tempo, atos de sentido inverso. A duração é essencialmente tensão, mas, como ela somente se conserva ao se transformar, ela é movimento contínuo de diferenciação em relação a si mesma. A duração dá origem ao movimento de extensão, isto é, a uma tendência divergente, a um outro ritmo, aquele no qual ela se dilui, se dissolve, por assim dizer. A materialidade nada mais é do que essa inversão, daí seus atributos explicitamente opostos aos da vida: homogeneidade, espacialidade, distensão. O centro da criação, impulso original, não pode mais ser pensado como coisa, ou melhor, como substância. A metafísica de Bergson é superação das metafísicas anteriores *sobretudo nesse sentido*. A nova maneira de conhecer metafisicamente exige o abandono do pensamento da coisa, do ser, do pronto, e sua substituição pelo pensamento da ação, do devir, do que se faz enquanto se faz. Se é necessário pensar um agente da vida, ele não se diferencia da ação que é a própria Duração: "Deus, assim definido, nada tem de já pronto; é vida incessante, ação, liberdade"[15]. A criação pensada dessa maneira deixa de ser um mistério, já que é experimentada por nós em nossos atos livres.

O esforço humano para atingir a criação no interior de seus atos identifica-se à apreensão do movimento criador do elã vital. Ao empreendê-lo, a humanidade ultrapassa sua própria condição e torna-se capaz de dar à vida um sentido novo[16], ainda que virtualmente presente na duração. Esse aprofundamento da experiência, a metafísica da vida, condiciona a filosofia bergsoniana da moral e da religião. Com o questionamento ético no horizonte, a última obra de doutrina, *As duas fontes da moral e da religião*, estuda a experiência mística e o diálogo com as ciências sociais para vincular internamente moralidade e religião. Explorando novamente uma dualidade para compreender sua unidade possível, o filósofo examina a religião estática produzida historicamente pela natureza fabuladora da inteligência, opondo-a a uma religião dinâmica que se expressa na mística e tem no misticismo cristão seu acabamento mais perfeito. Ambas se unem, entretanto, como tendências imanentes à vida: a metafísica é o fundo a partir do qual a unidade e a diferença entre as duas religiosidades podem ser compreendidas.

O mesmo se dá com a reflexão sobre a sociedade, a moral e a política. A vida social obedece em princípio aos constrangimentos impostos à espécie humana pela natureza. A sociedade, enquanto prolongamento do trabalho coletivo para sobreviver, é um dos vetores da inflexão humana no sentido da espacialização. Desde o início, Bergson assume essa tese, remetendo o espaço às necessidades vitais *e sociais*. A reflexão sobre a moral vem explicitar, justificar e apontar o caminho de superação desse vínculo entre sociedade e distância da vida criadora. Bergson opõe uma sociedade fechada baseada no constrangimento externo à presença virtual de uma sociedade aberta, a própria humanidade. Assim, ele aponta o caminho da superação coletiva e histórica dos limites inerentes ao percurso dos seres humanos na totalidade da vida. A busca das origens das duas sociedades repõe o filósofo no âmbito da inversão de tendências que vai então se apresentando como o resultado ou objetivo mais amplo da meditação sobre o tempo. Se a inteligência entregue a si mesma nos afasta da vida, a metafísica é o esforço capaz de nos fazer remontar ao verdadeiro significado da mesma, é a própria experiência da liberdade e da criação, agora em sua dimensão social e política. A metafísica é, portanto, como nos diz Bergson, a superação de experiências parciais e de representações parciais da experiência reencontrando um pertencimento ao todo. A intuição, filosófica e mística, expressa a experiência da totalidade e esse reencontro que é a metafísica pode ser definido como "a experiência integral"[17].

 ## Conceito-chave

A noção de duração é o centro nevrálgico da filosofia de Bergson. Podemos descrevê-la através de algumas características que a expressam, como sucessão, diferença, virtualidade, ato de tensão e criação. Ela também pode ser compreendida pelas noções que a representam em contextos específicos: a memória e o elã vital são assim transfigurações da ideia de *durée*. A duração enquanto tal surge em primeiro lugar na sua dimensão propriamente psicológica: heterogeneidade qualitativa ou multiplicidade interna que se atinge mediante a renúncia à forma espacial. É pela atitude de "deixar-se viver" que a consciência encontra sua própria temporalidade em ato, uma progressão em que as partes que se sucedem expressam algo da totalidade em formação e cuja relação é orgânica, tal como se dá com as notas de uma melodia – *a música é a melhor imagem da duração pura*. A duração é *sucessão* sem justaposição de partes, isto é, sucessão pura e verdadeira.

A duração concreta é um movimento de diferenciação interna. Ela é *diferença* porque passa e passar significa antes de tudo mudar. O processo de diferenciação responde pela singularidade de cada grau em que a duração se efetiva, cada tendência em que ela se expressa – a diferença é a própria essência de cada ente real. A duração é pura heterogeneidade, mas a diferença qualitativa entre seus momentos não é separação radical ou exterioridade absoluta: seus momentos são interiores uns aos outros e surgem numa fusão no limite insuperável. A tentativa de separar e delimitar os momentos que se interpenetram impõe à duração uma simbolização artificial, que deve sempre ser afastada. As primeiras atribuições da duração fundamentam todas as outras, impondo a tarefa ilimitada de estabelecer a distinção de natureza entre espaço e tempo. A continuidade da filosofia de Bergson realiza essa tarefa nos diversos campos de problemas escolhidos.

A duração é a passagem de seus próprios momentos que só se conservam virtualmente. O tempo apresenta-se e define-se como passagem, isto é, tem como marca fundamental ou modo de ser a desaparição ao menos parcial de seu momento anterior quando o seguinte se apresenta. Mas o tempo é também aquilo que responde pela conservação de todo e qualquer conteúdo de experiência – o desaparecimento e a conservação devem ser reunidos no pensamento do tempo, na intuição da duração. Na verdade, o tempo enquanto tal jamais deixará de se apresentar como um paradoxo, já que sua compreensão exigirá reconhecer uma experiência em que a conservação e o desaparecimento são coextensivos. Ao incluir em si a diversidade em que se efetivará, a duração é *virtualidade*. A coextensão virtual de todos os momentos em si mesma é outra característica essencial da *durée*. Essa dimensão surge no estudo da memória, a análise psicológica e ontológica dos processos conscientes. A memória pura seria essa virtualidade identificada ao domínio propriamente espiritual. Os sentidos e as dimensões que a própria memória alcança explicitam-na como figura da duração: ela é *processo* de inserção das lembranças na percepção presente; também é *ato* de contração do tempo numa percepção consciente que permite a indeterminação da ação: a memória é a consciência imediata. Como ato de tensão ela expressa o ato de conservação do passado no presente, o passar do tempo que é a própria duração. Mas a memória é também a *subjetividade*, enquanto conjunto de lembranças que configuram uma história pessoal e organização de mecanismos conservados no corpo, definindo propriamente o corpo-próprio, o corpo-sujeito. É nesse sentido que Bergson pode definir o princípio geral da vida como a própria consciência ou a subjetividade.

A descrição progressiva da memória em todos estes sentidos vem, em última análise, esclarecer a sua dimensão propriamente criadora, pois os atos livres são a efetividade de uma memória inserindo-se de modo intenso no presente, no atual, na relação que o sujeito estabelece com o mundo – quanto mais seus atos forem livres, mais ele está inserindo o novo no mundo governado pela necessidade. É a ação humana que explicita a *criação* e a terceira figura da *durée* na filosofia de Bergson, o elã vital, nada mais é do que o movimento de diferenciação em tendências divergentes pelo qual a duração é, ou devém, e pelo qual ela cria matéria e forma, atualidades e possibilidades. Corpo e espírito, quantidade e qualidade, matéria e vida, todos os dualismos presentes nas análises de Bergson, resultados das dissociações do misto em que vivemos concretamente, são então unidos nesse conceito original e complexo. Isso inclui o dualismo original entre duração e espaço, pois a espacialização é determinada como necessidade da própria vida duracional – o espaço é uma forma ideal à qual tende a materialidade.

Finalmente, podemos perguntar: a *durée* é um conceito? Considerando a importância das críticas bergsonianas à filosofia conceitual, a pergunta se impõe: os conceitos da filosofia são comparados a "roupas largas", que não se ajustam à singularidade dos objetos que pretendem vestir. Mas a duração só pode ser dita um conceito no sentido propriamente bergsoniano: aos nomes gerais que representam um conjunto de propriedades comuns a vários objetos, Bergson opõe termos que expressam intensidades singularizadas de atos temporais. A duração é, portanto, um conceito fluido que admite tonalidades, intensidades dos atos nos quais ela se efetiva, ritmos distintos nos quais ela se singulariza e somente através dos quais ela efetivamente é – isto é, ela passa, devém.

 ## Percursos e influências

O projeto filosófico de Bergson procura unir a reconstrução da metafísica em novas bases e os fatos positivos do campo científico. Isso é possível pela dimensão crítica de sua obra, um dos aspectos de maior ressonância do seu pensamento na filosofia contemporânea. O resultado do estudo crítico e da renovação da metafísica chega à desmistificação das ilusões estruturais da inteligência. Ao colocar problemas para a vida, diante da vida, o intelecto humano sai dos limites de seu uso técnico e prático, introduzindo-se na aventura especulativa. Ao fazê-lo entregue a si mesmo, torna-se vítima de suas tendências naturais e produz todo o tipo de *falsos problemas* em filosofia. Denunciar esses problemas, apontar o fundo a partir do qual eles são construídos – a ilusão de que o Nada precede o Ser, a ilusão de que o estável precede ontologicamente o instável – e assim liberar o conhecimento teórico para que ele atinja seus próprios objetivos são as direções da filosofia bergsoniana que farão eco em outros pensadores[18].

Além disso, sua referência às novas ciências, especialmente a psicologia e a biologia, expressa um dos aspectos que marcam seu caráter eminentemente contemporâneo: a superação da perspectiva moderna no estudo das dualidades onipresentes na teoria do conhecimento e na ontologia desde Descartes. Partir da experiência e a ela sempre voltar, eis o caminho para evitar as armadilhas da tradição e superar a exterioridade radical entre os polos subjetivo e objetivo, fonte dos malogros das correntes da tradição. Esse é o sentido mais relevante da concentração inicial no estudo do eu psicológico, da análise dos estados de consciência, do exame da percepção e da reflexão sobre a existência em geral pautada pela subjetividade. A filosofia bergsoniana antecipa desse modo alguns dos desenvolvimentos recentes no campo da psicologia, da biologia e da fenomenologia. Nesse sentido, uma das suas linhas de influência recai sobre Merleau-Ponty, que assume determinadas direções estabelecendo com Bergson uma relação fértil, ainda que tensa.

A segunda linha de influência é representada por Deleuze, cujo estudo *O Bergsonismo*[19] explora profundamente a noção de diferença, uma das atribuições da duração. A busca das diferenças de natureza é também resultado da crítica ao pensamento espacializador, à direção que a ontologia tomou ao considerar os seres à luz da ideia do Nada. Recuperando o ser como devir, é possível seguir as verdadeiras articulações da realidade, é possível incorporar os acontecimentos, devires, contingências ao estudo filosófico. Ao afastar os desvios e as deformações que os conceitos excessivamente gerais impõem à experiência, é possível substituir a ideia de experiência una e mesma pela descrição das diferenças internas próprias às experiências singulares e distintas – é possível compreender a *experiência real* em seus detalhes. A via de Deleuze é a da diferença e abre a possibilidade de que a filosofia estabeleça uma relação positiva e direta com as coisas.

Os dois autores são aqui tomados como exemplos para ilustrar a originalidade e a pertinência da filosofia bergsoniana no âmbito do século XXI. A relação entre ciência e filosofia, além da contribuição efetiva que aporta aos dois campos de estudo, tem vários desdobramentos. Ela evidencia a possibilidade e mesmo a necessidade de que a metafísica reencontre o seu lugar na história contemporânea da filosofia, mas o faz por um trajeto de diluição de ilusões e recuperação da relação direta com os fatos que o afastam dos termos e dos limites da metafísica antiga e moderna. Além disso, o restabelecimento da relação tem implicações diretas para o campo científico, já que explicita a metafísica latente, ou mesmo inconsciente, que está impregnada na ciência, delimitando melhor o seu terreno, as suas hipóteses e os seus raciocínios. A recuperação recente da importância de Bergson depois de um período considerável de ostracismo está diretamente ligada à releitura da sua segunda obra, *Matéria e memória*, justamente aquela em que a relação entre teoria do conhecimento, ciência e metafísica é estabelecida magistralmente. Tomemos a obra, então, como exemplo mais claro e mais fascinante da genialidade de um filósofo essencial aos debates de nosso século: vivendo na passagem do XIX ao XX, ele antecipa e "revitaliza o atual debate filosófico"[20], isto é, o da transição ao XXI.

 ## Obras

As obras de Bergson estão publicadas pela editora PUF separadamente e estão reunidas num volume publicado em 1959 por ocasião do centenário do autor. Há um segundo volume que reúne escritos, discursos, correspondência e inclui duas obras menos centrais, a tese defendida em latim e o livro que trata da teoria da relatividade. Apresentamos a seguir o título e a data de publicação original de cada uma das obras principais:

1889. *Essai sur les données immédiates de la conscience.*

1896. *Matière et mémoire.*

1900. *Le rire.*

1907. *L'évolution créatrice.*

1919. *L'énergie spirituelle.*

1932. *Les deux sources de la morale et de la religion.*

1934. *La pensée et le mouvant.*

As duas coletâneas citadas são:

Oeuvres. Édition du Centenaire. Paris: PUF, 1959.

Mélanges. Paris: PUF, 1972.

Completam os escritos filosóficos de Bergson os dois textos publicados em *Mélanges*:
1888. *Quid Aristoteles de loco senserit.* Tese latina de Bergson. Tradução francesa de Rose-Marie Mossé-Bastide.

1922. *Durée et simultanéité.*

Traduções e edições brasileiras:

Cursos sobre a filosofia grega. Trad. Bento Prado Neto. São Paulo: Martins Fontes, 2005.

Duração e simultaneidade. Trad. Cláudia Berliner. São Paulo: Martins Fontes.

As duas fontes da moral e da religião. Trad. N. Caixeiro. Rio de Janeiro: Zahar, 1978.

A evolução criadora. Trad. Nathanael Caixeiro. Rio de Janeiro: Zahar, 1979.

A evolução criadora. Trad. Bento Prado Neto. São Paulo: Martins Fontes, 2005.

Matéria e memória. Trad. Paulo Neves. São Paulo: Martins Fontes, 1999.

Memória e vida. Textos escolhidos. Trad. Claudia Berliner. São Paulo: Martins Fontes, 2006.

O pensamento e o movente. Trad. Bento Prado Neto. São Paulo: Martins Fontes, 2006.

O riso. Trad. Ivone C. Benedetti. São Paulo: Martins Fontes, 2001.

As conferências "A alma e o corpo"; "A consciência e a vida"; "O cérebro e o pensamento"; "A intuição filosófica"; "Introdução à metafísica" e as duas introduções a "O pensamento e o movente" estão traduzidas por Franklin Leopoldo e Silva na Coleção Os Pensadores. São Paulo: Abril, várias edições.

 **SELEÇÃO DE TEXTOS**

Ensaio sobre os dados imediatos da consciência. PUF, p. 74-76; "Oeuvres", p. 67-68

Há, com efeito, como mostraremos em detalhe um pouco mais adiante, duas concepções possíveis da duração: uma pura de toda mistura, outra na qual intervém sub-repticiamente a ideia de espaço. A duração totalmente pura é a forma que toma a sucessão de nossos estados de consciência quando nosso eu se deixa viver, quando ele se abstém de estabelecer uma separação entre o estado presente e os estados anteriores. Ele não tem necessidade, para isso, de absorver-se inteiramente na sensação ou na ideia que passa, pois então, ao contrário, ele pararia de durar. Também não tem necessidade de esquecer os estados anteriores: basta que, ao recordar esses estados, ele não os justaponha ao estado atual como um ponto a outro ponto, mas os organize consigo, como acontece quando recordamos, fundidas por assim dizer, as notas de uma melodia. Não se poderia dizer que, se estas notas se sucedem, nós as percebemos, porém, umas nas outras e que seu conjunto é comparável a um ser vivo, cujas partes, ainda que distintas, penetram-se pelo próprio efeito de sua solidariedade? A prova disso é que, se rompemos o compasso insistindo mais do que se deve sobre uma nota de uma melodia, não é a sua duração exagerada, enquanto duração, que nos advertirá do erro, mas a mudança qualitativa produzida por ela no conjunto da frase musical. Pode-se, portanto, conceber a sucessão sem distinção e como uma penetração mútua, uma solidariedade, uma organização íntima de elementos, dos quais cada um, representativo do todo, dele não se distingue e não se isola a não ser por um pensamento capaz de abstrair. Tal é sem dúvida nenhuma a representação que se faria da duração um ser a uma só vez idêntico e cambiante que não tivesse nenhuma ideia do espaço. Mas, familiarizados com essa última ideia, assediados mesmo por ela, nós a introduzimos sem saber em nossa representação da sucessão pura; nós justapomos nossos estados de consciência de modo a percebê-los simultaneamente, não mais um no outro, mas um ao lado do outro; em suma, nós projetamos o tempo no espaço, nós exprimimos a duração em extensão e a sucessão toma para nós a forma de uma linha contínua ou de uma corrente, cujas partes se tocam sem se penetrar. Notemos que essa última imagem implica a percepção, não mais sucessiva, mas simultânea, de um *antes* e de um *depois*, e que haveria contradição em supor uma sucessão que apenas fosse sucessão e que coubesse, entretanto, num único e mesmo instante.

Ensaio sobre os dados imediatos da consciência. PUF, p. 123-124; "Oeuvres", p. 108-109

O eu toca, com efeito, o mundo exterior por sua superfície; e como essa superfície conserva a impressão das coisas, ele associará por contiguidade termos que tiver percebido como justapostos: é a ligações desse gênero, ligações entre sensações totalmente simples e por assim dizer impessoais, que a teoria associacionista convém. Mas à medida que se cava abaixo dessa superfície e que o eu torna a ser si mesmo, também os estados de consciência param de se justapor para penetrarem-se, fundirem-se conjuntamente e tingirem-se cada um da coloração de todos os outros. Assim, cada um de nós tem sua maneira de amar e odiar e esse amor, esse ódio refletem nossa personalidade inteira. Entretanto, a linguagem designa tais estados pelas mesmas palavras em todos os homens; ela só pôde fixar o aspecto objetivo e impessoal do amor, do ódio e dos inúmeros sentimentos que agitam a nossa alma. Nós julgamos o talento do romancista pela potência através da qual ele tira do domínio público, onde a linguagem os havia depositado, sentimentos e ideias aos quais ele tenta devolver, por uma multiplicidade de detalhes que se justapõem, a sua individualidade primitiva e viva. Mas do mesmo modo que podemos intercalar pontos entre duas posições de um móvel sem jamais preencher o espaço percorrido, assim, apenas pelo fato de que falamos, de que associamos ideias umas às outras e de que essas ideias se justapõem ao invés de se penetrarem, nós fracassamos ao traduzir inteiramente o que nossa alma ressente: o pensamento permanece incomensurável com a linguagem.

É, portanto, uma psicologia grosseira, enganada pela linguagem, a que nos mostra a alma determinada por uma simpatia, uma aversão ou um ódio, como por outras tantas forças que pesam sobre ela. Esses sentimentos, desde que tenham atingido uma profundidade suficiente, representam, cada um, uma alma inteira, no sentido de que todo conteúdo da alma se reflete em cada um deles. Dizer que a alma se determina sob a influência de qualquer um desses sentimentos é, portanto, reconhecer que ela se determina a si mesma. O associacionismo reduz o eu a um agregado de fatos de consciência, sensações, sentimentos e ideias. Mas se ele não vê nesses diversos estados nada além do que aquilo que seu nome exprime, senão retém deles senão seu aspecto impessoal, ele poderá justapô-los indefinidamente sem obter outra coisa que um eu fantasma, sombra do eu projetando-se no espaço. Se, ao contrário, ele toma esses estados psicológicos com a coloração particular que eles revestem numa pessoa determinada e que lhes vem a cada um do reflexo de todos os outros, então de modo algum é necessário associar vários fatos de consciência para reconstituir a pessoa: ela está inteiramente num só entre eles, desde que se saiba escolhê-lo. E a manifestação exterior desse ato interno será precisamente o que se denomina ato livre, uma vez que somente o eu terá sido o seu autor, uma vez que ele exprimirá o eu inteiro. Nesse sentido, a liberdade não apresenta o caráter absoluto que o espiritualismo lhe atribui algumas vezes; ela admite graus.

Matéria e memória. PUF, p. 72-74; "Oeuvres", p. 216-218

Mas por aí também nós perceberemos claramente a posição a ser tomada entre o idealismo e o realismo, reduzidos ambos a não verem na matéria senão uma construção ou uma reconstrução executada pelo espírito. Seguindo até o fim, com efeito, o princípio que colocamos e segundo o qual a subjetividade de nossa percepção consistiria, sobretudo, na contribuição de nossa memória, diremos que as próprias qualidades sensíveis da matéria seriam conhecidas *em si*, de dentro e não mais de fora, se nós pudéssemos isolá-las desse ritmo particular da duração que caracteriza nossa consciência. Nossa percepção pura, efetivamente, por mais rápida que a suponhamos, ocupa uma certa espessura de duração, de modo que nossas percepções sucessivas das coisas não são jamais momentos reais das coisas, como supusemos até aqui, mas momentos de nossa consciência. O papel teórico da consciência na percepção exterior, dizíamos nós, seria o de ligar entre si, pelo fio contínuo da memória, visões instantâneas do real. Mas, de fato, não há jamais instantâneo para nós. Naquilo que chamamos por esse nome já entra um trabalho de nossa memória, e por consequência de nossa consciência, que prolonga uns nos outros, de maneira a apreendê-los numa intuição relativamente simples, momentos tão numerosos quanto os de um tempo indefinidamente divisível. Ora, onde reside justamente a diferença entre a matéria, tal como o realismo mais exigente poderia concebê-la, e a percepção que dela temos? Nossa percepção nos traz do universo uma série de quadros pitorescos, mas descontínuos: de nossa percepção atual nós não poderíamos deduzir as percepções ulteriores, porque não há nada, num conjunto de qualidades sensíveis, que permita prever as novas qualidades nas quais elas se transformarão. Ao contrário, a matéria, tal como o realismo a considera ordinariamente, evolui de modo que se possa passar de um momento a outro por via de dedução matemática. É verdade que entre essa matéria e essa percepção o realismo não saberia encontrar um ponto de contato, porque ele resolve essa matéria em mudanças homogêneas no espaço, enquanto que encerra essa percepção em sensações inextensivas numa consciência. Mas se nossa hipótese tem fundamento, vê-se facilmente como percepção e matéria se distinguem e como elas coincidem. A heterogeneidade qualitativa de nossas percepções sucessivas do universo deve-se ao fato de que cada uma dessas percepções se estende ela própria sobre uma certa espessura da duração, ao fato de que a memória aí condensa uma multiplicidade enorme de estímulos que nos aparecem conjuntamente, ainda que sucessivos. Bastaria dividir idealmente essa espessura indivisa de tempo, aí distinguir a multiplicidade desejada de momentos, em uma palavra, eliminar toda memória, para passar da percepção à matéria, do sujeito ao objeto. A matéria, então, ao se tornar cada vez mais homogênea à medida que nossas sensações extensivas se repartissem sobre um número maior de momentos, tenderia indefinidamente para esse sistema de estímulos homogêneos de que fala o realismo sem, entretanto, é verdade, jamais coincidir inteiramente com eles. Não haveria de modo algum necessidade de colocar de um lado o espaço com movimentos não percebidos, de outro a consciência com sensações inextensivas. É ao contrário numa percepção extensiva que o sujeito e o objeto se uniriam inicialmente, o aspecto subjetivo da percepção consistindo na contração operada pela memória, o realismo objetivo da matéria se confundindo com os estímulos múltiplos e sucessivos nos quais essa percepção se decompõe interiormente. Tal é ao menos a conclusão que se obterá, esperamos, da última parte desse trabalho: *as questões relativas ao sujeito e ao objeto, à sua distinção e à sua união, devem ser colocadas em termos do tempo mais do que do espaço.*

Matéria e memória. PUF, p. 5; "Oeuvres", p. 165

Ora, desde que pedimos aos fatos indicações precisas para resolver o problema, é para o terreno da memória que nos vemos transportados. Era de se esperar, pois a lembrança – tal como tentaremos mostrar na presente obra – representa precisamente o ponto de intersecção entre o espírito e a matéria. Mas pouco importa a razão: ninguém contestará, eu creio, que, no conjunto de fatos capazes de lançar alguma luz sobre a relação psicofisiológica, aqueles que concernem à memória, seja no estado normal, seja no patológico, têm uma posição privilegiada. Não somente os documentos são aqui abundantes (é só pensar na formidável massa de observações recolhidas sobre as diversas afasias!), como também em nenhuma outra parte quanto aqui a anatomia, a fisiologia e a psicologia conseguiram prestar-se um mútuo apoio. Àquele que aborda sem ideia preconcebida, sobre o terreno dos fatos, o antigo problema das relações da alma e do corpo, esse problema aparece rapidamente estreitando-se em torno da questão da memória, e mesmo mais especialmente da memória das palavras: é daí, sem dúvida nenhuma, que deverá partir a luz capaz de esclarecer os lados mais obscuros do problema.

Veja-se como tentamos resolvê-lo. De um modo geral, o estado psicológico nos parece, na maior parte dos casos, ultrapassar enormemente o estado cerebral. Quero dizer que o estado cerebral somente desenha uma pequena parte do estado mental, a que é capaz de traduzir-se por movimentos de locomoção. Tome um pensamento complexo que se desdobra numa série de raciocínios abstratos. Esse pensamento é acompanhado da representação de imagens, ao menos nascentes. E estas próprias imagens não são representadas à consciência sem que se desenhem, em estado de esboço ou de tendência, os movimentos pelos quais tais imagens se desempenhariam elas mesmas no espaço – quer dizer, imprimiriam ao corpo tais ou tais atitudes, liberariam tudo o que contêm implicitamente de movimento espacial. Bem, desse pensamento complexo que se desenrola, é isso, em nossa opinião, que o estado cerebral indica a todo instante. Aquele que pudesse penetrar no interior do cérebro e perceber o que aí acontece seria provavelmente informado sobre esses movimentos esquematizados ou preparados; nada prova que seria informado de qualquer outra coisa. Mesmo que ele fosse dotado de uma inteligência sobre-humana, que tivesse a chave da psicofisiologia, ele seria tão esclarecido sobre o que se passa na consciência correspondente quanto nós o seríamos sobre uma peça de teatro pelas idas e vindas dos atores em cena.

Isso quer dizer que a relação do mental ao cerebral não é uma relação constante nem simples. Segundo a natureza da peça que se representa, os movimentos dos atores dizem mais ou menos sobre ela: quase tudo, se se trata de uma pantomima, quase nada, se é uma comédia sutil. Do mesmo modo, nosso estado cerebral contém mais ou menos de nosso estado mental segundo tendemos a exteriorizar nossa vida psicológica em ação ou a interiorizá-la em conhecimento puro.

A evolução criadora. PUF, p. IX-XI; "Oeuvres", p. 492-494

Isso quer dizer que a teoria do conhecimento e a teoria da vida nos parecem inseparáveis uma da outra. Uma teoria da vida que não seja acompanhada de uma crítica do conhecimento é obrigada a aceitar, tais e quais, os conceitos que o entendimento coloca à sua disposição: ela não pode mais que encerrar os fatos, por bem ou por mal, em quadros preexistentes que considera definitivos. Ela obtém assim um simbolismo cômodo, talvez até mesmo necessário à ciência positiva, mas não uma visão direta de seu objeto. Por outro lado, uma teoria do conhecimento que não recoloque a inteligência na evolução geral da vida não nos ensinará nem como os quadros do conhecimento se constituíram, nem como podemos ampliá-los ou superá-los. É preciso que essas duas investigações, teoria do conhecimento e teoria da vida, se reúnam e, por um processo circular, impulsionem-se uma à outra indefinidamente.

As duas em conjunto poderão resolver, por um método mais seguro, mais próximo da experiência, os grandes problemas que a filosofia coloca. Pois, se elas tivessem sucesso em sua empresa comum, fariam com que assistíssemos à formação da inteligência e, por isso, à gênese dessa matéria cuja configuração geral nossa inteligência desenha. Elas escavariam até a própria raiz da natureza e do espírito. Elas substituiriam o falso evolucionismo de Spencer – que consiste em recortar a realidade atual, já evoluída, em pequenos pedaços não menos evoluídos, depois recompor a realidade com esses fragmentos, e em dar-se previamente, dessa forma, tudo o que se trata de explicar – por um evolucionismo verdadeiro, no qual a realidade seria seguida em sua geração e em seu crescimento.

Mas uma filosofia desse gênero não será feita da noite para o dia. À diferença dos sistemas propriamente ditos, cada um dos quais foi obra de um homem de gênio e se apresentou em bloco, para pegar ou largar, ela só se poderá constituir por um esforço coletivo e progressivo de vários pensadores, de vários observadores também, completando-se, corrigindo-se, endireitando-se uns aos outros. Assim também o presente ensaio não visa resolver de um só golpe os maiores problemas. Ele gostaria simplesmente de definir o método e fazer entrever, sobre alguns pontos essenciais, a possibilidade de aplicá-lo.

A evolução criadora. PUF, p. 260-262; "Oeuvres", p. 707-708

Na verdade, a vida é um movimento, a materialidade é o movimento inverso e cada um desses dois movimentos é simples, a matéria que forma um mundo sendo um fluxo indiviso, indivisa também sendo a vida que a atravessa, nela recortando seres vivos. Dessas duas correntes, a segunda contraria a primeira, mas a primeira apesar disso obtém algo da segunda: resulta entre elas um *modus vivendi*, que é precisamente a organização. Essa organização toma para nossos sentidos e para nossa inteligência a forma de partes inteiramente exteriores a partes no tempo e no espaço. Não somente nós fechamos os olhos à unidade do elã que, ao atravessar as gerações, liga os indivíduos aos indivíduos, as espécies às espécies e faz da série inteira dos seres vivos uma única e imensa vaga correndo sobre a matéria, mas cada indivíduo ele próprio nos aparece como um agregado, agregado de moléculas e agregado de fatos. A razão disso estaria na estrutura de nossa inteligência, que é feita para agir de fora sobre a matéria e que só o consegue ao praticar, no fluxo do real, cortes instantâneos dos quais cada um se torna, na sua fixidez, indefinidamente decomponível. Ao perceber, num organismo, somente partes exteriores a partes, o entendimento é forçado a escolher entre dois sistemas de explicação: ou tomar a organização infinitamente complicada (e, por isso, infinitamente científica) por uma reunião fortuita, ou reportá-la à influência incompreensível de uma força exterior que teria agrupado os seus elementos. Mas tal complicação é obra do entendimento, assim como essa incompreensibilidade também o é. Tentemos ver, não mais somente com os olhos da inteligência, que só apreende o totalmente feito e que olha de fora, mas com o espírito, quer dizer, com essa faculdade de ver que é imanente à faculdade de agir e que jorra, de certa maneira, da torção do querer sobre si mesmo. Tudo se recolocará em movimento e tudo se resolverá em movimento. Ali onde o entendimento, exercendo-se sobre a imagem que se supõe fixa da ação em andamento, nos mostra partes infinitamente múltiplas e uma ordem infinitamente científica, nós pressentiremos um processo simples, uma ação que se faz através de uma ação do mesmo gênero que se desfaz, alguma coisa como o caminho rasgado pelo último foguete do fogo de artifício entre os destroços que caem dos foguetes apagados. [...]

O elã de vida do qual falamos consiste, em suma, em uma exigência de criação. Ele não pode criar absolutamente, porque encontra diante de si a matéria, isto é, o movimento inverso ao seu. Mas ele toma posse dessa matéria, que é a própria necessidade, e tende a nela introduzir a maior soma possível de indeterminação.

O pensamento e o movente. PUF, p. 11-14; "Oeuvres", p. 1261-1263

A diferença é radical, então, entre uma evolução cujas fases contínuas se interpenetram por uma espécie de crescimento interior, e um desdobramento cujas partes distintas se justapõem. O leque que se desdobra poderia abrir bem mais rapidamente, e mesmo instantaneamente; ele mostrará sempre o mesmo bordado, prefigurado na seda. Mas uma evolução real, por pouco que se acelere ou se a retarde, modifica-se totalmente, interiormente. Sua aceleração ou desaceleração é justamente essa modificação interna. Seu conteúdo e sua duração são uma única coisa.

É verdade que, ao lado das consciências que vivem essa duração irredutível e inextensível, há sistemas materiais sobre os quais o tempo apenas desliza. Dos fenômenos que ocorrem nesses sistemas, pode-se realmente dizer que são o desenrolar de um leque, ou melhor, de um filme cinematográfico. Calculáveis previamente, eles preexistem, sob a forma de possíveis, à sua realização. Tais são os sistemas estudados pela astronomia, pela física e pela química. O universo material, em seu conjunto, forma um sistema desse gênero? Quando nossa ciência faz essa suposição, ela compreende simplesmente que deixa de lado, no universo, tudo o que não é calculável. Mas o filósofo, que não quer deixar nada de lado, é forçado a constatar que os estados de nosso mundo material são contemporâneos da história de nossa consciência. Como essa dura, é preciso que aqueles se liguem à duração real de alguma maneira. Em teoria, o filme sobre o qual são desenhados os estados sucessivos de um sistema inteiramente calculável poderia se desenrolar em qualquer velocidade sem que nada nele mudasse. De fato, essa velocidade é determinada, uma vez que o desenrolar do filme corresponde a uma certa duração de nossa vida interior – a esta e não a qualquer outra. O filme que se desenrola está provavelmente ligado à consciência que dura, e que regula o seu movimento. Quando queremos preparar um copo de água com açúcar, como dissemos, somos forçados a esperar que o açúcar se dissolva. Essa necessidade de espera é o fato significativo. Ele exprime que, se é possível recortar, no universo, sistemas para os quais o tempo não é mais que uma abstração, uma relação, um número, o universo mesmo é outra coisa. Se pudéssemos abarcá-lo em seu conjunto, inorgânico, mas permeado de seres orgânicos, nós o veríamos tomar incessantemente formas tão novas, originais e imprevisíveis quanto nossos estados de consciência.

Mas temos tanta dificuldade em distinguir entre a sucessão na duração verdadeira e a justaposição no tempo espacial, entre uma evolução e um desdobramento, entre a novidade radical e um rearranjo do preexistente, enfim, entre a criação e a simples escolha, que não seria possível esclarecer de uma vez todos os lados dessa distinção. Digamos, portanto, que na duração, encarada como uma evolução criadora, há criação perpétua de possibilidade e não somente de realidade. A muitos será repugnante admiti-lo, porque julgam sempre que um evento não se realizaria se não tivesse podido realizar-se: de modo que, antes de ser real, é necessário que tenha sido possível. Mas olhem de perto: verão que "possibilidade" significa duas coisas totalmente diferentes e que, na maior parte do tempo, oscilamos de uma a outra, jogando involuntariamente com o sentido do termo. Quando um músico compõe uma sinfonia, sua obra era possível antes de ser real? Sim, se entendermos por isso que não havia nenhum obstáculo insuperável para a sua realização. Mas, desse sentido inteiramente negativo da palavra passamos, sem tomar consciência, a um sentido positivo: imaginamos que tudo o que se produziu poderia ser percebido antecipadamente por algum espírito suficientemente informado, e que preexistia, assim, sob a forma de ideia, à sua realização – concepção absurda no caso da obra de arte, pois, desde o momento em que o músico tenha a ideia precisa e completa da sinfonia que ele comporá, sua sinfonia está pronta. Nem no pensamento do artista, nem, com ainda mais razão, em algum outro pensamento comparável ao nosso, seja impessoal, ou mesmo simplesmente virtual, não habitava na qualidade de possível antes de ser real. Mas não poderíamos dizer o mesmo de um estado qualquer do universo tomado com todos os seres conscientes e vivos? Não é ele mais rico em novidade, em imprevisibilidade radical, do que a sinfonia do maior mestre?

NOTAS

1. Para comodidade da leitura, citamos as obras, nesta breve biografia, com os títulos em português. O leitor pode conferir os títulos originais ao final deste capítulo, na Bibliografia.

2. A ideia de lugar em Aristóteles.

3. As notas biográficas aqui apresentadas estão baseadas na pequena síntese apresentada por Vieillard-Baron (In: *Bergson*. Col. Que sais-je. Paris: PUF, 1991) e, sobretudo, na mais completa biografia publicada até hoje: SOULEZ, P. & WORMS, F. *Bergson* – Biographie (Paris: Flammarion, 1997).

4. Bergson publicou uma primeira versão do segundo capítulo do livro num volume da *Revue Philosophique*, editada por Ribot e definida como periódico de psicologia científica. O último capítulo, dedicado à metafísica da matéria, foi publicado na *Revue de métaphysique et de morale*, esta sob a influência de Felix Ravaisson e situada em oposição à revista de Ribot. Sobre essa dualidade, ver WORMS, F. *Introduction à* Matière et mémoire *de Bergson*. Paris: PUF, 1997, p. 7-8.

5. O estudo das afasias e as hipóteses explicativas para problemas caros às pesquisas em psicologia mostram como Bergson estava ciente dos progressos científicos de seu tempo, no campo da neurofisiologia e da biologia evolutiva, esta última onipresente na terceira obra, justamente a mais conhecida e estudada.

6. Há um estudo criterioso e original sobre as relações de Bergson com a política e a diplomacia, sua atuação efetiva no período de guerra e sua ação política de uma forma geral – trata-se de *Bergson politique*, de Philippe Soulez (Paris: PUF, 1989).

7. Carta a William James de 1908, *Mélanges*, p. 765-766.

8. O espaço, aqui, é o geométrico, considerado como forma inerente à inteligência e base das operações matemáticas, assim como das operações ligadas à generalização, aos nomes e à constituição da linguagem. Bergson não reduz a extensão concreta – espaço em que vivemos – a essa forma do intelecto.

9. BERGSON, H. Introduction à la métaphysique. In: *La pensée et le mouvant*. Paris: PUF, 1993, p. 214.

10. A principal obra de comentário que trata das relações entre intuição, linguagem e literatura na filosofia bergsoniana é SILVA, F.L. *Bergson, intuição e discurso filosófico*. São Paulo: Loyola, 1994.

11. Citamos aqui a famosa passagem do *Ensaio sobre os dados imediatos da consciência* (p. 129), a possível "definição" de liberdade que só recebe uma interpretação condizente à luz da noção de duração que ele nos apresenta no segundo capítulo da obra.

12. Ao pensar sobre o mundo exterior e sua representação na mente de um sujeito, o realismo parte da coisa, considerando ideias e processos mentais como efeitos no sujeito; nesse caso, a representação é secundária. O idealismo, por sua vez, parte da representação ou ideia e procura dela deduzir a realidade material extensa, o mundo das coisas; fixando-se no sujeito, o idealismo tem dificuldades para determinar a realidade do objeto. No prefácio à sétima edição de *Matéria e memória*, Bergson afirma ser Descartes o exemplo do realista em questão, e Berkeley representaria o idealismo também criticado.

13. A estratégia argumentativa escolhida exige tomar o termo "imagem" numa certa imprecisão, reconhecendo nele o mínimo de atribuições: relação direta com o exercício dos sentidos, potência de ser percebida ou percepção virtual. A importância do termo para o percurso do livro é vital: a palavra imagem compõe o título dos quatro capítulos de *Matéria e memória*.

14. *Matéria e memória*. São Paulo: Martins Fontes, 1999, p. 75. O primeiro capítulo dessa obra, em que Bergson formula passo a passo a hipótese de uma percepção pura e remodela a teoria do conhecimento e, a uma só vez, indica o caminho para a superação da questão metafísica da realidade do espírito e da matéria, está entre os trechos mais discutidos de sua obra, seja pela proximidade com a fenomenologia, seja pelo modo como ele explicita o processo de purificação da experiência como etapa da intuição.

15. BERGSON, H. *L'évolution créatrice*. Paris: PUF, p. 239.

16. A interpretação da filosofia de Bergson à luz dessa dualidade de sentidos implicados na noção de vida é o fio condutor de um dos principais estudos contemporâneos sobre Bergson. Trata-se de WORMS, F. *Bergson* – Les deux sens de la vie. Paris: PUF, 2004. O autor também escreveu o *Vocabulaire de Bérgson*. Paris: Ellipses, 2000, e é responsável pela relevante iniciativa editorial que criou os *Annales bergsoniennes* (cf. WORMS, F. [org.]. *Annales Bergsoniennes* – I: Bergson dans le siècle. Col. Épiméthée. Paris: PUF, 2002. • *Annales bergsoniennes* – II: Bergson, Deleuze, la phénoménologie. Col. Épiméthée. Paris: PUF, 2004).

17. BERGSON, H. Introduction à la Métaphysique. In: *La pensée et le mouvant*. Paris: PUF, 1993. Último parágrafo, finalizando o texto: "Neste sentido, a metafísica nada tem em comum com uma generalização da experiência e, entretanto, ela se poderia definir como a *experiência integral*".

18. O quadro de análise da história da filosofia apresentado ao final de *A evolução criadora* é quase um capítulo à parte na obra bergsoniana. As duas ilusões da inteligência aqui citadas são ali expostas num momento do trabalho crítico de Bergson que causa intenso impacto e reflexão. A interpretação de sua obra à luz da crítica da ideia do Nada é o fio condutor de um dos estudos mais importantes sobre Bergson e particularmente relevante para nós, já que se trata de obra de um filósofo brasileiro que foi reconhecida mundialmente apenas nos últimos três anos ao ser traduzida na França. Falamos de PRADO Jr., B. *Presença e campo transcendental* – Consciência e negatividade na filosofia de Bergson. São Paulo: Edusp, 1989 (Tradução francesa e apresentação de R. Barbaras. Hildesheim/Zürich/New York: OLMS, 2002). A repercussão da publicação na França pode ser conferida na coletânea *Annales bergsoniennes I*, listada na bibliografia a seguir.

19. Cf. DELEUZE, G. *Bergsonismo*. Trad. de Luis Orlandi. São Paulo: Ed. 34, 1999.

20. PRADO JR. Une philosophie vivante. In: *Magazine litteraire*, n. 386, abr./2000, p. 29. O volume apresenta um dossiê sobre Bergson.

Husserl

Nythamar de Oliveira ★

 **O filósofo e o seu tempo**

Edmund Husserl foi o fundador do movimento fenomenológico no início do século XX. Sua vida é inseparável de suas obras mais significativas – quase todas uma introdução à fenomenologia – assim como de seus encontros com pensadores, epígonos e interlocutores notáveis, dentre os quais Dilthey, Scheler, Jaspers, Heidegger e Lévinas. As duas Grandes Guerras foram, sem dúvida, os acontecimentos mais marcantes na vida e obra de Husserl: um de seus filhos morreu em combate na Primeira e, embora Husserl tenha morrido antes do início da Segunda Guerra, testemunhou em pessoa o espectro do terror nazista e vaticinou sobre o futuro da filosofia europeia. Lecionou filosofia em Halle (1887-1901), Göttingen (1901-1916) e Freiburg (1916-1928), etapas que correspondem aos três períodos mais distintos do desenvolvimento da fenomenologia – que podem também ser identificados, *grosso modo*, com as tentativas de formular um método estático, genético e generativo para a fenomenologia, em termos de suas respectivas tematizações da intencionalidade, da constituição e da intersubjetividade para dar conta das análises de sínteses ativas e passivas inerentes ao método transcendental de toda pesquisa fenomenológica.

Edmund Husserl nasceu aos 8 de abril de 1859 em Prossnitz (Morávia, atual República Tcheca, na época território do Império Austro-Húngaro), numa família judia, o segundo de quatro filhos. Entre 1876 e 1878, o jovem Edmund estuda astronomia na Universidade de Leipzig, e, de 1878 a 1880, faz seus estudos de matemática com Leopold Kronecker e Karl Theodor Weierstrass na Universidade de Berlim, antes de redigir e defender sua tese doutoral sobre a teoria do cálculo de variações (*Beiträge zur Theorie der Variationsrechnung*) na Universidade de Viena em 1882. A partir de 1884, Husserl começa a assistir as aulas de Franz Brentano, que o atraem definitivamente para a filosofia. Husserl converte-se ao cristianismo (Igreja Evangélica Luterana) em 1886, mudando seu nome para Edmund Gustav Albrecht Husserl. Em 1886-1887,

---

★ Doutor em Filosofia pela State University of New York, com pós-doutorados na New School for Social Research, na London School of Economics e na Universidade de Kassel. Professor do Departamento de Filosofia da Pontifícia Universidade Católica do Rio Grande do Sul (PUCRS) e pesquisador do CNPq.

Husserl estuda com Carl Stumpf na Universidade de Halle. Em 1887, casa-se com Malvine Steinschneider, com quem teria três filhos, e, no mesmo ano, publica a sua tese de habilitação "Sobre o conceito de número" (*Über den Begriff der Zahl*). Em 1891, publica seu terceiro opúsculo, *Filosofia da aritmética* (*Philosophie der Arithmetik: Psychologische und Logische Untersuchungen*). Embora seja considerado um período que antecede a fenomenologia propriamente dita, os trabalhos de Husserl em lógica e filosofia da matemática já preparam o que viria a ser explicitamente concebido como uma investigação fenomenológica em filosofia. As críticas de Gottlob Frege ao psicologismo e a interessante correspondência entre Frege e Husserl marcam o início de uma profícua pesquisa em fenomenologia, na incessante tentativa de buscar uma fundamentação rigorosa para a filosofia e para as ciências modernas.

Em 1900, Husserl publica a primeira parte das *Investigações lógicas* (*Logische Untersuchungen*), os "Prolegômenos à lógica pura" (*Prolegomena zur reinen Logik*). Em 1901, publica a segunda parte das *Investigações*: *Untersuchungen zur Phänomenologie und Theorie der Erkenntnis*. Ainda em 1901, inicia seu trabalho como professor assistente em Göttingen, onde começa a proferir regularmente suas aulas sobre a fenomenologia. Em 1901, encontra-se com Max Scheler, que seria um de seus assistentes mais famosos e expoentes da pesquisa fenomenológica. Em abril e maio de 1905, Husserl profere cinco conferências sobre a ideia da fenomenologia (*Die Idee der Phänomenologie*). Naquele mesmo ano, Husserl viaja até Berlim para visitar Wilhelm Dilthey, que havia oferecido um seminário sobre as *Logische Untersuchungen*. Em 1906, Husserl é promovido a uma cátedra (*ordentlichen Professor*) na Universidade de Göttingen. Em 1909, Husserl recebe a visita de Paul Natorp em Göttingen. Em 1910, Husserl inicia o memorável seminário sobre os "Problemas Fundamentais de Fenomenologia" (*Grundprobleme der Phänomenologie*). Em 1911, o artigo de Husserl *Filosofia como ciência rigorosa* (*Philosophie als strenge Wissenschaft*) é publicado no primeiro número da revista *Logos*, que ele edita com Heinrich Rickert. Em 1913, publica o primeiro livro de *Ideias* (*Ideen zu einer reinen Phänomenologie und phänomenologischen Philosophie. Erstes Buch: Allgemeine Einführung in die reine Phänomenologie*) e cria o jornal *Jahrbuch für Philosophie und phänomenologische Forschung*.

Em 1916, Husserl assume a cátedra de filosofia na Universidade de Freiburg, onde Edith Stein trabalhará dois anos como sua assistente. Martin Heidegger torna-se, depois, seu assistente (a partir de 1919). Em 3 de maio de 1917, profere a aula inaugural sobre "A fenomenologia, seu domínio de pesquisa e o seu método" (*Die reine Phänomenologie ihr Forschungsgebiet und ihre Methode*). Em novembro do mesmo ano, profere três conferências sobre o ideal de humanidade em Fichte (*Fichtes Menschheitsideal*). Em 1918, inicia correspondência com o matemático de Göttingen, Hermann Weyl, apoiando sua concepção de fundamentação da matemática no trabalho sobre o *continuum* (*Das Kontinuum*). Em setembro de 1921, Martin Heidegger visita Husserl em St. Märgen. Em junho de 1922, Husserl profere quatro conferências no University College de Londres sobre o método fenomenológico e a filosofia fenomenológica (*Phänomenologische Methode und Phänomenologische Philosophie*). Em 1923, Husserl submete quatro artigos a periódicos japoneses ("Erneuerung, Ihr Problem e ihre Methode", "Die Methode der Wesensforschung", "Erneuerung als individualethisches Problem", à revista *Kaizo*, e "Die Idee einer philosophischen Kultur: Ihr erstes Aufkeimen in der grieschischen Philosophie", ao *Japanisch--deutsche Zeitschrift für Wissenschaft und Technik*). Entre 1923 e 1930, Ludwig Landgrebe torna-se o assistente privado de Husserl. Em abril de 1926, Martin Heidegger apresenta o seu *Sein und Zeit*, com dedicatória para Edmund Husserl "com admiração e amizade" (*in Verehrung und Freundschaft zugeeignet*) pelo seu aniversário celebrado em Todtnauberg. Em outubro de 1927, Heidegger visita Husserl em Freiburg para discutir a primeira versão do artigo sobre fenomenologia para a *Encyclopedia Britannica*. Em 1928, Heidegger publica as lições de Husserl sobre a fenomenologia da consciência do tempo (*Vorlesungen zur Phänomenologie des inneren Zeitbewusstseins*). No mesmo ano, Husserl profere duas palestras em Amsterdam sobre fenomenologia e psicologia (*Phänomenologie und Psychologie. Transzendentale Phänomenologie*). Em julho do mesmo ano, Husserl se aposenta em Freiburg, e Eugen Fink assume como seu assistente em agosto. Em fevereiro de 1929, Husserl profere as famosas conferências de Paris, que fornecem o material de suas *Méditations Cartésiennes*. Em 1929, Heidegger prepara um *Festschrift* ofertado a Husserl pelo seu septuagésimo aniversário, incluindo contribuições, dentre outros que o homenageiam, de Oskar Becker, Jean Hering, Roman Ingarden, Alexandre Koyré, Karl Löwith e Edith Stein.

Em julho de 1929, Husserl publica *Lógica formal e transcendental* (*Formale und transzendentale Logik*). No mesmo mês, Husserl assiste à aula inaugural de Heidegger na Universidade de Freiburg, "Was ist Metaphysik?", e a partir do verão desse ano, dedica-se a estudar criticamente os textos de seu ex-pupilo, *Sein und Zeit*, *Kant und das Problem der Metaphysik* e "Vom Wesen des Grundes". Em 1931, Husserl apresenta um *paper* na Kant-Gesellschaft de Frankfurt sobre "Fenomenologia e antropologia" (*Phänomenologie und Anthropologie*), retomado em Berlim e Halle. Em 1933, é impedido pelo Partido Nacional-Socialista alemão de deixar o país sem autorização. Em maio de 1935, Husserl profere sua famosa conferência sobre a filosofia e a crise europeia (*Die Philosophie in der Krisis der europäischen Menschheit*), perante a Federação de Cultura (*Kulturbund*) de Viena. Em novembro de 1935, Husserl apresenta outra versão da mesma conferência, *Die Krisis der europäischen Wissenschaften und die Psychologie*, perante o *Cercle philosophique de Prague pour les recherches sur l'entendement humain*. Naquele mesmo ano, Husserl foi proibido pelos nacional-socialistas de fazer apresentações públicas. Ao saber das intenções nazistas de destruir os manuscritos de Husserl, o padre franciscano Herman Leo van Breda, que preparava sua tese doutoral sobre a fenomenologia de Husserl, iniciou em 1938 todo um processo de proteção, recuperação e compilação dos Arquivos Husserl, que foram transportados para Louvain (Bélgica). Aos 27 de abril de 1938, Edmund Husserl morre de pneumonia em Freiburg, aos 79 anos de idade.

 ## A filosofia de Husserl

O maior legado de Edmund Husserl foi, sem dúvida, a inovação metodológica proposta pela fenomenologia. Assim como Descartes, Hume e Kant revolucionaram a Modernidade através de suas respectivas contribuições para o racionalismo, o empirismo e o idealismo, Husserl contribuiu de maneira decisiva para uma nova leitura dos problemas filosóficos da ontologia, da subjetividade e da linguagem, pela sua nova concepção de como devemos abordar o problema do conhecimento, através de uma incansável investigação sobre o significado de fenômenos visados pela consciência enquanto fluxo temporal de experiências vividas ou vivências (*Erlebnisse*). Husserl, na verdade, recorre com frequência a esses três autores – assim como a outros filósofos da tradição ocidental – apenas para destacar o impasse de toda teoria do conhecimento que, por um lado, reconhece a impossibilidade de se pressupor uma racionalidade inata ou uma razão absolutamente segura de seus pressupostos cognitivos, assim como, por outro lado, vê-se obrigada a lidar com o dado e sua dação de sentido (*Sinngebung*), na medida em que as coisas nos impelem a conhecê-las e a delas nos apropriarmos pela linguagem e pelos sentidos. Assim, Husserl buscou incessantemente uma terceira via entre o subjetivismo e o objetivismo, de forma a evitar tanto o logicismo dos racionalistas quanto o psicologismo dos empiristas. Embora ele rejeite o subjetivismo cartesiano, Husserl reconhece a sua dívida para com a guinada transcendental: as *cogitationes* inerentes ao próprio exercício de pensar (*cogitare*) a minha relação ao objeto de meu pensamento são um ponto de partida decisivo para as meditações cartesianas. Aqui se encontram a chave cartesiana para a *mathesis universalis* de todo conhecimento possível, o ponto arquimediano de toda investigação e o prelúdio a toda antropologia filosófica. Por outro lado, é mister questionar também o empirismo por uma arqueologia da coisa a ser intuída, de forma a desvelar as origens de uma constituição transcendental. Husserl revisita o desafio humeano que provocou o idealismo transcendental de Kant, reformulando o problema do ceticismo e a ameaça constante do psicologismo, mas sem contentar-se com uma ruptura noumênica que nos separa da "coisa em si". Para Husserl, ao contrário, devemos pela fenomenologia retornar às coisas mesmas (*zurück zu den Sachen selbst*), não mais concebidas como fatos, *sense data* ou matéria bruta dos sentidos, mas pela dação de sentido (*Sinngebung*) na própria correlação entre a consciência e o ser do fenômeno. Daí o seu intento programático de introduzir a fenomenologia, enquanto ciência dos fenômenos, para constituir-se em ciência rigorosa e teoria da ciência, de forma a tornar toda ciência e toda teoria científica possíveis. A concepção husserliana da consciência enquanto consciência de algo a ser objetivado por uma subjetividade transcendental em muito lembra o intento kantiano de revolucionar o modo tradicional de se conhecer. Com efeito, para Husserl, as concepções correlativas de intencionalidade, intersubjetividade e normatividade traduzem a coconstituição do mundo e do sujeito, na medida em que ambos se pressupõem e são coconstituídos para sua mútua significação.

Outrossim, significação, sentido e teoria do significado ocupam um lugar privilegiado na monumental obra husserliana, que nos foi legada através dos quase 40 volumes dos seus trabalhos publicados, anotações e manuscritos em mais de 45.000 páginas estenografadas (*Husserliana*). A hermenêutica, a desconstrução, filosofias da linguagem, *speech-acts theories*, teorias semânticas, neurociências e teorias da comunicação estão entre as inúmeras correntes do pensamento que foram engendradas e influenciadas, direta ou indiretamente, pela fenomenologia husserliana. Desde as *Investigações lógicas* até o apêndice sobre a *Origem da geometria* incluído no texto da *Crise*, toda a fenomenologia husserliana é, com efeito, pautada pelo problema da significação.

A "Primeira investigação", sobre expressão e significação (*Ausdruck und Bedeutung*), parece dirigir nossa leitura das cinco investigações subsequentes. Poder-se-ia mesmo pensar numa estratégia de esquivarmo-nos de todas as pressuposições, a chamada ausência de pressuposições (*Voraussetzungslosigkeit*) de que falava Husserl, para refundarmos a ciência (*Wissenschaft*) sobre um novo método. Depois de seus trabalhos em matemática, particularmente *Über den Begriff der Zahl* (1887) e sua *Philosophie der Arithmetik* (1891), Husserl buscara, sob a influência de Brentano, uma fundamentação da lógica e da filosofia, particularmente na concepção de número para dar conta do problema da multiplicidade, ainda num contexto visivelmente marcado pela epistemologia neokantiana. De acordo com tal concepção, o nosso "mundo" seria construído pela reflexão, através da abstração de todo conteúdo físico, de forma a desvelar os fenômenos psíquicos ou mentais por trás de nossas construções lógico-matemáticas. Pouco a pouco, Husserl desenvolve uma crítica radical do psicologismo, paralela à sua crítica do empirismo, sobretudo a partir das *Logische Untersuchungen* e com a publicação do primeiro livro das *Ideen* em 1913, onde a fenomenologia é explicitamente formulada como uma nova versão de idealismo transcendental, rompendo definitivamente com o platonismo e o empirismo.

As *Investigações lógicas* abrem com um longo e polêmico ensaio sobre a lógica pura, onde a psicologia descritiva é articulada para refutar o psicologismo e o empirismo: as leis e regras de inferência da lógica são intuídas *a priori*, por sua necessidade e universalidade idealmente vinculadas à própria descrição normativa das mesmas, entre a subjetividade cognoscente e a objetividade do que é conhecido. Assim, uma teoria do conhecimento é uma teoria do saber, uma teoria da ciência (*Wissenschaftslehre*), cuja peculiaridade é de constituir-se, justamente, em uma ciência da ciência (*Wissenschaft von der Wissenschaft*). A lógica, enquanto doutrina pura da ciência (*reine Wissenschaftslehre*), tem como tríplice tarefa: fixar as categorias puras da significação, dos objetos e de suas combinações segundo suas próprias leis; estabelecer as leis e teorias cujos fundamentos encontram-se nessas categorias; e, finalmente, constituir-se como teoria das formas possíveis de teorias ou como teoria pura de multiplicidades[1]. No segundo volume das *Investigações lógicas*, Husserl finalmente apresenta sua definição da lógica como "a ciência dos significados como tais [*Wissenschaft von Bedeutungen als solchen*]"[2]. A concepção de significação e significado em Husserl deve ser contrastada com a de Frege, para quem as duas expressões "$1+1+1+1$" e "$(1+1)+(1+1)$" têm o mesmo significado (*dieselbe Bedeutung*), portanto a mesma referência, mas sentidos diferentes (*verschiedenen Sinn*). Todavia, Husserl se opôs à solução fregeana da referência enquanto significado, através das funções de valores de verdade que constituem o sentido de proposições. Assim, duas proposições providas de sentidos diferentes como "a estrela da tarde é um planeta" e "a estrela da manhã é um planeta" atribuem, segundo Frege, a mesma propriedade ao mesmo objeto (a saber, Vênus). Enquanto Frege identifica *Gegenstand* e *Bedeutung* ao expressar o valor de verdade do conceito como referência, Husserl associa conceitos (*Begriffe*) a objetos (*Gegenstände*) na relação lógica a fatos (*Beziehungen*) que constituem objeto do pensamento (*Gedanke*). Em suma, o que Frege denomina *Sinn* e *Bedeutung* corresponde, respectivamente, a *Bedeutung* e *Gegenstand* em Husserl. *Bedeu-*

tung e *Sinn* se equivalem, portanto, na medida em que realizam uma *performance* de sentido, em que preenchem uma significação (*Bedeutungserfüllung*).

Para Husserl, a fenomenologia deve trazer à pura expressão (*zu reinem Ausdruck*) e descrever em termos essenciais de seus conceitos (*deskriptiv in Wesensbegriffen*) as essências que os fazem conhecidos em intuição, de forma que cada enunciado (*Aussage*) de tal essência seja um enunciado *a priori*[3]. A fenomenologia, enquanto ciência descritiva da intuição de essências de todo fenômeno, propõe-se a investigar, segundo as leis da lógica pura, como objetos articulados em termos gramaticais preenchem uma intencionalidade de significação num sentido que, para além do mero juízo psicológico, forma uma unidade significativa com a sua expressão. Assim, Husserl inicia a primeira investigação assinalando a ambiguidade ou duplicidade de sentido (*Doppelsinn*) inerente ao termo "signo" ou "sinal" (*Zeichen*): "Todo signo é um signo de algo, mas nem todo signo tem um 'significado', um 'sentido' com o qual o signo é expresso [*Jedes Zeichen ist Zeichen für etwas, aber nicht jedes hat eine "Bedeutung", einen "Sinn", der mit dem Zeichen "ausgedrückt" ist*][4]. Embora todo signo ou sinal signifique alguma coisa, nem todo significado tem sido referido por um significante, nem todos os significantes têm um significado – para usar uma terminologia saussureana –, na medida em que nem todos os signos são expressões (no sentido husserliano). O texto de Husserl antecipa o famoso *Cours de linguistique générale* publicado em 1916 por Ferdinand de Saussure, assim como várias das intermináveis discussões em torno do significado, da linguagem e da semântica, que só seriam tematizadas depois da Segunda Guerra Mundial. Deve-se, todavia, lembrar ainda que o contexto da problemática husserliana é o mesmo da chamada concepção tradicional da linguagem, segundo a qual esta funciona como um veículo ou meio para exprimir e transmitir um pensamento, o qual representa uma realidade independente.

Se, por um lado, o signo (*Zeichen*) tem a característica genérica da "expressão" (*Ausdruck*), por outro lado, pode este mesmo signo a nada referir-se, sem nada exprimir, sendo simplesmente um sinal (*Anzeichen*), uma "indicação", um "indício", uma "marca" ou uma "nota". Por exemplo, os canais de Marte parecem um sinal ou indicam que haja água naquele planeta, mas não exprimem nenhuma intenção significativa, não querem dizer algo, como uma placa ou sinal de trânsito – em português, dir-se-ia, neste caso, que o sinal funciona como um signo no sentido husserliano. Segundo Husserl "significar [*Das Bedeuten*] não é um modo particular de ser um signo" no sentido de indicar ou assinalar algo[5]. Portanto, um signo indicativo é desprovido de sentido ou signficado (*bedeutungslos*), na medida em que não preenche uma função significante (*eine Bedeutungsfunktion*). Assim, expressões (*Ausdrücke*) devem ser distintas de signos indicativos (*anzeigenden Zeichen*) na medida em que são significativas (*bedeutsamen*)[6]. Ademais, uma expressão não apenas tem um significado, mas também refere-se a certos objetos (*Gegenstände*), isto é, toda expressão é *acerca* de algo (*über Etwas*)[7], não apenas numa relação de dar nomes às coisas, pois nem todas as expressões nomeiam seus objetos. Aqui reside precisamente um importante ponto de ruptura entre Husserl e Frege: enquanto Frege associa o sentido (*Sinn*) de uma proposição ao pensamento (*Gedanke*) expresso e sua referência (*Bedeutung*) ao seu valor de verdade (*Wahrheitswert*), a proposição significa para Husserl um pensamento (*Gedanke*), mas refere-se a um estado de coisas (*Sachverhalt*) – como o faria mais tarde, Wittgenstein[8]. Husserl ilustra o seu problema ao assinalar que as proposições "a é maior do que b" e "b é menor do que a" dizem de diferentes modos algo (*Sache*) que exprime, em última análise, o mesmo estado de coisas.

A abordagem fenomenológica que caracteriza a análise husserliana do significado não se reduz, todavia, ao mero tratamento de funções simbólicas e linguísticas, mas tem a pretensão de evidenciar plenamente o trabalho das intuições em uma fenomenologia do conhecimento, entre a intenção de significação (*Bedeutungsintention*) e o preenchimento de significação (*Bedeutungserfüllung*), ou seja, como o subjetivo e o objetivo são articulados na estrutura essencial de experiências puras, como significado idealmente unificado[9]. Por exemplo, quando eu entro na piscina e digo que "a água está fria", estou não apenas exprimindo uma sensação térmica subjetiva, mas também constatando que a temperatura da água está efetivamente abaixo de quinze graus centígrados – ou algum estado de coisas semelhante. A questão, para Husserl, não é de simplesmente descartar os condicionamentos meramente subjetivos ou de aspirar a uma objetividade que independe da subjetividade, mas de dar conta da significação de tudo que pode ser dito acerca do mundo, pela correlação entre intencionalidade, intersubjetividade e normatividade. A unidade ideal de significação adquire, em Husserl, um sentido lógico-teorético que viabiliza a própria cognição. Todavia, não se trata de advogar a existência metafísica de "objetos universais" numa mente divina ou em algum *topos ouranios*, mas de situar toda referência dentro da correlação de significado entre o objeto conhecido e o sujeito cognoscente que o constitui.

Nas três investigações seguintes, Husserl desenvolve algumas das ideias-diretrizes introduzidas na "Primeira investigação", seguindo a distinção essencial entre "*Bedeutung*" e "*Gegenstand*". "Tudo que é lógico", escreve Husserl, "situa-se entre as categorias correlatas de *significado* [*Bedeutung*] e *objeto* [*Gegenstand*]"[10]. A objetidade (*Gegenständlichkeit*) é determinada pelas leis lógicas do significado, "que considera os significados em virtude de terem ou não objetos". Enquanto objeto, "o paralelogramo de forças" resulta da apreensão de um "significado ideal", enquanto "a cidade de Paris" é um "objeto real" da percepção sensível ou imaginária. Mas ambos exigem para "serem conhecidos" um tipo correlativo de apreensão (*Auffassung*). Portanto, Husserl não estaria tão primariamente preocupado com a "realidade" (*Wirklichkeit*) do objeto e sua "existência" (*Dasein*), mas estaria afirmando que apenas um "ato objetificante" nos daria um "objeto" através da sua "presentificação" (se estiver efetivamente presente) ou através da sua "representação" (por exemplo, se for imaginado ou pensado).

A noção de intencionalidade, herdada de Brentano, na constituição de atos mentais ou psíquicos, isto é, o fato de que toda consciência seja, desde sempre, consciência de algo, é criticamente discutida na "Quinta investigação" ("Sobre vivências intencionais e seus 'conteúdos'"). É somente aqui que a diferença entre um "ato intuitivo" (que alcança o seu objeto) e um "ato significante" (que simplesmente visa a tal objeto) – uma diferença fundamental para a concepção de "preenchimento" na (re)constituição do significado –, é fenomenologicamente articulada. Como toda consciência é sempre intencionalidade, a diferença entre "pensamento puro" e "contato com a realidade" não reside no objeto, mas no seu modo de dação ou doação, no seu modo de ser experienciado ou vivenciado. O conhecimento emerge, portanto, como a confirmação pela intuição do que fora tencionado e visado na intenção significante não preenchida, na medida em que o "vazio" dos atos significantes é finalmente preenchido pela "plenitude" de atos intuitivos. Tal é, com efeito, o tema recorrente da "Sexta investigação" ("Elementos de uma elucidação fenomenológica do conhecimento"). Para Husserl, a fenomenologia deve sempre ser tomada como um todo ou um complexo significante cujas partes correlatas informam, complementam e sustentam-se mutuamente. Precisamente por causa de seu intento original de livrar-se de todas as pressupposições tradicionais, a fenomenologia das *Investigações lógicas* só pode ser aclarada à luz da leitura do primeiro livro das *Ideias*. Como o título de sua "Segunda investigação" indica (*Die ideale Einheit der Spezies und die neueren Abstraktionstheorien*), o conceito-chave de "idealidade" do significado traduz a tese husserliana de que a lógica pura trata exclusivamente de "unidades *ideais* que nós chamamos 'significados'". Tal é a base do conhecimento em geral, e de saberes científicos em particular, na medida em que objetividade e "significado objetivo" são viabilizados. A essência (*Wesen*) do significado não pode, portanto, residir numa experiência meramente subjetiva, mas deve ser encontrada em seu "conteúdo", em sua "ideia" (Husserl recorrerá com frequência ao termo platônico, *Eidos*): "nós significamos não este aspecto de vermelho na casa, mas o vermelho como tal"[11]. Esse ato do significado como unidade idêntica intencional é um ato "fundado" (*ein fundiertes*) sobre apreensões subjacentes (*Auffassungen*) do objeto, isto é, sobre certos aspectos deste objeto "visado" (tencionado, significado) pelo sujeito cognoscente: "um novo modo de apreensão tem sido construído sobre a intuição [*Anschauung*] da casa individual ou do seu aspecto vermelho, um modo de apreensão [*Auffassungsweise*] constitutivo da presença intuitiva da ideia de vermelho [*die für die intuitive Gegebenheit der Idee Rot konstitutiv ist*]"[12].

Não há significado, portanto, sem a dação de sentido e dabilidade do próprio objeto. Ademais, tal dação é correlata a atos intuitivos, que possuem seu objeto, seja pela "percepção" (*Wahrnehmung*), "presentação" (*Gegenwärtigung*), ou pela memória do que é representado, pela imaginação (*Einbildung*) ou "presentificação" (*Vergegenwärtigung*)[13] Sendo a percepção, segundo Husserl, uma "intuição primária", na medida em que nos dá o ser (*Sein*) *in persona*, é nesta oposição correlata entre "intuição" e "re-presentação", mas especialmente na própria (re)presentação, que se encontra uma das chaves conceituais para o sentido ambíguo do termo "significado" (*Sinn/Bedeutung*). Seguindo a teoria da intencionalidade formulada por Brentano, Husserl afirma a interdependência de atos intencionais e representações, na medida em que "uma vivência intencional somente ganha referência ao incorporar uma objetidade no próprio ato de vivência de fazer presente, através do qual o *objeto lhe é presentificado* [*Ein intentionales Erlebnis gewinnt überhaupt seine Beziehung auf ein Gegenständliches nur dadurch, da in ihm ein Akterlebnis des Vorstellens präsent ist, welches ihm den Gegenstand vorstellig macht*]"[14]. Devemos lembrar a crítica sistemática de Husserl a teorias da abstração tais como as que foram propostas por Locke, Berkeley, Hume e Mill (notadamente, na Segunda investigação), quando desdenha seu uso meramente instrumental de representação como "um dispositivo para economizar o pensamento" ou como mera "substituição"[15]. Assim, para Husserl, o significado é indissociável da intencionalidade e do seu preenchimento como expressão: expressões como tais são constituídas por seu significado.

Uma distinção essencial se faz necessária entre intuição e significado: enquanto este tenciona ou visa ao seu objeto, a intuição, e em particular, a percepção, o alcança. A "representação", em oposição à "presentificação direta" da percepção, implica diferentes modos de apreensão no ato objetivante. O uso husserliano de três palavras distintas em alemão (*Vorstellung*, *Repräsentation* e *Vergegenwärtigung*) serve para indicar a nuança psicológica de seu *tropo* semântico, em conexão com uma teoria da intuição, que seria desdobrada em uma teoria genética da constituição.

Assim, a passagem das *Investigações* ao primeiro livro das *Ideias*, ajuda-nos a entender como Husserl antecipa vários dos problemas envolvidos no atual debate entre autores analíticos e continentais sobre racionalidade, razão e razoabilidade, em sua pretensão de investigar, na lógica, a possibilidade de uma ciência sem pressupostos dogmáticos. Embora não tenha se situado claramente no debate opondo platonismo, formalismo e intuicionismo em filosofia da matemática e sobre o problema dos fundamentos da matemática, em particular, Husserl antecipou muitas das polêmicas discussões atuais sobre semântica e pragmática, ao destacar, por um lado, uma noção de categoria semântica (*Bedeutungskategorie*), a ser contraposta, por outro lado, a uma abordagem genética, diferenciada de sua abordagem estática nos primeiros escritos, a partir do momento em que temos de dar conta do trabalho de abstração do mundo, na saída de uma atitude ou orientação (*Einstellung*) natural em direção a uma atitude ou orientação fenomenológico-teórica – por exemplo, quando tentamos dar conta do fenômeno do espaço, do ser e do tempo. Aqui, Husserl também assegura o lugar fundamental da intersubjetividade e antecipa a questão generativa da historicidade e da coconstituição da consciência e do mundo, tematizadas nos outros dois livros de *Ideias*, nas *Meditações cartesianas* e nos vários escritos, textos inéditos e apêndices sobre a *Crise*.

Neste sentido, mais uma vez, o caráter transcendental da pesquisa fenomenológica reabilita o problema semântico do *a priori*, como já fora tematizado por Kant. A fenomenologia é agora definida como "uma doutrina eidética descritiva de processos mentais transcendentalmente puros como vistos numa atitude fenomenológica [*eine deskriptive Wesenslehre der transzendental reinen Erlebnisse in der phänomenologischen Einstellung*]"[16]. É somente através da *epoché*, isto é, da suspensão da tese natural do mundo, que a consciência alcança pela reflexão uma "região" que transcende a natureza – a região fenomenológica da "consciência pura" – e opera o que Husserl denomina de "constituição transcendental" do significado. De acordo com Husserl, trata-se de efetivar a *epoché* fenomenológica, não mais para duvidar da existência do mundo, mas para tirar de circuito ou colocar fora de ação todas as ciências que se referem a esse mundo natural, de forma a atingirmos o "resíduo fenomenológico" da própria consciência que sobrevive a todo experimento eidético de redução fenomenológica. A fenomenologia enquanto idealismo transcendental adquire, no primeiro livro das *Ideias*, seu direito de cidadania na própria concepção da filosofia como tarefa do pensamento, partindo da problemática da intencionalidade em direção a uma teoria da constituição, estabelecendo a correlação coconstitutiva entre consciência e mundo enquanto regiões ontológicas absolutamente distintas. Segundo Husserl: "A fenomenologia é então, com efeito, uma disciplina *puramente descritiva*, que investiga todo o campo da consciência transcendental pura *na intuição pura*. As proposições lógicas, de que ela poderia oportunamente lançar mão, seriam portanto somente *axiomas* lógicos, como o princípio de contradição, cuja validez geral e absoluta ela poderia, no entanto, tornar exemplarmente evidente em seus dados próprios. Podemos, pois, incluir a lógica formal e toda a *mathesis* em geral na *epoche* que procede expressamente à exclusão de circuito e, a este respeito, podemos estar seguros da legitimidade daquela *norma* que pretendemos seguir enquanto fenomenólogos: não fazer uso de nada, *a não ser daquilo que possamos tornar eideticamente evidente para nós na própria consciência*, em pura imanência[17]. A idealidade do significado não pode ser confundida com uma versão de psicologismo ou de idealismo metafísico, mas alude a uma concepção-limite, como a "Ideia [*Idee*] no sentido kantiano"[18].

Além da redução fenomenológica e do trabalho propriamente transcendental de seus experimentos a partir de vivências mentais ("psíquicas", na linguagem husserliana), a fenomenologia se mostra também um perspectivismo [*Perspektivismus*], na medida em que parte de "adumbrações" [*Abschattungen*] que viabilizam a percepção do objeto pelas perspectivas das partes com relação ao seu todo, determinando um *continuum* perceptivo: nós constituímos o outro lado (invisível) da lua que observamos no céu ou mesmo da maioria dos objetos visíveis à nossa mão – um artifício que seria consagrado pelas escolas de psicologia *Gestalt*. A apreensão de adumbrações e sensações de dados materiais distingue um momento noético de seu correlato momento noemático, quando da constituição do sentido e da aparência: enquanto a *noesis* desvela a multiplicidade de perspectivas constitutivas na percepção/apercepção do objeto e seu perfil, o *noema* desvela o sentido de unidade de tal objeto tencionado como tal e tal coisa – o seu significado. Trata-se aqui de uma importante correlação entre o que é constitutivo e o que é constituído. É assim que Husserl operaria, mais tarde, uma guinada genética ao passar de uma descrição estática da constituição por uma análise categorial a uma análise "estética" (no sentido kantiano da primeira *Crítica*) de sínteses passivas, a partir do segundo livro das *Ideen*. Ainda nos anos 1920 e 1930, Husserl desenvolve os conceitos de "corpo vivido" (*Leib*) e "mundo da vida" (*Lebenswelt*), para destacar o papel genético do corpo "estético" – em oposição a sua mera extensão físico-corpórea (*Körper*) – precisamente por causa de sua intersubjetividade inserida desde sempre num mundo de vivências, onde se dão inclusive sínteses associativas, por exemplo, entre o que se me dá como "familiar" (*Heimwelt*) e "estranho" (*Fremdwelt*), assim como relações de empatia e normalidade. A partir das palestras sobre a *Krisis*, Husserl enfatiza o significado da vida humana numa teoria de constituição intersubjetiva que tenha alcançado sua plenitude. A liberdade e a dignidade da pessoa humana excedem todas as limitações e condicionamentos empíricos localizados (cultura, religião e cosmovisão, *Weltanschauung*), por isso mesmo a fenomenologia teria diante de si uma nobre tarefa junto às ciências da natureza e do espírito (*Natur- und Geisteswissenschaften*) como guardiã da espiritualidade civilizatória em tempos de incertezas e ameaças contra a nossa própria humanidade. Assim como vários elementos da fenomenologia revelam sua preocupação com o destino do planeta Terra, Husserl também teceu considerações sobre a nossa historicidade (*Geschichtlichkeit*), pela "sedimentação" e "transmissão" de legados e tradições, em conjunção constante com o enraizamento corporal, em nossa incessante constituição de objetividades[19].

 ## Conceitos-chave

Apesar de emergir a partir de uma visão tradicional e metafísica da linguagem, a fenomenologia de Husserl nos fornece uma teoria do significado que em muito antecipa a reviravolta linguística (*linguistic turn*) em filosofia, assim como o que seria denominado de "guinada semântica" (*semantic turn*), o problema dos argumentos transcendentais e problemas de monismo, realismo e antirrealismo, numa terminologia da filosofia da mente e da filosofia analítica da linguagem. As concepções-chave da fenomenologia tais como consciência, intencionalidade, linguagem, representação, redução, significação, constituição, correlação noético-noemática e intersubjetividade definem novos horizontes de investigação filosófica e novas concepções de mundo e subjetividade. A incessante busca de fundamentos para justificar a correlação noético-noemática traduz a preocupação husserliana de evitar posições definitivas entre o realismo e o antirrealismo, na medida em que mantém sua concepção de espécie ideal do significado lado a lado do caráter coconstitutivo e intersubjetivo da consciência, cada vez mais detalhado em termos genéticos e generativos (historicidade, linguagem e socialidade) no preenchimento da significação. Assim, os conceitos de mundo e mundo da vida são fundamentais para entendermos os desdobramentos da recepção de Husserl e de sua fenomenologia mais tarde. Nas palavras do filósofo morávio, "o mundo da vida [*Die Lebenswelt*] está desde sempre lá [*immer schon da*], sendo para nós de antemão, fundamento para qualquer um, seja na prática teórica ou na práxis extrateórica. O mundo nos é dado de antemão, a nós despertos, que somos sempre de algum modo sujeitos com interesse prático... [o mundo] nos é dado como campo universal de toda práxis efetiva e possível, dado de antemão como horizonte"[20]. Como observado, o termo *Lebenswelt* foi desenvolvido nos anos 1920, tendo sido empregado pela primeira vez por Husserl no segundo livro das *Ideias*, de 1916-1917, num apêndice ao parágrafo 64, acerca da primazia do espírito (absoluto) sobre a natureza (relativa)[21]. *Lebenswelt* é usado aqui para caracterizar o mundo comunicativo pessoal, o mundo natural, o mundo intuitivo e o mundo "estético" da experiência, em oposição a concepções naturalistas e objetivas das ciências naturais. *Lebenswelt*, nesta acepção, é tomado como equivalente a *Umwelt* (mundo ambiental/circundante), *Alltagswelt* (mundo cotidiano), *Erfahrungswelt* (mundo da experiência) e o conceito natural de mundo (*natürlicher Weltbegriff*), que Husserl reconhecidamente empresta de Richard Avenarius. Mas é notavelmente no texto da *Krisis*[22] dos anos 1930 que Husserl nos fornece pelo menos quatro conceitos provisórios de mundo da vida:

1. mundo da vida é o que pode ser intuído;

2. o fundamento do sentido;

3. o reino das verdades relativas-subjetivas;

4. o mundo da vida enquanto estrutura essencial, ou como o mundo perceptual (*Eidos*).

Os conceitos de *Welt* e *Lebenswelt* são, inicialmente, formulados segundo uma concepção ontológica, pertecencendo a uma fenomenologia estática (não-genética, não generativa) e devendo ser diferenciados dos conceitos transcendentais de *Lebenswelt* como horizonte e como fundamento. Pode-se falar, neste sentido, de seis conceitos distintos de *Lebenswelt* em Husserl. As quatro concepções preliminares de mundo da vida na *Krisis* seriam, portanto, irredutíveis a um único conceito e não possibilitariam que falássemos de uma teoria coerente, unívoca, do mundo da vida em Husserl. Segundo Husserl, uma ontologia do mundo da vida é realizada sem nenhum interesse transcendental, na atitude natural (isto é, na atitude ingênua, anterior ao *epoché*). Deste modo, uma ontologia do mundo da vida deve ser diferenciada de uma análise transcendental do mundo da vida – por exemplo, §§ 37 e 51 da *Krisis*. A grande tarefa husserliana de proceder a uma teoria da essência do mundo da vida consiste em elucidar os conceitos transcendentais da *Lebenswelt*, nas suas modalidades de "território" enquanto horizonte do mundo (*Welthorizon*) e fundamento da terra (*Erdeboden*). Se numa perspectiva cartesiana o mundo da vida é essencialmente abordado como mundo, como totalidade, ou como fenômeno intencional puro, talvez isso fique evidenciado pelo tratamento que recebe enquanto objeto ou como "corpo físico" (*Körper*). Afinal, o mundo enquanto totalidade sintética é, para Husserl, correlato de universalidade de realizações conectadas sinteticamente. A fenomenologia deve tratar de entes, na sua totalidade, como mundo. Nisto mesmo consiste o papel epistêmico da fenomenologia, enquanto *philosophia prima* que se opõe à *doxa*, portanto, frente à totalidade do mundo. Assim, do mundo pode-se passar ao objeto, ao mundo mesmo como objeto, na medida em que mundo tem uma estrutura – do ponto de vista fenomenológico – de objeto[23]. Ao sairmos de uma ontologia do mundo da vida, estaríamos assim abandonando o mundo ôntico da atitude natural em direção a uma análise transcendental do mundo da vida como horizonte e fundamento, ou seja, examinando não mais o que o mundo da vida é, mas como, enquanto mundo da vida, ele está desde sempre em jogo. Destarte, a abordagem transcendental do mundo poderia ser assim sumarizada segundo o programa de pesquisas fenomenológicas:

1. o mundo é pressuposto como tendo a mesma estrutura de um objeto;

2. numa perspectiva fenomenológica, isso significa que o mundo torna-se um correlato da vida intencional (como numa análise cartesiana do mundo);

3. o mundo se torna uma unidade abrangente, *telos* e *arche*, uma única força constitutiva;

4. precisamente enquanto mundo "futural", baliza o desenvolvimento do sentido unitário de todos os objetos, comunidades e culturas;

5. em última análise, não haveria mais a possibilidade de se encontrar um mundo radicalmente outro, isto é, um *Heimwelt* implicaria todo possível *Fremdwelt*, na medida em que eles são coconstituídos em modalidades opostas (normal e anormal) de constituição de sentido.

 ## Percursos e influências

Como já foi observado, a fenomenologia de Husserl se consolidou como o mais importante movimento filosófico do século XX e, juntamente com a filosofia analítica, se mantém neste novo século como a mais promissora, abrangente e pluralista escola de filosofia, abrigando inúmeras tendências e correntes do pensamento. Além das influências diretas e decisivas sobre pensadores como Max Scheler, Martin Heidegger, Nicolai Hartmann, Karl Jaspers, Hans-Georg Gadamer, Eugen Fink, Emmanuel Lévinas, Ludwig Landgrebe, Roman Ingarden, Jean-Paul Sartre, Maurice Merleau-Ponty, Simone de Beauvoir, Paul Ricoeur, Gabriel Marcel, José Ortega y Gasset, Alfred Schütz, Michel Foucault, Gianni Vattimo, Michel Henry, Jean-François Lyotard, J.N. Mohanty, Jacques Derrida e Bernhard Waldenfels, a fenomenologia exerceu uma importante influência sobre várias correntes e escolas contemporâneas, tais como o existencialismo, o personalismo, a hermenêutica, o estruturalismo, a teoria dos atos de fala, a teoria crítica e o desconstrucionismo. A importância desses autores e movimentos ultrapassa os domínios tradicionais da filosofia, como se nota pela presença da fenomenologia em grandes obras das ciências naturais, das ciências humanas, das ciências sociais, das ciências jurídicas, das bela-sartes e da literatura. A influência de Husserl na América Latina se manifestou, no século XX, sobretudo através do existencialismo e das apropriações de pensadores religiosos, marxistas ou juristas, tais como Leopoldo Zea, Francisco Romero, Miguel Reale e Enrique Dussel. No Brasil, apesar da formidável contribuição de grandes pensadores, tais como Vilém Flusser, Benedito Nunes, Ernildo Stein, Gerd Bornheim, Zeljko Loparic, Emmanuel Carneiro Leão, Bento Prado Jr., Carlos Alberto Ribeiro de Moura, José Arthur Giannotti, Renato Cirell Czerna, Marilena Chauí, Guido Antonio de Almeida, Renato Janine Ribeiro e Creusa Capalbo, somente em 1999 foi concretizada a fundação de uma Sociedade Brasileira de Fenomenologia, em Porto Alegre, vinculada ao Círculo Latinoamericano de Fenomenología e à Organization of Phenomenological Organizations, que abriga mais de 160 organizações e sociedades de fenomenologia em todo o mundo.

 ## Obras

As Obras Completas (*Gesammelte Werke*) de Edmund Husserl estão sendo publicadas em sua versão crítica definitiva, em alemão, desde 1950, na coleção *Husserliana*, em Haia (Holanda) por Martinus Nijhoff. Listamos abaixo alguns dos seus escritos mais importantes disponíveis em português e inglês:

A crise da humanidade europeia e a filosofia [1935]. Trad. Urbano Zilles. 2. ed. Porto Alegre: Edipucrs, 2002.

Investigações lógicas [1901]. "Sexta Investigação: Elementos de uma elucidação fenomenológica do conhecimento". Trad. Zeljko Loparic e Andréa Loparic. Coleção "Os Pensadores". São Paulo: Abril, 1975.

Ideias para uma fenomenologia pura e para uma filosofia fenomenológica [1913]. Trad. Márcio Suzuki. Aparecida: Ideias & Letras, 2006.

Meditações cartesianas [1929]. São Paulo: Madras, 2001.

Conferências de Paris [1929]. Trad. Artur Morão. Lisboa: Ed. 70, 1992.

A ideia da fenomenologia [1905]. Trad. Artur Morão. Lisboa: Ed. 70, 1990.

A filosofia como ciência de rigor [1911]. Trad. Albin Beau. Coimbra: Atlântida, 1952.

The Essential Husserl: Basic Writings in Transcendental Phenomenology. Edited by Donn Welton. Bloomington: Indiana University Press, 1999.

The Crisis of the European Sciences and Transcendental Phenomenology: An Introduction to Phenomenological Philosophy. Trans. David Carr. Evanston, Ill.: Northwestern University Press, 1970.

Cartesian Meditations: An Introduction to Phenomenology. Trans. Dorion Cairns. The Hague: M. Nijhoff, 1960.

Ideas Pertaining to a Pure Phenomenology and to Phenomenological Philosophy. First Book. Trans. F. Kersten. The Hague: M. Nijhoff, 1982.

Logical Investigations. 2 vols. Trans. J.N. Findlay. London: Routledge & Kegan Paul, 1970.

Husserl: Shorter Writings. Ed. Peter McCormick e F. Elliston. University of Notre Dame Press, 1981.

SELEÇÃO DE TEXTOS

Logische Untersuchungen: Zweiter Band, Zweiter Teil, I. Ausdruck und Bedeutung, Erster Kapitel, § 1,2, 5-9. Gesammelte Werke (Husserliana). Band XIX/1. Herausgegeben von Ursula Panzer. Den Haag: Martinus Nijhoff, 1984.

Primeira investigação: expressão e significação

Capítulo 1: Distinções essenciais

§ 1. Uma ambiguidade no termo "signo"

Os termos "expressão" [*Ausdruck*] e "signo" [*Zeichen*] são, não raramente, tratados como sinônimos [*gleichbedeutende*], mas não seria inútil observar que nem sempre coincidem no seu emprego na linguagem comum. Todo signo é um signo de algo, mas nem todo signo tem um "significado", um "sentido", com o qual o signo é "expresso". Em muitos casos nem se pode dizer que o signo "refere-se" ao que se lhe atribui como signo. E mesmo quando isso pode ser dito, é mister observar que "referir-se a" não valerá como o "significar" [*Bedeuten*"] que caracteriza a expressão. Pois signos no sentido de sinais [*Anzeichen*] (características, marcas etc.) não exprimem nada, a menos que venham a preencher uma função de significação [*Bedeutungsfunktion*] assim como uma função indicativa. Se, como se faz inadvertidamente, alguém limitar-se a expressões empregadas no diálogo vigente, a noção de um sinal parece aplicar-se mais amplamente do que a de uma expressão, mas isso de modo algum significa que o seu conteúdo seja o gênero do qual uma expressão seria a espécie. O significar [*Das Bedeuten*] não é um modo de ser signo [*Art des Zeichenseins*] no sentido da assinalação [*Anzeige*]. Ele apenas tem uma aplicação mais restrita – na fala [*Rede*] comunicativa – porque está sempre conectado a uma tal relação de ser sinal [*Anzeichenseins*], e esta por sua vez conduz a um conceito mais amplo, visto que o significado é também capaz de ocorrer sem uma tal conexão. Expressões desempenham sua função de significação até mesmo na vida mental solitária [*im einsamen Seelenleben*], onde não mais funcionam como sinal para indicar alguma coisa. Na verdade, os dois conceitos de signo não se situam numa relação como a de um gênero mais amplo com a sua espécie mais restrita. O assunto exige, todavia, uma elucidação mais profunda.

§ 2. A essência da assinalação

Dos dois conceitos conectados com a palavra "signo", lidaremos primeiro com o do sinal. A relação aqui obtida denominaremos uma "assinalação" [*Anzeige*]. Neste sentido, o estigma é o signo de um escravo, uma bandeira o signo de uma nação. Aqui pertencem todas as marcas, no sentido etimológico primordial de todas as propriedades características adequadas para reconhecermos os objetos a elas associados.

Mas o conceito de sinal é mais amplo ainda do que o de marca. Dizemos que os canais de Marte são um sinal da existência de seres inteligentes naquele planeta, que fósseis vertebrados são um sinal da existência de animais antediluvianos, e assim por diante. Sinais para ajudar a memória, tais como o costumeiro nó no lenço, monumentos etc., todos têm aqui o seu lugar. Se coisas e eventos adequados, ou suas propriedades, são deliberada produzidos para funcionar como tais sinais [*Anzeichen*], podem ser denominados "signos" [*Zeichen*], quer desempenhem ou não essa função. Somente no caso de signos deliberadamente e artificialmente produzidos, pode-se falar de "significar" [*Bezeichnen*], tanto, por um lado, com respeito à ação que produz a marca do sinal [*Merkzeichen*] (marcar a ferro no estigma ou o estigmatizar etc.) quanto, por outro lado, no sentido da própria assinalação [*Anzeige*], qual seja, tomado em sua relação ao próprio objeto a ser assinalado ou que deve significar.

Essas distinções e outras semelhantes não esvaziam o conceito de sinal de sua unidade essencial. Uma coisa só é propriamente um sinal se e apenas onde serve de fato para indicar ou assinalar algo para um ser pensante [*denkenden Wesen*]. Se quiséssemos apreender o ubíquo elemento comum aqui presente, teríamos de referir tais casos de volta à função vital [*lebendigen Funktion*]. Nestes casos, descobrimos a circunstância comum do fato de que certos objetos [*Gegenstände*] ou estados de coisas [*Sachverhalte*] de cuja realidade [*Bestand*] alguém tenha conhecimento atual indique-lhe a realidade de certos outros objetos ou estados de coisas [*Sachverhalte*], no sentido de que sua crença na realidade [*Sein*] de um seja vivenciada (embora não seja de todo evidente) como motivando uma crença ou suposição na realidade [*Sein*] da outra. Esta relação de "motivação" representa uma unidade descritiva entre nossos atos de juízo nos quais estados de coisas indicativos e indicados tornam-se constituídos para o pensador. Esta unidade descritiva não deve ser concebida como uma mera "qualidade de forma" [*"Gestaltqualität"*] fundamentada em nossos atos de juízo, pois é na sua unidade que a essência do sinal reside. Colocado em termos mais elucidativos: a unidade "motivacional" de nossos atos de juízo tem ela mesma o caráter de uma unidade de juízo; perante si, como um todo, um correlato objetivo, um estado de coisas unitário, para si mesmo, é tencionado em um tal juízo, parecendo ser em e para aquele juízo. Claramente, um tal estado de coisas reduz-se a isso: que certas coisas possam ou devam existir, desde [*weil*] que outras coisas tenham sido dadas. Este "desde", tomado como exprimindo uma conexão objetiva, é o correlato objetivo da "motivação" tomada como um modo descritivamente peculiar de combinar atos de juízo em um único ato de juízo.

§ 5. Expressões como signos pertinentes. Separação de um sentido não relevante de "expressão" para a presente discussão

Dos signos indicativos nós distinguimos os signos significativos, isto é, as expressões. Nós empregamos assim o termo "expressão" de modo restritivo: excluímos muito daquilo que a linguagem comum chamaria de "expressão" do seu âmbito de aplicação. Há outros casos nos quais temos, portanto, de transgredir o seu uso, conceitos para os quais há apenas termos ambíguos e exigem uma terminologia fixa. Vamos esboçar, para inteligibilidade provisória, que cada instância ou parte da fala, assim como também cada signo que é essencialmente do mesmo tipo, contará como uma expressão, quer uma tal fala seja ou não realmente proferida, quer seja dirigida ou não a quaisquer pessoas com intento comunicativo. Uma tal definição exclui expressões faciais e vários gestos que involuntariamente acompanham a fala sem intento comunicativo, ou aquelas em que o estado mental [*Seelenzustand*] de uma pessoa alcança uma "expressão" compreensível para o seu ambiente [*Umgebung*], sem o auxílio adicional da fala. Tais "enunciados" [*Äusserungen*] não são expressões no sentido em que um caso de fala é uma expressão, eles não estão fenomenalmente unidos com as vivências nelas externadas, na consciência da pessoa que as externa, como é o caso da fala. Em tais manifestações uma pessoa não comunica nada a uma outra: o seu enunciado não envolve nenhuma intenção para registrar certos "pensamentos" de forma expressiva, seja para a própria pessoa, em seu estado solitário, seja para outras pessoas. Tais "expressões", em suma, não têm, propriamente falando, nenhum significado. Não é relevante que uma outra pessoa possa interpretar nossas manifestações involuntárias, por exemplo, nossos "movimentos expressivos", e que ela possa, portanto, tornar-se bem familiarizada com nossos pensamentos íntimos e emoções. Eles "significam" algo para tal pessoa na medida em que os interpreta, mas mesmo para ela eles são sem significado no sentido peculiar em que os signos verbais têm significado: eles apenas significam no sentido de uma indicação [*Anzeichen*].

Na consideração que se segue, essas distinções devem ser levantadas a fim de completar a elucidação conceitual.

§ 6. Questões referentes a distinções fenomenológicas e intencionais pertinentes para expressões como tais

É comum distinguirmos duas coisas com respeito a toda expressão:

1. A expressão considerada fisicamente (o sinal sensível, o complexo sonoro articulado, o signo escrito [*Schriftzeichen*] no papel etc.).

2. Uma certa sequência de vivências psíquicas [*psychischen Erlebnissen*], associativamente ligadas à expressão, que a fazem expressão de algo. Essas vivências psíquicas são geralmente chamadas de "sentido" ou "significado" da expressão, querendo com isso dizer o que esses termos significam em linguagem comum. Mas veremos que tal noção é na verdade errônea, e que a mera distinção entre signos físicos e vivências doadoras de sentido não é de modo algum satisfatória, sobretudo para fins lógicos.

As observações feitas aqui têm sido desde muito consideradas no caso especial dos nomes. Nós distinguimos, no caso de cada nome, entre o que ela "insinua", "dá a entender" [*"kundgibt"*] (isto é, vivências psíquicas), e o que ela significa. E, mais uma vez, entre o que ela significa (o sentido ou "conteúdo" de sua presentação nominal) e o que ela nomeia (o objeto da presentação). Necessitaremos de distinções semelhantes no caso de toda expressão, e teremos de explorar a sua natureza [*Wesen*] de forma precisa. Tais distinções têm nos conduzido à nossa distinção entre as noções de "expressão" e "sinal", a qual não está em conflito com o fato de que uma expressão na fala corrente também funcione como um sinal, um ponto que será logo elucidado. A essas distinções outras importantes serão acrescidas que dirão respeito às possíveis relações entre o significado e a intuição que o ilustra e ocasionalmente o torna evidente. Somente atentando para essas relações, o conceito de significado pode ser claramente delimitado e, consequentemente, a fundamental oposição entre a função simbólica dos significados e a sua função epistemológica ser implementada.

§ 7. Expressões em sua função comunicativa

As expressões foram originariamente destinadas a preencher uma função comunicativa: estudemos, assim, primeiramente as expressões nesta função, de forma a trabalhar suas distinções lógicas essenciais. O complexo sonoro articulado, assim como o signo escrito etc., primeiro se torna uma palavra falada ou uma fala comunicada, quando um falante o produz com a intenção de "exprimir-se acerca de algo" através de seu meio; ele deve outorgar-lhe um sentido em certos atos psíquicos, a fim de compartilhá-lo com seus ouvintes. Tal compartilhar torna-se uma possibilidade se o ouvinte também compreende a intenção do falante. E isso ele o faz na medida em que assume que o falante seja uma pessoa que não está meramente proferindo sons, mas falando com ele, que acompanha esses sons com certos atos doadores de sentido, o qual os sons revelam ao ouvinte, ou cujo sentido tais atos procuram comunicar-lhe. O que primeiramente torna o intercâmbio mental possível, e transforma a fala conectada em discurso, reside na correlação entre as vivências físicas e psíquicas correspondentes de pessoas que se comunicam, a qual é efetivada pelo aspecto físico da fala. Falar e ouvir, manifestação ou insinuação[24] [*Kundgabe*] de vivências psíquicas através da fala e da sua recepção [*Kundnahme*] na audição, são mutuamente correlatos.

Se examinarmos essa interconexão [*Zusammenhang*], reconheceremos imediatamente que todas as expressões na fala comunicativa funcionam como sinais. Elas servem ao ouvinte como signos de "pensamentos" do falante, isto é, de suas vivências psíquicas doadoras de sentido, assim como de outras vivências psíquicas que fazem parte de sua intenção comunicativa. Esta função das expressões verbais denominamos a sua função manifestativa ou insinuativa [*kundgebende Funktion*]. O conteúdo de tal insinuação consiste nas vivências psíquicas insinuadas. O sentido do predicado "insinuada" pode ser compreendido de modo mais restrito ou mais amplo. O sentido mais restrito podemos aplicar a atos que outorgam sentido, enquanto o sentido mais amplo cobre todos os atos que um ouvinte pode introjetar num falante com base no que diz (possivelmente porque nos fala de tais atos). Se, por exemplo, proferimos um desejo, nosso juízo acerca daquele desejo é o que nós insinuamos ou damos a entender no sentido mais restrito da palavra, enquanto que o próprio desejo é insinuado no sentido mais amplo. O mesmo se aplica a um enunciado comum de percepção, que o ouvinte imediatamente assume como pertencendo à percepção atual, sem interpretá-la. O ato de percepção é neste caso insinuado no sentido mais amplo, sendo o juízo construído [*aufbauende Urteil*] insinuado no sentido mais restrito. Nós imediatamente vemos que o modo de fala comum [*gewöhnliche Sprechweise*] nos permite descrever as vivências insinuadas [*kundgegebenen Erlebnisse*] como sendo também vivências expressas [*ausgedrückte*].

Compreender uma insinuação não é ter conhecimento conceitual dela, não é ajuizá-la no sentido de asserir algo acerca dela: simplesmente consiste no fato de que o ouvinte intuitivamente assume que o falante é uma pessoa que está expressando isto ou aquilo ou, como podemos certamente dizer, o percebe como tal. Quando eu escuto alguém, eu o percebo como um falante, eu o ouço contar, demonstrar, duvidar, desejar etc. O ouvinte percebe a insinuação no mesmo sentido em que percebe a pessoa que dá a entender ou insinua algo – embora os fenômenos mentais que o tornam uma pessoa não possam cair, pelo que eles são, na apreensão intuitiva de uma outra. A linguagem comum nos autoriza a compartilhar percepções até mesmo de vivências mentais de outras pessoas: nós "vemos" sua raiva, dor etc. Tal fala é perfeitamente correta, na medida em que, por exemplo, nós permitimos que coisas corporais exteriores possam igualmente ser contabilizadas como sendo percebidas, e desde que, em geral, a noção de percepção não seja restrinta ao que é percebido de modo adequada ou estritamente intuitivo. Se a marca essencial da percepção reside na persuasão intuitiva que a coisa ou evento é em si mesmo diante de nós para nossa apreensão – tal persuasão é possível, e na grande parte dos casos, atual, sem apreensão verbalizada, conceitual – então o recebimento de tal insinuação é o seu mero perceber. A distinção essencial apenas assinalada está obviamente aqui presente. O ouvinte percebe o falante manifestar certas vivências mentais, e na medida em que também percebe essas mesmas vivências: todavia, ele não as vivencia ele próprio, ele não tem delas uma percepção "interna", mas antes "externa". Aqui encontramos a grande diferença entre a real apreensão do que está numa intuição adequada, e a apreensão putativa do que está na base de uma presentação inadequada, mesmo que seja intuitiva. No primeiro caso, o que está em jogo é uma vivência; no segundo, trata-se de um ser suposto [*supponiertes Sein*], ao qual nenhuma verdade corresponde. A compreensão mútua exige uma certa correlação entre os atos mentais mutuamente desvelados na insinuação e na sua recepção [*Kundgabe und Kundnahme*], mas de modo algum a sua exata similitude.

§ 8. Expressões na vida solitária

Até o momento, temos considerado as expressões como são usadas na função comunicativa, a qual depende em última análise essencialmente de que elas operem indicativamente ou como sinais [*Anzeichen*]. Mas as expressões também desempenham um importante papel na vida mental interior, não comunicativa. Esta mudança de função claramente nada tem a ver com o que faz de uma expressão expressão. Expressões continuam a ter significados como tinham antes, e os mesmos significados como num diálogo. Uma palavra somente deixa de ser uma palavra quando o nosso interesse para no seu limite sensorial, quando ela se torna uma mera estrutura sonora [*Lautgebilde*]. Mas quando nós vivemos na compreensão de uma palavra, ela expressa algo e a mesma coisa, quer nós a dirijamos ou não a alguém.

Parece claro, portanto, que o significado de uma expressão, e tudo o mais que lhe diz respeito essencialmente, não pode coincidir com seu êxito de insinuação [*seiner kundgebenden Leistung*]. Ou diríamos que, mesmo na vida mental solitária, alguém ainda usa expressões para insinuar ou dar a entender algo, embora não o faça para uma segunda pessoa? Será que diríamos que no solilóquio alguém fala para si mesmo, e emprega palavras como signos, isto é, como sinais de suas próprias vivências mentais? Eu não creio que tal concepção seja aceitável. Palavras funcionam como signos aqui como elas funcionam em qualquer outro lugar: e em todo lugar elas podem apontar para alguma coisa. Mas se nós refletirmos sobre a relação entre expressão e significado e, para este fim, dividirmos nossa complexa e intimamente unificada vivência de expressão preenchida de sentido nos dois fatores de palavra e sentido, a palavra se nos aparece como intrinsicamente indiferente, enquanto o sentido parece a coisa "visada" pelo signo verbal e tencionada por meio do signo: a expressão parece direcionar o interesse para fora de si em direção ao seu sentido, e apontar para este último. Mas este "apontar" [*Hinzeigen*] não é um sinal no sentido previamente discutido. A existência do signo [*Das Dasein des Zeichens*] nem "motiva" a existência do significado, nem propriamente expressa nossa crença na existência do significado [*Dasein der Bedeutung*]. O que devemos usar como sinal deve ser percebido por nós como existente [*daseiend*]. Isso vale também para expressões usadas na comunicação, mas não para expressões usadas em solilóquio, onde nos contentamos geralmente mais com palavras imaginadas [*vorgestellten*] do que com palavras reais [*wirklichen*]. Na imaginação, uma palavra falada ou impressa flutua perante nós, embora na verdade não exista. Não deveríamos, todavia, confundir presentações imaginativas e os conteúdos de imagem sobre os quais se baseiam, com os seus objetos imaginados. O som verbal [*Wortklang*] imaginado ou a palavra impressa imaginada não existem, somente a sua presentação imaginativa [*Phantasievorstellung*] existe. A diferença é a mesma daquela entre centauros imaginados e a imaginação de tais entes. A não existência da palavra nem nos incomoda nem nos interessa, visto que não afeta a função expressiva da palavra como expressão. Ela só faz diferença onde a função insinuativa se liga com a função significativa. Aqui os pensamentos devem ser não apenas expressos como significação, mas também comunicados através da insinuação [*Kundgabe*]. O que todavia somente é possível efetivamente através do falar e do ouvir.

Em certo sentido, pode-se naturalmente falar até mesmo em um solilóquio, e é certamente possível pensar em si mesmo falando, e até mesmo falando para si próprio, como, por exemplo, quando alguém diz para si mesmo: "O que você fez está errado, você não pode continuar assim". Mas no sentido genuíno da comunicação não há nenhuma fala em tais casos, ninguém está comunicando nada a alguém: apenas alguém se imagina a si mesmo como falante e interlocutor. Em um monólogo, as palavras podem não desempenhar nenhuma função indicativa da existência de atos mentais, visto que um tal sinal seria afinal desprovido de finalidade [*zwecklos*]. Pois os atos em questão são eles mesmos vivenciados por nós naquele momento preciso.

§ 9. Distinções fenomenológicas entre a aparência física da expressão, o ato doador de sentido e o ato preenchedor de sentido

Se agora deixarmos as vivências especialmente relacionadas à insinuação [*Kundgebung*], e considerarmos as expressões com respeito às distinções igualmente pertinentes, sejam as que ocorrem em diálogo ou em solilóquio, duas coisas parecem ter sido negligenciadas: as próprias expressões e o que elas exprimem como seu significado ou sentido.

Diversas relações são, todavia, interconectadas aqui nesse ponto, e falar acerca do "significado" ou sobre "o que é expresso" é igualmente ambíguo. Se nós buscássemos um fundamento [*Boden*] na descrição pura, o fenômeno concreto da expressão informada de sentido [*sinnbelebten Ausdrucks*] se divide, por um lado, no fenômeno físico formando o lado físico da expressão e, por outro lado, nos atos que lhe dão significado e possivelmente também plenitude intuitiva, na qual sua relação ao objeto expresso é constituída. Em razão de tais atos, a expressão é mais do que um som meramente verbalizado [*Wortlaut*]. Ela significa algo, e na medida em que significa algo refere-se ao que é objetivo [*Gegenständliches*]. Esse objetivo de certo modo pode ser tanto realmente presente através de intuições que o acompanham quanto pelo menos aparente em sua presentificação [*vergegenwärtigt*], por exemplo, em imagens mentais [*Phantasiebilde*]; onde isso ocorre a referência à objetidade [*Gegenständlichkeit*] é realizada. Ou, quando esse não for o caso, a expressão funciona de modo significante [*sinnvoll*], ele permanece mais do que um som inócuo de palavras, mas carece de qualquer intuição fundante que dará o seu objeto. A relação ou referência [*Beziehung*] da expressão ao objeto é agora não realizada, tendo sido limitada a uma mera intenção de significação [*Bedeutungsintention*]. Um nome, por exemplo, nomeia o seu objeto em quaisquer circunstâncias, na medida em que tenciona aquele objeto. Mas se o objeto não estiver intuitivamente perante alguém, e portanto não estiver posto como um objeto nomeado ou tencionado [*gemeinter*], a mera opinião [*Meinung*] é tudo que lhe resta. Se a intenção de significação originalmente vazia for em seguida preenchida, a referência a um objeto é realizada, o nomear torna-se uma relação atual e consciente entre nome e objeto nomeado.

Assumamos essa fundamental distinção entre intenções de significação vazias de intuição e aquelas que são intuitivamente preenchidas: se nós deixarmos de lado os atos sensíveis nos quais a expressão, enquanto mero som de palavras, faz sua aparência, teremos de distinguir entre dois atos ou conjuntos de atos. De um lado, teremos atos essenciais à expressão se esta for afinal uma expressão, ou seja, um som de palavras impregnado de sentido. Esses atos chamaremos de atos que conferem sentido [*bedeutungsverleihenden Akte*] ou intenções de significação. Mas, como veremos, por outro lado, teremos atos que não são essenciais à expressão como tal, que estão para ela na relação logicamente fundamental de preencher (confirmar, corroborar, ilustrar) tal expressão de modo mais ou menos adequado, de forma a atualizar [*aktualisieren*] sua relação objetiva. Esses atos, que são fusionados com os atos que conferem sentido na unidade de conhecimento ou preenchimento, denominaremos atos preenchedores de intenção [*bedeutungerfüllende Akte*]. A expressão mais curta "preenchimento de intenção" [*Bedeutungserfüllung*] somente pode ser usada em casos onde não há um risco óbvio de confusão com a vivência completa, na qual uma intenção de significação encontra preenchimento em sua intuição correlata. Na relação realizada da expressão à sua objetidade correlata, a expressão informada de sentido torna-se unida ao ato de preenchimento de intenção. O som da palavra é primeiramente unido à intenção de significação, e esta por sua vez torna-se uma (como as intenções em geral estão unidas ao seu preenchimento) com o seu preenchimento de intenção correspondente. A palavra "expressão" é normalmente compreendida – em qualquer lugar, isto é, não falamos de uma "mera" expressão – como expressão animada de sentido. Não se deveria dizer, portanto, propriamente (como geralmente se faz) que uma expressão exprime o seu significado (sua intenção). Alguém poderia mais propriamente adotar o modo alternativo de falar sobre o ato de preenchimento como ato expresso pela expressão completa: podemos, por exemplo, dizer que um enunciado "dá expressão" a uma percepção ou imaginação.

Não precisamos aqui assinalar que tanto os atos que conferem significação quanto os atos que preenchem significação têm uma parte a desempenhar na insinuação [*Kundgabe*] no caso do discurso comunicativo. Os primeiros, de fato, constituem o âmago mais essencial da insinuação.

Torná-los conhecidos para o ouvinte é o primeiro propósito de nossa intenção comunicativa, pois somente na medida em que o ouvinte os atribui ao falante ele compreenderá os segundos.

NOTAS

1. Cf. *Investigações lógicas*. Prolegômenos, § 67-69. (*Logische Untersuchungen* – Husserliana. Band XVIII. Erster Teil. Prolegomena zur reinen Logik. Text der 1. und der 2. Auflage. Halle: 1900/1913. Org. Elmar Holenstein. The Hague/Netherlands: Martinus Nijhoff, 1975).

2. *Investigações lógicas* (*Logische Untersuchungen* – Husserliana. Band XIX/1, p. 98).

3. Ibid., p. 6.

4. Ibid., p. 30.

5. Ibid.

6. Ibid., p. 37.

7. Ibid., p. 52.

8. Ibid., p. 53.

9. Ibid., § 29-35.

10. Ibid., p. 101.

11. Ibid., p. 112ss.

12. Ibid., p. 114.

13. Ibid., § 25-30.

14. Ibid., p. 443.

15. Ibid., § 24-31.

16. Ibid., § 75.

17. *Ideias*, § 59 (p. 136 da versão brasileira, trad. Márcio Suzuki).

18. Ibid., § 74.

19. Listamos abaixo alguns importantes estudos e trabalhos introdutórios já publicados sobre Husserl: ALMEIDA, Guido Antonio de. *Sinn und Inhalt in der Genetischen Phänomenologie E. Husserls*. The Hague: M. Nijhoff, 1972. • DERRIDA, Jacques. *La voix et le phénomène. Introduction au problème du signe dans la phénoménologie de Husserl*. Paris: PUF, 1967. • ALMEIDA, Guido Antonio de. *Edmund Husserl's Origin of Geometry*: An Introduction. University of Nebraska Press, 1989 [1962]. • DREYFUS, Hubert (org.). *Husserl, intentionality, and Cognitive Science*. Cambridge, Mass.: MIT Press, 1982. • HELD, Klaus. *Lebendige Gegenwart:* Die Frage nach der Seinsweise des transzendentale Ich bei Ed. Husserl. The Hague: M. Nijhoff, 1966. • KERN, Iso. *Kant und Husserl* – Eine Untersuchung über Husserls Verhältnis zu Kant und Neukantianismus. The Hague: M. Nijhoff, 1964. • LÉVINAS, Emmanuel. *The theory of intuition in Husserl's phenomenology*. Evanston: Northwestern, 1973 [1930]. LÉVINAS, Emmanuel. *En découvrant l'existence avec Husserl et Heidegger*. Paris: Vrin, 1949. • MOURA, Carlos Alberto Ribeiro de. *Crítica da razão na fenomenologia*. São Paulo: Edusp, 1989. • OLIVEIRA, Nythamar Fernandes de & SOUZA, Ricardo Timm de (orgs.). *Fenomenologia hoje*. Porto Alegre: Edipucrs, 2001. • OLIVEIRA, Nythamar Fernandes de &

SOUZA, Ricardo Timm de (orgs.). *Fenomenologia hoje* – Vol. 2: Significado e linguagem. Porto Alegre: Edipucrs, 2002. • OLIVEIRA, Nythamar Fernandes de & SOUZA, Ricardo Timm de (orgs.). *Fenomenologia hoje* – Vol. 3: Bioética, Biotecnologia, Biopolítica. Porto Alegre: Edipucrs, 2007. • PRECHTL, Peter. *Edmund Husserl zur Einführung*. Hamburg: Junius, 2006. • RICOEUR, Paul. *Husserl*: An Analysis of His Phenomenology. Evanston: Northwestern, 1967. • SILVA, Jairo J. da & MICHAEL, Wrigley (orgs.). "Husserl". *Manuscrito* XXIII/2 (2000). • SMITH, Barry & SMITH, David Woodruff (orgs.). *The Cambridge Companion to Husserl*. Cambridge: Cambridge University Press, 1995. • SOKOLOWSKI, Robert. *Introduction to Phenomenology*. Cambridge: Cambridge University Press, 2000. • SPIEGELBERG, Herbert. *The Phenomenological Movement*: a historical introduction. The Hague: Martinus Nijhoff, 1965. • STEIN, Ernildo J. *Seminário sobre a Verdade*. Petrópolis: Vozes, 1993. • STEINBOCK, Anthony. *Home and Beyond:* Generative Phenomenology after Husserl. Evanston, Ill.: Northwestern, 1995. • THÉVENAZ, Pierre. *De Husserl à Merleau-Ponty*: Qu'est-ce que la phénoménologie? Neuchatel: La Baconnière, 1966 [1952]. • TUGENDHAT, Ernst. *Der Wahrheitsbegriff bei Husserl und Heidegger*. Berlim: De Gruyter, 1967. • WELTON, Donn. *The Origins of Meaning*: A Critical Study of Husserlian Phenomenology. The Hague: M. Nijhoff, 1983. • WELTON, Donn. *The Other Husserl*: The Horizons of Transcendental Phenomenology. Bloomington: Indiana University Press, 2000.

20. *Krisis*, p. 145 (*Husserliana VI*. 1. ed. 1954; 2. ed. 1993).

21. *Ideen* II, p. 384, cf. 302n.

22. In: *Husserliana VI*. 1ª ed. 1954; 2. ed. 1993.

23. *Ideen* I, p. 10, 390; § 49, 114.

24. A melhor e mais literal tradução de *Kundgabe* nas *Investigações* seria "o que dá a entender", por isso optamos por "insinuação" sem o sentido pejorativo intencional ou "manifestação" sem o sentido trivial (N.T.).

Russell

Luiz Henrique de Araújo Dutra ★

 **O filósofo e o seu tempo**

Bertrand Arthur William Russell, o terceiro Conde Russell, matemático, lógico e filósofo britânico, foi não apenas um intelectual importante nestes domínios do saber humano, mas também um ativista político e uma figura pública controvertida, tendo deixado uma vasta e variada obra escrita, cuja importância foi reconhecida em seus próprios dias – Russell ganhou o Prêmio Nobel de Literatura de 1950. Sua obra influenciou de maneira decisiva o pensamento filosófico no século XX, ainda que seu autor, durante sua longa vida intelectual, tenha mudado de posição a respeito de questões fundamentais. Por sua postura em relação à própria obra, Russell é, assim, uma figura singular e de especial interesse, uma vez que ele insistia mais no exercício de filosofar, e não nas teorias propostas, embora não compartilhasse a posição extrema de Wittgenstein, de que a filosofia não apresenta problemas e teorias genuínas, e é uma mera atividade. Ao contrário, a imensa obra de Russell foi dedicada a incansáveis discussões de alguns problemas filosóficos que ele considerou fundamentais.

Russell nasceu em 18 de maio de 1872, em Trellech, hoje no País de Gales (Grã-Bretanha), e faleceu em 2 de fevereiro de 1970, em Penrhyndeudraeth, também naquele país. Ele era afilhado de John Stuart Mill, amigo de seu pai. Sua mãe faleceu quando ele tinha dois anos de idade, e seu pai, o Visconde de Amberley, quando ele tinha três anos. Assim, Russell foi criado por seus avós paternos. Seu avô, Lord John Russell, o primeiro Conde Russell, foi primeiro-ministro por duas vezes entre os anos de 1846 e 1866. Russell teve uma irmã mais nova, que morreu no mesmo ano em que sua mãe, e um irmão mais velho, Frank, que foi o segundo Conde Russell e o responsável por despertar nele a vocação matemática, tendo-o introduzido na leitura dos *Elementos*, de Euclides, quando Russell tinha 11 anos de idade – uma experiência que, depois, em sua *Autobiografia*, ele viria a comparar com aquela do primeiro amor. Russell se casou quatro vezes, com Alys Smith,

★ Doutor em Lógica e Filosofia da Ciência pela Universidade Estadual de Campinas (Unicamp). Professor associado na Universidade Federal de Santa Catarina (UFSC) e pesquisador do CNPq.

Dora Black (com quem teve dois filhos, John Conrad e Katharine Jane), Patricia Spence (com quem teve um filho, Conrad Sebastian) e Edith Finch, que ficou com ele até seus últimos dias.

Russell começou sua carreira intelectual estudando matemática na Universidade de Cambridge, Trinity College, onde depois veio também a trabalhar. Foi aluno de Alfred North Whitehead, com quem publicou, entre 1910 e 1913, os três volumes dos *Principia Mathematica*, uma obra fundamental para a lógica no século XX e para as discussões sobre os fundamentos da matemática. Também em Cambridge, Russell foi colega do filósofo G.E. Moore, de quem se tornou amigo, e que, assim como ele, tinha começado seus estudos em outra área, despertando depois, junto com Russell, para a filosofia. O primeiro livro de Russell, sobre a social-democracia alemã, foi publicado em 1896, tema sobre o qual ele ensinou na London School of Economics, naquele mesmo ano. Em 1911, conheceu Wittgenstein, com quem teve intensa colaboração filosófica antes da Primeira Guerra Mundial, e com quem Russell compartilhou as mesmas ideias sobre o atomismo lógico, embora com apresentações diferentes, que Russell publicou, em 1918, em *The Philosophy of Logical Atomism*, e Wittgenstein, em 1922, em seu *Tractatus Logico-Philosophicus*.

Além de seus interesses filosóficos e científicos, Russell também tinha grande interesse em questões políticas, sociais e pedagógicas. Em 1927, descontente com o sistema de ensino da Inglaterra de então, ele e sua segunda esposa, Dora, fundaram uma escola experimental para seus filhos, que acolheu, obviamente, outras crianças, a Beacon Hill School, que funcionou até 1943. Tais questões, contudo, e as obras nas quais Russell as discute, não serão analisadas abaixo, uma vez que ele mesmo não lhes conferia a mesma importância filosófica que a outras de suas obras e questões, algumas das quais discutiremos.

Russell fez longas viagens para a Alemanha, Rússia, China, Japão e outros países, e, particularmente, diversas vezes, para os Estados Unidos, onde passou longos períodos e onde esteve durante a Segunda Guerra Mundial. Em 1948, sobreviveu a um desastre aéreo na costa da Noruega. Tanto na Inglaterra quanto nos Estados Unidos Russell dedicou-se ao ativismo pacifista, o que o levou a ser demitido de Cambridge, em 1916, e à prisão naquele mesmo ano, por seis meses, e, depois, em 1961, por uma semana. Também lutou pelo desarmamento nuclear, tendo publicado um manifesto em 1955 junto com outros intelectuais, inclusive Albert Einstein. Russell se opôs ainda à Guerra do Vietnã e, junto com Jean-Paul Sartre, organizou um tribunal para expor os crimes de guerra americanos. Em sua agenda de ativista também estiveram o voto das mulheres e o livre-comércio, críticas ao regime de Stálin, às inconsistências da investigação sobre o assassinato de Kennedy e uma contínua luta entusiasmada pela democracia e contra os costumes moralistas e conservadores remanescentes da era vitoriana na Inglaterra.

Suas posições a respeito de questões sexuais e sobre o casamento (por exemplo, em favor da contracepção e da educação sexual) lhe valeram fortes reações não só em seu país, mas também nos Estados Unidos. Ele foi impedido em 1940, por um processo judicial, de assumir o posto de professor no City College, de Nova York. Além disso, alguns de seus críticos o acusaram de defender ideias racistas e sobre eugenia (por exemplo, em seu livro *Marriage and Morals*, de 1929), ideias que ele explicitamente recusou em algumas de suas obras posteriores. Em questões religiosas, Russell se opunha às religiões organizadas, e considerava a religião fruto de superstições e de opressão, entre as quais incluía ironicamente o próprio comunismo e outras ideologias totalitárias. No plano pessoal, mesmo tendo sofrido uma grande influência religiosa de sua avó paterna, posteriormente, Russell oscilou entre o agnosticismo e o ateísmo.

O ativismo de Russell e os diversos livros que publicou sobre temas polêmicos o tornaram uma figura de grande influência em sua época, mas é sua obra filosófica propriamente – em especial, em teoria do conhecimento, fundamentos da matemática e das ciências empíricas, metafísica e filosofia da mente, filosofia da linguagem, e lógica e fundamentos da lógica – que tornaram Russell uma das figuras centrais na filosofia do século XX e até os dias de hoje, tendo algumas de suas ideias, de forma especial, influenciado os autores do Círculo de Viena, particularmente, Rudolf Carnap. Junto com Frege e outros, Russell é apontado como um dos pais da lógica moderna.

Além dos postos acadêmicos que Russell ocupou na Inglaterra e nos Estados Unidos, a maioria temporários ou como visitante, sua atividade filosófica profissional se concentrou na elaboração de seus livros, que ele exerceu também por razões financeiras. Com a morte de seu irmão mais velho, Frank, em 1931, Russell herdou o título de conde, mas nenhum dinheiro. Em 1944, sua filosofia foi objeto de um dos volumes da prestigiosa *Library of Living Philosophers*, organizada por Paul A. Schilpp. Na McMaster University, Canadá, se encontram os Bertrand Russell Archives, a maior coleção de obras do filósofo e sobre ele, à disposição dos pesquisadores dedicados a seu pensamento.

 ## A filosofia de Russel

Ainda que Russell tenha mudado de opinião diversas vezes sobre questões centrais de sua filosofia, vamos discutir aqui aquelas de suas ideias que, independentemente das hesitações e mesmo das oscilações de seu autor, marcaram a filosofia no século XX. Embora tenha começado sua carreira pela matemática e tenha logo se interessado pelos fundamentos dessa disciplina, sua colaboração inicial com Moore conduziu Russell a um interesse mais geral por questões metafísicas. Inicialmente, ele e Moore sustentaram um tipo de realismo que envolvia três categorias de objetos: 1) corpos materiais, pessoas humanas etc.; 2) objetos abstratos, como números, conjuntos, relações; 3) qualquer objeto de pensamento em geral, como um tipo de ente. Este realismo era uma reação ao idealismo absoluto, baseado na filosofia de Hegel, filosofia que Russell conheceu em Cambridge através de J.M.E. McTaggart, um de seus professores, que ele substituiu durante o ano de 1899, nas palestras que resultaram em seu livro sobre a filosofia de Leibniz. Mais tarde, Russell revê sua posição metafísica realista inicial, e elabora sua filosofia do atomismo lógico.

O idealismo absoluto hegeliano estava centrado na ideia de totalidade, de que qualquer questão tem de ser tratada em relação com outras e de que, consequentemente, o conhecimento de qualquer parte da realidade depende do conhecimento de outras, uma vez que, para ser, qualquer ente depende da totalidade dos outros. É a este tipo de holismo que o atomismo lógico de Russell se opõe, assim como seu realismo inicial tinha se oposto. A ideia central que Russell compartilhou com Wittgenstein é, a este respeito, que há uma correspondência entre o pensamento e a linguagem (que o veicula) e a realidade. Por meio de uma análise lógica – e não física – chegamos a conhecer a estrutura fundamental da realidade, traduzida em particulares, qualidades e relações, os átomos lógicos que são os resíduos que permanecem, quando a análise não pode ser levada mais adiante.

Esta abordagem coloca Russell na mesma tradição dos empiristas britânicos, em particular, Hume; mas a diferença é que, em sua versão do empirismo, Russell não fala de uma análise (psicológica) de ideias complexas que podem ser reduzidas a ideias simples. Ao contrário, em viés lógico, ele se ocupa de símbolos complexos e palavras. Assim, o atomismo lógico defendido por Russell, como resultado de uma análise lógica, o conduz a outras teorias que o tornaram célebre, como a das descrições e dos nomes logicamente próprios, no que diz respeito à natureza da linguagem, e a do conhecimento por familiaridade e por descrição, teorias das quais vamos nos ocupar abaixo. Em relação a este segundo ponto, a noção de Russell é que o conhecimento por familiaridade é a experiência direta, que encontramos quando a análise não pode mais prosseguir. Em relação ao primeiro ponto, a ideia é que a análise de uma palavra conduz a uma das maneiras pelas quais seu significado pode ser conhecido. Em cada passo, ou a análise continua, até um próximo ponto, ou então temos uma experiência direta.

Assim como na versão de Wittgenstein do atomismo lógico, e assim como vão defender posteriormente os positivistas lógicos, a doutrina de Russell está centrada na noção de que podemos traduzir sentenças das línguas naturais para uma linguagem logicamente perfeita e sem ambiguidade, que é aquela linguagem formalizada da lógica moderna, sendo que tal tradução permitiria colocar claramente os problemas filosóficos, e/ou resolvê-los, ou mostrar que eles são pseudoproblemas.

As sentenças mais simples da linguagem são denominadas "sentenças atômicas"[1] e consistem em um predicado (que representa um universal, como uma qualidade ou uma relação) seguido por um ou mais nomes logicamente próprios; por exemplo: Va (a é vermelho) ou Dab (a está à esquerda de b). Os nomes, por sua vez, correspondem aos átomos, os objetos simples ou constituintes últimos da realidade. No caso de serem verdadeiras, as sentenças atômicas, para Russell, correspondem a fatos simples. Por exemplo, Ra é verdadeira se há um fato que consiste em ser o objeto a vermelho.

A partir das sentenças atômicas, tal linguagem permite construir sentenças moleculares, utilizando conectivos ou operadores lógicos, como: negação ($\sim S$), conjunção ($S \& R$), disjunção ($S \vee R$), condicional ($S \rightarrow R$) e bicondicional ($S \leftrightarrow R$), sendo S e R sentenças atômicas. A negação é um operador lógico que corresponde ao uso da partícula "não" aplicada a sentenças inteiras, o que significa que se a sentença atômica original for falsa, a sentença molecular, com a negação, ficará verdadeira, e, se for verdadeira, ficará falsa. A conjunção corresponde ao uso do "e" na linguagem comum, e a sentença molecular será verdadeira se ambas as atômicas forem verdadeiras. A disjunção corresponde ao "ou" no sentido inclusivo, isto é, a sentença molecular será verdadeira se uma das atômicas originais for verdadeira. O condicional (também denominado implicação material) corresponde ao uso da expressão "se..., então...", e a sentença molecular será verdadeira ou se a primeira atômica (dita "antecedente") for falsa, ou se a segunda (dita "conseqüente") for verdadeira. Por fim, o bicondicional corresponde à expressão comum "se e somente se", e a sentença molecular é verdadeira se ambas as atômicas tiverem o mesmo valor veritativo.

Se tomarmos a conjunção ou a disjunção, a análise é simples, pois os complexos "$S \& R$" e "$S \vee R$" não correspondem a nada no mundo. S e R é que correspondem, se forem sentenças verdadeiras. Em outras palavras, não há fatos conjuntivos ou disjuntivos. Entretanto, a negação, por exemplo, sugere a Russell uma análise mais complicada. Já que a negação, por assim dizer, inverte o valor veritativo da sentença à qual esse operador é aplicado, se a sentença "$\sim S$" for verdadeira, sua verdade não pode ser devida à correspondência com um fato que tornaria "S" verdadeira, pois, nesse caso, tal fato não pode existir. Assim, Russell se viu forçado a admitir a existência de fatos negativos, um ponto que provocou sérias críticas, obviamente, pois, isso implica que o símbolo "$\sim$" corresponde a algo no mundo.

Além dos fatos negativos, Russell sustenta também a existência de fatos gerais, que correspondem às sentenças com quantificação universal e existencial, como em: $\forall x\ (Ax \to Bx)$ e $\exists x$ $(Ax \& Bx)$, ou, respectivamente: *todo A é B*, e: *há pelo menos um A que é B*. Isso significa, para Russell, que não chegamos ao conhecimento de fatos gerais (universais ou existenciais) a partir de fatos particulares (ou singulares), mas diretamente, a um ponto ao qual vamos retornar ao discutirmos suas concepções de conhecimento por familiaridade e por descrição. Em outros termos, nosso conhecimento de verdades universais, por exemplo, não se dá por indução ou enumeração, mas direta e dedutivamente.

Em sua versão do atomismo lógico, Russell ainda analisa outras questões, que não vamos comentar aqui. De forma geral, os pontos mencionados acima indicariam, em primeiro lugar, que a oposição que Russell pretende fazer à filosofia hegeliana o conduz a dificuldades metafísicas sérias – e talvez a teses tão implausíveis quanto algumas daquela metafísica que ele desejava combater – e, em segundo lugar, que ele parece se distanciar gradativamente de sua tentativa de fundamentação de uma abordagem empirista, seguindo Hume e outros, por meio de sua análise lógica. Além disso, o princípio epistemológico fundamental no qual a análise empreendida por Russell se baseia é aquele segundo o qual os constituintes últimos de qualquer proposição que possamos compreender são coisas das quais temos conhecimento direto ou por familiaridade, que é a questão que discutiremos a seguir.

Para explicar a diferença entre conhecimento *por familiaridade* e conhecimento *por descrição*, Russell parte de uma distinção terminológica que não existe na língua inglesa, mas em línguas neolatinas, como o português e o francês, isto é, a diferença entre os verbos "saber" e "conhecer". No primeiro caso, como quando dizemos que "sabemos *que* a terra é redonda", temos o que Russell denomina *conhecimento de verdades*. Trata-se de um juízo e daquilo que se opõe ao erro. Neste sentido, diz ele, aquilo de que temos "conhecimento" não pode ser falso. No segundo caso, como quando dizemos que "conhecemos a cidade do Rio de Janeiro", temos o que Russell denomina "conhecimento de coisas". Neste sentido, diz Russell, temos *conhecimento enquanto familiaridade*, como o conhecimento direto que temos dos dados de nossos sentidos.

Russell comenta que a familiaridade é uma faculdade mental, que consiste em uma relação entre a mente e algo diferente dela. Além disso, então, se estamos familiarizados com algo que existe, tal conhecimento por familiaridade nos dá também o conhecimento *de que* tal coisa existe, isto é, neste caso, não apenas *conhecemos*, mas também *sabemos*. Mas é possível saber que uma coisa existe sem estar familiarizado com ela, ou seja, pode haver juízos independentes de familiaridade. Por exemplo, uma pessoa que nunca conheceu diretamente (por familiaridade) o presidente da república pode julgar acertadamente e dizer que o presidente da república existe – porque, certamente, se baseia no testemunho de outras pessoas que têm familiaridade com ele. Temos neste caso o que Russell denomina *conhecimento por descrição*. O conhecimento de coisas, quando é por familiaridade, é mais simples e logicamente independente do conhecimento de verdades. Ao contrário, o conhecimento por descrição sempre envolve o conhecimento de verdades como sua base e fonte.

O ponto principal para Russell, contudo, é que o conhecimento por familiaridade é o fundamento de todo nosso conhecimento, tanto de coisas quanto de verdades. Ter familiaridade de alguma coisa é estar diretamente ciente dela, sem a mediação de qualquer processo de inferência ou de qualquer conhecimento de verdades. Assim, por exemplo, os dados dos sentidos de uma pessoa são aquelas coisas das quais ela tem conhecimento direto, das quais está imediatamente consciente, e das quais não pode duvidar enquanto os tem. Isso não significa, portanto, que o objeto físico que provoca em alguém determinados dados dos sentidos seja conhecido diretamente. Ao contrário, para Russell, tal objeto físico é conhecido por descrição, uma vez que envolve também saber que os objetos físicos provocam em nós dados dos sentidos. Russell retoma, assim, a doutrina do empirismo moderno britânico, segundo a qual há um véu de ideias entre nós e o mundo físico. Os objetos físicos são inferidos, e não conhecidos diretamente ou por familiaridade. Em outros termos, os dados dos sentidos "testemunham" em favor da existência de objetos físicos, mas tal testemunho se baseia no juízo de que a causa dos dados dos sentidos em nós são tais objetos físicos.

Em acréscimo aos dados dos sentidos atuais, também estamos familiarizados com aqueles dados dos sentidos passados, por meio da memória. Além disso, diz Russell, por meio da introspecção podemos ter familiaridade com nossos pensamentos, sentimentos, desejos etc., ou seja, o tipo de familiaridade que se denomina autoconsciência. Muitas vezes, não apenas estamos cientes de algo, mas estamos cientes que estamos cientes daquilo. Isso leva Russell a levantar o problema sobre em que sentido podemos dizer que temos conhecimento (por familiaridade) do eu.

Ele tende a recusar a ideia de que se trata de um conhecimento direto de uma pessoa enquanto algo permanente no tempo, de uma substância, como no argumento do *Cogito*, de Descartes. Russell tende a concordar com Hume, portanto, que a introspecção não nos dá o conhecimento de uma substância mental, mas talvez – no máximo – de um eu apenas como algo (uma pessoa ou consciência) relacionado com cada episódio de ter familiaridade com alguma outra coisa.

Além dessas coisas com as quais temos familiaridade, Russell acrescenta ainda os *universais*, como brancura e justiça, por exemplo, ou seja, coisas que são diferentes dos particulares que existem ou estão no tempo (mesmo que existam o tempo todo), como objetos físicos, mentes, pensamentos etc. Os universais não são pensamentos, embora, ao serem conhecidos, sejam os *objetos* de nossos pensamentos, diz Russell. Eles não existem, tal como objetos físicos e mentes existem. Ao contrário, eles *subsistem* ou *possuem um ser*, no sentido atemporal. Os universais são aquilo de que temos consciência por concebê-los, ou seja, são *conceitos*. Em suma, um universal é aquilo que diversos particulares compartilham, como, por exemplo, a brancura de diversos objetos que percebemos como brancos, ou a justiça de diversos atos que consideramos justos. Isso nos conduz de volta a um dos problemas metafísicos que era colocado pelo realismo inicial que Russell compartilhou com Moore em reação ao idealismo, e que discutiremos abaixo, ao falarmos da teoria das descrições de Russell. A questão é que nem todo objeto de pensamento pode ser (mesmo que não exista da mesma forma que, por exemplo, corpos materiais), pois isso levaria a dificuldades a respeito do significado de sentenças como "Papai Noel não existe" ou "Não existem unicórnios" – os chamados *existenciais negativos* – e da realidade ou existência dos indivíduos que as próprias sentenças dizem que não existem.

Além dessas coisas com as quais temos conhecimento por familiaridade, diz Russell, devemos considerar aquelas cujo conhecimento temos por descrição, por exemplo, por meio do uso de expressões denotativas, como uma expressão do tipo "o tal e qual", ou "o isso e aquilo". As descrições podem ser ambíguas e, assim, se aplicarem a diversas coisas (como quando dizemos "uma mulher"), ou *definidas*, aplicando-se a uma só coisa (como quando dizemos "a mulher de vestido vermelho"). Isso, por sua vez, também nos conduz a outra das teorias que celebrizaram o pensamento de Russell, sua teoria das descrições definidas, que discutiremos a seguir. As expressões denotativas mais primitivas, diz Russell, são aquelas como "todos", "nenhum", "algum", que, numa linguagem formalizada, podem ser expressas por meio do uso dos quantificadores universal e existencial.

Tomemos então, inicialmente, o já mencionado problema dos existenciais negativos, ou as sentenças como: "Papai Noel não existe" e "Não existem unicórnios". A ideia inicial de Russell é que tudo o que pode ser objeto de pensamento, e que ele denomina um *termo*, possui algum tipo de ser. Em outras palavras, ser é algo que pertence a tudo o que pode ser objeto de uma proposição ou que pode ser contado, inclusive os próprios números, as figuras mitológicas (como Papai Noel e unicórnios) etc. Se não fosse assim, não poderíamos elaborar enunciados sobre tais coisas. Entre elas estariam então, por exemplo, não apenas pessoas reais (ou que existem realmente), como a atual rainha da Inglaterra, mas também outras que não existem, como o atual rei da França.

Em seu famoso artigo "On Denoting", Russell propõe uma nova solução para esse problema, preservando determinado uso comum dos termos "ser" e "existência" (ou dos verbos "ser" e "existir") de tal forma a não conduzir a dificuldades lógicas e metafísicas. Sua solução está fundamentada na distinção entre a forma gramatical de uma *sentença* (de uma língua natural) e a forma lógica da *proposição* (ou *pensamento* que é expresso pela sentença). A proposição é aquilo que diferentes sentenças que são consideradas sinônimas expressariam. Se a forma gramatical coincide com a forma lógica, temos uma expressão logicamente predicativa, da forma sujeito-predicado, ou seja: 1) Uma propriedade expressa por um predicado (como "vermelho" ou "unicórnio"), e 2) Um constituinte que corresponde ao sujeito gramatical da sentença. Russell tende a tomar, neste segundo caso, o *referente* de um nome que ocupa o lugar do sujeito gramatical da sentença como tal constituinte. O referente é o objeto real nomeado pelo nome em questão.

A estratégia de Russell para resolver o problema, então, vai consistir em traduzir, com o auxílio de uma linguagem formal como aquela que vimos acima, as sentenças comuns para outras sentenças que espelhem a forma lógica da proposição. Deste modo, os problemas ontológicos implicados pelos existenciais negativos podem ser resolvidos. Voltando ao tema das expressões denotativas, que mencionamos acima, a ideia mais importante de Russell a seu respeito é que elas são *denotativas* em virtude de sua forma e, sobretudo, que tais expressões em si mesmas são destituídas de significado, embora elas confiram significado às proposições nas quais ocorrem. Como algumas dessas expressões são ambíguas, podemos ser levados a interpretações incorretas.

Por exemplo, a expressão "um homem" na sentença "encontrei um homem" é ambígua. Se alguém diz "encontrei um homem", está se referindo a um indivíduo humano particular ou definido, mas não é isso o que a expressão "um homem" quer dizer. Assim, a estratégia de Russell é a de traduzir tal sentença da linguagem comum para uma que espelhe a forma lógica da proposição e que não contenha aquela expressão denotativa ambígua. Assim, segundo Russell, o que a sentença "encontrei um homem" expressa é a proposição que, de um modo claro, pode ser dita por meio de: "'encontrei x, e x é humano' não é sempre falsa". Do mesmo modo, uma sentença com quantificação universal como: 'todo homem é mortal', cuja forma, em uma linguagem formalizada, é dada por: '$\forall x\ (Ax \rightarrow Bx)$', pode ser traduzida para: "'se x é humano, x é mortal' é sempre verdadeira".

Russell critica em seu mencionado artigo ("On Denoting") a célebre teoria de Frege, que parte da distinção entre *sentido* e *referência*, e propõe uma explicação alternativa àquela dada por Frege. A ideia é que duas expressões podem ter sentidos diferentes, mas a mesma referência, isto é, denotar o mesmo objeto, como no caso de, por exemplo, "Machado de Assis" e "o autor de *Dom Casmurro*". Mas Russell considera artificial a solução proposta por Frege para casos como o da expressão "o atual rei da França", que não denota nenhum indivíduo e, portanto, denotaria o conjunto vazio.

Além disso, a solução de Russell para o caso de existenciais negativos (como: "Papai Noel não existe" e "Não existem unicórnios") requer também uma análise das descrições definidas, ou seja, expressões da forma "o tal e qual". Os nomes próprios comuns, como "Papai Noel", segundo Russell, de fato, são descrições definidas. Ao empregar tal nome, estamos querendo dizer: *o velhinho gordo, de roupas vermelhas, que mora no Polo Norte e traz presentes no Natal etc.* Neste caso, o que a sentença "Papai Noel não existe" quer dizer é que não existe um objeto que corresponda a tal descrição ou, em outras palavras, que a sentença que diz que tal objeto existe é sempre falsa. Portanto, o existencial negativo não implica a existência (contraditória) de objetos que não são reais.

No caso de nomes comuns (ou para espécies ou classes de indivíduos), como "unicórnio", a solução seria semelhante. Neste caso, pelo termo "unicórnio" estamos entendendo: *um cavalo que possui um chifre no meio da testa*. Ora, o que a sentença "Não existem unicórnios" está dizendo é que, para qualquer objeto, ou tal objeto é um cavalo, ou tem um chifre no meio da testa. Em outros termos, a sentença que diz que um objeto é cavalo e é da classe das coisas que possuem um chifre no meio da testa é sempre falsa.

Embora Russell critique a artificialidade de teorias anteriores, como a mencionada teoria de Frege, a sua também não deixa de implicar certa artificialidade e consequências indesejáveis. Uma delas está relacionada com os nomes próprios, que Russell, como vimos, não considera *nomes logicamente próprios*, ou nomes genuínos, isto é, que denotem determinado indivíduo. A solução de Russell para tais problemas conduz à consequência, que ele mesmo tirou, de que, em última instância, os nomes logicamente próprios seriam apenas aqueles como o termo "isto", quando é utilizado ao mesmo tempo em que apontamos para alguma coisa. Ora, teorias posteriores, como a de Saul Kripke, embora também com seus problemas, vão dar explicações mais plausíveis para os nomes próprios. Um nome próprio não equivale a uma descrição definida, mas é uma palavra que é associada pelos falantes a determinado indivíduo, num suposto *ato de batismo*, e ele é utilizado corretamente se pudermos remontar de um uso particular presente, por meio de uma cadeia causal, a tal suposto batismo, ou seja, à primeira vez que a palavra foi utilizada em associação com aquele indivíduo. Assim, "Machado de Assis" não é uma descrição definida equivalente a: "o autor de *Dom Casmurro*, o primeiro presidente da Academia Brasileira de Letras etc." "Machado de Assis" é o nome que o indivíduo que também pode ser identificado por tal descrição definida recebeu em seu batismo. Mas claro que tal solução não se coaduna com as preocupações metafísicas de Russell, que comentamos acima, como no caso dos existenciais negativos.

Resolvidos problemas ontológicos como estes que acabamos de ver, Russell se preocupa também com as questões relativas a nosso conhecimento de coisas que existem, mas que não são objeto de conhecimento por familiaridade, e sim de conhecimento por descrição, ou seja, por meio do uso de determinadas expressões denotativas justamente. Entre tais coisas, como já comentamos, está nosso conhecimento das mentes de outras pessoas e de objetos físicos. Neste caso, temos as discussões de Russell a respeito de nosso conhecimento do mundo exterior. Sua ideia básica é que tais coisas como corpos materiais não são entidades cuja existência inferimos, mas construções lógicas feitas a partir de dados dos sentidos, uma idéia que ele expressou em uma de suas famosas máximas: *Onde for possível, construções lógicas devem ser postas no lugar de entidades inferidas*.

Há três aspectos a respeito dessa problemática em Russell que vamos considerar. Primeiro, se tanto os objetos materiais quanto as outras mentes são, por assim dizer, "reduzidos" aos dados dos sentidos de um sujeito, e se tais dados são, portanto, toda a "realidade" para tal sujeito, como ele poderia distinguir ficção de realidade? Segundo, a solução para o problema da existência de outras mentes pressupõe a solução para o problema sobre os objetos materiais, uma vez que a hipótese de que há outras mentes é feita a partir da observação do comportamento de outros corpos, semelhantes ao do sujeito que levanta essa questão. Por fim, embora pressupondo a existência de objetos materiais, sendo verdadeira a hipótese de haver outras mentes, o testemunho oferecido por outras pessoas ampliaria nosso conhecimento do mundo exterior, obviamente.

Russell parte do pressuposto metodologicamente solipsista e fenomenalista – e que encontramos em filósofos da época moderna, em particular, Descartes – de que não pode haver, estritamente falando, *ilusões dos sentidos*, isto é, que os objetos dos dados dos sentidos de um sujeito são indubitáveis para tal sujeito, mesmo aqueles que ocorrem, por exemplo, em seus sonhos. É assim que pode se colocar, obviamente, a própria questão da realidade do mundo exterior (à mente do sujeito). Como já dissemos, a solução de Russell para o caso particular dos corpos materiais é que eles são construções lógicas feitas a partir dos dados dos sentidos ou, em outras palavras, que, de fato, os enunciados sobre objetos materiais são a respeito dos dados dos sentidos. Desta forma, o que nos permitiria distinguir ficção de realidade é apenas a estabilidade, continuidade e conexão que há entre os objetos dos sentidos em nossos momentos de vigília, e de que episódios de sonhos não possuem tais características. Russell admite que se, nos sonhos, tivéssemos o mesmo tipo de sequência harmoniosa dos episódios, não seria possível distinguir o sono da vigília e, logo, ficção de realidade. Entretanto, este não é o caso, e, assim, para Russell, embora hipotético em larga escala e sendo uma coleção de construções lógicas, os objetos materiais são uma boa base – de fato, a melhor – para interpretarmos os fatos a respeito dos sentidos. Mas, de fato, a única conclusão de Russell é que não haveria bases para negar a hipótese da existência de coisas fora do mundo privado do sujeito.

O problema da realidade das outras mentes é resolvido, em parte, de forma semelhante, uma vez que, para Russell, a hipótese de que a cada um dos outros corpos corresponda uma mente também sistematiza uma grande quantidade de fatos sobre o mundo, isto é, explica certas regularidades do mundo representado pelo próprio sujeito. E, da mesma forma, não haveria razão para duvidar, por exemplo, que o comportamento de um outro indivíduo que dê uma martelada no dedo não esteja associado a uma experiência (dele ou dela) de dor, semelhante àquela que experimentamos se damos uma martelada no dedo. Entretanto, há uma diferença entre este caso e aquele dos corpos materiais, pois, aqui, trata-se de um argumento de analogia. Em outras palavras, a hipótese de que há outras mentes deriva de uma analogia que fazemos entre nosso corpo e nossos pensamentos, sentimentos etc. A questão é, portanto, que tal analogia levanta uma hipótese (a da existência de outras mentes) na pressuposição de outra (a da existência de objetos materiais – neste caso, os corpos das outras pessoas). Portanto, do ponto de vista epistemológico, a solução para o problema da existência das outras mentes é mais fraca que aquela para os objetos materiais. A mente de outra pessoa não parece ser, de fato, uma construção lógica a partir de dados dos sentidos, pelo menos não uma *construção direta*. Trata-se, assim, de uma construção indireta, a partir de outras construções, que são os objetos materiais. Mas isso não parece colocar um problema relevante para Russell, assim como não será um problema para outros autores, como Carnap, que, por influência dele, também adotaram uma estratégia construcional.

Do ponto de vista epistemológico, o que poderia ainda causar problema seria o fato, também admitido por Russell, que uma das vantagens de aceitar a existência de outras mentes é que o testemunho de outras pessoas também poderia servir para ampliar nosso conhecimento do mundo sensível. E, neste caso, o problema pode ser mais sério, pois o mundo sensível descrito por outras pessoas, cujo testemunho aceitamos, não teria nenhum estatuto epistemológico privilegiado a não ser no caso de haver um mundo de objetos físicos do qual elas têm experiência. Mas o pressuposto da teoria de Russell é exatamente, como vimos, que os objetos materiais são construções lógicas a partir dos dados dos sentidos. Em outras palavras, o testemunho de uma outra mente que, por sua vez, já é uma construção nossa a partir de outras construções (os objetos materiais que corresponderiam a nossos dados dos sentidos) valeria nada mais que a fala de um personagem de ficção ou de alguém em um de nossos sonhos, ou, colocando em termos mais lógicos, valeria tanto quanto os protestos de um reiterado mentiroso que nos dissesse peremptoriamente: "Podem acreditar em mim, pois garanto que estou dizendo a verdade".

A menção à fala do mentiroso nos leva a um dos outros problemas filosóficos tradicionais dos quais Russell se ocupou, a sua *teoria dos tipos lógicos* e à solução que ela permite para nosso conhecimento das entidades matemáticas, que é o último dos grandes temas da filosofia de Russell que vamos comentar. Como dissemos antes, a colaboração inicial de Russell com Moore o conduziu a uma postura realista que envolvia, entre outras coisas, as entidades matemáticas, ou seja, que números e conjuntos, por exemplo, existem tanto quanto corpos materiais, embora seu tipo de existência não seja física, obviamente. Russell abandona posteriormente esse tipo de realismo em favor da posição que ficou conhecida como logicismo, doutrina que procura fundamentar toda a matemática na aritmética e esta, por sua vez, na nova lógica. Esta segunda etapa do programa logicista é o objeto da principal obra de Russell, que ele publicou em três volumes entre 1910 e 1913 em colaboração com Whitehead, os *Principia Mathematica*. A base dessa nova lógica é a teoria dos tipos, que Russell já tinha formulado em seu outro livro, *The Principles of Mathematics*, de 1903.

A redução da matemática à lógica requer explicações mais técnicas que ultrapassam as possibilidades deste texto, e por isso vamos apenas comentar de forma mais intuitiva os fundamentos da teoria dos tipos de Russell. Vamos trilhar o mesmo caminho que, em parte, o próprio Russell tomou para explicar a ideia central de sua teoria, que ele consolidou em outra de suas máximas famosas, que diz: *o que quer que envolva todos de uma coleção não deve ser um membro dessa coleção*. Essa máxima resume a noção desenvolvida na teoria dos tipos, que permite solucionar paradoxos famosos na história da filosofia desde os gregos, como o paradoxo do mentiroso, e paradoxos novos, como o Paradoxo de Russell, ou paradoxo das classes. De fato, a ideia de Russell é que este e outros paradoxos decorrem da violação do mesmo princípio lógico, que está contido na máxima acima.

O paradoxo do mentiroso, ou de Epimênides, que pode ser apresentado de diversas maneiras, decorre de querermos saber, por exemplo, se uma sentença como "Todas as sentenças desta página são falsas" é verdadeira ou falsa. Se pressupusermos que ela é verdadeira, então ela é falsa, pois ela mesma diz que todas as sentenças dessa página são falsas, e ela é uma das sentenças dessa página. Se pressupusermos que ela é falsa, então ela é verdadeira, pois ela diz que todas as sentenças dessa página são falsas, o que vale para ela mesma; mas o que essa sentença diz é que ela é falsa, então, sobre si mesma, ela está dizendo algo verdadeiro. Fica claro que este paradoxo, assim como aquele das classes, envolve uma tentativa de autorreferência.

O paradoxo das classes, por sua vez, decorre de querermos saber se aquela classe que incluiria todas as classes que não são membros de si mesmas (vamos chamá-la de w) é um membro de si mesma ou não. Aqui, do mesmo modo, a pressuposição de que ela é conduz a concluir que ela não é um membro de si mesma e, ao contrário, a pressuposição de que ela não é um membro de si mesma conduz à conclusão de que ela é. Dito da forma sintética apresentada pelo próprio Russell no artigo "Mathematical Logic as Based on the Theory of Types", isso ficaria do seguinte modo: qualquer que seja a classe x que consideremos, "x é um w" é equivalente a "x não é um x", já que estamos pensando na classe daquelas classes que não são membros de si mesmas. Assim, dando à variável "x" o valor w, teríamos: "w é um w" é equivalente a "w não é um w", o que não pode ser, pois se são equivalentes, ambas as sentenças são verdadeiras ou falsas ao mesmo tempo, e, como uma é a negação da outra, se uma for verdadeira, a outra será falsa, e vice-versa.

A solução para os paradoxos acima comentados consiste, segundo Russell, em impedirmos a autorreferência, o que significa respeitarmos uma hierarquia de tipos lógicos, o que deve valer tanto para o mundo quanto para a linguagem que vamos utilizar para falarmos dele. No primeiro nível dessa hierarquia, temos *indivíduos* ou *particulares*; no nível seguinte, temos *conjuntos de* indivíduos; no terceiro nível, temos *conjuntos de* conjuntos de indivíduos; no quarto, *conjuntos de* conjuntos de conjuntos de indivíduos, e assim por diante. Essa teoria permite também fundamentar a aritmética. Por exemplo, os números pertenceriam ao terceiro nível, isto é, eles seriam *conjuntos de conjuntos de indivíduos*, e o conjunto dos números naturais, por sua vez, pertenceria então ao nível seguinte, é claro. Em outros termos, nosso conhecimento em matemática pode ser explicado, justificado e estar isento de paradoxos apenas mediante a pressuposição da existência de conjuntos, eliminando todas as outras possíveis entidades matemáticas.

 **Conceito-chave**

Uma obra tão grande, cujos títulos principais veremos abaixo, e um pensamento tão rico e variado como o de Russell não podem ser resumidos em poucas palavras. Aquelas de suas ideias que comentamos acima, entre tantas outras, de tantos artigos e livros, que deixamos de comentar, nos dão apenas uma pequena amostra do universo filosófico criado por este autor, e são um pálido reflexo da força de sua filosofia ou, como apontaram alguns de seus críticos e contemporâneos, *de suas filosofias*, uma vez que ele, de fato, mudou de posição diversas vezes a respeito de questões filosóficas fundamentais. Um bom exemplo é uma das partes de seu pensamento que não comentamos acima, o *monismo neutro*, que oferece uma solução para o problema da relação entre corpo e mente. Ora, Russell foi primeiro um crítico da doutrina que sob esse nome foi defendida por William James; depois, em seu livro *Analysis of Mind*, elaborou sua própria versão da mesma doutrina; e, posteriormente, também a abandonou.

Entretanto, apesar das modificações sobre suas próprias ideias, e mesmo de determinadas hesitações que Russell apresentou sobre alguns pontos que, de uma forma ou de outra, ele sustentou ao longo de toda sua vida, alguns simpatizantes de sua obra identificam uma certa perspectiva como aquela marca própria de seu filosofar, e que sobreviveria, portanto, às modificações de conteúdo. Tal marca distintiva do pensamento de Russell seria a *análise* ou, mais precisamente, a aplicação de um método cientificamente fundamentado aos problemas filosóficos. A este respeito, talvez o melhor exemplo seja exatamente o uso que ele fez da teoria dos tipos para resolver certos paradoxos, como vimos acima. Duas questões principais devem ser colocadas então. Primeira: Em que termos Russell concebia essa abordagem científica e analítica dos problemas filosóficos? E, segunda: Quais são esses problemas filosóficos relevantes?

A resposta para a segunda questão está estreitamente vinculada à resposta para a primeira. Pois a análise filosófica empreendida por Russell em suas obras terá dois tipos de resultados principais, um positivo e outro negativo. O primeiro é o de fundamentar uma parte de nosso conhecimento e, logo, de nos revelar a constituição do mundo que nos rodeia, e o segundo, de mostrar que determinadas questões são insolúveis, pois decorrem de falsas concepções da própria realidade e da possibilidade que nossa linguagem teria de descrevê-la. A este último respeito, um exemplo claro é a solução de Russell, como vimos acima, para o problema dos existenciais negativos. Sobre o primeiro tipo de resultado, como também vimos, há a fundamentação de nosso conhecimento do mundo exterior e em matemática. Embora Russell tenha influenciado muito o pensamento filosófico depois dele no aspecto negativo, como veremos abaixo, com os positivistas lógicos, também o influenciou no aspecto construtivo, o que nos remete à primeira das questões colocadas acima.

A abordagem analítica de Russell se baseava numa concepção da linguagem, de sua capacidade de revelar o mundo e na possibilidade de elaborar uma linguagem formalizada isenta de ambiguidades. Embora Russell, em determinados aspectos de seu pensamento, se filiasse mais à tradição empirista britânica, a respeito desse ponto, ele está muito mais próximo da tradição racionalista continental e de autores como Descartes e Leibniz, que ele, entretanto, criticou. A nova lógica formal que Russell ajudou a construir nos inícios do século XX é a expressão mais clara dessas concepções e o fundamento da análise filosófica que ele empreendeu.

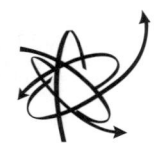 **Percursos e influências**

Russell exerceu uma influência direta e profunda sobre os pensadores do chamado Círculo de Viena, entre eles, em especial, Rudolf Carnap. De certa forma, como veremos abaixo, este outro autor elaborou um programa analítico para a filosofia que deu prosseguimento ao programa de Russell. Entretanto, embora não tenha exercido uma influência direta ou tão marcante sobre outras escolas de pensamento ou outros filósofos ao longo do século XX, Russell antecipou algumas soluções que o modo analítico de trabalhar em filosofia vai apresentar depois dele. Entre tais antecipações, há duas que seriam talvez as mais notáveis e que vamos comentar brevemente antes de examinarmos mais em detalhe a doutrina de Carnap, que são a noção de ascensão semântica, de Willard van Orman Quine, e a distinção defendida por Alfred Tarski entre linguagem-objeto e metalinguagem, que lhe permitiu também resolver determinados paradoxos, como o já mencionado paradoxo do mentiroso, ao apresentar sua teoria semântica da verdade.

A ideia defendida por Quine sobre a ascensão semântica é uma estratégia analítica. Basicamente, trata-se do procedimento de falar de nossa linguagem (que, por sua vez, fala das coisas) que falar das próprias coisas. Isso, por um lado, evita problemas metafísicos tradicionais, alguns dos quais Russell teve de enfrentar, como vimos acima, e, por outro, permite formular as questões ontológicas em novas bases. Em outras palavras, segundo Quine, podemos tratar das questões conceituais por meio de uma análise da linguagem, e não por meio de uma análise – mais problemática – das próprias coisas. Isto está também, segundo Quine, relacionado com a teoria semântica de Tarski, uma vez que, justamente, ela permitiria fazer o caminho de volta, ou seja, a descensão semântica, e voltarmos então a poder falar das próprias coisas, depois de termos conduzido nossa análise por meio da ascensão semântica. Dados os resultados alcançados por Quine, aparentemente, poderíamos dizer que sua doutrina seria crítica em relação à posição de Russell, por exemplo, quanto a sua filosofia do atomismo lógico. Entretanto, a ideia básica defendida por Quine já está presente em Russell, que reconhece que o acesso que podemos ter à estrutura da realidade é por meio da análise da estrutura da linguagem.

Com relação a Tarski, sua distinção entre linguagem-objeto (isto é, aquela linguagem da qual falamos) e metalinguagem (isto é, aquela linguagem que utilizamos para falarmos da primeira, a linguagem-objeto) permite também resolver o paradoxo do mentiroso, entre outros, pois é uma exigência formal que também evita a autorreferência, que é a raiz, como vimos, que o próprio Russell identificou em tais paradoxos. Ou seja, a ideia de Tarski de propor uma convenção que faça respeitar uma hierarquia de linguagens foi claramente antecipada por Russell com sua teoria dos tipos e a hierarquia que para nosso uso da própria linguagem dela também resulta. A ideia fundamental de Tarski para resolver o paradoxo do mentiroso é que os predicados semânticos (como "verdadeiro" e "falso"), que podem ser aplicados a uma sentença, devem pertencer à metalinguagem e não à linguagem-objeto à qual pertence aquela sentença que geraria o paradoxo. Com isso, a referência que uma sentença faria a si mesma também é bloqueada, assim como no procedimento adotado por Russell.

Por fim, no caso da teoria construcional desenvolvida por Carnap em sua obra mais famosa, cujo título em português seria *A construção lógica do mundo*, conhecida como *Aufbau* (isto é, "construção", em virtude do título do original em alemão), houve uma influência direta, como dissemos, das ideias de Russell, em particular, daquelas que ele sintetizou na máxima "Onde for possível, construções lógicas devem ser postas no lugar de entidades inferidas", que Carnap utilizou como epígrafe de seu livro. Há, mesmo assim, uma diferença importante entre o programa desenvolvido por Carnap e pelos outros autores ligados ao Círculo de Viena e à filosofia de Russell. Enquanto este, como vimos, elaborou também teorias eminentemente metafísicas, tratando da realidade em si, os primeiros tinham o objetivo de utilizar as técnicas analíticas de Russell para eliminar a metafísica e demonstrar que as questões da metafísica tradicional são pseudoproblemas. Ou seja, embora utilizando basicamente ideias de Russell, como a teoria dos tipos, Carnap procura conduzir sua investigação analítica a resultados mais radicais que aqueles pretendidos por Russell, embora este também tenha, em parte, denunciado certos pseudoproblemas da filosofia tradicional.

Carnap fundamentou sua doutrina da *sintaxe lógica da linguagem* como ferramenta analítica, para eliminar os pseudoproblemas da filosofia e justificar uma parte do conhecimento humano (por exemplo, aquela que encontramos em determinadas ciências), na teoria dos tipos de Russell. Uma sentença pode estar correta em relação à gramática (e às regras sintáticas) de uma língua natural particular e, contudo, transgredir as regras gerais da sintaxe lógica. Por exemplo, "César é um número primo" e "O número 7 é virtuoso" são sentenças gramaticalmente corretas, mas incorretas do ponto de vista da sintaxe lógica. E no mesmo caso em que estas se encontrariam determinadas afirmações dos metafísicos tradicionais.

Com seu sistema construcional do *Aufbau*, Carnap pôde então, ao mesmo tempo, eliminar os pseudoproblemas da metafísica tradicional e fundamentar as ciências empíricas, por meio do procedimento de construção de conceitos ou objetos de níveis superiores a partir de conceitos ou objetos de níveis inferiores e, em última instância, a objetos de um nível básico. Para Carnap, este nível era constituído dos objetos que ele denominou *autopsicológicos*, ou seja, as experiências elementares e imediatas do sujeito (como, por exemplo, seus dados dos sentidos). Os enunciados a respeito desses objetos constituem a chamada "base empírica" do sistema construcional, e são denominados *enunciados protocolares*. Todo enunciado empírico que possa então ser justificado e fundamentado no sistema do *Aufbau* deve poder ser traduzido para enunciados protocolares. Se isso for possível, é porque os objetos de níveis superiores (que correspondem aos objetos das diversas ciências empíricas) podem ser construídos a partir dos objetos básicos – e por isso mesmo, depois, poderão ser a eles reduzidos. Ou seja, os enunciados sobre eles poderão ser traduzidos em enunciados de níveis inferiores e, finalmente, em enunciados protocolares.

Os três outros níveis (superiores) de objetos dos quais Carnap fala são: 1) O nível dos objetos *físicos* (tratados pelas ciências naturais em geral); 2) O nível dos objetos que Carnap denominou *heteropsicológicos* (que são os eventos mentais das outras pessoas, distintas do sujeito, ou, como tradicionalmente o problema é colocado, as outras mentes, e que é o tema de uma parte das teorias psicológicas), e, por fim, 3) Os objetos *culturais* (que são os temas das diversas ciências humanas). Os objetos heteropsicológicos devem poder ser reduzidos a objetos físicos, e estes, por sua vez, a objetos autopsicológicos. E os objetos culturais devem poder ser reduzidos a objetos heteropsicológicos e a objetos físicos, os quais, por sua vez, serão também, como dito antes, reduzidos em última instância aos objetos básicos do nível autopsicológico. Os supostos *objetos metafísicos* são justamente aqueles que não podem ser construídos no sistema; e, por isso, os enunciados sobre eles são considerados pseudoenunciados, uma vez que não podem ser traduzidos para enunciados dos níveis inferiores do sistema.

Como vemos, portanto, embora indo mais longe em seu programa que o próprio Russell, Carnap faz uma aplicação mais exata e detalhada das ideias básicas que Russell defendeu em sua teoria dos tipos, mostrando, assim, a fecundidade das doutrinas elaboradas por esse filósofo que, sem dúvida, pode ser contado como uma das figuras mais relevantes do pensamento filosófico no século XX.

 **Obras**

1896. *German Social Democracy*. Londres: Longmans/Green.

1897. *An essay on the Foundations of Geometry*. Cambridge: Cambridge University Press.

1900. *A critical exposition of the philosophy of Leibniz*. Cambridge: Cambridge University Press.

1903. *The principles of mathematics*. Cambridge: Cambridge University Press.

1910. *Philosophical essays*. Londres: Longmans, Green.

1910-1913. *Principia mathematica* (com Alfred North Whitehead). 3 vols. Cambridge: Cambridge University Press.

1912. *The problems of philosophy*. Londres: Williams and Norgate (*Os problemas da filosofia*. Coimbra: Almedina).

1914. *Our knowledge of the external world as a field for Scientific Method in Philosophy*. Chicago/Londres: Open Court (*Nosso conhecimento do mundo exterior*. São Paulo: Cia. Ed. Nacional).

1916. *Principles of social reconstruction*. Londres: George Allen & Unwin.

1916. *Justice in war-time*. Chicago: Open Court.

1917. *Political Ideals*. Nova York: The Century Co.

1918. *Mysticism and logic and other essays*. Londres: Longmans/Green (*Misticismo e lógica*. São Paulo: Cia. Ed. Nacional).

1918. *Roads to freedom*: Socialism, Anarchism, and Syndicalism. Londres: George Allen & Unwin (*Caminhos para a liberdade*. São Paulo: Martins Fontes).

1919. *Introduction to mathematical philosophy*. Londres: George Allen & Unwin (*Introdução à filosofia matemática*. Rio de Janeiro: Zahar).

1920. *The practice and theory of bolshevism*. Londres: George Allen & Unwin.

1921. *The analysis of mind*. Londres: George Allen & Unwin.

1922. *The problem of China*. Londres: George Allen & Unwin.

1923. *The prospects of industrial civilization* (com Dora Russell). Londres: George Allen & Unwin.

1923. *The ABC of atoms*. Londres: Kegan Paul/Trench/Trubner.

1924. *Icarus, or the future of science*. Londres: Kegan Paul/Trench/Trubner.

1925. *The ABC of relativity*. Londres: Kegan Paul/Trench/Trubner (*ABC da relatividade*. Rio de Janeiro: Zahar).

1925. *What I Believe*. Londres: Kegan Paul/Trench/Trubner.

1926. *On education, especially in early childhood*. Londres: George Allen & Unwin.

1927. *The analysis of matter*. Londres: Kegan Paul/Trench/Trubner (*Análise da matéria*. Rio de Janeiro: Zahar).

1927. *An outline of philosophy*. Londres: George Allen & Unwin.

1927. *Why I am not a christian*. Londres: Watts.

1927. *Selected papers of Bertrand Russell*. Nova York: Modern Library.

1928. *Sceptical essays*. Londres: George Allen & Unwin.

1929. *Marriage and morals*. Londres: George Allen & Unwin.

1930. *The conquest of happiness*. Londres: George Allen & Unwin (*A conquista da felicidade*. São Paulo: Ediouro).

1931. *The scientific outlook*. Londres: George Allen & Unwin (*A perspectiva científica*. São Paulo: Cia. Ed. Nacional).

1932. *Education and the social order*. Londres: George Allen & Unwin (*Educação e sociedade*. Lisboa: Horizonte).

1934. *Freedom and organization*, 1814-1914. Londres: George Allen & Unwin.

1935. *In praise of idleness*. Londres: George Allen & Unwin (*Elogio ao ócio*. São Paulo: Sextante).

1935. *Religion and science*. Londres: Thornton Butterworth.

1936. *Which way to peace?* Londres: Jonathan Cape.

1937. *The Amberley Papers*: The letters and diaries of Lord and Lady Amberley (com Patricia Russell). 2 vols. Londres: Leonard & Virginia Woolf/Hogarth Press.

1938. *Power*: a new social analysis. Londres: George Allen & Unwin (*Poder:* uma nova análise social. Lisboa: Fragmentos).

1940. *An inquiry into meaning and truth.* Nova York: W.W. Norton.

1945. *A history of western philosophy and its connection with political and social circumstances from the earliest times to the present day.* Nova York: Simon and Schuster (*História do pensamento ocidental.* São Paulo: Ediouro).

1948. *Human knowledge*: Its scope and limits. Londres: George Allen & Unwin (*Conhecimento humano*: sua finalidade e limites. São Paulo: Cia. Ed. Nacional).

1949. *Authority and the individual.* Londres: George Allen & Unwin.

1950. *Unpopular essays.* Londres: George Allen & Unwin.

1951. *New hopes for a changing world.* Londres: George Allen & Unwin.

1952. *The impact of science on society.* Londres: George Allen & Unwin (*A ciência e a sociedade.* São Paulo: Cia. Ed. Nacional).

1953. *Satan in the suburbs and other stories.* Londres: George Allen & Unwin.

1954. *Human society in ethics and politics.* Londres: George Allen & Unwin (*A sociedade humana na ética e na política.* São Paulo: Cia. Ed. Nacional).

1954. *Nightmares of eminent persons and other stories.* Londres: George Allen & Unwin.

1956. *Portraits from memory and other essays.* Londres: George Allen & Unwin.

1956. *Logic and knowledge*: essays 1901-1950 (org. por Robert C. Marsh). Londres: George Allen & Unwin.

1957. *Why I am not a christian and other essays on religion and related subjects* (org. por Paul Edwards). Londres: George Allen & Unwin (*Por que não sou cristão.* Porto: Brasília).

1958. *Understanding history and other essays.* Nova York: Philosophical Library.

1959. *Common sense and nuclear warfare.* Londres: George Allen & Unwin.

1959. *My philosophical development.* Londres: George Allen & Unwin.

1959. *Wisdom of the west* (org. por Paul Foulkes). Londres: Macdonald.

1960. *Bertrand Russell speaks his mind.* Cleveland/Nova York: World Publishing Company (*A minha concepção do mundo.* Porto: Brasília).

1961. *The basic writings of Bertrand Russell* (org. por R.E. Egner e L.E. Denonn). Londres: George Allen & Unwin.

1961. *Fact and fiction*. Londres: George Allen & Unwin.

1961. *Has man a future?* Londres: George Allen & Unwin (*A última oportunidade do homem*. Lisboa: Guimarães).

1963. *Essays in skepticism*. Nova York: Philosophical Library.

1963. *Unarmed Victory*. Londres: George Allen & Unwin.

1965. *On the philosophy of science* (org. por Charles A. Fritz Jr.). Indianapolis: Bobbs-Merrill.

1967. *Russell's Peace Appeals* (org. por Tsutomu Makino e Kazuteru Hitaka). [Japão]: Eichosha's New Current Books.

1967. *War crimes in Vietnam*. Londres: George Allen & Unwin (*Crimes de guerra no Vietnã*. Porto: Brasília).

1967-1969. *The autobiography of Bertrand Russell*. 3 vols. Londres: George Allen & Unwin.

1969. *Dear Bertrand Russell...* A selection of his correspondence with the general public 1950-1968 (org. por Barry Feinberg e Ronald Kasrils). Londres: George Allen/Unwin.

 **SELEÇÃO DE TEXTOS**

The philosophy of logical atomism. Chicago/La Salle: Open Court, 1996 (1918)

A razão pela qual chamo minha doutrina de atomismo *lógico* é que os átomos aos quais quero chegar, como aquele tipo de resíduo último da análise, são átomos lógicos, e não átomos físicos. Alguns deles serão o que chamo de "particulares" – coisas como pequenas manchas de cor ou sons, coisas passageiras – e alguns deles serão predicados ou relações, e assim por diante. O ponto é que o átomo ao qual quero chegar é o átomo da análise lógica, não aquele da análise física (p. 37).

O primeiro truísmo para o qual quero chamar sua atenção [...] é que o mundo contém *fatos*, que são o que são, o que quer que escolhamos pensar a seu respeito, e que há também *crenças*, que são referências a fatos, e que, em virtude disso, são verdadeiras ou falsas. Antes de tudo, vou tentar dar-lhes uma explicação preliminar do que quero dizer com um "fato". Quando falo de um fato – não proponho tentar uma definição exata, mas uma explicação, de forma que vocês saibam do que estou falando – quero dizer o tipo de coisa que torna uma proposição verdadeira ou falsa. Se digo: "está chovendo", o que digo é verdadeiro em determinada condição do tempo, e falso em outras condições. A condição do tempo que torna meu enunciado verdadeiro (ou falso, conforme o caso) é o que eu chamaria de um "fato". Se digo: "Sócrates morreu", meu enunciado é verdadeiro devido a determinada ocorrência fisiológica que aconteceu em Atenas há muito tempo. Se digo: "a gravitação varia na razão inversa do quadrado da distância", meu enunciado se torna verdadeiro por um fato astronômico. Se digo: "dois e dois são quatro", é um fato aritmético que torna meu enunciado verdadeiro. Por outro lado, se digo: "Sócrates está vivo", ou: "a gravitação varia de forma proporcional à distância", ou: "dois e dois são cinco", os mesmos fatos que tornaram meus enunciados anteriores verdadeiros mostram que estes outros enunciados são falsos (p. 40-41).

Há um número muito grande de tipos de fatos, e vamos nos ocupar nas próximas palestras de uma certa classificação deles. Para começar, vou apenas apontar alguns tipos de fatos, de forma que vocês não imaginem que os fatos são todos muito parecidos uns com os outros. Há *fatos particulares*, como: "isso é branco"; e há *fatos gerais*, como: "todos os homens são mortais". É claro que a distinção entre fatos particulares e gerais é da maior importância. A este respeito, mais uma vez, seria um grande engano supor que vocês possam descrever o mundo completamente apenas por meio de fatos particulares. Suponhamos que vocês tenham podido repertoriar todo fato particular pelo universo afora, e que não exista nenhum fato particular, de tipo algum e em qualquer parte, que vocês tenham deixado de repertoriar; vocês ainda não teriam uma descrição completa do universo, a menos que acrescentassem: "estes fatos que repertoriamos são todos os fatos que há". Assim, vocês não podem esperar descrever o mundo completamente sem terem fatos gerais, assim como fatos particulares. Uma outra distinção, que é talvez um pouco mais difícil de fazer, é entre fatos positivos e negativos, tais como: "Sócrates está vivo" – um fato positivo – e "Sócrates não está vivo" – um fato negativo, poder-se-ia dizer. Mas é difícil tornar esta distinção mais exata. E há fatos a respeito de coisas particulares e qualidades e relações particulares, e, além deles, os fatos completamente gerais do tipo que temos na lógica, na qual não há qualquer menção a qualquer constituinte que seja do mundo real, nenhuma menção a qualquer coisa particular ou a qualquer qualidade ou relação particular; de fato, estritamente falando, pode-se dizer que nenhuma menção a qualquer coisa. Esta é uma das características das proposições lógicas, que elas nada mencionam. Uma proposição desse tipo seria: "se uma classe é parte de outra, um termo que é membro da primeira é também membro da segunda". Todas essas palavras que estão no enunciado de uma proposição puramente lógica são palavras que, de fato, pertencem à sintaxe. Elas são palavras que expressam apenas a forma ou conexão, e que não expressam qualquer constituinte particular da proposição na qual elas ocorrem (p. 42-43).

The problems of philosophy. Oxford/Nova York: Oxford University Press, 1980 (1912)

No capítulo anterior, vimos que há dois tipos de conhecimento: conhecimento de coisas e conhecimento de verdades. Neste capítulo, vamos nos ocupar exclusivamente com o conhecimento de coisas, em relação ao qual, por sua vez, vamos ter de distinguir dois tipos. O conhecimento de coisas, quando ele é do tipo que denominamos conhecimento por *familiaridade*, é essencialmente mais simples que qualquer conhecimento de verdades, e é logicamente independente do conhecimento de verdades, embora seja precipitado presumir que os seres humanos, de fato, sempre têm familiaridade com coisas sem, ao mesmo tempo, conhecer alguma verdade sobre elas. O conhecimento das coisas por *descrição*, ao contrário, como vamos ver no curso deste capítulo, sempre envolve algum conhecimento de verdades como sua fonte e fundamento. Mas, antes de tudo, devemos deixar claro o que entendemos por "familiaridade" e o que entendemos por "descrição".

Vamos dizer que temos *familiaridade* com qualquer coisa da qual estamos diretamente conscientes, sem a intermediação de qualquer processo de inferência ou qualquer conhecimento de verdades. Assim, na presença de minha mesa, estou familiarizado com os dados dos sentidos que produzem a aparência de minha mesa – sua cor, forma, dureza, suavidade etc.; todas essas são coisas das quais estou imediatamente consciente quando estou vendo e tocando minha mesa. Pode haver diversas coisas a serem ditas sobre o tom particular da cor que estou vendo – posso dizer que se trata de marrom, que é bem escura, e assim por diante. Mas tais enunciados, embora eles me façam conhecer verdades *sobre* a cor, não me fazem conhecer melhor a cor em si mesma do que eu já fazia antes; no que diz respeito ao conhecimento da cor em si mesma, em oposição ao conhecimento de verdades sobre ela, conheço a cor perfeita e completamente quando a vejo, e nenhum conhecimento mais dela mesma jamais é teoricamente possível. Assim, os dados dos sentidos que produzem a aparência de minha mesa são coisas com as quais tenho familiaridade, coisas imediatamente conhecidas por mim tal como elas são.

Meu conhecimento da mesa como um objeto físico, ao contrário, não é um conhecimento direto. Tal como é, ele é obtido por meio da familiaridade com os dados dos sentidos que produzem a aparência da mesa. Vimos que é possível, sem absurdo, duvidar se, afinal, há uma mesa, enquanto que não é possível duvidar dos dados dos sentidos. Meu conhecimento da mesa é do tipo que vou chamar de "conhecimento por descrição". A mesa é "o objeto físico que causa estes e aqueles dados dos sentidos". Isso *descreve* a mesa por meio dos dados dos sentidos. Para conhecer o que quer que seja sobre a mesa, devemos conhecer verdades que a liguem com coisas com as quais temos familiaridade: devemos saber que "tais ou quais dados dos sentidos são causados por um objeto físico". Não há nenhum estado da mente no qual estamos diretamente conscientes da mesa; todo nosso conhecimento da mesa é realmente um conhecimento de *verdades*, e a coisa real que é a mesa, estritamente falando, não é conhecida por nós de forma alguma. Conhecemos uma descrição, e sabemos que há apenas um objeto ao qual essa descrição se aplica, embora o próprio objeto não seja conhecido diretamente por nós. Em tal caso, dizemos que nosso conhecimento do objeto é um conhecimento por descrição.

Todo nosso conhecimento, tanto o conhecimento de coisas quanto o conhecimento de verdades, repousa sobre a familiaridade como seu fundamento. Portanto, é importante considerar que tipos de coisas há, com as quais temos familiaridade (p. 25-26).

On Denoting. Artigo incluído em: *Logic and Knowledge*. Londres/Nova York: Routledge 2005 (1905), p. 41-56

Por uma "expressão denotativa" quero dizer uma expressão como qualquer uma das seguintes: um homem, algum homem, qualquer homem, cada homem, todo homem, o atual rei da Inglaterra, o atual rei da França, o centro de massa do sistema solar no primeiro instante do século XX, a revolução da terra em torno do sol, a revolução do sol em torno da terra. Assim, uma expressão é denotativa apenas em virtude de sua *forma*. Podemos distinguir três casos: 1) Uma expressão pode ser denotativa, e, contudo, não denotar coisa alguma; por exemplo, "o atual rei da França". 2) Uma expressão pode denotar um objeto definido; por exemplo, "o atual rei da Inglaterra" denota certo homem[2]. 3) Uma expressão pode denotar de forma ambígua; por exemplo, "um homem" denota não diversos homens, mas um homem indefinido. A interpretação de tais expressões é uma questão de dificuldade considerável; de fato, é muito difícil formular qualquer teoria que não seja suscetível de refutação formal. Todas as dificuldades das quais tenho conhecimento são resolvidas, até onde pude ver, pela teoria que vou explicar.

O sujeito da denotação é da maior importância, não apenas na lógica e na matemática, mas também na teoria do conhecimento. Por exemplo, sabemos que o centro de massa do sistema solar em um instante definido é algum ponto definido, e podemos afirmar algumas das proposições sobre ele; mas não temos qualquer *familiaridade* imediata com esse ponto, que é conhecido por nós apenas por descrição. A distinção entre *familiaridade* e *conhecimento sobre* [algo] é a distinção entre as coisas das quais temos apresentação e as coisas que podemos atingir apenas por meio de expressões denotativas. Ocorre com frequência que saibamos que determinada expressão denota de maneira ambígua, embora não tenhamos qualquer familiaridade com aquilo que ela denota. Isso ocorre no caso acima mencionado, do centro de massa. Na percepção, temos familiaridade com os objetos da percepção, e, no pensamento, temos familiaridade com objetos de caráter lógico mais abstrato; mas, necessariamente, não temos familiaridade com os objetos denotados por expressões compostas de palavras com cujo significado temos familiaridade. Tomemos um exemplo bem importante: não parece haver qualquer razão para acreditarmos que tenhamos familiaridade com as mentes de outras pessoas, visto que elas não podem ser diretamente percebidas; logo, o que sabemos sobre elas é obtido através de denotação. Todo pensamento tem de começar com a familiaridade; mas ocorre que pensamos *sobre* muitas coisas com as quais não temos qualquer familiaridade (p. 41-42).

[...] Eis o princípio da teoria da denotação que quero defender: que as expressões denotativas nunca possuem qualquer significado em si mesmas, mas que toda proposição em cuja expressão verbal elas ocorrem possui um significado. Acredito que as dificuldades a respeito da denotação são o resultado de uma análise errada das proposições cujas expressões verbais contêm expressões denotativas (p. 42-43).

Um resultado interessante da teoria da denotação acima exposta é o seguinte: quando há alguma coisa com a qual não temos familiaridade imediata, mas apenas uma definição por meio de expressões denotativas, então as proposições nas quais essa coisa é introduzida por meio de uma expressão denotativa não contêm realmente essa coisa como um constituinte seu, mas, em vez disso, contêm constituintes expressos pelas diversas palavras da expressão denotativa. Assim, em toda proposição que possamos apreender (isto é, não apenas naquelas cuja verdade ou falsidade podemos julgar, mas em todas sobre as quais possamos pensar), todos os constituintes são realmente entidades com as quais temos familiaridade imediata. Ora, coisas tais como a matéria (no sentido no qual a matéria ocorre na física) e as mentes de outras pessoas são conhecidas por nós apenas por meio de expressões denotativas, isto é, não estamos *familiarizados* com elas, mas as conhecemos como aquilo que tem essas ou aquelas propriedades (p. 55-56).

Our knowledge of the external world. Londres/Nova York: Routledge, 2005 (1914)

Embora os dados possam ser criticados apenas por outros dados, e não por um parâmetro exterior, todavia, podemos distinguir diferentes graus de certeza nos diferentes tipos de conhecimento comum que enumeramos até aqui. Aquilo que não vai além de nossa própria familiaridade deve ser para nós o mais certo: a "evidência dos sentidos" é proverbialmente a menos sujeita a dúvida. O que depende de testemunho, como os fatos da história e da geografia, que são aprendidos nos livros, possui graus variados de certeza, de acordo com a natureza e a extensão do testemunho. As dúvidas acerca da existência de Napoleão podem ser sustentadas apenas como uma piada, enquanto que a historicidade de Agamenon é um legítimo assunto de polêmica. Na ciência, mais uma vez, encontramos todos os graus de certeza com exceção do mais alto. A lei da gravitação, pelo menos enquanto uma verdade aproximada, adquiriu até hoje o mesmo tipo de certeza da existência de Napoleão, enquanto que é universalmente admitido que as últimas especulações a respeito da constituição da matéria possuem até aqui apenas uma probabilidade bastante pequena a seu favor. Os variados graus de certeza ligados aos diferentes dados podem ser em si mesmos encarados como algo que toma parte em nossos dados; juntamente com outros dados, eles se situam dentro do vago, complexo e inexato corpo de conhecimento de cuja análise está encarregado o filósofo.

A primeira coisa que aparece quando começamos a analisar nosso conhecimento comum é que uma parte dele é derivada, enquanto outra, primitiva; ou seja, há algo no que acreditamos apenas por causa de alguma coisa mais a partir da qual isso é inferido em algum sentido, embora não necessariamente em um sentido lógico estrito, enquanto acreditamos em outra coisa em virtude dela mesma, sem o apoio de qualquer evidência exterior. É óbvio que os sentidos dão conhecimento desse último tipo: os fatos imediatos percebidos pela visão, ou tato, ou audição não precisam ser provados por argumento, mas são completamente autoevidentes (p. 75).

Nossos dados agora são basicamente os dados do sentido (isto é, de *nossos próprios* dados dos sentidos) e as leis da lógica. Mas mesmo o exame mais severo vai permitir alguns acréscimos a esse reduzido número. Alguns fatos da memória – especialmente, da memória recente – parecem ter o mais alto grau de certeza. Alguns fatos introspectivos são tão certos quanto quaisquer fatos dos sentidos. E os próprios fatos dos sentidos devem, para nossos atuais propósitos, ser interpretados de uma forma mais frouxa. As relações espaciais e temporais, às vezes, devem ser incluídas [...].

Certas crenças comuns estão indubitavelmente excluídas dos dados mais firmes. Este é o caso das crenças que nos levaram à própria distinção [entre fatos mais e menos firmes], a saber, que os objetos sensíveis em geral permanecem quando não os estamos percebendo. E também é o caso da crença nas mentes de outras pessoas: esta crença é psicologicamente derivada de nossas próprias percepções de seus corpos, e sentimos que ela pede uma justificação lógica tão logo nos apercebemos de seu caráter derivado. A crença no que é relatado pelo testemunho dos outros, inclusive tudo aquilo que aprendemos dos livros, é claro, está envolvida na dúvida sobre as outras pessoas terem mentes afinal. Assim, o mundo a partir do qual nossa reconstrução deve começar é muito fragmentário [...].

Agora estamos em posição de entender e formular o problema de nosso conhecimento do mundo exterior, e remover os diversos mal-entendidos que obscureceram o significado do problema. O problema, de fato, é o seguinte: pode a existência de qualquer coisa diferente de nossos próprios dados mais firmes ser inferida a partir da existência desses dados? (p. 79-80).

A pressuposição de que os objetos sensíveis persistem depois que deixaram de ser sensíveis – por exemplo, que o caráter firme de um corpo visível, que foi descoberto pelo tato, continua quando o corpo não é mais tocado – pode ser substituído pelo enunciado de que os *efeitos* dos objetos sensíveis persistem, isto é, que o que acontece agora pode ser explicado apenas, em muitos casos, ao levarmos em conta o que ocorreu em um momento anterior. Tudo o que um homem, por sua própria experiência pessoal, pode verificar na explicação do mundo dado pelo senso comum e pela física será explicável por tais meios, uma vez que a verificação consiste apenas na ocorrência de um dado do sentido esperado. Mas aquilo que depende de testemunho, seja ouvido ou lido, não pode ser explicado dessa forma, uma vez que o testemunho depende da existência de outras mentes diferentes da nossa própria, e, assim, requer o conhecimento de algo que não é dado no sentido (p. 91-92).

A primeira coisa de que devemos nos dar conta é de que não há coisas como as "ilusões do sentido". Os objetos dos sentidos, mesmo quando ocorrem em sonhos, são os mais indubitáveis objetos conhecidos por nós. Então, o que nos faz denominá-los irreais nos sonhos? Apenas o caráter não usual de sua conexão com outros objetos do sentido. [...] Os objetos do sentido são chamados "reais" quando possuem um tipo de conexão com outros objetos do sentido que a experiência nos levou a encarar como normais; quando eles não possuem isso, são ditos "ilusões". Mas o que é ilusório são apenas as inferências às quais eles dão ocasião; em si mesmos, eles são inteiramente tão reais quanto os objetos da vigília (p. 92-93).

Agora construímos uma visão de mundo em grande medida hipotética, que contém e aloca os fatos experimentados, inclusive aqueles derivados do testemunho. O mundo que construímos, com certa dificuldade, pode ser utilizado para interpretar os fatos brutos do sentido, os fatos da física e os fatos da fisiologia. Portanto, trata-se de um mundo que *pode* ser real. Ele se ajusta aos fatos, e não há nenhuma evidência empírica contra ele; e ele também está livre de impossibilidades lógicas. Mas temos alguma razão para supor que ele é real? Isso nos leva de volta ao nosso problema original quanto às razões para crer na existência de qualquer coisa fora de nosso mundo privado. O que derivamos de nossa construção hipotética é que não há quaisquer bases *contra* a verdade dessa crença, mas não derivamos quaisquer bases positivas em seu favor (p. 100-101).

Mathematical Logic as Based on the Theory of Types. Artigo incluído em: *Logic and Knowledge.* Londres/Nova York: Routledge, 2005 (1908), p. 59-102

A seguinte teoria de lógica simbólica me pareceu boa, em primeiro lugar, por sua habilidade em resolver certas contradições, das quais aquela mais conhecida dos matemáticos é a de Burali-Forti a respeito do maior ordinal. Mas a teoria em questão parece não inteiramente dependente desse argumento indireto em seu favor; ela também possui, se não estou enganado, uma certa consonância com o senso comum, que a torna crível em si mesma. Contudo, este não é um mérito ao qual se deva dar muito destaque; pois o senso comum é muito mais falível do que gosta de acreditar. Portanto, vou começar anunciando algumas das contradições a serem resolvidas, e então vou mostrar como a teoria dos tipos lógicos produz sua solução. [...]

1) A mais antiga contradição do tipo em questão é o *Epimênides*. Epimênides, o cretense, dizia que todos os cretenses são mentirosos, e todos os outros enunciados feitos pelos cretenses eram certamente mentiras. Isso era uma mentira? A forma mais simples dessa contradição é dada pelo homem que diz: "estou mentindo". Se ele está mentindo, está dizendo a verdade, e vice versa.

2) Seja w a classe de todas aquelas classes que não são membros de si mesmas. Então, qualquer que seja a classe x, "x é um w" é equivalente a "x não é um x". Logo, dando a x o valor w, "w é um w" é equivalente a "w não é um w" (p. 59).

Em todas as contradições acima (que são apenas seleções dentre um número indefinido), há uma característica comum, que podemos descrever como autorreferência ou reflexividade. A observação de Epimênides deve incluir-se a si mesma em seu escopo. Se *todas* as classes, desde que elas não sejam membros de si mesmas, são membros de w, isso também deve se aplicar a w [...] (p. 61).

Assim, todas as nossas contradições têm em comum a pressuposição de uma totalidade, de forma que, se ela fosse legítima, ela seria imediatamente aumentada por novos membros definidos em termos dela mesma.

Isso nos conduz à seguinte regra: "o que quer que envolva *todos* de uma coleção não deve ser um da coleção"; ou, inversamente: "dado que determinada coleção possui uma totalidade, se ela fosse ter membros definíveis apenas em termos desse total, então tal coleção não possuiria nenhuma totalidade"[3].

O princípio acima é, contudo, puramente negativo em seu escopo. Ele é suficiente para mostrar que muitas teorias estão erradas, mas não mostra como os erros devem ser corrigidos. Não podemos dizer: "quando falo de *todas* as proposições, quero dizer todas exceto aquela na qual [a expressão] 'todas as proposições' é mencionada"; pois, nessa explicação, mencionamos as proposições nas quais todas as proposições são mencionadas, coisa que não podemos fazer com significado. É impossível evitar a menção a uma coisa dizendo que não vamos mencioná-la. Alguém bem poderia, ao falar com um homem de nariz grande, dizer: "quando falo de narizes, excluo aqueles que são irregularmente grandes", o que não seria um esforço muito bem-sucedido para evitar um tema delicado (p. 63).

Um *tipo* é definido como o domínio de significação de uma função proposicional, isto é, para a coleção dos argumentos para os quais a dita coleção possui valores. Quando quer que ocorra uma aparente variável em uma proposição, o domínio de valores dessa aparente variável é um tipo, sendo ele fixado pela função pela qual "todos os valores" estão implicados. A divisão dos objetos em tipos é pedida pelas falácias reflexivas que, de outro modo, surgem. Como vimos, tais falácias devem ser evitadas por aquilo que pode ser denominado o "princípio da circularidade viciosa"; isto é: "nenhuma totalidade pode conter membros definidos em termos dela própria". Esse princípio, em nossa linguagem técnica, torna-se o seguinte: "o que quer que contenha uma variável aparente não deve ser um valor possível dessa variável". Assim, o que quer que contenha uma aparente variável deve ser de um tipo diferente daquele dos valores possíveis dessa variável. Vamos dizer que terá de ser de um tipo *superior*. Deste modo, as variáveis aparentes contidas em uma expressão são o que determina seu tipo. Esse é o princípio que guia o que se segue (p. 75).

[...] Vamos chamar os termos das proposições elementares de *indivíduos*; eles formam o primeiro tipo, ou o mais inferior.

Na prática, não é necessário saber que objetos pertencem ao tipo mais inferior, ou mesmo se o tipo mais inferior de uma variável que ocorre em dado contexto é aquele de certos indivíduos ou de outros. Pois, na prática, apenas os tipos *relativos* de variáveis são relevantes. Assim, o tipo mais inferior que ocorre em determinado contexto pode ser chamado aquele dos indivíduos, para efeitos desse contexto considerado. Segue-se que a explicação sobre os indivíduos que demos acima não é essencial para a verdade do que vem agora; tudo o que é essencial é a forma na qual outros tipos são produzidos a partir dos indivíduos, qualquer que seja a forma pela qual o tipo dos indivíduos possa ser constituído.

Ao aplicarmos o processo de generalização aos indivíduos que ocorrem em proposições elementares, obtemos novas proposições. A legitimidade desse processo requer apenas que nenhuma proposição seja um indivíduo. Que seja assim, isto é assegurado pelo significado que damos ao termo *indivíduo*. Podemos definir o indivíduo como algo destituído de complexidade; é óbvio então que ele não seja uma proposição, uma vez que as proposições são essencialmente complexas. Logo, ao aplicarmos o processo de generalização aos indivíduos, não corremos qualquer risco de incorrer em falácias reflexivas.

A reunião de proposições elementares que contêm apenas indivíduos como variáveis aparentes será o que vamos denominar *proposições de primeira ordem*. Elas formam o segundo tipo lógico.

Temos, assim, uma nova totalidade, aquela das *proposições de primeira ordem*. Podemos, assim, formar novas proposições nas quais as proposições de primeira ordem ocorrem como variáveis aparentes. A estas vamos chamar de *proposições de segunda ordem*; elas formam o terceiro tipo lógico. Assim, por exemplo, se Epimênides afirma que: "todas as proposições de primeira ordem proferidas por mim são falsas", ele profere uma proposição de segunda ordem; e ele pode afirmar isso de forma veraz, sem, da mesma forma, afirmar qualquer proposição de primeira ordem; assim, nenhuma contradição surge (p. 76).

NOTAS

1. Neste texto, além dos símbolos lógicos que serão explicados assim que apresentados, utilizamos aspas simples e duplas de forma técnica. As aspas simples indicam termos, expressões ou sentenças de uma linguagem (como: "casa" e "estou sentado"). As aspas duplas indicam ênfase, como no uso comum, e proferimentos. Também são utilizadas para assinalar nomes de artigos publicados. As aspas simples também têm o mesmo uso das aspas duplas quando mencionam uma expressão que já está entre aspas, como também é usual.

2. Na época em que Russell escreveu seu texto, 1905, o rei da Inglaterra era Eduardo VII, filho da Rainha Vitória. A França já era uma república, tendo um presidente, e não um rei.

3. [Nota do próprio Russell acrescentada ao texto:] Quando digo que uma coleção não tem total, quero dizer que os enunciados sobre *todos* os seus membros são destituídos de significado. Além do mais, descobriremos que o uso desse princípio requer a distinção de *todo* e *cada*, considerada na seção II.

Heidegger

Ernildo Stein ★

 **O filósofo e o seu tempo**

Martin Heidegger nasceu em 1889 num povoado de Baden, Messkirch, no sul da Alemanha. De família católica, seu pai era sacristão da pequena igreja e tanoeiro. A questão religiosa é desde a infância decisiva, dada a divisão desta região entre os velhos católicos, que se recusavam a aceitar o dogma da infalibilidade do papa, e os outros que seguiam os dogmas da Igreja Católica. Tanto na vida social como na escola, esta questão religiosa tinha suas consequências. Os velhos católicos eram abastados e discriminavam os pobres. Heidegger era um desses; sofreu com isso na escola e no ginásio, até ser tomado sob o manto protetor de instituições católicas que queriam ver este jovem dotado, tornando-se sacerdote.

Mas Heidegger não se adaptou às experiências de internato, nem com os jesuítas e nem com os dominicanos em Freiburg. Assim, deixou a teologia e passou a estudar filosofia medieval, neokantismo, os neoaristotélicos e a fenomenologia. A Igreja, no entanto, não deixara a esperança de vê-lo um especialista em filosofia grega e medieval, para mais tarde ocupar a cátedra da concordata na Universidade de Freiburg.

Duas circunstâncias, no entanto, lhe tiraram a esperança de ocupar a cátedra de filosofia sob o controle de Roma. Primeiro, porque se casara com uma moça protestante, formada em economia e, segundo, porque se inclinara para Husserl e a fenomenologia. Tudo isso se associou: as querelas do povoado de província, a rigidez do catolicismo da Floresta Negra e, sobretudo, os novos horizontes que seus estudos de filosofia lhe abriam.

Quem conhece bem a obra do filósofo observa como ela vem entremeada de observações ácidas sobre questões religiosas e eclesiais. No fim dos anos 1920, já era chamado de apóstata. Não creio que o filósofo tenha se tornado por tudo isso um ressentido. A gigantesca obra que depois conseguiu escrever o colocou acima do pensamento de província, sem sair da província.

★ Doutor em Filosofia pela Universidade Federal do Rio Grande do Sul (UFRGS) com pós-doutorado nas universidades de Freiburg, Tübingen e Erlangen. Professor do Programa de Pós-graduação em Filosofia da Pontifícia Universidade Católica do Rio Grande do Sul (PUCRS).

Conseguira mostrar que era diferente: diferente dos colegas de aulas no colégio, diferente dos colegas escravos de várias tradições, diferente de um mundo utilitarista e com medo de um pensamento livre e profundamente original.

Tornou-se docente, levando a bagagem de uma sólida formação clássica sobretudo na filosofia medieval, mas já se ocupava com a filosofia transcendental e a fenomenologia, na qual começou a desenvolver temas que Husserl introduzira, falando de novos campos fenomenológicos como o conceito de mundo, a categoria da vida e a hermenêutica do *Dasein* (ser-aí). Certas categorias da teologia, da filosofia medieval, de autores da filosofia da vida e da escola histórica dariam a seu modo de compreender a fenomenologia uma dimensão diferente da de Husserl, de quem era assistente a partir de 1920.

Tudo isso surgia num clima marcado pela leitura de Kant e Aristóteles. E hoje ainda se pode discutir qual dos dois foi mais decisivo para a obra de Heidegger entre os anos 20 e 30 do século XX.

Quando saiu a publicação de *Ser e tempo* em 1927, o público filosófico foi tomado de surpresa. De um lado, um autor que pouco publicara surge com o primeiro volume de uma obra densa, inovadora, complexa e profundamente crítica às filosofias de seu tempo. E de outro lado apresentava, na segunda parte, um programa de destruição das ontologias tradicionais a partir do conceito de tempo.

Heidegger trazia na obra só as duas seções da primeira parte, *Análise fundamental preparatória do Ser-aí* e *Ser-aí e temporalidade*, faltando a terceira seção, *Tempo e Ser*.

Muitos anos mais tarde, o filósofo anunciava que tinha desistido da edição da segunda parte. Como *Ser e tempo* não tinha sido acompanhado de outras obras significativas (somente publicaria em 1929 *Kant e o problema da metafísica*), os leitores e intérpretes da obra tinham que abrir caminhos de interpretação numa região filosófica desconhecida.

Somente nos anos 70 do século XX, começar-se-ia a publicação das aulas e seminários dos anos 1920, em torno de *Ser e tempo,* umas dezenas de volumes que iluminariam a gênese e desenvolvimento da obra.

Quando foi publicada a obra, em 1927, era, portanto, um desafio enfrentar sem iniciação o livro que, segundo Tugendhat, trazia "a inclinação a construir um fosso intransponível entre suas novas concepções e a tradição", de um lado, e, de outro, devia ser reconhecido como "o livro que trazia o maior número de questões filosóficas relevantes diante de qualquer obra do século".

O que se percebia nos primeiros anos eram as posições flagrantes de Heidegger: como ontólogo (pergunta pelo sentido do ser), volta-se contra as ontologias; como filósofo transcendental, levanta-se contra Kant e os neokantianos; como defensor da fenomenologia hermenêutica, opunha-se à fenomenologia transcendental de Husserl. E como pensador da analítica existencial ("antropologia"), critica todas as antropologias de seu tempo. Tais provocações desencadeariam o debate, a crítica e o confronto com seu tempo, crítica de muitos que, com o avançar do século XX, reconheceriam *Ser e tempo* como a obra desse século.

A partir de 1923, ano em que o filósofo finalmente havia conseguido um emprego na Universidade de Marburg, sua atividade se desenvolveu com relativa tranquilidade. Em 1928, foi transferido para a cátedra de Husserl em Freiburg. Participou então mais ativamente dos debates intrauniversitários e fazia críticas duras ao modo de funcionamento do mundo acadêmico. O confronto que teve com o neokantiano Cassirer, em Davos, em 1929, revelaria um professor autossuficiente e agressivo na crítica à filosofia acadêmica e à cultura ocidental. Eram os primeiros sinais que revelavam sua ambição de participar da reforma da universidade dos mandarins. Quando, em 1933, foi convidado para ser reitor de sua universidade, pensava ter chegado o momento em que, além da fama, tinha o poder de participar na renovação da cultura alemã. As exigências do regime nazista fizeram com que, 10 meses após ter assumido a reitoria, se demitisse em protesto, quando naquele tempo um reitor era nomeado por quatro anos. Durante os anos seguintes, o filósofo moveu-se numa ambiguidade entre crítica ao regime e esforço por compreender o que chamava seu sentido profundo. Em 1936, pronuncia no centenário da Universidade de Heidelberg a conferência pública sobre o perigo que corria a ciência alemã. É nessa conferência que reclama de Hitler não estar nessa celebração da cultura alemã e, em vez disso, torcer no estádio olímpico de Berlim pela derrota de Jesse Owens pelos loiros atletas germânicos.

Os textos reunidos, em dois volumes, intitulados *Nietzsche*, mostram uma constante crítica, na verdade sutil e indireta, ao regime, ao ponto de seus cursos e seminários serem acompanhados pelo serviço secreto. Os documentos com relação a esse episódio são abundantes para quem quiser explorá-los honestamente.

A partir de 1936, o filósofo dedicou-se mais intensamente a escrever e a trabalhar em seus seminários, continuando suas atividades até 1945. Paralelamente a isso, ocupava-se febrilmente em pôr a limpo seus manuscritos e a revê-los com seu irmão Fritz, em Messkirch. Em 1945, estava com dois baús de ferro com mais de 100 volumes de manuscritos que procurou salvar numa gruta do Alto Danúbio, diante do bombardeio dos aliados.

Em 1946, sua casa foi ocupada e Karl Jaspers chegou a sugerir a desmontagem da biblioteca do filósofo e proibi-lo de entrar novamente em contato com a juventude. Na entrevista da desnazificação, o filósofo teve um mal-estar e foi internado por alguns meses num sanatório próximo a Freiburg.

Até 1951 lutou para conseguir a aposentadoria como professor emérito. Após estes anos tumultuados, passou a fazer conferências em clubes e sanatórios até sua aparição pública na Academia de Ciências de Munique, em 1950. Neste mesmo ano publicou o primeiro livro de após-guerra intitulado *Sendas perdidas*. Durante os anos 1950, o pensador deu vários cursos e ciclos de conferências em várias instituições acadêmicas, mas sobretudo na Universidade de Freiburg im Breisgau.

O filósofo continuava escrevendo muito, fazendo contatos insistentes com os franceses e escrevendo um número muito grande de cartas para todos os filósofos e cientistas que presumia poderem estar interessados na sua obra. Talvez a correspondência com Jean Beaufret, de Paris, e seu grupo, tenha sido um dos pontos altos de sua autodefesa, sobretudo na *Carta sobre o humanismo*.

Nos anos 1960, iniciou a organização do conjunto da obra, que começou a ser editada a partir de meados dos anos 1970. O impacto causado por esse imenso material mantido inédito durante mais de 40 anos, inaugurou propriamente a era Heidegger definitiva. O filósofo morreu na manhã de 26 de maio de 1976 na cidade de Freiburg.

 ## A filosofia de Heidegger

I

Se a obra de mais de 100 volumes, que lentamente chega à sua edição completa, apresenta muitos níveis de interpretação dos filósofos ocidentais e dos fenômenos da cultura, ciência, arte, técnica, destino da humanidade, questão de Deus e do sagrado, o filósofo escreveu como base para tudo isso uma obra fundamental, *Ser e tempo* (1927) e uma dezena de livros que surgiram de suas aulas e seminários nos anos 1920, no contexto de sua obra central.

Examinemos então, em primeiro lugar, a analítica existencial, em *Ser e tempo*. Na primeira seção da obra, *Análise fundamental preparatória do Ser-aí*, mostra-se como que sobre um fundo, a pergunta pelo sentido do ser, posta como objetivo do tratado, articulada com a análise do modo de ser do ser humano. Heidegger procura mostrar como, no ser-aí humano, que constitui nossa existência, revela-se a insuficiência da ontologia tradicional que refere com o conceito "ser" a simples existência das coisas e o ser humano.

Para a análise da existência humana é preciso descobrir o homem como único ente que tem uma relação ontológica com o seu ser na medida em que lhe importa este ser mesmo. O homem não é como os animais, mas ele existe, sendo que seu modo de ser é existência e faticidade. Com isso, o filósofo afirma que o ser humano não aparece apenas como presente, mas sempre se compreende em direção a seu passado e futuro.

A ontologia tradicional pensava tudo como presença, opondo assim ser e tempo. No ser humano estes dois conceitos se encontram, com um outro sentido. Daí resulta a crítica a toda ontologia tradicional, como antologia da coisa. A analítica existencial, no sentido de uma ontologia fundamental, pretende retomar o conceito de ser no horizonte do tempo. Mas de um outro tempo que não é uma simples sucessão de um antes e um depois. O ser do ser-aí é o cuidado cuja estrutura se constitui pelo ser-adiante-de-si-mesmo, já-ser-em, junto-das-coisas ou pela existência, faticidade e decaída, e assim o sentido do ser de ser-aí é a temporalidade.

Desse modo, surge uma diferença fundamental entre o modo de ser das coisas dotadas de categorias e o modo de ser do homem, enquanto ser-aí dotado de existenciais. A filosofia tradicional aplicava as categorias como características de tudo. Para a analítica existencial, as características específicas do ser humano são os existenciais. O homem não é um que, seu modo de ser é um quem.

Esse quem é analisado em seu modo de ser quotidiano, modo segundo o qual somos, "primeiramente e o mais das vezes". É o modo de ser do "a gente". Ao modo de ser inautêntico do "a gente", Heidegger opõe o modo de ser autêntico, no qual o seu próprio ser escolhe e se "projeta" em direção de suas possibilidades.

Mas, jogado entre a existência e a faticidade – futuro e passado – o homem se refugia no presente, onde pensa livrar-se da angústia, fugindo de seu modo autêntico de ser. A analítica existencial mostra, portanto, como o homem está constantemente em fuga de si mesmo. Tudo isto será analisado na segunda seção de *Ser e tempo*: Ser-aí e temporalidade.

A terceira seção da primeira parte, *Tempo e ser* teria que mostrar o tempo como horizonte do sentido ser. Não foi escrita e permaneceu a questão viva que moveu a máquina filosófica heideggeriana até o fim de sua vida. Ainda que tenhamos um esboço no volume 24, *Os problemas fundamentais da fenomenologia*, bem como temas das três seções da segunda parte, *Ser e tempo* permaneceu inacabado.

A retomada do horizonte do sentido do ser como história do ser produziu um grande número de obras, entre elas *Contribuições à filosofia* (Do acontecimento-apropriação) (1936-1938), que representa uma espécie de revisão de *Ser e tempo*. Daí que Heidegger se sentiu levado a introduzir a virada ou viravolta em sua obra. Assim aprendemos a falar no Heidegger I e Heidegger II.

Surgiram muitas interpretações dos dois Heidegger, mas o importante talvez tenha sido o voltar-se de Heidegger para a metafísica como história do ser, ou, como também fala, história do esquecimento do ser.

II

A ambiguidade com relação à metafísica pode ser a questão que nos leva ao ponto central da obra toda do filósofo.

Heidegger fala repetidas vezes, primeiro da destruição da ontologia (*Ser e tempo*) e depois da superação da metafísica (segundo Heidegger). Mas a superação da metafísica não significa o fim da metafísica. Existe na obra uma reinterpretação da metafísica imposta como resultado da analítica existencial. A analítica do ser-aí e a analítica da temporalidade do ser produz em uma viva relação com a metafísica.

Temos, por exemplo, o conceito de transcendência que, na metafísica tradicional, significava um ultrapassar em direção a um ente eterno. O filósofo reinterpreta a transcendência como a constituição fundamental de um ente (o ser-aí) jogado na existência, dotado de faticidade, que se dá em meio aos entes e, contudo, os transcende na medida em que possui a possibilidade de escolher a sua existência. Deste modo, transcendência, temporalidade e liberdade estão metafisicamente interligadas. As consequências desta inversão são a unidade entre temporalidade e finitude no homem.

Segundo Heidegger mostra, em *Ser e tempo*, esta unidade também seria o resultado a que Kant teria chegado na *Crítica da razão pura*. A finitude do conhecimento e as pretensões da razão pura também se enraizariam na temporalidade e na finitude. Mas Kant teria recuado ao ver a possibilidade de fundamentar a razão na temporalidade. Isto seria renunciar ao primado da razão que era um dos pilares em que se fundava a metafísica ocidental.

Na crítica a Kant, podemos ver como o filósofo não temia enfrentar os maiores pensadores com sua nova interpretação da questão do ser e do tempo que produzia uma tão radical mudança em toda a tradição metafísica. Representava uma outra concepção do núcleo da filosofia. Não era apenas a introdução da finitude através da nova colocação do sentido do ser a partir da compreensão que o homem tinha, a partir daí, de seu ser como ter-que-ser e inelutável condição de estar jogado na existência e irresgatável condição de faticidade. O homem como ser-aí e ser-no-mundo se tornava o ponto de partida de todo filosofar.

Heidegger viera para levar a sério as conquistas da filosofia e não trazia uma nova doutrina, queria apenas mostrar que era preciso abandonar a ideia de ser como fundamento e que, por isso, era imperativo abandonar o dualismo da metafísica, a relação sujeito-objeto, a reflexão absoluta como condição de possibilidade do pensamento.

Do modo de apresentar o homem como ser-no-mundo era inevitável que se chegasse à conclusão de que a filosofia é apenas uma tarefa humana, de que a questão do ser é apenas uma questão para o homem finito, de que necessitamos do conceito de ser para pensar todos os entes e qualquer ente. "Tão finitos somos nós que necessitamos do conceito de ser para pensar", diz Heidegger.

Uma vez que se tornou claro o que o filósofo pretende com seu modo de pensar e criticar a filosofia que conduziu até a metafísica contemporânea, sentimos que fomos libertados de um peso incompreensível e convocados a assumir a tarefa da filosofia com uma responsabilidade que leva a sério a condição humana. As questões da filosofia continuam a nos provocar, mas passamos a vê-las como uma tarefa da interrogação humana. Estamos postos entre um não mais e um ainda-não, e nem a natureza, nem Deus nos darão a resposta última. Somos navegantes de alto-mar e temos que assumir o conhecimento, sem saber de que porto viemos ou para que porto viajamos. Somos náufragos sem espectadores. Não há ser sem o ser-aí, não há leis naturais sem o ser-aí que as formule.

Não devemos, no entanto, pensar que isto nos liberta da lógica, da racionalidade, do dizer responsável, da verdade. Heidegger mostra apenas que nós queríamos tudo de modo absoluto com fundamento último. É preciso partir do que já sempre somos, do fato de que já sempre nos compreendemos, de que falamos e não houve um antes que nisto nos desse apoio, que inaugurasse o nosso começo.

Estas as razões para a influência de Heidegger sobre os pensadores de seu tempo e o aumento do número de filósofos que levam a sério o novo modo de compreender a filosofia.

III

A transformação que Heidegger produziu na filosofia ocidental pode ser interpretada como uma revolução paradigmática. Pelo que expusemos acima já se pode perceber que os lugares centrais da tradição são atingidos, e passam a receber uma nova estrutura. O que está em jogo é o estilo de fundação de filosofia e, sobretudo, abre-se uma nova perspectiva de fundamentação do conhecimento.

1) Heidegger critica a fundamentação ontológica, o objetivismo do pensamento greco-medieval, as teorias da relação sujeito-objeto, a busca de condições de possibilidade na subjetividade. É uma crítica das teorias da consciência e da representação. A fenomenologia hermenêutica se move num nível que é introduzido pelo modo de ser-no-mundo, pelo ser-aí, pela compreensão, pelo modo prático de ser-no-mundo.

2) A analítica existencial tem como primeiro efeito a superação da entificação do ser que era confundido com um ente determinado em cada época da metafísica (ideia, substância, *ipsum esse*, *cogito sum*, eu transcendental, saber absoluto etc.). Agora se passa a falar da compreensão do ser e do ser que tem seu lugar na relação com o ser-aí. O ser é um conceito com que opera o ser-aí. "Só há ser enquanto há *Dasein*". O ser-aí se compreende em seu ser e, compreendendo o seu ser, compreende o ser como tal.

3) Assim, Heidegger introduz a diferença entre ser e ente, a diferença ontológica que se articula com o círculo hermenêutico. Não há fundamentação, no nível ontológico, mas circularidade (a boa circularidade). Do compreender como existencial do *Dasein* decorrem os dois teoremas da finitude: diferença ontológica e círculo hermenêutico.

4) Vista desde o horizonte existencial, também a verdade recebe uma nova estrutura. Ao lado da verdade dos enunciados, Heidegger introduz a verdade existencial. A verdade que surge da união sujeito-objeto exige como condição de possibilidade a verdade como desvelamento, como espaço que se abre e permite a unidade produzida pelo enunciado. Não há, portanto, uma verdade primeira, uma verdade eterna. "Não é o enunciado que é o lugar (último) da verdade, mas a verdade como abertura, desvelamento é o lugar do enunciado", dirá Heidegger.

5) Desse modo o filósofo nos leva a três modos de pensar: o pensar I que é o pensar da psicologia, o pensar II que é o pensar da lógica e esse pensar III que é o pensar da filosofia. Esse pensar III é a condição de possibilidade dos outros modos de pensar, enquanto ele é o pensar do ser que antecipa, e abre o espaço para qualquer outro pensar. É o pensar que produz o encontro de ser e ser-aí, onde acontece a verdade existencial.

6) Temos então um espaço onde é superada a objetivação e entificação em sua hegemonia. Descobre-se o acontecer, o vir ao encontro, como o fato primeiro no qual se move o homem em sua tarefa de encontrar, nomear e classificar os objetos pela enunciação. Sempre temos que ter presente que aqui se opera com o método fenomenológico hermenêutico que permite mover-nos num espaço em que buscamos o compreender e não o fundamentar.

7) A ontologia fundamental de Heidegger que resulta da analítica existencial constitui o projeto dessas mudanças paradigmáticas. Não é, portanto, uma ontologia objetivista, entificadora, mas é a ontologia em que se aprende a diferença entre ser (acontecer) e ente (fundar).

O filósofo, uma vez realizada a revolução paradigmática, nos grandes textos das lições dos anos 1920 ao redor de *Ser e tempo*, onde localizamos o Heidegger I, passou então a interpretar a tradição filosófica como história do ser a partir do começo dos anos 1930.

Mas esta história é antes a história do esquecimento do ser, do encobrimento pela entificação. E, assim, como os resultados das interpretações dos anos 1920 confluíram para *Ser e tempo*, assim as interpretações dos anos 1930 desembocaram no volume *Contribuições à filosofia*. São duas obras que possuem uma relação estreita de duas décadas diferentes, sem *Ser e tempo* não se abriria o caminho para os anos 1930 e sem *Contribuições à filosofia* não se compreenderiam os impasses dos anos 1920. Pode-se, assim, dizer que *Contribuições* constitui uma explicitação e revisão de *Ser e tempo*. Os anos 1930 são a revelação do Heidegger II que consuma a sua grande tarefa de desconstruir a metafísica. Depois da guerra, começa uma espécie de terceira etapa, a da "aplicação" da filosofia a diversos campos da contemporaneidade. Se antes já foram temas de análise, agora, arte, poesia, ciência, técnica, cultura, eventos diversos, tornam-se objetos de grandes momentos de exposição. É, por assim dizer, a época de Heidegger III. Estas distinções, no entanto, são apenas recursos para nos orientar no todo da grande obra do maior pensador do século XX.

IV

Quais são os caminhos que o filósofo seguiu no desenvolvimento dessas ideias tão novas na filosofia? Heidegger não é um compilador, nem defensor de uma doutrina. Não encontra seus conceitos básicos tomados literalmente de autores ou de escolas. Tivera, como vimos, uma formação escolástica muito sólida e ampla e conhecera o lado sistemático dos autores da filosofia medieval. Tudo isto impediu que, ao iniciar a criação de sua obra original, caísse em construções aleatórias e abstratas. Mas toda essa informação não o bloqueou para uma informação filosófica livre. No entanto, era preciso uma poderosa decisão que fosse motivada por algo muito radical e inovador. O filósofo se refere a certos impulsos que lhe tinham vindo muito cedo, de Aristóteles, da fenomenologia, da literatura, das cartas de São Paulo e das primeiras experiências cristãs. Mas também tudo isso junto não se converteria em elemento que desse forma à grandeza dos temas centrais de sua obra. Talvez possamos trazer, como caminho inspirador, um primeiro encontro com a fenomenologia. Husserl queria que esta fosse um método que estivesse nos antípodas da metafísica. Entretanto, ele ainda permaneceria metafísico no objetivo final de sua investigação, talvez porque desconhecesse a história da filosofia.

Neste ponto, Heidegger descobriu um novo modo de interpretar a fenomenologia. A história da filosofia continha um material sobre o qual deveria ser exercido o *ver fenomenológico*. Ir *às coisas mesmas* foi visto por Heidegger como um imperativo para descobrir o não dito entre os textos do pensamento ocidental, enfrentar aquilo que de si não se mostra em tudo o que se desvela.

A filosofia teria que operar com um poderoso instrumento de interpretação aliado à fenomenologia que, em sentido novo, seria capaz de descobrir, na história da metafísica, uma construção doutrinária dos diversos filósofos e que terminara pondo-se, em cada um deles, a serviço de um encobrimento.

Diante da emergência que os pré-socráticos com a língua grega procuravam, no todo do movimento da natureza e do universo e que denominavam *phisis, alétheia, ousía, logos, eînai*, Heidegger descobrira aquele desvelamento que acontecia para além da objetivação dos entes. A fenomenologia tinha que exercitar seu *ver* e seu *ir às coisas mesmas*, se quisesse ser original e filosofia, no mostrar o que de si não se mostra, primeiramente e o mais das vezes, porque impera numa emergência que abrange todo o nosso modo de relação com os objetos no mundo.

Heidegger foi levado por este descobrimento das possibilidades da fenomenologia a pensar a questão do ser. Então o ser, o ser-do-ente seria o espaço no qual se realiza nosso encontro com os entes. Ora, nosso encontro com os entes se realiza através da referência e da predicação, da *apófansis*. A metafísica seguira o caminho de subsumir tudo sob o viés do enunciado e não soubera perceber o que para além de todo enunciado é o espaço em que ele se dá, ou a operação que nos acompanha em toda a relação enunciativa com o ente.

Heidegger passa a exigir como tarefa da fenomenologia mostrar esse espaço, essa operação, esse lugar do desvelamento: o ser. Toda a nossa relação apofântica, mostrativa, enunciativa do ente dá-se através do ser. Essa compreensão atinge o que está velado em nossa relação com os entes. Trata-se então da compreensão do ser, de uma nova dimensão da fenomenologia, da fenomenologia hermenêutica. Essa é a grande descoberta de Heidegger. A dimensão que se mostra pela fenomenologia hermenêutica não pode ser objetivada na forma de enunciação dos entes. O ser, portanto, é aquele modo como nos aproximamos dos entes, em cada ato de enunciar. A fenomenologia hermenêutica procura interpretar esta dimensão como compreensão do ser. Ora, tal compreensão é nosso modo de ser. Desde que somos já estamos vinculados a um modo de compreender em que antecipamos o ser dos entes sobre os quais fazemos nossas enunciações.

É este o modo como Heidegger vê a fenomenologia e é por isso que ela é denominada hermenêutica. Mas ela somente é hermenêutica porque, no mesmo movimento de compreensão do ser, o ser humano se compreende em seu ter-que-ser. Portanto, ao compreender o ser, o ser humano compreende o seu modo de ser e assume a si mesmo como inelutavelmente jogado na existência. Dessa maneira, a hermenêutica é uma forma em que se revela o modo de ser do ser humano na compreensão que o relaciona com o ser e, ao mesmo tempo, consigo mesmo. É por isso que Heidegger denomina o ser humano de ser-aí (*dasein*), que representa o lugar de manifestação do ser já sempre sendo de modo prático no mundo, quando realiza enunciados sobre o ente.

Não é difícil de ver como, desse modo, a posição de Heidegger com relação a questão do ser se afasta da metafísica e como então o ser se liga com o modo finito de o homem ser. Depois que a fenomenologia se mostrou necessariamente hermenêutica, ela passa a ser o caminho próprio para o pensamento em Heidegger. Então a analítica existencial se impõe como tarefa da fenomenologia que deve descrever as estruturas daquele ente que conhece, pelo ser, os entes, o ser-aí. E, na medida em que a analítica existencial revela a temporalidade como sentido do ser do ser-aí que é o *cuidado*, o ser é vinculado com o tempo.

Com esta posição que Heidegger introduz se produziu uma radical transformação de compreender a filosofia. O modo de ser-em, de ser-no-mundo, o ser-aí é o lugar em que o ser emerge pela compreensão do ser. A finitude torna-se o lugar do ser enquanto *ens qua transcendens*, como diz Heidegger. A transcendência do ser lhe vem da finitude da transcendência do ser-aí que o compreende.

A questão do sentido do ser vem a se concentrar pelo modo de compreender do ser-aí, no horizonte do tempo. Dessa maneira, Heidegger pode buscar a resposta à questão que levanta no começo de *Ser e tempo*, o sentido do ser, no horizonte do tempo.

Com a distinção entre apofântico e hermenêutico Heidegger estabelece uma dupla estrutura do algo enquanto algo. O algo enquanto algo apofântico se refere ao modo da relação do ente no enunciado. O algo enquanto algo hermenêutico é o modo da compreensão antecipadora. Temos então o antepredicativo como estrutura prévia do compreender. Desse modo podemos falar numa condição de possibilidade, num *a priori* de todo o enunciado sobre o ente: que consiste na compreensão do ser, enquanto ela se dá no modo prático de ser-no-mundo do ser-aí.

Com esta dupla estrutura, o filósofo introduz na filosofia o modo de fundamentação circular e substitui a distinção sensível-suprassensível, que era a base do modelo de "fundamentação" da metafísica. O filósofo supera o esquema sujeito-objeto, que toda filosofia da tradição utilizara no processo de fundamentação. É por isso que na metafísica aparece o impasse do regresso ao infinito que é inevitável quando fundamos a relação sujeito-objeto do enunciado em uma outra relação de sujeito-objeto. Podemos usar a frase de Wittgenstein para formular as contradições da fundamentação da metafísica: "Se o verdadeiro é o fundamentado, então o fundamento não pode ser nem verdadeiro nem falso". Se a metafísica fundamenta o ente (um enunciado sobre o ente) com outro ente (outro enunciado sobre o ente) o esquema sujeito-objeto o que significa apoiar um enunciado sobre outro enunciado, então o segundo ente só pode ser denominado ente, por equívoco, ou é um ente supremo, estabelecido dogmaticamente para impedir o regresso ao infinito.

É esse problema que Heidegger procura superar com a distinção entre ser e ente que denomina de diferença ontológica. Nós não fundamentamos o enunciado sobre o ente através de outros enunciados ônticos, mas com a compreensão do ser que se vela e desvela no ente temos uma condição ante-enunciativa, antepredicativa numa precompreensão que faz com que tenhamos acesso ao significado do enunciado sobre o ente.

Aqui temos um resultado da superação das teorias da consciência e da representação como vias de fundamentação e que se orientam no esquema sujeito-objeto. Com um tal modo de fundar elas devem recorrer a um ente estabelecido de modo absoluto ou não podem evitar o regresso ao infinito de enunciados que se sobrepõem.

Heidegger estabelece o círculo hermenêutico entre compreensão do ser pelo ser-aí que assim se compreende em seu ser, como lugar de sustentação da diferença ontológica entre ser e ente. Esse é o caminho do novo paradigma a partir do qual o filósofo desenvolve todas as questões de seu pensamento e sua crítica ao paradigma objetivista e das teorias da consciência e da representação da tradição metafísica.

Conceito-chave

Na tradição metafísica, houve uma sucessão de conceitos centrais não empíricos como *idéa* em Platão, *ousía* em Aristóteles, *esse* em Santo Tomás de Aquino, *cogito ergo sum* em Descartes, sujeito transcendental em Kant, o *lógos* em Hegel, a vontade de poder em Nietzsche. O papel deles era garantir algum tipo de fundamento para a inteligibilidade do real.

Heidegger criticou esses modos de fundamentação como sendo modos de entificação do ser das diversas épocas da metafísica e os denominou de princípios epocais. A todos eles ele opõe um novo modo de fundação: o ser-em, ser-no-mundo e ser-aí. O conceito de mundo deveria tomar o lugar de *nôus, anima, spiritus, ratio,* consciência, *representação.*

Toda a questão do ser é substituída pela compreensão do ser. Assim o ser se liga ao ser-aí que é ao modo do compreender. Por isso o ser faz parte do modo de ser do ser humano. Daí vem o conceito de *Dasein,* ser-aí. O ser humano, enquanto lugar da compreensão do ser que tem que operar com o conceito de ser para chegar aos entes, é o aí do ser – ser-aí.

Com esse novo modo de apresentar a condição de possibilidade do conhecimento a partir do mundo, Heidegger introduziu um modo finito de fundar, na filosofia. É um modo finito que substitui a razão, que é o fundamento da tradição filosófica.

Ao lado do ser, do ser do ente de Aristóteles, Heidegger introduz um novo nível: o ser-aí. E é desse nível que se articula a questão transcendental, pois a finitude do ser-aí leva à transcendência e não é da transcendência que resulta o finito. Assim, a analítica existencial introduz um modo não clássico de transcendental, de condição de possibilidade. Os dois existenciais do ser-aí: afecção (sentimento de situação – *Befindlichkeit)* e compreensão (*Verstehen*) são introduzidos pela fenomenologia hermenêutica como aquilo que antecipa a sensibilidade e a inteligibilidade da tradição. O conhecimento humano pressupõe o ser-em, o ser-no-mundo, as estruturas existenciais do ser-aí.

Heidegger encontra, nesse modo do ser-aí e no conceito de mundo, a maneira de se opor ao modo de fundamentar da metafísica e de assim realizar uma crítica às ontologias tradicionais.

É por isso que depois da primeira parte de *Ser e tempo* viria a segunda parte, em que se realizaria a destruição das ontologias tradicionais, por exemplo, Descartes, Kant e Aristóteles.

Pela analítica existencial, Heidegger introduziu um novo modo de concepção da filosofia. Partindo da pergunta pelo sentido do ser, e tendo apresentado o método hermenêutico, ele estabelece o círculo hermenêutico na relação entre a compreensão do ser e autocompreensão do ser-aí.

Com isso, a circularidade vem substituir os modos de a tradição fundamentar, por um novo modo de dar as razões, um fundar que não funda, em que o ser, em vez de servir de fundamento, se move numa relação de circularidade com o ente. O círculo hermenêutico é o teorema essencial do primeiro Heidegger; ao lado dele, surge a diferença ontológica, que opera como um segundo teorema, em tudo o que pensamos e que foi encoberto pela metafísica, que sempre pensou o ser através de um ente privilegiado, entificando o ser.

O teorema da diferença ontológica passa a ser a base da crítica à metafísica como história do esquecimento do ser, que o segundo Heidegger procura pensar depois dos anos 1930.

Se a circularidade é o conceito mobilizador de *Ser e tempo* (1927), a diferença ontológica será o conceito dominante de *Contribuições à filosofia* (1936-1938).

O conceito-chave se apreende de maneira mais clara através do resumo das teses centrais de *Ser e tempo*:

a) No início o filósofo situa a questão do sentido do ser.

b) Esta questão somente pode ser resolvida a partir do ser-aí, capaz de compreender o ser.

c) O ser-aí é ser-no-mundo.

d) Ser-no-mundo é cuidado, e este é o ser do ser-aí.

e) A estrutura do cuidado se revela na temporalidade que é o sentido do ser do ser-aí.

f) A temporalidade do cuidado se constrói *ecstaticamente* sobre as três dimensões da estrutura do cuidado: ser-adiante-de-si-mesmo (existência), já-ser-em (faticidade), junto-das-coisas (decaída).

g) O tempo como futuro, passado, presente, é o tempo humano e não tem nada a ver com o tempo físico como a sucessão de agoras das coisas, segundo um antes e um depois.

 ## Percursos e influências

Talvez pelas características da obra, mas certamente pela maneira solitária de trabalho em centenas de manuscritos, somente publicados aos poucos, desde os últimos anos de sua vida, e ainda mais pela dificuldade e radicalidade de suas posições e ideias centrais, não se constituiu uma escola heideggeriana. Ou talvez pelas dimensões da revolução paradigmática não caberia seu pensamento nos limites de uma instituição responsável pela ortodoxia de seguidores.

A filosofia heideggeriana não se pode estudar por uma espécie de adesão. Mesmo o método fenomenológico que lhe veio de textos e do convívio com Husserl, tomou uma forma singular em *Ser e tempo*. Como ele está vinculado com o *Dasein* e a compreensão, resultará numa fenomenologia hermenêutica. Mas se não se desenvolveu uma filosofia de escola heideggeriana, podemos, no entanto, observar a vasta influência que exerceu em todo o pensamento do século XX.

Primeiro nos seus alunos: Hans-Georg Gadamer, desde o começo dos anos 1920, inspirou seu trabalho em textos e seminários de Heidegger. E em 1960, publicaria a sua hermenêutica filosófica com o volume *Verdade e método*. Wilhelm Zsilasi publicou em 1946 a obra *Força e fraqueza do espírito*, uma notável interpretação de Platão e Aristóteles a partir da analítica existencial. Hans Jonas escreveu sua tese sobre a gnose numa interpretação existencial orientado por Bultmann que por sua vez provocou uma profunda mudança na teologia com a aplicação dos existenciais. Hanna Arendt desenvolveria grande parte da obra filosófica sob a influência de Heidegger. E, ainda desta época, de influência por convívio, temos Simon Moser, Volkmann-Schluck, Karl Löwith e vários outros. Podemos ainda citar os filósofos que tiveram influência direta de Heidegger: O. Becker. O.F. Bollnow, E. Fink, W. Kamlah, G. Krüger, L. Landgrebe, H. Lipps, J.B. Lotz, M. Muller, K. Ranher, W. Schulz, G. Sieweth, B. Welte, W. Weischedel.

Do fim dos anos 1920 temos ainda como ouvintes de seus seminários Emanuel Lévinas, José Gaos e uma leva de professores japoneses, como Nishida e o Conde Kuki. Em 1929, Herbert Marcuse escreve sua tese sobre Hegel sob a orientação de Heidegger. Helene Weiss, que acompanharia os cursos e seminários durante mais de 10 anos, compilava as anotações dos colegas, enviando-os também para seu sobrinho Ernest Tugendhat na Venezuela.

Com a difusão de *Ser e tempo*, a influência da analítica existencial se espalharia pelo mundo. Todos sabem que a obra de Gilbert Ryle *The concept of mind* e sua crítica ao dualismo cartesiano surgiu da leitura de *Ser e tempo*, livro do qual escreveu a primeira resenha. E não esqueçamos a virada que se deu em Wittgenstein após o *Tratactus*, em 1929, quando leu *Ser e tempo*: "Heidegger se joga contra os limites da linguagem", teria dito Wittgenstein, segundo notas de Weisman.

Colega, companheiro, confidente e às vezes áspero contendor de Heidegger foi Karl Jaspers, em cuja residência o filósofo fez a revisão das provas de *Ser e tempo* em 1925-1926, auxiliado por ele.

Nos anos 1930, encontramos Sartre trabalhando *O ser e o nada*, sob o impacto direto de *Ser e tempo*. Jean Beaufret foi o elo e intérprete principal de Heidegger depois da Segunda Guerra na França. E desde então a presença heideggeriana foi tão forte naquele país que foi através de Heidegger que se retornou a Husserl. A. Camus, G. Marcel, M. Ponty são autores que trabalharam sob a influência de Heidegger. Filósofos pós-modernos como M. Foucault, J. Derrida, J.-F. Lyotard, G. Vattimo e P. Sloterdijk recorrem a Heidegger, sobretudo na sua crítica à subjetividade e ao Iluminismo. Entre os pensadores franceses, merece especial menção a discussão crítica que tiveram com Heidegger os filósofos E. Lévinas e P. Ricoeur. Entre os filósofos alemães contemporâneos quero citar apenas a obra de Otto Pöggeler que é, sem dúvida, o mais profundo conhecedor contemporâneo do pensamento de Heidegger na Alemanha. Ernest Tugendhat, desde o início influenciado pela fenomenologia de Husserl e Heidegger, possui algumas obras muito importantes sobre os temas centrais de Heidegger vistos particularmente na perspectiva da filosofia analítica.

Em quase todos os grandes centros de filosofia no mundo a obra de Heidegger está presente, sobretudo depois que se iniciou a tradução da obra completa na Itália, na França e nos Estados Unidos. Existe um grande número de autores americanos que realizam um trabalho notável sobre as obras do filósofo. Entre os japoneses, sobretudo na escola de Kioto, temos vários intérpretes da obra de Heidegger. Os autores mais conhecidos tentam uma aproximação entre Heidegger e o pensamento oriental.

Mas a filosofia de Heidegger, pela analítica existencial, causou também um grande impacto no campo da psiquiatria e da psicanálise: citemos apenas Binswanger na clínica de Kreuzlingen; Weizaecker e Telenbach, em Heidelberg; Medard Boss, em Zurique (Zollikoner Seminare), com um grande grupo; Henry Maldiney, Pierre Fédida, Jacques Lacan, em Lyon e Paris, e, finalmente, Alphons Dewaelhens em Louvain, ao lado de muitos outros.

A paisagem recente povoada pela ambiência heideggeriana abrange o mundo e tomou conta de grandes estudiosos do mundo inglês e norte-americano.

Na América Latina, a obra foi recebida, primeiro, como renovadora da ontologia e do tomismo e, depois, para a interpretação da arte e da literatura. Somente a partir dos anos 1960 foi levado mais a sério o método fenomenológico, as questões centrais da analítica existencial e as características novas do próprio paradigma heideggeriano em face das ontologias objetivistas e das teorias da consciência.

Por fim, podemos dizer que a preocupação do filósofo com a ciência e a técnica que vem dos anos 1930, mas que foi desenvolvida depois da guerra. O filósofo procura compreender o enigma da ciência e da técnica que levaram à europeização do mundo e à exploração da natureza como um "fundo inesgotável de reserva". O pensamento que calcula se sobrepôs ao pensamento que medita. Nos Estados Unidos esta preocupação de Heidegger levou ao surgimento da *deep ecology*.

 ## Obras

A obra do filósofo está sendo editada em 102 volumes pela Editora Vittorio Klostermann, em Frankfurt. Os livros e opúsculos publicados durante a sua vida são, em grande parte, extraídos dessa obra reunida e publicados por várias editoras alemãs. Temos assim textos e fragmentos de diversas épocas publicados conforme a decisão do autor durante a sua vida e que agora aparecem completos na obra reunida da qual já foram editados mais de 60 volumes. As traduções realizadas no Brasil se referem a textos avulsos e já há alguns textos que aparecem na edição completa. Esta está sendo traduzida simultaneamente para o inglês, o francês e o italiano. Foi o próprio filósofo que participou, nos últimos anos de vida, da reunião da obra completa e deu instruções para as obras que gostaria que fossem publicadas primeiro. Os títulos abaixo devem servir apenas como indicação de textos importantes não se tratando de uma bibliografia exaustiva.

1927. *Sein und Zeit* (*Ser e tempo*).

1929. *Kant und das Problem der Metaphysik* (*Kant e o problema da metafísica*).

1929. *Was ist Metaphysik?* (*Que é metafísica?*).

1947. *Brief über den Humanismus* (*Carta sobre o humanismo*).

1950. *Holzwege* (*Sendas perdidas*).

1951. *Erlaeuterungen zu Hoelderlins Dichtung* (*Elucidações sobre a poesia de Horlderlin*).

1953. *Einführung in die Metaphisyk* (*Introdução à metafísica*).

1954. *Was heisst Denken?* (*Que significa pensar?*).

1954. *Vorträge und Aufsätze* (*Ensaios e conferências*).

1956. *Was ist das – die Philosophie?* (*Que é isto, a filosofia?*).

1957. *Identität und Differenz* (*Identidade e diferença*).

1957. *Der Satz vom Grund* (*O princípio da razão*).

1959. *Unterwegs zur Sprache* (*A caminho da linguagem*).

1961. *Nietzsche I*.

1961. *Nietzsche II*.

1962. Die Frage nach dem Ding (*A questão sobre a coisa*).

1967. Wegmarken (*Marcos do caminho*).

1969. Zur Sache des Denkens (*Sobre a tarefa do pensamento*).

 **SELEÇÃO DE TEXTOS**

Da Conferência *Qu'est-ce que la philosophie?* (Em francês no texto original)

Que é filosofia?

Se penetrarmos no sentido pleno e originário da questão: Que é isto – a filosofia?, então nosso questionar encontrou, em sua proveniência historial, uma direção para nosso futuro historial. Encontramos um caminho. A questão mesma é um caminho. Ele conduz da existência própria ao mundo grego até nós, quando não para além de nós mesmos. Estamos – se perseverarmos na questão – a caminho, num caminho claramente orientado. Todavia, não nos dá isto uma garantia de que já, desde agora, sejamos capazes de trilhar este caminho de maneira correta. Já, desde há muito tempo, costuma-se caracterizar a pergunta pelo que algo é, como a questão da essência. A questão da essência torna-se mais viva quando aquilo por cuja essência se interroga, se obscurece e confunde, quando, ao mesmo tempo, a relação do homem para com o que é questionado, se mostra vacilante e abalada.

A questão de nosso encontro refere-se à essência da filosofia. Se esta questão brota realmente de uma indigência e se não está fadada a continuar apenas um simulacro de questão para alimentar uma conversa, então a filosofia deve ter-se tornado para nós problemática, enquanto filosofia. É isto exato? Em caso afirmativo, em que medida se tornou a filosofia problemática para nós? Isto evidentemente só podemos declarar se já lançamos um olhar para dentro da filosofia. Para isso é necessário que antes saibamos que é isto – a filosofia. Desta maneira somos estranhamente acossados dentro de um círculo. A filosofia mesma parece ser este círculo. Suponhamos que não nos podemos libertar imediatamente do cerco deste círculo; entretanto, é-nos permitido olhar para este círculo. Para onde se dirigirá nosso olhar? A palavra grega *philosophía* mostra-nos a direção.

Aqui se impõe uma observação fundamental. Se nós agora ou mais tarde prestamos atenção às palavras da língua grega, penetramos numa esfera privilegiada. Lentamente vislumbramos em nossa reflexão que a língua grega não é uma simples língua como as europeias que conhecemos. A língua grega, e somente ela, é *lógos*. Disto deveremos tratar ainda mais profundamente em nossas discussões. Para o momento sirva a indicação: o que é dito na língua grega é de modo privilegiado, simultaneamente aquilo que em dizendo se nomeia. Se escutarmos de maneira grega uma palavra grega, então seguimos seu *légein*, o que expõe sem intermediários. O que ela expõe é o que está aí diante de nós. Pela palavra grega verdadeiramente ouvida de maneira grega, estamos imediatamente em presença da coisa mesma, aí diante de nós, e não primeiro apenas diante de uma simples significação verbal.

A palavra grega *philosophia* remonta à palavra *philosophos*. Originariamente esta palavra é um adjetivo como *philárgyros*, o que ama a prata, como *philótimos*, o que ama a honra. A palavra *philósophos* foi presumivelmente criada por Heráclito. Isto quer dizer que para Heráclito ainda não existe a *philosophia*. Um *anér philósophos* não é um homem "filosófico". O adjetivo grego *philósophos* significa algo absolutamente diferente que o adjetivo filosófico, *philosophique*. Um *anér philósophos* é aquele, *hòs philei tò sophón*, que ama a *sophón*; *philein* significa aqui, no sentido de Heráclito: *homologein*, falar assim como o *Lógos* fala, quer dizer, corresponder ao *Lógos*. Este corresponder está em acordo com o *sophón*. Acordo é harmonia. O elemento específico de *philein* do amor, pensado por Heráclito, é a *harmonia* que se revela na recíproca integração de dois seres, nos laços que os unem originariamente numa disponibilidade de um para com o outro.

O *anèr philósophos* ama o *sophón*. O que esta palavra diz para Heráclito é difícil traduzir. Podemos, porém, elucidá-lo a partir da própria explicação de Heráclito. De acordo com isto, *tò sophón* significa: *Hèn Pánta* "Um (é) Tudo". Tudo quer dizer aqui: *Pánta tá ónta*, a totalidade, o todo do ente. *Hèn*, o Um, designa: o que é um, o único, o que tudo une. Unido é, entretanto, todo o ente no ser. O *sophón* significa: todo ente é no ser. Dito mais precisamente: o ser é o ente. Nesta locução, o "é" traz uma carga transitiva e designa algo assim como "recolhe". O ser recolhe o ente pelo fato de que é o ente. O ser é o recolhimento – *Lógos*.

Todo o ente é no ser. Ouvir tal coisa soa de modo trivial em nosso ouvido, quando não de modo ofensivo. Pois, pelo fato de o ente ter seu lugar no ser, ninguém precisa preocupar-se. Todo mundo sabe: ente é aquilo que é. Qual a outra solução para o ente a não ser esta: ser? E entretanto: precisamente isto, que o ente permaneça recolhido no ser, que no fenômeno do ser se manifesta o ente; isto jogava os gregos, e a eles primeiro unicamente, no espanto. Ente no ser: isto se tornou para os gregos o mais espantoso.

Entretanto, mesmo os gregos tiveram que salvar e proteger o poder de espanto deste mais espantoso – contra o ataque do entendimento sofista, que dispunha logo de uma explicação, compreensível para qualquer um, para tudo e a difundia. A salvação do mais espantoso – ente no ser – se deu pelo fato de que alguns se fizeram a caminho na sua direção, quer dizer, do *sophón*. Estes tornaram-se por isto aqueles que tendiam para o *sophón* e que através de sua própria aspiração despertavam nos outros homens o anseio pelo *sophón* e o mantinham aceso. O *phile tò sophón*, aquele acordo com o *sophón* de que falamos acima, a *harmonia*, transformou-se em *órecsis*, num aspirar pelo *sophón*. O *sophón* – o ente no ser – é agora propriamente procurado. Pelo fato de o *phile* não ser in mais um acordo originário com o *sophón*, mas um singular aspirar pelo *sophón*, o *phile in to sophón* torna-se *philosophía*. Esta aspiração é determinada pelo Éros.

Do segundo volume *Nietzsche*

Que é ser?

O ser é o mais vazio e ao mesmo tempo a riqueza, da qual todo o ente, o conhecido e experimentado, o desconhecido e ainda a experimentar, veem como um dom com a respectiva essência de seu ser.

O ser é o mais universal, que se encontra em cada ente, e por isso o mais comum, que perdeu toda a caracterização ou nunca a possuiu. Ao mesmo tempo o ser é o mais único, cuja singularidade jamais é atingida por qualquer ente. [...] O ser nada tem de semelhante a si. O que se opõe ao ser é o nada, e talvez esse mesmo ainda se subordine ao ser e só a ele em sua essência.

O ser é o mais compreensível, de tal modo que nem notamos quão sem esforço nós nos mantemos em sua compreensão. Mas esse mais compreensível é ao mesmo tempo o menos compreendido e na aparência incompreensível. A partir de que poderíamos compreendê-lo? Que há fora dele do que lhe pudesse advir uma determinação?... O mais compreensível se opõe a qualquer com-preensibilidade.

O ser é o mais usual ao qual apelamos em todo o comportamento e em qualquer atitude. Pois, em toda a parte, nós nos mantemos no ente e nos relacionamos com ele. Desgastado está o ser e contudo sempre, ao mesmo tempo, em cada momento, impensado em seu advento.

O ser é o mais seguro, que nunca nos inquieta para uma dúvida. [...] E, contudo, o ser não nos oferece chão e fundamento como o ente, ao qual nos voltamos, sobre que construímos e ao qual nos atemos. O ser é a negação do papel de tal fundar, frustra tudo o que funda, é sem fundamento.

O ser é mais esquecido, tão desmedidamente esquecido, que também este esquecimento ainda é absorvido em seu próprio redemoinho. Todos corremos constantemente atrás do ente; quase ninguém medita sobre o ser, alguma vez. Se isso acontece, então o vazio deste mais universal e mais compreensível o absolve do laço, que ele por um momento quis assumir. Mas este mais esquecido é, ao mesmo tempo, o mais lembrado. Só ele permite que tenhamos em nós o passado, o presente e o futuro e que neles possamos estar.

O ser é o mais pronunciado (não apenas porque sempre dizemos é, mas porque em cada verbo dizemos o ser). [...] Mas o mais pronunciado é, ao mesmo tempo, o mais silenciado, no sentido primeiro do que silencia sua essência e talvez mesmo seja silêncio.

O ser revela-se-nos numa múltipla contrariedade, que por sua vez não pode ser acidental. Pois, já a simples enumeração desses opostos aponta para sua unidade interna: – o ser é, ao mesmo tempo, o mais vazio e o mais rico, o mais universal e o mais único, o mais compreensível e o que se opõe a qualquer conceito, o mais usual e o que sempre está por vir, o mais seguro e o mais abissal, o mais esquecido e o mais lembrado, o mais pronunciado e o mais silenciado.

Mas, pensando bem, situam-se essas oposições na essência do próprio ser? Não são apenas oposições tais que surgem da maneira como nós nos relacionamos com o ser, representando e compreendendo, usando e confiando-nos, retendo (esquecer) e dizendo? Mesmo que fossem apenas oposições que surgem no nosso relacionamento com o ser, então teríamos atingido o que procuramos: as determinações de nosso comportamento com relação ao ser (não apenas com relação ao ente).

A relação se mostra ambivalente. Mas ainda permanece aberta a questão se a ambivalência de nossa relação com o ser depende de nós ou do próprio ser. Pergunta que, respondida novamente, decide algo importante sobre a essência dessa relação.

Mas mais embaraçosa que esta pergunta [...] é a outra: É afinal, olhando para a situação como tal, nossa relação com o ser ambivalente? Relacionamo-nos nós de tal maneira com o ser, que essa ambivalência nos atravesse a nós mesmos, quer dizer, nosso comportamento com o ser? Devemos responder: não. No nosso relacionamento sempre estamos apenas num dos lados das posições: o Ser é para nós o mais vazio, o mais universal, o mais compreensível, o mais usado, o mais seguro, o mais esquecido, o mais pronunciado. E mesmo a isso não prestamos quase atenção e por isso também não o sabemos como o oposto ao outro.

Da Conferência *Que é metafísica?*

Que é metafísica?

"Que é metafísica?" – A pergunta nos dá esperanças de que se falará sobre a metafísica. Não o faremos. Em vez disso, discutiremos uma determinada questão metafísica. Parece-nos que, desta maneira, nos situaremos imediatamente dentro da metafísica. Somente assim lhe damos a melhor possibilidade de se presentar a nós em si mesma.

Nossa tarefa inicia-se com o desenvolvimento de uma interrogação metafísica; procura, logo a seguir, a elaboração da questão, para encerrar-se com sua resposta.

Considerada sob o ponto de vista do são entendimento humano, é a filosofia, nas palavras de Hegel, o "mundo às avessas". É por isso que a peculiaridade do que empreendemos requer uma caracterização prévia. Esta surge de uma dupla característica da pergunta metafísica.

De um lado, toda questão metafísica abarca sempre a totalidade da problemática metafísica. Ela é a própria totalidade. De outro, toda questão metafísica somente pode ser formulada de tal modo que aquele que interroga, enquanto tal, esteja implicado na questão, isto é, seja problematizado. Daí tomamos a indicação seguinte: a interrogação metafísica deve desenvolver-se na totalidade e na situação fundamental da existência que interroga. Nossa existência – na comunidade de pesquisadores, professores e estudantes – é determinada pela ciência. O que acontece de essencial nas raízes da nossa existência na medida em que a ciência se tornou nossa paixão? Os domínios das ciências distam muito entre si. Radicalmente diversa é a maneira de tratarem seus objetos. Esta dispersa multiplicidade de disciplinas é hoje ainda apenas mantida numa unidade pela organização técnica de universidades e faculdades e conserva um significado pela fixação das finalidades práticas das especialidades. Em contraste, o enraizamento das ciências, em seu fundamento essencial, desapareceu completamente.

Contudo, em todas as ciências nós nos relacionamos, dóceis a seus propósitos mais autênticos com o próprio ente. Justamente, sob o ponto de vista das ciências, nenhum domínio possui hegemonia sobre o outro, nem a natureza sobre a história, nem esta sobre aquela. Nenhum modo de tratamento dos objetos supera os outros. Conhecimentos matemáticos não são mais rigorosos que os filológico-históricos. A matemática possui apenas o caráter de "exatidão" e este não coincide com o rigor. Exigir da história exatidão seria chocar-se contra a ideia de rigor específico das ciências do espírito. A referência ao mundo, que impera através de todas as ciências enquanto tais, faz com que elas procurem o próprio ente para, conforme seu conteúdo essencial e seu modo de ser, transformá-lo em objeto de investigação e determinação fundante. Nas ciências se realiza – no plano das ideias – uma aproximação daquilo que é essencial em todas as coisas.

Esta privilegiada referência de mundo ao próprio ente é sustentada e conduzida por um comportamento da existência humana livremente escolhido. Também a atividade pré e extracientífica do homem possui um determinado comportamento para com o ente. A ciência, porém, se caracteriza pelo fato de dar, de um modo que lhe é próprio, expressa e unicamente, à própria coisa, a primeira e última palavra. Em tão objetiva maneira de perguntar, determinar e fundar o ente, realiza-se uma submissão peculiarmente limitada ao próprio ente para que este realmente se manifeste. Este pôr-se a serviço da pesquisa e do ensino se constitui em fundamento da possibilidade de um comando próprio, ainda que delimitado, na totalidade da existência humana. A particular referência ao mundo que caracteriza a ciência e o comportamento do homem que a rege, os entendemos, evidentemente apenas então plenamente, quando vemos e compreendemos o que acontece na referência ao mundo, assim sustentada. O homem – um ente entre outros – "faz ciência". Neste "fazer" ocorre nada menos que a irrupção de um ente chamado homem, na totalidade do ente, mas de tal maneira que na e através desta irrupção descobre-se o ente naquilo que é em seu modo de ser. Esta irrupção reveladora é o que, em primeiro lugar, colabora, a seu modo, para que o ente chegue a si mesmo.

Estas três dimensões – referência ao mundo, comportamento, irrupção – trazem em sua radical unidade, uma clara simplicidade e severidade do ser-aí na existência científica. Se quisermos apoderar-nos expressamente da existência científica, assim esclarecida, então devemos dizer:

- Aquilo para onde se dirige a referência ao mundo é o próprio ente – e nada mais.
- Aquilo de onde todo o comportamento recebe sua orientação é o próprio ente – e além dele nada.

• Aquilo com que a discussão investigadora acontece na irrupção é o próprio ente – e além dele nada.

Mas o estranho é que precisamente, no modo como o cientista se assegura o que lhe é mais próprio, ele fala de outra coisa. Pesquisado deve ser apenas o ente e mais – nada: somente o ente e além dele – nada; unicamente o ente e além disso – nada.

Que acontece com este nada? É, por acaso, que espontaneamente falamos assim? É apenas um modo de falar – e mais nada?

Mas por que nos preocupamos com este nada? O nada é justamente rejeitado pela ciência e abandonado como o elemento nadificante. E quando, assim, abandonamos o nada, não o admitimos precisamente então? Mas podemos nós falar de que admitimos algo, se nada admitimos? Talvez já se perca tal insegurança da linguagem numa vazia querela de palavras. Contra isto deve agora a ciência afirmar novamente sua seriedade e sobriedade: ela se ocupa unicamente do ente. O nada – que outra coisa poderá ser para a ciência que horror e fantasmagoria? Se a ciência tem razão, então uma coisa é indiscutível: a ciência nada quer saber do nada. Esta é, afinal, a rigorosa concepção científica do nada. Dele sabemos, enquanto dele, do nada, nada queremos saber.

A ciência nada quer saber do nada. Mas não é menos certo também que, justamente, ali, onde ela procura expressar sua própria essência, ela recorre ao nada. Aquilo que ela rejeita, ela leva em consideração. Que essência ambivalente se revela ali?

Ao refletirmos sobre nossa existência presente – enquanto uma existência determinada pela ciência –, desembocamos num paradoxo. Através deste paradoxo já se desenvolveu uma interrogação. A questão exige apenas uma formulação adequada: Que acontece com este nada?

Da Conferência *Sobre a essência da verdade*

Que é verdade?

O que, pois, se entende ordinariamente por "verdade"? Esta palavra tão sublime e, ao mesmo tempo, tão gasta e embotada designa o que constitui o verdadeiro enquanto verdadeiro. O que é ser verdadeiro? Dizemos, por exemplo: "É uma verdadeira alegria colaborar na realização desta tarefa". Queremos dizer que se trata de uma alegria pura, real. O verdadeiro é o real. Assim falamos do ouro verdadeiro distinguindo-o do falso. O ouro falso não é realmente aquilo que aparenta. É apenas uma "aparência" e por isso irreal. O irreal passa pelo oposto do real. Mas o ouro falso é, contudo, algo real. É assim que dizemos mais claramente: o ouro real é o ouro autêntico. Mas um e outro são "reais", o ouro autêntico não o é nem mais nem menos que o falso. O verdadeiro do ouro autêntico não pode, portanto, ser simplesmente garantido pela sua realidade. Retorna a questão: Que significam aqui autêntico e verdadeiro? O ouro autêntico é aquele ouro real, cuja realidade consiste na concordância com aquilo que "propriamente", prévia e constantemente entendemos como ouro. Pelo contrário, ali onde presumimos que haja ouro falso, exclamamos: "Aqui algo não está de acordo". O que, entretanto, é assim "como deve ser" nos faz dizer: está de acordo. A coisa está de acordo.

Não designamos, porém, apenas verdadeira uma alegria real, o ouro autêntico e qualquer ente deste gênero, mas chamamos ainda, e antes de tudo, verdadeiras ou falsas nossas enunciações sobre o ente, que, por sua vez, conforme sua natureza, pode ser autêntico ou inautêntico, desta ou daquela maneira em sua realidade. Uma enunciação é verdadeira quando aquilo que ela designa e exprime está conforme com a coisa sobre a qual se pronuncia. Também neste caso dizemos: está de acordo. O que, porém, agora está de acordo não é a coisa, mas sim a proposição.

O verdadeiro, seja uma coisa verdadeira ou uma proposição verdadeira, é aquilo que está de acordo, que concorda. Ser verdadeiro e verdade significam aqui: estar de acordo, e isto de duas maneiras: de um lado, a concordância entre uma coisa e o que dela previamente se presume, e, de outro lado, a conformidade entre o que é significado pela enunciação e a coisa.

Este duplo caráter da concordância traz à luz a definição tradicional da essência da verdade: *Veritas est adaequatio rei et intellectus*. Isto pode significar: Verdade é a adequação da coisa com o conhecimento. Mas pode se entender também assim: Verdade é a adequação do conhecimento com a coisa. Ordinariamente a mencionada definição é apenas apresentada pela fórmula: *Veritas est adaequatio intellectus ad rem*. Contudo, a verdade assim entendida, a verdade da proposição, somente é possível quando fundada na verdade da coisa, *a adaequatio rei ad intellectum*. Estas duas concepções da essência da *veritas* significam um conformar-se com... e pensam, assim, a verdade como conformidade.

Todavia, uma destas concepções não resulta simplesmente da conversão da outra. Pelo contrário, *intellectus* e *res* são pensados de modo diferente, num caso e noutro. Para reconhecer isto é preciso que conduzamos a expressão corrente do conceito ordinário de verdade à sua origem imediata (medieval). A *veritas*, interpretada como *adaequatio rei ad intellectum*, não exprime ainda o pensamento transcendental de Kant, que é posterior e somente se tornará possível a partir da essência humana enquanto subjetividade, segundo a qual "os objetos se conformam com nosso conhecimento". Mas a fórmula acima decorre da fé cristã e da ideia teológica segundo as quais as coisas, em sua essência e existência, na medida em que, como criaturas singulares (*ens creatum*), correspondem à ideia previamente concebida pelo *intellectus divinus*, isto é, pelo espírito de Deus. Assim, elas concordam com a ideia e com ela se conformam, sendo neste sentido "verdadeiras". Também o *intellectus humanus* é um *ens creatum*. Como faculdade concedida por Deus, o intelecto humano deve adequar-se à ideia. Ora, o intelecto somente é conforme com a ideia porque realiza a adequação do que pensa com a coisa, tendo esta que ser conforme com a ideia. A possibilidade da verdade do conhecimento humano se funda, se todo ente é "criado", sobre o fato de a coisa e a proposição serem igualmente conformes com a ideia e serem, por isso, coordenados um ao outro a partir da unidade do plano da criação. A *veritas* enquanto *adaequatio rei* (*creandae*) *ad intellectum* (*divinum*) garante a *veritas* enquanto *adaequatio intellectus* (*humani*) *ad rem* (*creatam*). *Veritas* significa por toda parte e essencialmente a *convenientia* e a concordância dos entes entre si que, por sua vez, se fundam sobre a concordância das criaturas com o criador, "harmonia" determinada pela ordem da criação.

Mas esta ordem pode também – desligada da ideia de criação – ser representada de modo geral e indeterminado como ordem do mundo. Em lugar da ordem da criação teologicamente, surge a ordenação possível de todos os objetos pelo espírito que, como razão universal (*mathesis universalis*), se dá a si mesmo sua lei e postula, assim, a inteligibilidade imediata das articulações de seu processo (aquilo que se considera como "lógico"). Não é então mais necessário que se justifique, de maneira especial, por que a essência da verdade da proposição reside na conformidade da enunciação. Mesmo lá, onde, com notório insucesso, se procura esclarecer o modo como se fixou esta conformidade, ela já sempre está pressuposta como a essência da verdade. Paralelamente, a verdade da coisa significa sempre o acordo da coisa dada com seu conceito essencial, tal como o "espírito" (a razão) o concebe. Assim, pode parecer que esta concepção de essência da verdade seja independente da interpretação relativa à essência do ser de todo ente: esta última inclui, entretanto, necessariamente uma interpretação correspondente da essência do homem como sujeito que é portador e realizador do *intellectus*. Assim, a fórmula da essência da verdade (*veritas est adaequatio intellectus et rei*) adquire, para cada um e imediatamente, uma evidente validez. Sob o império da evidência deste conceito de essência da verdade, mal e mal meditada em seus fundamentos essenciais, admite-se como igualmente evidente que a verdade tem um contrário e que há a não verdade. A não verdade da proposição (não conformidade) é a não concordância da enunciação com a coisa. A não verdade da coisa (inautenticidade) significa o desacordo de um ente com sua essência. A não verdade pode ser compreendida cada vez como não estar de acordo. Isto fica excluído da essência da verdade. É por isso que a não verdade, enquanto pensada como parte contrária da verdade, pode ser negligenciada quando se trata de apreender a pura essência da verdade.

Mas, afinal, é preciso ainda proceder-se a um especial desvelamento da essência da verdade? Não está a essência pura da verdade suficientemente explicitada por esta noção comumente válida que nenhuma teoria perturba e que protege sua evidência. Se, enfim, tomarmos a redução da verdade da proposição à verdade da coisa, por aquilo que ela significa ordinariamente, a saber, por uma explicação teológica, e se procurarmos manter inteiramente depurada a determinação filosófica da essência de qualquer intromissão da teologia e se restringirmos o conceito de verdade à verdade da proposição, então nos encontramos, ao mesmo tempo, com uma tradição antiga do pensamento, ainda que não a mais antiga, segundo a qual a verdade consiste na concordância (*omóiosis*) de uma enunciação (*lógos*) com o seu objeto (*pragma*). Que nos restará para investigar se admitirmos que sabemos o que significa a concordância de uma enunciação com uma coisa? Mas sabemos nós isto?

Da *Carta sobre o humanismo*

Que é humanismo?

É nesta proximidade que se realiza – caso isto um dia aconteça – a decisão se e como o Deus e os deuses se recusam e a noite permanece, se e como amanhece o dia do sagrado, se e como, no surgimento do sagrado, pode recomeçar uma manifestação do Deus e dos deuses. O sagrado, porém, que é apenas o espaço essencial para a deidade – o qual, por sua vez, novamente apenas garante uma dimensão para os deuses e o Deus –, manifesta-se somente, então, em seu brilho, quando, antes e após longa preparação, o próprio ser se iluminou e foi experimentado em sua verdade. Só assim começa, a partir do ser, a superação da apatridade, na qual erram perdidos não apenas os homens, mas também a essência do homem.

A apatridade que assim deve ser pensada reside no abandono ontológico do ente. Ela é o sinal do esquecimento do ser. Em consequência dele a verdade do ser permanece impensada. O esquecimento do ser manifesta-se indiretamente no fato de o homem sempre considerar e trabalhar só o ente. E como nisto não pode evitar de ter o ser na representação, também o ser é explicado apenas como o "mais geral" e, por conseguinte, o que engloba o ente ou como criação do ente infinito ou ainda como produção de um sujeito finito. Ao mesmo tempo, "o ser", desde a Antiguidade, situa-se em lugar "do ente", e vice-versa, este em lugar daquele; ambos acossados numa estranha e não pensada confusão.

O ser enquanto destino que destina verdade permanece oculto. Mas o destino do mundo se anuncia na poesia, sem que ainda se torne manifesto como a história do ser. O pensamento de caráter universal de Hölderlin, que se expressa no poema *Lembrança*, é por isso mais essencialmente radical e, por isso, mais antecipador que o puro cosmopolitismo de Goethe. Pela mesma razão a relação de Hölderlin com a grecidade é essencialmente diferente do humanismo. Por isso, os jovens alemães que sabiam de Hölderlin pensaram e viveram bem outra coisa, em face da morte, que aquilo que a opinião pública apresentava como sendo a posição alemã.

A apatridade torna-se um destino do mundo. É por isto que se torna necessário pensar este destino sob o ponto de vista ontológico-historial. O que Marx a partir de Hegel reconheceu, num sentido essencial e significativo, como a alienação do homem, alcança, com suas raízes, até a apatridade do homem moderno. Esta alienação é provocada e isto, a partir do destino do ser, na forma da Metafísica, é por ela consolidada e ao mesmo tempo por ela mesma encoberta, como apatridade. Pelo fato de Marx, enquanto experimenta a alienação, atingir uma dimensão essencial da história, a visão marxista da História é superior a qualquer outro tipo de historiografia. Mas porque nem Husserl, nem, quanto eu saiba até agora, Sartre reconhecem que a dimensão essencial do elemento da história reside no ser, por isso, nem a Fenomenologia, nem o Existencialismo, atingem aquela dimensão, no seio da qual é, em primeiro lugar, possível um diálogo produtivo com o marxismo.

Mas, para isto, é naturalmente necessário que a gente se liberte das representações ingênuas sobre o materialismo e das refutações mesquinhas que pretendem atingi-lo. A essência do materialismo não consiste na afirmação de que tudo apenas é matéria; ela consiste, ao contrário, numa determinação metafísica, segundo a qual todo o ente aparece como material para o trabalho. A essência moderna e metafísica do trabalho foi antecipada no pensamento da *Fenomenologia do espírito* de Hegel como o processo que a si mesmo se instaura, da produção incondicionada, isto é, da objetivação do efetivamente real pelo homem experimentado como subjetividade. A essência do materialismo esconde-se na essência da técnica; sobre esta, não há dúvida, muito se escreve, mas pouco se pensa. A técnica é, em sua essência, um destino ontológico-historial da verdade do ser, que reside no esquecimento. A técnica não remonta, na verdade, apenas com seu nome, até a *tékhne* dos gregos, mas ela se origina ontológico-historialmente da *tékhne* como um modo do *aletheúein*, isto é, do tornar manifesto o ente. Enquanto uma forma da verdade, a técnica se funda na história da Metafísica. Esta é uma fase privilegiada da história do ser e a única da qual, até agora, podemos ter uma visão de conjunto.

Por mais diversas que sejam as posições que se tomam em face das doutrinas do comunismo e de sua fundamentação, é certo, sob o ponto de vista ontológico-historial, que nele se exprime uma experiência elementar daquilo que é atual na história universal. Quem toma o "comunismo" apenas como "partido" ou como "visão de mundo" não pensa com suficiente amplitude, da mesma maneira como aqueles que, na expressão "americanismo", apenas visam, e ainda com acento pejorativo, a um particular estilo de vida. O perigo para o qual é impelido, cada vez mais nitidamente, o que até agora era a Europa consiste provavelmente no fato de, antes de tudo, seu pensar – um dia sua grandeza – decair e ficar para trás, na marcha essencial do destino mundial que inicia; este, contudo, permanece determinado pelo caráter europeu nos traços essenciais de sua origem fundamental. Metafísica alguma, seja ela idealista, seja materialista, seja cristã, pode, segundo sua essência, e de maneira alguma apenas nos esforços despendidos em desenvolver-se, alcançar ainda o destino, isto significa: atingir e reunir, através do pensar, o que agora é do ser, num sentido pleno.

Em face da essencial apatridade do homem, mostra-se ao pensamento, fiel à dimensão ontológico-historial, o destino futuro do homem, no fato de ele achar o caminho para a verdade do ser, pondo-se a caminho para este encontrar. Cada nacionalismo é, do ponto de vista metafísico, um antropologismo e, como tal, subjetivismo. O nacionalismo não pode ser superado pelo simples internacionalismo, mas apenas ampliado e elevado a um sistema. Tanto o nacionalismo não é conduzido à *humanitas* e sobressumido como não o é o individualismo, através do coletivismo a-histórico. Este é a subjetividade do homem na totalidade. Ele realiza sua incondicional autoafirmação. Esta não se deixa reconduzir às suas origens. Ela nem se deixa experimentar, de modo suficiente, através de um pensamento que não radicaliza a mediação. Expulso da verdade do ser, o homem gira, por toda parte, em torno de si mesmo, como *animal rationale*.

A essência do homem, no entanto, consiste em ele ser mais do que simples homem, na medida em que este é representado como o ser vivo racional. "Mais" não deve ser entendido aqui em sentido aditivo, como se a definição tradicional do homem tivesse que permanecer a determinação fundamental para então experimentar apenas um alargamento, através de um acréscimo do elemento existencialista. O "mais" significa: mais originário e por isso mais radical em sua essência. Aqui, porém, mostra-se o elemento enigmático: o homem é na condição-de-ser-jogado. Isto quer dizer: o homem é, como a réplica *ec-sistente* do ser, mais que o *animal rationale*, na proporção em que precisamente é menos na relação com o homem que se compreende a partir da subjetividade. O homem não é o senhor do ente. O homem é o pastor do ser. Neste "menos" o homem nada perde, mas ganha, porquanto atinge a verdade do ser. Ele ganha a essencial pobreza do pastor, cuja dignidade reside no fato de ter sido chamado pelo próprio ser para guardar a sua verdade. Este chamado vem como o lance do qual se origina a condição de ser-jogado do ser-aí. O homem é, em sua essência ontológico-historial, o ente cujo ser como *ec-sistência* consiste no fato de morar na vizinhança do ser. O homem é o vizinho do ser.

Mas – isto o senhor já há muito deverá ter querido objetar-me – não pensa justamente um tal pensar a *humanitas* do *homo humanus*? Não pensa ele esta *humanitas* num sentido tão decisivo, como Metafísica alguma a pensou e jamais a poderá pensar? Não é isto "humanismo" no sentido supremo? Certamente. É o humanismo que pensa a humanidade do homem desde a proximidade do ser. Mas é, ao mesmo tempo, o humanismo no qual está em jogo, não o homem, mas a essência historial do homem, em sua origem desde a verdade do ser. Não depende, porém, desta circunstância, então, ao mesmo tempo, de maneira absoluta, a *ec-sistência* do homem? De fato, assim é.

Da *Carta sobre o humanismo*

Que é ética?

Logo após a publicação de *Ser e tempo*, perguntou-me um jovem amigo: "Quando escreverá o senhor uma ética?" Lá onde a essência do homem é pensada tão essencialmente, a saber, unicamente a partir da questão da verdade do ser, mas onde, contudo, o homem não foi elevado para o centro do ente, deve realmente despertar a aspiração por uma orientação segura e por regras que dizem como o homem, experimentado a partir da *ec-sistência* para o ser, deve viver convenientemente ou de acordo com o destino. A aspiração por uma Ética urge com tanto mais pressa por uma realização, quanto mais a perplexidade manifesta do homem e, não menos, a oculta, se exacerba para além de toda medida. Deve dedicar-se todo cuidado à possibilidade de criar uma Ética de caráter obrigatório, uma vez que o homem da técnica entregue aos meios de comunicação de massa somente pode ser levado a uma estabilidade segura através de um recolhimento e ordenação de seu planejar e agir como um todo, correspondente à técnica.

Quem poderia deixar de perceber a indigência desta situação? Não seria conveniente poupar e garantir os laços estabelecidos, ainda que somente consigam manter a unidade do ser humano precariamente e apenas na situação de hoje? Sem dúvida. Mas já desobriga esta indigência o pensar de considerar aquilo que principalmente deve ser pensado e que permanece, enquanto o ser, mais que todo ente, garantia e verdade? Será que o pensar pode ainda continuar a esquivar-se de pensar o ser, quando este se manteve escondido em longo esquecimento e ao mesmo tempo se anuncia, neste momento da história universal, através da comoção de todos os entes?

Antes de procurarmos determinar mais exatamente as relações entre "a Ontologia" e "a Ética", devemos perguntar o que são a própria "Ontologia" e a própria "Ética". Impõe-se considerar se aquilo que é nomeado nestas duas expressões ainda permanece adequado e próximo para aquilo que foi entregue ao pensar como tarefa, que como pensar deve, antes de tudo, pensar a verdade do ser.

Caso, tanto "a Ontologia" como "a Ética", junto com todo o pensar por disciplinas, se tornassem caducas, adquirindo, assim, nosso pensar mais disciplina, qual seria, então, a situação da questão da relação das duas disciplinas mencionadas com a Filosofia?

A "Ética" surge junto com a "Lógica" e a "Física", pela primeira vez, na escola de Platão. As disciplinas surgem ao tempo que permite a transformação do pensar em "Filosofia", a Filosofia em *epistéme* (Ciência) e a Ciência mesma em um assunto de escola e de atividade escolar. Na passagem por esta Filosofia assim entendida, surge a Ciência e passa o pensar. Os pensadores desta época não conhecem nem uma "Lógica", nem uma "Ética", nem uma "Física". E, contudo, seu pensar não é nem ilógico e imoral. A *"physis"* era, porém, pensada por eles, numa profundidade e amplitude, que toda "Física" posterior nunca mais foi capaz de alcançar. As tragédias de Sófocles ocultam – permita-se-me uma tal comparação –, em seu dizer, o *ethos*, de modo mais originário que as preleções de Aristóteles sobre a "Ética". Uma sentença de Heráclito que consiste apenas em três palavras diz algo tão simples que dela brota e chega à luz, de maneira imediata, a essência do *ethos*.

A sentença de Heráclito é a seguinte (Fragmento 119): *Éthos anthrópo daímon*. De maneira geral costuma-se traduzir: "O modo próprio de ser é para o homem o demônio". Esta tradução pensa de maneira moderna e não de modo grego. *Éthos* significa morada, lugar da habitação. A palavra nomeia o âmbito aberto onde o homem habita. O aberto de sua morada torna manifesto aquilo que vem ao encontro da essência do homem e assim, aproximando-se, demora-se em sua proximidade. A morada do homem contém e conserva o advento daquilo a que o homem pertence em sua essência. Isto é, segundo a palavra de Heráclito, o *daímon*, o Deus. A sentença diz: o homem habita, na medida em que é homem, na proximidade de Deus. Com esta sentença de Heráclito concorda uma história que Aristóteles relata (*Das partes dos animais* A 5, 645 a 17). É a seguinte: *Herákleitos légetai pròs toùs xénous eipeín toùs bouloménous enty kheín autõ hoí epeidè prosióntes eídon autòn therómenon pròs tõ ipnõ éstesan, ekéleue gàr autoùs eisiénai thar-roüntas: eínai gàr kaì entaütha teoús...*

"Narra-se de Heráclito uma palavra que teria dito aos forasteiros que queriam chegar até ele. Aproximando-se, viram-no como se aquecia junto ao forno. Detiveram-se surpresos; isto, sobretudo, porque Heráclito ainda os encorajou – a eles que hesitavam –, convidando-os a entrar, com as palavras: Pois também aqui estão presentes deuses..."

Da *Carta sobre o humanismo*

A existência de Deus

A frase: a essência do homem reside no ser-no-mundo também não contém uma decisão sobre a hipótese se o homem é, no sentido teológico-metafísico, um ser deste mundo ou do outro. Com a determinação existencial da essência do homem, por isso, ainda nada está decidido sobre a "existência de Deus" ou seu "não ser", como tampouco sobre a possibilidade ou impossibilidade de deuses. Por isso, não é apenas apressado, mas já falso no modo de proceder, afirmar que a interpretação da essência do homem, a partir da relação desta essência com a verdade do ser, é ateísmo. A esta classificação arbitrária, ademais, falta cuidado na leitura. Não há preocupação com o fato de que, desde 1929, está escrito, no texto *Sobre a essência do fundamento* (28, nota 1), o seguinte: "Através da interpretação ontológica do ser-aí como ser-no-mundo não se decidiu nada, nem positiva nem negativamente, sobre um possível ser-para-Deus. Mas só pela clarificação da transcendência se alcança um adequado conceito do ser-aí, que, levado em consideração, permite, então, perguntar qual é, sob o ponto de vista ontológico, o estado da relação do ser-aí com Deus". Se também se interpreta, como de costume, também esta observação, de maneira mesquinha, irá explicar-se: esta filosofia não se decide nem a favor nem contra a existência de Deus. Ela permanece presa à indiferença. E um tal indiferentismo, contudo, torna-se vítima do niilismo.

Ora, ensina a observação que aduzimos o indiferentismo? Por que grifamos então palavras isoladas determinadas e não qualquer uma? Pois foi apenas para insinuar que o pensar que pensa desde a questão da verdade do ser pensa mais radical e originariamente do que a metafísica é capaz de questionar.

Somente a partir da verdade do ser deixa-se pensar a essência do sagrado. E somente a partir da essência do sagrado deve ser pensada a essência da divindade. E, finalmente, somente na luz da essência da divindade pode ser pensado e dito o que deve nomear a palavra "Deus". Ou será que não deveremos ser capazes de, primeiro, entender e escutar com cuidado estas palavras, se nós homens, isto é, como seres *ec-sistentes*, quisermos ter acesso a uma experiência de uma relação de Deus para com o homem? Pois, como poderia o homem da atual história mundial mesmo apenas questionar, com seriedade e rigor, se o Deus se aproxima ou se subtrai, se o homem deixa de lado pensar primeiro para dentro da dimensão, na qual aquela questão unicamente pode ser desencadeada? Esta dimensão, porém, é a dimensão do sagrado, que mesmo como dimensão já permanece fechada, caso não se clarear o aberto do ser para, em sua clareira, estar próximo do homem. Talvez o elemento mais marcante desta idade do mundo consista no rígido fechamento para a dimensão da graça. Talvez seja esta a única desgraça.

Todavia, com esta indicação não se quer já ter decidido, de maneira alguma, pelo teísmo, o pensar que, antecipando, aponta para a verdade do ser como o que deve ser pensado. Ele não pode ser teísta nem ateísta. Isto, porém, não levado por uma atitude de indiferença, mas por respeito aos limites, postos ao pensar enquanto pensar, e isto através daquilo que se lhe dá a pensar pela verdade do ser. Na medida em que o pensar se contenta com a sua tarefa, dá ele, no momento do presente destino mundial, ao homem, uma orientação para a dimensão originária de sua morada historial. Com dizer desta forma a verdade do ser, o pensar se entregou àquilo que é mais essencial que todos os valores e que qualquer ente. O pensar não supera a metafísica, enquanto ainda mais a exacerba, ultrapassa e a sobressume em qualquer lugar, mas enquanto recua para a proximidade do mais próximo. A descida é bem mais difícil e perigosa, particularmente ali onde o homem perdeu-se na subjetividade. A descida conduz à pobreza da *ec-sistência* do *homo humanus*. Na *ec-sistência* é abandonado o âmbito do *homo animalis* da Metafísica. O império deste âmbito é a razão indireta e de consequências que recuam A longe, para a obliteração e arbitrariedade daquilo que se pode caracterizar como biologismo e também para aquilo que se conhece pela expressão pragmatismo. Pensar a verdade do ser significa, ao mesmo tempo: pensar a *humanitas* do *homo humanus*. Importa a *humanitas* a serviço da verdade do ser, mas sem o humanismo no sentido metafísico.

Da Conferência *A constituição ontoteológica da metafísica*

Como entra Deus na filosofia

Isto significa o mesmo que a observação que Hegel insere perto do fim de uma passagem e, entre parênteses, no trecho sobre o começo (Lasson, I, 63): "e o mais indiscutível direito teria Deus de que se começasse com ele". De acordo com a pergunta que vem no título do trecho, trata-se do "começo da ciência". Se ela deve começar com Deus, ela é a ciência do Deus: Teologia. Este nome fala aqui no sentido que tomou séculos após os gregos. Assim, Teologia é compreendida como a enunciação do pensamento especulativo sobre Deus. *Theólogos*, *theología*, significa na Antiguidade o dizer mítico-poético dos deuses, sem referência a um ensinamento de fé e a uma doutrina eclesial.

Por que é "a ciência", assim desde Fichte se chama a metafísica, por que é a ciência teologia? Resposta: porque a ciência é o desenvolvimento sistemático do saber, que é aquele como o ser do ente mesmo se sabe e assim é verdadeiro. O nome escolástico que surgiu na transição da Idade Média para a Modernidade, para a ciência do ser, quer dizer, do ente enquanto tal em geral, é: Ontosofia ou ontologia. Ora bem, a metafísica ocidental, desde o seu começo nos gregos e ainda não ligada a estes nomes, é, simultaneamente, ontologia e teologia. Na aula inaugural, *Que é metafísica?* (1929), a metafísica é, por isso, determinada como a questão do ente enquanto tal e no todo. A omnitude deste todo é a unidade do ente que unifica enquanto fundamento pro-dutor. Para aquele que sabe ler, isto significa: a metafísica é onto-teo-logia. Quem experimentou a teologia, tanto a da fé cristã como a da filosofia, em suas origens históricas, prefere hoje em dia silenciar na esfera do pensamento que trata de Deus. Pois o caráter onto-teo-lógico da metafísica tornou-se questionável para o pensamento, não em razão de algum ateísmo, mas pela experiência de um pensamento para o qual mostrou-se, na onto-teo-logia, a unidade ainda impensada da essência da metafísica. Esta essência da metafísica permanece, entretanto, para o pensamento ainda sempre o mais digno de ser pensado, enquanto ele não corta arbitrariamente, e por isso de maneira anti-historial, o diálogo com sua tradição, que nos é dada como destino.

Na quinta edição de *Que é metafísica?* (1949), a introdução então acrescentada aponta expressamente para a essência onto-teo-lógica da metafísica. Entretanto, apressado seria afirmar que a metafísica é teologia porque é ontologia. Antes que isso se dirá: a metafísica é teologia, uma enunciação sobre Deus, porque o Deus vem para dentro da filosofia. Assim se agudiza a questão do caráter onto-teológico da metafísica, até culminar na pergunta: Como entra o Deus na filosofia, não apenas na filosofia moderna, mas na filosofia enquanto tal? Esta pergunta pode ser respondida quando antes foi suficientemente desenvolvida como questão.

Somente podemos responder objetiva e profundamente à questão: Como entra o Deus na filosofia?, se junto com isto se esclareceu, de modo suficiente, aquilo para onde o Deus deve vir – a própria filosofia. Enquanto perquirirmos a história da filosofia apenas historicamente, em toda parte, apenas descobriremos que o Deus nela entrou. Mas, uma vez posto que a filosofia é, enquanto pensamento, o livre engajar-se no ente enquanto tal, engajar-se realizado a partir de si, então o Deus somente pode penetrar na filosofia na medida em que ela, a partir de si, segundo sua essência, exige e determina, que e como Deus nela entra. A questão: Como entra o Deus na filosofia? recai por isso nesta outra questão: De onde se origina a essencial constituição onto-teológica da metafísica? No entanto, assumir a pergunta assim formulada significa realizar o passo de volta.

Wittgenstein[1]

Danilo Marcondes ★

> *A filosofia é uma luta contra o enfeitiçamento de nosso entendimento pelos meios de nossa linguagem.*
> Ludwig Wittgenstein. *Investigações filosóficas*, §109

 **O filósofo e o seu tempo**

Introdução

Ludwig Wittgenstein (1889-1951) é um dos filósofos mais marcantes do pensamento contemporâneo. Esse engenheiro de formação, que foi professor de filosofia no Trinity College, Cambridge, e publicou um único livro em toda a sua vida, o *Tractatus Logico-Philosophicus*, foi um pensador de grande originalidade que influenciou fortemente o desenvolvimento da filosofia em nossos dias.

Wittgenstein nasceu em Viena em 26 de abril de 1889. Seu pai, Karl, foi um dos mais importantes industriais austríacos de sua época, dono de usinas siderúrgicas no Império Austro-Húngaro. A mansão dos Wittgenstein em Viena era um ponto de encontro de artistas e intelectuais europeus. Sua irmã Margarete teve o retrato pintado por Gustav Klimt em 1905; seu irmão Paul foi um grande pianista que perdeu o braço direito na Primeira Guerra Mundial e para quem Ravel compôs especialmente em 1931 o *Concerto para mão esquerda*.

Wittgenstein foi educado em Viena e em um liceu em Linz, tendo frequentado, a partir de 1906, a Technische Hochschule em Berlim, onde estudou engenharia até 1908. Seu interesse por engenharia aeronáutica o levou à Universidade de Manchester na Inglaterra onde permaneceu de 1908 a 1911. Esses estudos, por sua vez, fizeram-no interessar-se por matemática e em se-

---

★ Doutor em Filosofia pela Universidade de St. Andrews, Grã-Bretanha. Professor titular do Departamento de Filosofia da Pontifícia Universidade Católica do Rio de Janeiro (PUC-Rio). Professor-adjunto do Departamento de Filosofia da Universidade Federal Fluminense (UFF).

guida pela lógica e por questões dos fundamentos da matemática. Entrou então em contato com a obra de Bertrand Russell cujos *Princípios da matemática* foram publicados em 1903 e de Gottlob Frege, criador da moderna lógica matemática. Visitou Frege na Universidade de Iena, na Alemanha em 1911, e este o recomendou que procurasse Russell em Cambridge. Em 1912, Wittgenstein matriculou-se no Trinity College da Universidade de Cambridge, da qual se tornaria professor mais tarde. É famosa a anedota segundo a qual Wittgenstein teria procurado Russell para aconselhar-se, perguntando se este o considerava um idiota ou não. Caso fosse um idiota, continuaria estudando engenharia, caso não o fosse estudaria filosofia. Russell aconselhou-o a não continuar os estudos de engenharia. Cambridge, no início do século XX, era um importante centro de desenvolvimento de ciência e filosofia. Lá, além de trabalhar com Russell, Wittgenstein conheceu e conviveu com outros pensadores, dentre eles o filósofo George Edward Moore.

Após a morte de seu pai em 1912, Wittgenstein recebeu uma grande herança, da qual abriu mão através de doações e da criação de um fundo de auxílio a poetas e escritores, dentre os quais o cultuado Georg Trakl. Em fins de 1913 visitou a Noruega, onde viveu por algum tempo em uma cabana até o início da Primeira Guerra Mundial. Esses períodos de recolhimento em que se afastava da vida acadêmica seriam constantes durante toda a sua vida. Ao iniciar-se a guerra, engajou-se no exército austríaco. Alguns de seus escritos e anotações deste período, que prenunciam o pensamento desenvolvido no *Tractatus*, foram publicados postumamente sob o título de *Cadernos 1914-1916*. Prisioneiro do exército italiano ao final da guerra, concluiu o *Tractatus Logico-Philosophicus* em 1918 em um campo de prisioneiros em Como, no norte da Itália. O manuscrito foi enviado a Russell que intercedeu pela libertação de Wittgenstein, o que ocorreu em 1919. O livro foi finalmente publicado na Alemanha em 1921 e, na Inglaterra, no ano seguinte, em tradução de G.K. Ogden. Em 1919, retornou à Áustria, tornando-se professor primário em várias escolas nas montanhas até 1926. Abandonou essa carreira após algumas experiências malsucedidas, retornando a Viena, onde trabalhou como jardineiro em um mosteiro. Em 1926, construiu uma casa em Viena, que existe ainda hoje, para uma de suas irmãs, no estilo austero do *Bauhaus*.

Manteve então contato com o Círculo de Viena, principalmente com Moritz Schlick e, posteriormente, com Friedrich Waismann, tendo suas discussões nessa época com os filósofos do Círculo influenciado o desenvolvimento do neopositivismo lógico. Em 1928, assistiu a conferências em Viena do matemático holandês L. Brouwer que o teriam motivado a retomar seus interesses filosóficos, revendo suas posições anteriores.

Em 1929, de volta a Cambridge recebeu o título de doutor em filosofia, tendo apresentado o *Tractatus* como tese. Tornou-se então *fellow* do Trinity College e, posteriormente, catedrático da universidade. Começou então a desenvolver intensamente seus pensamentos, escrevendo anotações e conduzindo seminários, dos quais foram posteriormente publicadas algumas notas de alunos seus desse período. Passou então a trabalhar em uma obra mais elaborada da qual conhecemos duas versões, as *Observações filosóficas* e a *Gramática filosófica*, não se decidindo, no entanto, a publicá-las. Seu trabalho nesse período é considerado representativo de uma fase de transição entre as ideias do *Tractatus* e as das *Investigações filosóficas*. O *Livro azul* resultante de notas de cursos de 1933-1934 e o *Livro marrom* de 1934-1935 já contêm material posteriormente desenvolvido nas *Investigações*.

Visitou a União Soviética em 1935 e morou novamente por cerca de um ano numa cabana na Noruega quando começou então a redigir as *Investigações filosóficas*. Retornou a Cambridge em 1937 e, em 1939, sucedeu a Moore na cátedra de filosofia na universidade. Suas aulas e seminários, conduzidos de modo extremamente informal, atraíam muitos alunos e Wittgenstein tornou-se um pensador muito influente, marcando profundamente o desenvolvimento da filosofia na Inglaterra neste período. Durante a Segunda Guerra Mundial, trabalhou em um hospital em Londres e em um laboratório em Newcastle. Após a guerra, retornou mais uma vez a Cambridge, renunciando, no entanto, à sua cátedra em 1947. Passou a dedicar-se então apenas a escrever, vivendo uma vida retirada. Em 1948, foi viver no campo na Irlanda, prosseguindo com o seu trabalho; no ano seguinte, visitou os Estados Unidos. Muito doente, viveu algum tempo com amigos em Oxford e Cambridge, aonde veio a falecer em 1951.

A obra de Wittgenstein, por seu caráter fragmentário e assistemático e pela intensidade do pensamento que expressa, reflete muito claramente sua relação conflituosa com a filosofia, seu desprezo pela vida acadêmica, suas angústias, sua necessidade de viver isolado e ao mesmo tempo de discutir suas ideias com seus colegas e alunos com quem tinha mais afinidades, de reescrever seus textos e reformulá-los continuamente, perseguindo um sentido último que lhe parecia sempre escapar. Seu estilo de fazer filosofia é, portanto, indissociável da maneira como viveu a filosofia e revela seu sentimento do caráter permanentemente provisório do pensamento filosófico, juntamente com a impossibilidade última de superá-lo ou abandoná-lo. A seu aluno Norman Malcolm, Wittgenstein certa vez escreveu, "de que serve o estudo da filosofia, se apenas nos permite falar de modo mais plausível sobre algumas questões abstrusas de lógica, e nada faz para melhorar nossa forma de pensar sobre as questões importantes de nossa vida"[2].

É impossível sintetizar em poucas páginas a filosofia de Wittgenstein, ou mesmo apresentar de forma resumida suas linhas principais. Por sua natureza fragmentária, assistemática, provisória, constantemente retomado e refeito, por suas idas e vindas, trata-se de um pensamento que exige que o leitor nele se engaje, pense junto com o filósofo, compartilhe suas perplexidades, aceite seus desafios, discuta suas conclusões. Um pensamento que, por exigência de seu autor, não admite simplificação nem sistematização, que é indissociável do próprio estilo em que foi elaborado, que se apresenta como um filosofar em processo.

No prefácio ao *Tractatus*, diz Wittgenstein: "Talvez esse livro só seja compreendido por alguém que tenha tido os mesmos pensamentos formulados aqui, ou ao menos pensamentos semelhantes; sua finalidade será alcançada se der prazer a alguém que o leia e compreenda". E, 27 anos mais tarde, no prefácio às *Investigações filosóficas*, escreve: "Não gostaria que meus escritos dispensassem alguém do trabalho de pensar por si mesmo. Mas, se possível, servissem para estimulá-lo a desenvolver seu próprio pensamento".

É à luz dessas considerações que devemos lê-lo. No que se segue, procurarei, na medida do possível, por um lado contextualizar seu pensamento em relação à filosofia analítica e, por outro lado, dar uma amostra deste pensamento e de suas questões centrais, como forma de servir apenas de introdução, esperando que o leitor possa ir em seguida diretamente ao texto do filósofo.

Os principais críticos e intérpretes tradicionalmente dividem seu pensamento em duas fases: a primeira, representada pelo *Tractatus*, concluído em 1918 e publicado em 1921; a segunda, radicalmente diferente, tem como obra principal as *Investigações filosóficas*, iniciadas em 1936-1937 e concluídas, se é que se pode dizer isto, em 1945, mas publicadas apenas postumamente. Entre ambas essas obras há, como dissemos anteriormente, uma fase que se convencionou chamar de "de transição", representada por pensamentos desenvolvidos nos primeiros anos da década de 1930, que incluem uma retomada das idéias do *Tractatus*, que são então reelaboradas em outra direção. Esta, no entanto, é uma questão controversa. Alguns de seus intérpretes veem de fato uma ruptura radical entre a filosofia do *Tractatus* e a das *Investigações*, outros consideram que há uma continuidade entre ambas estas obras, com importantes pontos em comum entre elas. Wittgenstein determinou que o *Tractatus* e as *Investigações* fossem publicados juntos em uma mesma edição, desejo jamais respeitado por seus editores ingleses.

Pretendo, em seguida, examinar o pensamento de Wittgenstein através de dois eixos centrais que, no meu entender, se complementam: sua concepção de filosofia e sua concepção de linguagem.

 **A filosofia de Wittgenstein**

1. O Tractatus Logico-philosophicus

O *Tractatus* deve ser entendido a partir do contexto filosófico das obras de Frege e de Russell, isto é, da proposta, que de certa forma remonta a Leibniz no século XVII, de se compreender a relação entre o ser humano e a realidade pela lógica e não pela epistemologia ou pela psicologia. Trata-se de examinar como se dá a relação entre um complexo articulado que é a linguagem e outro complexo articulado que é o real, através da determinação das categorias (lógicas) mais gerais da linguagem e das categorias (ontológicas) mais gerais da realidade. Em especial, é necessário para isto se determinar a forma lógica da linguagem.

Esse projeto a que se dedicaram Frege, Russell e Wittgenstein, cada um é claro a seu modo, pode ser visto como uma tentativa de fundamentar as ciências formais, como a matemática, na lógica. Na visão desses filósofos só assim se conseguiria justificar o caráter objetivo, universal e necessário dessas ciências, afastando-se assim das propostas dominantes na tradição moderna de explicar esse tipo de ciência a partir do sujeito do conhecimento, o que segundo esses pensadores jamais permitiria estabelecer esse caráter universal e necessário, superando o subjetivismo.

Um dos pontos de partida do *Tractatus* é a ideia, também encontrada em Frege e Russell, de que a forma gramatical e a forma lógica da linguagem não coincidem. Grande parte dos problemas filosóficos tradicionais como o da possibilidade do falso, da existência do não ser etc., se originariam assim de uma má compreensão da linguagem pelo desconhecimento de sua forma lógica autêntica e da maneira pela qual se relaciona com o real. Na proposição 4.002 do *Tractatus* diz Wittgenstein:

> A linguagem disfarça (*verkleidet*) o pensamento. A tal ponto que da forma exterior da roupagem não é possível inferir a forma do pensamento subjacente, já que a forma exterior da roupagem não foi feita para revelar a forma do corpo, mas com uma finalidade inteiramente diferente.

E, em seguida (4.003):

> A maioria das proposições e questões encontradas em obras filosóficas não são falsas, mas contrassensos (*unsinnig*). Consequentemente, não podemos dar qualquer resposta a questões deste tipo, mas apenas mostrar seu caráter de contrassenso. A maioria das proposições e questões dos filósofos surge de nosso fracasso em compreender a lógica de nossa linguagem.

A tarefa da filosofia é, portanto, realizar uma análise da linguagem que revele sua verdadeira forma e a relação desta com os fatos. "Toda a filosofia é uma crítica da linguagem [...] Foi Russell que nos prestou o serviço de mostrar que a forma lógica aparente da proposição não é necessariamente sua forma real" (4.0031)[3]. É desse modo, portanto, que se define a filosofia:

> Seu objetivo consiste na elucidação lógica dos pensamentos. A filosofia não é um corpo de doutrina, mas uma atividade. Uma obra filosófica consiste essencialmente de elucidações. A filosofia não resulta em "proposições filosóficas", mas sim na elucidação de proposições. Sem a filosofia os pensamentos são, por assim dizer, nebulosos e indistintos; sua tarefa é torná-los claros e bem-delimitados[4].

O *Tractatus* mantém assim uma concepção de filosofia como elucidação realizada através da linguagem. Mas o que significa precisamente neste caso "análise"? Wittgenstein concebe a análise como decomposição de um complexo – a proposição – em seus elementos constituintes simples. "É óbvio que a análise das proposições deve nos levar às proposições elementares que consistem de nomes em combinação imediata"[5].

Se a verdade e a falsidade de uma proposição são determinadas por sua correspondência com o real, a análise é necessária para que se estabeleça esta relação, chegando-se às sentenças elementares nas quais os nomes denotam objetos simples. O procedimento de análise está assim diretamente ligado à elucidação da forma pela qual a linguagem se refere ao real, tal qual em Russell. De fato, a concepção lógico-ontológica do *Tractatus* é bastante próxima do atomismo lógico de Russell, desenvolvido na mesma época e, refletindo, ao menos em parte, as discussões ocorridas entre os dois filósofos. A concepção analítica do *Tractatus* liga-se assim também, como as de Frege, de Russell e do positivismo lógico, ao projeto de fundamentação da ciência. A totalidade das proposições verdadeiras, que dizem como o mundo é, constituem precisamente a ciência natural, o conhecimento possível sobre o real.

A formulação mais clara e sintética deste projeto pode ser encontrada no último texto do primeiro Wittgenstein, a conferência "Some remarks on logical form" (1929), bastante próxima das teses de Russell e da proposta da *Begriffsschrift (Conceitografia)* de Frege:

> Trata-se de expressar em um simbolismo apropriado aquilo que na linguagem ordinária gera infindáveis mal-entendidos. Isto é, nos casos em que a linguagem ordinária oculta a estrutura lógica, em que permite a formação de pseudoproposições, em que usa um termo em uma infinidade de significados diferentes; devemos substituí-la por um simbolismo que dê uma imagem clara da estrutura lógica, exclua as pseudoproposições e empregue os termos sem ambiguidade[6].

Essa concepção de filosofia como elucidação realizada através da análise da linguagem supõe, é claro, a própria concepção de linguagem do *Tractatus*, para que se possa entender exatamente em que medida as proposições filosóficas tradicionais são um contrassenso (*unsinnig, nonsense*).

As proposições que possuem genuinamente sentido são aquelas que funcionam como imagem de fatos, descrevendo de modo verdadeiro ou falso o real. O caso-limite das proposições com sentido são as tautologias e as contradições. Embora não violem nenhuma regra da sintaxe lógica, não são imagens do real. Sendo necessariamente verdadeiras (tautologias), ou necessariamente falsas (contradições), não "dizem" propriamente nada, já que nenhum fato poderá refutá-las ou confirmá-las[7]. Na verdade, revelam a estrutura do real, mostram os limites da possibilidade de representação dos fatos possíveis. Essas proposições não têm sentido, uma vez que não dizem nada, não retratam fatos, mas não são proposições que não fazem sentido (*sinnlos*). As proposições da filosofia tradicional, da metafísica especulativa, são na realidade pseudoproposições, violam as regras da sintaxe lógica, nada dizem sobre o real, nem tampouco sobre sua estrutura.

Esta questão poderá ficar mais clara se tomarmos o que podemos considerar o núcleo do *Tractatus*, a *teoria pictórica do significado*[8]. Uma das suposições básicas desta obra é precisamente a ideia de um isomorfismo entre a linguagem e o real, ou seja, em última análise, a concepção de que a forma lógica da linguagem corresponde ao modo como a realidade se estrutura[9]. É deste modo que a linguagem representa o real, na medida em que a proposição é uma imagem (*picture, Bild*) de um fato. A relação de representação entre a imagem e o fato depende de três características fundamentais:

1) Os elementos da imagem representam elementos daquilo que é retratado[10].

2) A forma (disposição, relação) destes elementos na imagem mostra a disposição destes elementos no que é retratado[11].

3) A cada elemento na imagem corresponde um elemento no que é retratado.

Supostamente a ideia da teoria pictórica teria sido derivada de um diagrama ou mapa visto por Wittgenstein em um jornal, representando um acidente de trânsito em que certas figuras representavam os objetos (automóveis, pessoas etc.), e a disposição das figuras representava o fato ocorrido (a direção dos automóveis, a colisão etc.). Daí Wittgenstein teria tirado a ideia de que as proposições também são complexos compostos de elementos que retratam outros complexos (os fatos) compostos de objetos no real. É neste sentido que podemos dizer que uma proposição é uma imagem ou modelo, já que tem a forma comum com o fato possível que representa.

A noção de projeção pode tornar essa ideia mais clara. Segundo Wittgenstein, "a proposição é o signo proposicional em sua relação projetiva com o mundo"[12]. Assim, o signo proposicional (uma estrutura de signos linguísticos articulada de acordo com determinadas regras) projeta um estado de coisas possível, tornando-se então uma proposição[13]. Quando à proposição corresponde efetivamente um estado de coisas existente, um fato, esta é verdadeira; quando não corresponde, esta é falsa. A verdade e a falsidade se estabelecem assim por uma relação de correspondência entre a proposição e o real[14].

Sem dúvida, podemos considerar sob muitos aspectos essa teoria um tanto insatisfatória, sobretudo porque Wittgenstein não a elabora explicitamente de nenhuma forma mais argumentativa nos parágrafos em que trata dessas noções. Veremos adiante que essa será uma das dificuldades básicas do *Tractatus*. No entanto, uma metáfora encontrada em 4.014-4.0141, pode ser ilustrativa:

> Um disco, a ideia musical, as notas escritas e as ondas sonoras, estão uns com os outros em uma relação interna do mesmo tipo que a relação entre a linguagem e o mundo. Todos têm uma construção lógica comum... Há uma regra geral a partir da qual o músico pode obter a sinfonia com base na partitura... E esta regra é a lei de projeção que projeta a sinfonia na linguagem da projeção musical.

Ora, se o que torna as proposições significativas é sua relação com fatos possíveis, e sua possibilidade de serem imagens de fatos, então não faz sentido na concepção do *Tractatus* nenhum tipo de *metalinguagem*. A imagem é imagem de um fato. A forma comum à imagem e ao fato, o que permite a representação, não é ela própria um fato, isto é, não pode ser representada na linguagem. Falar da forma do mundo e da gramática (lógica) da linguagem é sem sentido. As proposições da metalinguagem não seriam imagens de fatos, mas pretenderiam falar sobre a própria linguagem, o que não faz sentido, já que sua estrutura não representa fatos, mas apenas se mostra em sua relação com o real. Temos então um impasse, uma vez que forçosamente as proposições que compõem o próprio *Tractatus* enfrentariam essa dificuldade. Wittgenstein reconhece e admite isso:

> Minhas proposições servem de elucidação da seguinte maneira: aquele que me compreende eventualmente as reconhece como contrassenso (*unsinnig*), quando as usa como uma escada para ir além delas. Deve, por assim dizer, jogar fora a escada depois de ter subido por ela[15].

Podemos dizer que quando Wittgenstein retoma seu trabalho filosófico mais de 10 anos após ter concluído o *Tractatus* é a partir deste problema que desenvolverá sua filosofia.

2. As investigações filosóficas

Não pretendo examinar aqui as obras da chamada "fase de transição" do pensamento de Wittgenstein do *Tractatus*, sua única obra publicada em vida, para as *Investigações*, preparadas para publicação em 1945, porém só publicadas postumamente. Praticamente todos esses textos que compreendem sobretudo as *Observações filosóficas* (1929-1930), a *Gramática filosófica* (1932-1934), o *Livro azul* (1933-1934) e o *Livro marrom* (1934-1935), dentre outros, foram preparados para a publicação póstuma através de edições organizadas por ex-alunos seus e pode-se considerar que contêm material que será destilado no texto das *Investigações filosóficas*, que realmente melhor representam esta fase final de seu pensamento. É claro que essas obras são importantes na consideração do desenvolvimento e amadurecimento de suas ideias desde sua retomada da filosofia em 1929, porém é certamente nas *Investigações filosóficas* que encontramos a versão mais elaborada dessas ideias. As *Investigações* devem ser examinadas a partir dos mesmos dois eixos centrais do *Tractatus*: a concepção de filosofia e a concepção de linguagem.

Embora haja uma distinção já consagrada entre o primeiro Wittgenstein, representado pelo *Tractatus Logico-Philosophicus* (1921) e o segundo, representado pelos escritos posteriores a 1929, sobretudo pelas *Investigações filosóficas* (1953), a maior parte dos intérpretes atualmente tem encontrado muitos pontos de contato entre as duas fases de seu pensamento, notadamente quanto a sua concepção da tarefa terapêutica da filosofia, de método filosófico e do papel da análise em produzir esclarecimentos e desfazer problemas filosóficos tradicionais, bem como formas errôneas de se compreender a linguagem. Por outro lado, é o próprio Wittgenstein que se refere negativamente à visão lógica do "autor do *Tractatus*" nas *Investigações*[16] como uma visão da qual teria se afastado.

A concepção de método filosófico e de análise da linguagem encontrada no segundo Wittgenstein, notadamente em suas *Investigações filosóficas*, é bem mais próxima da proposta da Escola de Oxford[17]. É possível que ambas as propostas de uma filosofia voltada para o uso comum da linguagem, pelo menos em um primeiro momento, tenham-se desenvolvido paralelamente. O artigo de Ryle (1975), "Expressões sistematicamente enganadoras" é certamente anterior aos primeiros trabalhos do segundo Wittgenstein, cujas ideias aparentemente só começam a chegar a Oxford no final da década de 1930. De qualquer forma, as concepções wittgensteinianas de significado como uso e de jogo de linguagem vieram somar-se às ideias centrais da filosofia da linguagem ordinária, favorecendo seu desenvolvimento nas décadas de 1950 e 1960.

É principalmente quanto à concepção de linguagem que encontramos a ruptura mais explícita entre as *Investigações* e o *Tractatus*. Pode-se mesmo dizer que nas *Investigações* a "linguagem" entendida como tendo uma estrutura básica, uma forma lógica, desaparece, dissolve-se, fragmenta-se, dando lugar aos jogos de linguagem[18], múltiplos, multifacetados, irredutíveis uns aos outros, que se definem como "um todo, consistindo de linguagem e das atividades a que esta está interligada". O § 23 ilustra bem isso:

> Quantas espécies de frases existem? Afirmação, pergunta e comando, talvez? – Há inúmeras dessas espécies: inúmeras espécies diferentes de emprego daquilo que chamamos de "signo", "palavras", "frases". E essa pluralidade não é fixa, um dado para sempre; mas novos tipos de linguagem, novos jogos de linguagem, como poderíamos dizer, nascem e outros envelhecem e são esquecidos. (Podemos ter uma visão aproximada disso com as mudanças na matemática.) O termo "*jogo* de lingua-

gem" deve aqui salientar que o falar de uma linguagem é parte de uma atividade ou de uma forma de vida. Imagine a multiplicidade dos jogos de linguagem por meio destes exemplos e de outros:

- Comandar, e agir segundo comandos.
- Descrever um objeto conforme a aparência ou conforme medidas.
- Produzir um objeto segundo uma descrição (desenho).
- Relatar um acontecimento.
- Conjecturar um acontecimento.
- Expor uma hipótese e prová-la.
- Apresentar os resultados de um experimento por meio de tabelas e diagramas.
- Inventar uma história, lê-la.
- Representar uma peça de teatro.
- Cantar uma cantiga de roda.
- Solucionar enigmas.
- Fazer uma anedota, contá-la.
- Resolver um problema de cálculo aplicado.
- Traduzir de uma língua para outra.
- Pedir, agradecer, maldizer, saudar, orar.

É interessante comparar a multiplicidade das ferramentas da linguagem e seus modos de emprego, a multiplicidade das espécies de palavras e frase com aquilo que os lógicos disseram sobre a estrutura da linguagem (Inclusive o autor do *Tractatus Logico-philosophicus*).

Temos nessa passagem inicialmente o questionamento da identificação tradicional da linguagem e do significado com tipos de sentenças a partir de sua forma linguística. Se adotamos, contudo, a noção de jogo de linguagem, o significado não é estabelecido pela forma da sentença e pelo sentido e referência de seus componentes, mas pelo uso ou função das expressões linguísticas nos diferentes contextos em que as empregamos e pelos efeitos e consequências que produzem em seus usos específicos. O mesmo tipo de sentença poderá ter portanto significados diferentes, em diferentes contextos; daí a célebre fórmula: "O significado de uma palavra é seu uso na linguagem"[19]. O significado é assim indeterminado, só podendo ser compreendido através da consideração do jogo de linguagem, o que envolve mais do que a simples análise da sentença enquanto tal. Os jogos de linguagem se caracterizam por sua multiplicidade, por sua pluralidade. Novos jogos surgem, outros desaparecem, a linguagem é dinâmica e só pode ser entendida a partir das formas de vida, das atividades de que é parte integrante. O uso da linguagem é uma prática social concreta. Por isso é importante imaginar os casos possíveis, examinar os contextos, considerar os exemplos. Os exemplos dados são deliberadamente diversificados, sendo todos colocados no mesmo plano. Não há nenhum privilégio do calcular sobre o cantar cantigas de roda. É importante notar na conclusão deste parágrafo o contraste entre esta nova proposta de ver a linguagem e a maneira como os lógicos a veem tradicionalmente, do ponto de vista de sua estrutura formal apenas, incluindo-se aí o próprio autor do *Tractatus*[20].

Não se encontra mais agora a ideia de um isomorfismo entre a linguagem e o real, uma das teses centrais do *Tractatus*, como vimos anteriormente. A linguagem não se define mais por sua relação com a realidade, nem a verdade é mais entendida como correspondência entre linguagem e realidade. Ao contrário, "o jogo de linguagem é uma totalidade, consistindo de linguagem e das atividades a que está interligada"[21].

Essa mudança na concepção de linguagem reflete-se também na concepção da tarefa da filosofia da qual é correlata. Se já encontramos no *Tractatus* a visão de que a filosofia não é um corpo doutrinário, mas uma atividade de elucidação, temos agora esta posição de certa forma radicalizada. A investigação filosófica se caracteriza como uma terapêutica, meio de "ensinar à mosca o caminho para fora da garrafa"[22].

É necessário examinar a linguagem a partir de seu uso, considerando os jogos de linguagem, suas regras, seu contexto – "os problemas filosóficos surgem quando a linguagem sai de férias"[23]; e "as confusões de que nos ocupamos surgem quando a linguagem é como um motor funcionando à toa, e não quando está fazendo seu trabalho"[24]. Os problemas filosóficos se originam, assim, em grande parte de uma consideração errônea, equivocada, da linguagem e de seu modo de funcionar.

A análise filosófica não é vista mais como um método de decomposição de um complexo em seus elementos constituintes, concepção que Wittgenstein critica em várias passagens das Investigações[25]. Com efeito, Wittgenstein nunca se propõe explicitamente a realizar uma análise da linguagem nas *Investigações filosóficas*. A tarefa filosófica é um processo de clarificação do sentido de nossa experiência através do exame do uso da linguagem, do estabelecimento das regras que tornam esse uso possível, do contexto em que esse uso se dá. "Queremos *compreender* algo que já está plenamente à nossa vista. Pois *isso* é o que em certo sentido não parecemos compreender"[26]. "Nossa investigação não está voltada para os fenômenos, mas sim para as possibilidades de fenômenos"[27].

A investigação filosófica é, portanto, gramatical, no sentido que Wittgenstein dá à "gramática" – o conjunto de regras de uso que explica o significado do termo nos diferentes jogos de linguagem de que participa. O esclarecimento é produzido assim por uma *Übersicht*[28], isto é, uma "visão geral" do uso; estabelecendo-se as diferentes formas de uso, levando-se em conta os elementos do contexto, determinando-se relações etc. Porém, nenhuma análise, nenhuma investigação desse tipo tem por objetivo estabelecer ou definir o significado de um termo de forma definitiva. Uma das consequências da visão de linguagem das *Investigações*, a partir da introdução das noções de jogo de linguagem e de uso, é a indeterminação do significado. Os resultados da análise são sempre provisórios e parciais. Não existe sequer um único método filosófico, mas diferentes métodos, como diferentes terapias[29], dependendo dos tipos de problemas a serem analisados[30].

Wittgenstein desenvolveu, nas *Investigações filosóficas*, o que podemos considerar uma concepção pragmática ao caracterizar o significado de uma palavra como o seu uso em um determinado contexto[31] e ao introduzir a noção de jogo de linguagem[32]. Segundo Wittgenstein, o significado não deve ser entendido como algo de fixo e determinado, como uma propriedade imanente à palavra, mas sim como a função que as expressões linguísticas exercem em um contexto específico e com objetivos específicos. O significado pode, por conseguinte, variar dependendo do contexto em que a palavra é utilizada e do propósito deste uso. As palavras não são utilizadas primordialmente para descrever a realidade como a semântica tradicional parecia supor, mas para realizar algum objetivo como fazer um pedido, dar uma ordem, fazer uma saudação, agradecer, contar anedotas etc.[33] São inúmeros esses usos e não há por que privilegiar um sobre o outro já que tudo depende dos objetivos particulares de quem usa a linguagem. A mesma palavra pode assim participar de diferentes contextos com diferentes significados. São esses diferentes contextos de uso com seus objetivos específicos que Wittgenstein caracteriza como *jogos de linguagem*. Essa noção visa dar conta de que as expressões linguísticas são sempre utilizadas em um contexto de interação entre falante e ouvinte, que as empregam com um objetivo determinado. A linguagem é sempre comunicação e a determinação do significado de uma palavra ou expressão depende da interpretação do objetivo de seu uso nesses contextos, não sendo, portanto, determinada de modo definitivo. Não podemos assim nunca generalizar, definindo como que uma entidade abstrata que seria o significado da palavra. Essa impossibilidade de generalização e a ênfase na consideração do contexto são alguns dos traços fundamentais que levam a se entender a concepção wittgensteiniana como pragmática.

Isso pode ser ilustrado através da análise do próprio termo "jogo" que encontramos nas *Investigações filosóficas*[34]. O que haveria em comum entre o uso desse termo para designar coisas tão diferentes como o jogo de xadrez e o jogo de futebol, o pôquer e o tênis? Empregamos esse termo em relação a jogos competitivos e recreativos, a jogos solitários como a paciência ou em equipe como o basquete. E talvez não devamos buscar algo comum entre todos esses usos, como uma essência ou característica básica definidora que todos devem compartilhar, mas é possível que haja apenas alguns traços característicos que nos permitem aproximar esses usos, sendo que alguns estão mais próximos, outros mais distantes. Wittgenstein usa para explicar isso a imagem da *semelhança de família*[35], segundo a qual os membros de uma mesma família se parecem, sem que haja necessariamente algo comum a todos. Podemos perceber essa semelhança em um retrato de grupo, mas talvez não quando olhamos para cada indivíduo separadamente. O caráter genérico do significado seria como uma semelhança de família. A metáfora do tecido também é utilizada nesse sentido na mesma passagem das *Investigações*. A variedade de usos forma como que um tecido em que os diferentes fios se entrelaçam para formar o todo, mas não há um único fio que percorre todo o tecido.

Wittgenstein considera assim que a análise filosófica deve trazer as palavras do plano metafísico para o uso comum[36]. Os problemas filosóficos devem ser elucidados levando-se em conta os usos das palavras e expressões que incluem. Dessa forma, a maioria dos problemas tradicionais não seriam resolvidos, mas dissolvidos. Quando se examina o uso concreto das expressões, percebe-se que em grande parte dos casos os equívocos resultam de confusões, falsas analogias, semelhanças superficiais, incapacidade de perceber distinções. É porque uso as expressões "Tenho uma nota de dez reais no meu bolso" e "Tenho uma ideia em minha mente" que sou levado a crer que a mente é um espaço interior que tem como conteúdo ideias, tal como o bolso pode conter uma nota. Uma análise do emprego do verbo "ter" nesses casos revela, contudo, que se tratam de usos inteiramente distintos do mesmo verbo. Um exame dos diferentes contextos, dos jogos de linguagem e do uso das palavras neles revela essas distinções e permite o esclarecimento dos problemas, evitando generalizações e equívocos.

Os jogos são jogados de acordo com regras que podem ser mais ou menos explícitas, mais ou menos formais. Do mesmo modo, os jogos de linguagem possuem regras que definem o que é ou não válido, segundo as quais os objetivos podem ser alcançados. São regras de uso, regras pragmáticas[37], constitutivas dos jogos, tornando possíveis os atos que aqueles que jogam realizam. Analisar o significado das palavras consiste em situá-las nos jogos em que são empregadas, consiste em perguntarmos o que os participantes nos jogos fazem com essas palavras, isto é, consiste em mapearmos as regras segundo as quais jogam, segundo as quais realizam lances válidos nesses jogos. Assim como no jogo de xadrez o que importa não são as figuras das peças, mas a maneira como funcionam no jogo, também na linguagem o que importa são as funções que as palavras podem exercer nos jogos de linguagem. As regras estabelecem como e para que podemos usá-las e em que circunstâncias isso pode ser feito.

A concepção wittgensteiniana do método de análise pode ser ilustrada pela seguinte passagem das *Investigações filosóficas* (§ 77): "Diante dessa dificuldade pergunte sempre: Como aprendemos o conceito dessa palavra ("bom", por exemplo)? De acordo com que exemplos, em que jogos de linguagem? Você verá então mais facilmente que a palavra deve ter uma família de significações". Além disso, devemos sempre considerar vários tipos de uso, compará-los e contrastá-los. "Uma causa principal das doenças filosóficas – dieta unilateral: alimentamos nosso pensamento apenas com uma espécie de exemplo"[38].

 **Obras**

Bibliografia básica

WITTGENSTEIN, Ludwig. *Philosophical Occasions*. Indianapolis/Cambridge: Hackett, 1993.

_____ *Tractatus Logico-Philosophicus*. São Paulo: Edusp, 1993.

_____ *Investigações filosóficas*. Coleção Os Pensadores. São Paulo: Abril, 1975.

_____ *Über Bewissheit/On Certainty*. Oxford: Blackwell, 1974.

_____ *The Blue and Brown Books*. Oxford: Blackwell, 1972.

_____ *Philosophische Untersuchungen*. Frankfurt: Suhrkamp, 1967.

Principais comentários

BAKER, G.P. & HACKER, P.M.S. *Wittgenstein*: Rules, Grammar and Necessity, vol. 2 of an Analytic Commentary on the Philosophical Investigations. Oxford: Blackwell, 1985.

_____ *An Analytic Commentary on Wittgenstein's Philosophical Investigations*. Oxford: Blackwell, 1980.

_____ *Wittgenstein: Meaning and Understanding* – Essays on the Philosophical Investigations. Oxford: Blackwell, 1980.

CAVELL, Stanley. The Availability of Wittgenstein's Later Philosophy. In: *Must we mean what we say?* Cambridge: Cambridge University Press, 1976.

GLOCK, H. *Dicionário Wittgenstein*. Rio de Janeiro: Zahar, 1998.

HACKER, P.M.S. *Wittgenstein*: sobre a natureza humana. São Paulo: Unesp, 1999.

_____ *Wittgenstein's Place in Twentieth-Century Analytic Philosophy*. Oxford: Blackwell, 1996.

_____ *Wittgenstein*: Meaning and Mind, vol. 3 of An Analytic Commentary on the Philosophical Investigations. Part I: Essays, Part II: Exegesis. Oxford: Blackwell, 1993.

_____ *Wittgenstein*: Rules, Grammar and Necessity, vol. 2 of an Analytic Commentary on the Philosophical Investigations. Oxford: Blackwell, 1985.

_____ *Insight and Illusion*: Wittgenstein on Philosophy and the Metaphysics of Experience. Oxford: Oxford University Press, 1972.

MARCONDES, Danilo. Wittgenstein: linguagem e realidade. In: *Cadernos pedagógicos e culturais*, 1995, vol. 3, n. 2; vol. 4, n. 1.

MARQUES, Edgar. *Wittgenstein e o Tractatus*. Rio de Janeiro: Zahar, 2005.

MORENO, Arley Ramos. *Wittgenstein*: os labirintos da linguagem. Campinas: Unicamp, 2000.

PEARS, David. *As ideias de Wittgenstein*. São Paulo: Cultrix, 1971.

PINTO, Paulo Margutti. *Iniciação ao silêncio*: análise do *Tractatus* de Wittgenstein. São Paulo: Loyola, 1998.

RUSSELL, Bertrand. *Da denotação*. Coleção Os Pensadores. São Paulo. Abril, 1975.

RYLE, Gilbert. *Expressões sistematicamente enganadoras*. Coleção Os Pensadores. São Paulo: Abril, 1975.

Biografia

MONK, R. *Wittgenstein* – O dever do gênio. São Paulo: Cia. das Letras, 1995.

SELEÇÃO DE TEXTOS

Tractatus Logico-Philosophicus (1921)

"Toda a minha tarefa consiste em explicar a natureza da proposição."

Ludwig Wittgenstein, *Cadernos*, 1914-1916 (22/01/1915).

3.323. Na linguagem corrente acontece com muita frequência que uma mesma palavra designe de maneiras diferentes – pertença, pois, a símbolos diferentes – ou que duas palavras que designam de maneiras diferentes sejam empregadas, na proposição, superficialmente do mesmo modo.

Assim, a palavra "é" aparece como cópula, como sinal de igualdade e como expressão de existência; "existir" como verbo intransitivo, tanto quanto "ir"; "idêntico", como adjetivo; falamos de *algo*, mas também de acontecer *algo*.

(Na proposição "Rosa é rosa" – onde a primeira palavra é nome de pessoa, a última é um adjetivo – essas palavras não têm simplesmente significados diferentes, mas são *símbolos diferentes*.)

3.324. Assim nascem facilmente as confusões mais fundamentais (de que toda a filosofia está repleta).

3.325. Para evitar esses equívocos, devemos empregar uma notação que os exclua, não empregando o mesmo sinal em símbolos diferentes e não empregando superficialmente da mesma maneira sinais que designem de maneiras diferentes. Uma notação, portanto, que obedeça à gramática *lógica* – à sintaxe lógica.

(A ideografia de Frege e Russell é uma tal notação, que não chega, todavia, a excluir todos os erros.)

Investigações filosóficas (1952)

Na *práxis* do uso da linguagem um parceiro enuncia as palavras, o outro age de acordo com elas [...] Chamarei de "jogo de linguagem" a totalidade consistindo de linguagem e ações com que está entrelaçada (§ 7).

Pense nas ferramentas em sua caixa apropriada: lá estão um martelo, um tubo de cola, uma serra, uma chave de fenda, um metro, um vidro de cola, pregos e parafusos. Assim como são diferentes as funções desses objetos, assim também são diferentes as funções das palavras (também há semelhanças aqui e ali).

Com efeito, o que nos confunde é a uniformidade da aparência das palavras, quando estas nos são ditas, ou quando com elas nos defrontamos na escrita e na imprensa. Pois seu emprego não nos é tão claro. E especialmente não o é quando filosofamos! (§ 11).

323 ■

Mentalismo/linguagem privada

Quando porém se diz "Como posso saber o que ele tem em mente (*meint*) se vejo apenas os seus signos", então eu digo: "Como pode ele saber o que tem em mente, se ele também tem apenas seus signos" (§ 504).

Pensar é uma espécie de falar? [...] Diga as sentenças: "A pena da caneta está gasta. Ora, ora, ela funciona!" Uma vez pensando outra sem pensar, então pense apenas os pensamentos, sem palavras (§ 330).

Método de análise

Considere, por exemplo, os processos que chamamos de "jogos". Refiro-me a jogos de tabuleiro, de cartas, de bola, torneios esportivos etc. O que é comum a todos eles? Não diga algo deve ser comum a todos eles, senão não se chamariam "jogos" mas veja se algo é comum a todos eles. Pois, se você os contempla, não verá na verdade algo que fosse comum a todos, mas verá semelhanças, parentescos. Como disse: "Não pense, mas olhe!" (§ 66).

Quando os filósofos usam uma palavra – "saber", "ser", "objeto", "eu", "proposição", "nome" – e procuram apreender a *essência* da coisa, deve-se sempre perguntar: Essa palavra é usada de fato desse modo na língua em que ela existe? *Nós* reconduzimos as palavras de seu emprego metafísico para seu emprego cotidiano" (§ 116).

Aqui encontramos a grande questão que está por trás de todas essas considerações. Pois poderiam objetar-me: "Você simplifica tudo! Você fala de todas as espécies de jogos de linguagem possíveis, mas em nenhum momento disse o que é essencial do jogo de linguagem, e portanto da própria linguagem. O que é comum a todos esses processos e os torna linguagem ou partes da linguagem. Você se dispensa, pois, justamente da parte da investigação que outrora lhe proporcionara as maiores dores de cabeça, a saber, aquela concernente à *forma geral da proposição* e da linguagem".

E isso é verdade. Em vez de indicar algo que é comum a tudo aquilo que chamamos de linguagem, digo que não há uma coisa comum a esses fenômenos, em virtude da qual empregamos para todos a mesma palavra, mas sim que estão *aparentados* uns com os outros de muitos modos diferentes. E por causa desse parentesco ou desses parentescos, chamamo-los todos de "linguagens" (§ 65).

Não há *um* método na filosofia, mas métodos, como diferentes terapias (§ 133).

1. Este texto é uma versão reelaborada de *Wittgenstein: linguagem e realidade*, publicado em 1995 nos *Cadernos Pedagógicos e Culturais*, vol. 3, n. 2 e vol. 4, n. 1.

2. MALCOLM, Norman, 1966, p. 39.

3. Trata-se de uma referência à teoria das descrições de Russell. Ver *On denoting* (1905), republicado na Coleção Os Pensadores (1975) com o título de *Da denotação*.

4. *Tractatus*, proposição 4.112.

5. Ibid., 4.221.

6. HACKER, 1972, p. 26.

7. *Tractatus*, proposição 4.461.

8. Ibid., 2.1-2.225.

9. Ibid., 2.17, 2.18.

10. Ibid., 2.13.

11. Ibid., 2.14, 2.15, 2.151, 2.1514.

12. Ibid., 3.12.

13. Ibid., 3.11.

14. Ibid., 2.223.

15. Ibid., 6.54.

16. *Investigações*, § 23.

17. PEARS, David, 1971.

18. *Investigações*, § 7.

19. Ibid., § 43.

20. Cf. também § 107.

21. *Investigações*, § 7.

22. Ibid., § 309.

23. Ibid., § 38.

24. Ibid., § 132.

25. Ibid., § 60, 61, 63 e 64.

26. Ibid., § 89.

27. Ibid., § 90.

28. BAKER & HACKER, 1980, cap. XIV.

29. *Investigações*, § 133.

30. Ibid., § 109.

31. Ibid., § 43, 432.

32. *Investigações filosóficas*, § 7.

33. *Investigações*, § 23.

34. Ibid., § 66-70.

35. Ibid., § 67.

36. Ibid., § 161.

37. Ibid., § 54, 82-88, 567.

38. Ibid., § 593.

Popper

Gustavo Caponi *

 **O filósofo e o seu tempo**

Karl Raimund Popper nasceu em Viena, Áustria, em 28 de julho de 1902. Os seus pais, Simon Popper e Jenny Schiff, eram ambos de origem judaica, mas não eram nem praticantes nem crentes; e, antes do nascimento de seus filhos, ambos se converteram ao luteranismo com o único fim de se assimilar a uma sociedade majoritariamente cristã e permeada de sentimentos antissemitas. Simon era um advogado de ideias políticas liberais e de considerável cultura filosófica que tinha obtido o seu doutorado em direito na Universidade de Viena; e foi nessa instituição que Karl, o menor dos seus três filhos, começou os seus estudos universitários em 1918: o mesmo ano no qual Áustria e Alemanha capitularam frente à França e Inglaterra depois da *Grande Guerra* que tinha começado em 1914.

Eram tempos difíceis: a guerra tinha deixado a Áustria arruinada; e os anos que se seguiram ao armistício foram um conturbado período de terrível penúria econômica e de permanente agitação social e política ao qual o jovem Popper não pôde se subtrair: os seus pais ficaram falidos economicamente, e ele teve que custear os seus estudos realizando trabalhos manuais malremunerados. Contudo, em 1928, Popper defendeu a sua tese doutoral *Sobre o problema do método na psicologia do pensar*; e, no ano seguinte, para obter a sua habilitação como professor de matemática e física na escola secundária, também defendeu uma tese sobre a axiomatização da geometria. Mas, se fizermos caso ao que o próprio Popper nos diz na sua autobiografia, poderíamos concluir que essas datas foram para ele muito menos importantes do que o 29 de maio de 1919.

Naquele dia, um eclipse total do sol serviria como experimento crucial para avaliar a revolucionária *teoria geral da relatividade* que Albert Einstein tinha enunciado em 1916; e tanto a própria possibilidade desse teste quanto seu resultado, favorável à nova teoria e adverso à física clássica, produziram em Popper uma profunda impressão. O resultado do teste o persuadiu de que

---

* Doutor em Filosofia pela Universidade Estadual de Campinas (Unicamp) e pós-doutor pelo Centre National de la Récherche Scientifique, CNRS, França. Professor do Departamento de Filosofia da Universidade Federal de Santa Catarina (UFSC).

nenhuma teoria científica, nem sequer uma tão solidamente estabelecida como a física clássica, podia ser considerada como uma conquista definitiva da ciência. A própria possibilidade dessa observação fez germinar em sua mente a ideia de que a nota distintiva do conhecimento científico não era outra do que a sua notável capacidade de ser submetido ao tribunal da experiência, virtude da qual não pareciam gozar outras construções teóricas das que muito se falava e se discutia naqueles anos: a *psicanálise* de Freud e a *psicologia individual* de Adler.

Mas Popper concluiu que esse também era o caso do marxismo: doutrina em cujos princípios, considerados frequentemente como axiomas inamovíveis, muitos acreditavam encontrar as respostas para a crise social e política na qual toda a Europa mergulhava. Essa conclusão epistemológica a que Popper chegou nos seus primeiros anos de estudante parece ser a chave do seu progressivo afastamento do ideário socialista com o qual inicialmente ele tinha simpatizado. Se todo conhecimento humano é falível, começou a pensar Popper, então, nossos projetos políticos devem evitar fundar-se em posições teóricas imunes à crítica: a certeza é tão inimiga da racionalidade científica como da racionalidade política, e toda proposta de *reforma social*, da mesma forma que qualquer opção teórica, deve ser retificável à luz da experiência. Pode-se dizer, entretanto, que a essa ideia originária da epistemologia popperiana faltava ainda a antítese diante da qual pudesse se afirmar e se configurar como uma tese filosófica relevante e articulada. Esse foi o papel fundamental do *positivismo lógico* do *Círculo de Viena* na constituição do pensamento popperiano.

Popper nunca frequentou o grupo seleto que se reunia ao redor de Moritz Schlick; já por isso não o podemos considerar como um membro do *Círculo de Viena*. Mas, independentemente desta contingência, ele conhecia muito bem as ideias fundamentais do movimento desde antes de seu lançamento formal em 1929. Além disso, nos inícios dos anos 1930, Popper teve o privilégio de discutir as suas teses epistemológicas em diferentes foros informais em que também participavam vários membros do *Círculo* como Victor Kraft e Fritz Waismann. Em 1930, precisamente um desses membros, Herbert Feigl, o estimulou a escrever um livro sobre os problemas da indução e da demarcação. A obra ia se chamar *Os dois problemas fundamentais da teoria do conhecimento* e seu volumoso manuscrito, concluído em 1932, foi lido e discutido por outros membros do *Círculo*, dentre os quais Otto Neurath e Rudolf Carnap.

Mas foram Philipp Frank e Moritz Schlick quem, em 1933, aceitaram incluir a obra em uma coleção que eles dirigiam e era publicada pela editora Springer. Esta última, entretanto, negou-se a aceitar uma obra tão extensa, de modo que, em 1934, dos sucessivos esforços que Popper fez por resumir o seu trabalho, surgiu a *Lógica da descoberta científica*. Assim, depois de quase cinco anos nos quais Popper pôde dar forma à sua tese à luz de suas polêmicas diretas com os membros do *Círculo de Viena*, sua primeira obra era lançada ao mundo com o auspício desses mesmos interlocutores. Mas, embora o impacto dela tenha sido significativo, seu autor não teve muito tempo para usufruir seu incipiente prestígio: Viena estava deixando de ser um lugar seguro para um intelectual liberal e de origem judaica. Depois de duas viagens, em 1935 e 1936, para ditar conferências na Inglaterra, e diante da ameaça da anexação da Áustria pela Alemanha nazista, fato que veio a ocorrer em 1938, Popper renunciou ao seu posto de professor secundário.

Aceitou, então, uma nomeação como professor no *Canterbury University College* de Christchurch, na Nova Zelândia, onde chegou em março de 1937. Lá permaneceu, não muito à vontade, durante virtualmente toda a Segunda Guerra Mundial, ou seja, até 1945.

Ali, mesmo sem gozar de boas condições para se dedicar à pesquisa, Popper escreveu duas grandes obras, mutuamente complementares e claramente comprometidas com o difícil período histórico que se estava vivendo: *A miséria do historicismo* e *A sociedade aberta e seus inimigos*, ambas em inglês. A primeira pode ser caracterizada como um trabalho sobre filosofia das ciências humanas e a segunda como um texto de filosofia política destinado a reivindicar a democracia; mas ambas as questões estão presentes tanto em uma quanto na outra obra. O historicismo marxista é o alvo principal, mas não exclusivo, da primeira; e os totalitarismos, de esquerda e direita, fascismo e estalinismo, são o alvo da segunda.

A miséria do historicismo apareceu sob a forma de três artigos publicados entre 1944 e 1945; e *A sociedade aberta e seus inimigos* foi publicada em Londres em 1945. A repercussão dos dois trabalhos foi muito positiva e imediata. Naquele mesmo ano, Popper recebeu um convite de Ludwig Von Hayek para assumir a Cátedra de Lógica e Filosofia da Ciência da *London School of Economics and Political Science*, posição que ocupou desde 1946 até sua aposentadoria em 1969. Nesses 23 anos, suas teses nunca deixaram de ocupar um lugar central na agenda da filosofia da ciência; e, em 17 de setembro de 1994, quando a morte o alcançou em Kengley, Inglaterra, suas obras já eram definitivamente clássicos da filosofia contemporânea. Entre estas, além das já mencionadas, destacam-se ainda outras duas: *Conjeturas e refutações*, de 1963; e *Conhecimento objetivo*, de 1972.

 ## A filosofia de Popper

Embora Karl Popper tenha sido algo mais do que um filósofo da ciência, a chave articuladora de todo o seu pensamento reside na sua epistemologia; e é o *falibilismo*, sem dúvida nenhuma, o ponto de arranque de sua reflexão sobre o conhecimento científico. Essa é, por outro lado, a primeira grande lição que Popper tira da revolução relativista: no domínio das ciências empíricas, naturais ou sociais, nenhuma teoria pode ser considerada uma aquisição definitiva do espírito humano, ou seja, nenhuma teoria pode ser considerada como definitivamente estabelecida ou definitivamente provada. Nenhuma teoria, por bem-alicerçada que ela pareça, está livre do risco de que, dentro do seu campo de aplicação, venham a surgir problemas que ela não seja capaz de resolver e que nos obriguem a procurar a sua substituição por uma teoria melhor; isto é, por uma teoria capaz de resolver tanto esses novos problemas como os problemas que a velha teoria já resolvia. Por isso, uma teoria científica deve sempre ser considerada como uma conjetura, uma hipótese, passível de ser revisada ou inclusive abandonada à luz de novos desenvolvimentos conceituais e, sobretudo, à luz da nova evidência empírica que possa vir a surgir.

Mas este fato não deve nos espantar: nossos meios e recursos para justificar a aceitação de uma teoria, pelo menos no domínio da ciência empírica, sempre são limitados e dependem também do grau ou do nível de desenvolvimento da própria ciência. Por isso, mesmo que, dado nosso estado atual de conhecimento, possamos chegar a pensar que uma teoria está solidamente estabelecida e que não há razões à vista para pensar que ela esteja errada, isso não deve nos levar a esquecer que esse julgamento depende inteiramente da evidência empírica disponível e das referências teóricas a partir das quais interpretamos essa evidência. Amanhã, novos dados, produzidos talvez a partir de técnicas de observação ou de experimentação antes desconhecidas, ou novas perguntas, suscitadas por novos desenvolvimentos teóricos, poderão nos fazer ver que nossa teoria era menos satisfatória do que antes nos parecia.

Toda teoria sempre é julgada a partir do observado e do pensado em uma determinada conjuntura do desenvolvimento de uma ciência. Mas esse universo sempre restrito do observado e do pensado não esgota nunca o universo sempre mais amplo, e possivelmente infinito, de tudo aquilo que pode ser observado e pensado. Nem o efetivamente observado esgota a esfera do observável, nem aquilo que por agora é pensado nunca esgota a esfera do pensável; e aí, nas trevas do ainda não observado ou do ainda não pensado, sempre pode estar escondido o dado que contradiz nossa teoria ou a pergunta que ela se mostra incapaz de responder. Por isso, se as nossas teorias nunca podem ser inteiramente confiáveis, se elas sempre podem acabar se mostrando falsas ou insuficientes, o único que fica é a permanente vigilância crítica sobre elas. Mas, para que essa vigilância seja factível e efetiva, necessitamos de teorias que sejam passíveis de serem submetidas ao recurso crítico mais importante e poderoso com que contamos; e esse recurso não é outro do que a própria experiência. Eis aí a importância da *falseabilidade* como critério de demarcação entre ciência e *não ciência*.

Uma teoria científica pode ser criticada desde diferentes pontos de vista: podemos examinar sua coerência interna, podemos avaliar seu poder heurístico, podemos discutir sua compatibilidade com outras teorias vigentes e, sobretudo, com aquelas teorias que consideramos mais fundamentais do que ela; mas, sem dúvida nenhuma, a observação e a experimentação constituem o critério mais poderoso e relevante de avaliação. Os critérios formais e conceituais são suficientes, e são os únicos com que contamos para avaliar formulações matemáticas e concepções metafísicas; ali, as demonstrações e os argumentos verbais são soberanos. Mas o que define a ciência empírica, e constitui sua característica distintiva, é a possibilidade de discutir e de avaliar os seus desenvolvimentos, apelando a essas formas particulares de argumentação que são a observação e o experimento.

Não é que as outras formas de argumentação não sejam importantes na ciência empírica; nem sequer se trata de dizer que elas sejam secundárias ou subalternas. Mas, quando os critérios conceituais e puramente teóricos resultam insuficientes para decidir sobre o valor de uma teoria ou para nos permitir escolher entre duas teorias alternativas, a experiência aparece como um recurso fundamental e imprescindível de avaliação. E o que Popper nos diz é que nenhuma teoria incapaz de ser submetida a esse tribunal de avaliação pode ser considerada como parte da ciência empírica. Eis aí o critério falseacionista de demarcação entre ciência e não ciência: um enunciado ou sistema de enunciados que não possa ser submetido, direta ou indiretamente, à avaliação experimental ou observacional deve ser considerado como não científico.

Assim, enunciados como "a alma é uma substância simples" ou "a soma dos ângulos internos de um triângulo é igual a dois retos" não poderão ser considerados como científicos: não por serem desprovidos de sentido ou de valor de verdade, mas pelo simples fato de que não existe nenhum procedimento observacional ou experimental que seja pertinente para avaliá-los e que nos forneça algum indício significativo sobre sua verdade ou falsidade.

Para Popper, a experiência pode ser entendida como um conjunto de enunciados que descrevem eventos singulares ocorridos em coordenadas espaçotemporais definidas e que, em um momento dado do desenvolvimento de uma ciência, a comunidade científica aceita como verdadeiros; e ela pode ser também definida como o conjunto de procedimentos para estabelecer esses enunciados que essa comunidade, nesse momento específico, aceita como válidos (pensemos em técnicas experimentais, em técnicas de observação, de medição etc.). Mas, seja como for, o que importa é que uma teoria científica possa ser contrastada com esses enunciados ou que possa ser avaliada a partir desses procedimentos; coisa que obviamente não ocorre com os enunciados das matemáticas e da metafísica.

Quer dizer, o critério popperiano de demarcação não está destinado a condenar a metafísica, como tampouco a incorrer no ridículo de pretender condenar as ciências formais por elas serem incontrastáveis empiricamente. O seu objetivo é simplesmente definir a ciência empírica determinando o que forma e o que não forma efetivamente parte dela. Contudo, ao nos dar essa definição, o critério falseacionista nos permite uma caracterização de outro tipo de discurso que, diferentemente da matemática e da metafísica, pretende se confundir com a ciência. Trata-se do que Popper chama *pseudociência*: sistemas de enunciados que pretendem explicar fenômenos observáveis, mas o fazem a partir de teorias que não podem ser empiricamente contrastáveis. Esse seria o caso, segundo Popper, do marxismo e da psicanálise. Mas nestes tempos contamos com um exemplo mais claro do que estes: a teoria do *Intelligent Design* que hoje alguns invocam para explicar alguns fenômenos biológicos. A ciência, diria Popper, pode conviver e até se beneficiar das teses metafísicas, e nem que dizer das ciências formais; mas ela tem que evitar o contubérnio com discursos pseudocientíficos.

Popper sabia, entretanto, que a sua distinção entre ciência e não ciência não era uma distinção lógica absoluta como aquela que os positivistas lógicos queriam estabelecer entre a ciência e a metafísica. A demarcação popperiana é uma distinção sempre dependente de um contexto discursivo específico, e ela pode ser alterada pelo próprio desenvolvimento da ciência. Assim, uma teoria que hoje consideramos como metafísica ou pseudocientífica, amanhã, em função de uma nova formulação, ou em função da invenção de novas técnicas de observação ou de experimentação, poderá vir a se transformar em parte da ciência empírica. Mas, para entender a reflexão metodológica popperiana, esse caráter contextual de sua distinção entre ciência e não ciência é definitivamente menos importante do que as limitações lógicas inerentes à ideia de *falseabilidade*.

Popper sempre sublinhou a diferença lógica existente entre a ideia de *falseamento* e a ideia de *verificação*. Se afirmarmos que "todos os brasileiros falam alemão", um passeio pelas ruas de Pomerode, em Santa Catarina, pode nos fornecer um número nada desprezível de "instâncias confirmadoras" de nossa hipótese; entretanto, ninguém diria que a verdade do enunciado "Franz Müller, natural de Pomerode, fala alemão" implique a verdade de "todos os brasileiros falam alemão". E não se trata aqui de uma questão metodológica, mas sim de uma questão lógica: nunca a verdade de um enunciado particular implica a verdade de um enunciado universal, ainda que aquele se derive deste.

Entretanto, se depois do passeio por Pomerode nos dirigimos à Ilha de Santa Catarina e testamos a competência em língua alemã de vários nativos, o resultado de nossa enquete nos persuadiria rapidamente do errado de nossa hipótese. E mais: a constatação de que "o primeiro de nossos entrevistados, Manoel Arante, nativo da Ilha, não entende absolutamente nada de alemão" implicaria por si só a falsidade de nossa hipótese inicial. Mais uma vez se trata de uma questão lógica: a verdade de um enunciado inferido a partir de outro enunciado não implica a verdade deste, mas a falsidade daquele, sim, implica a falsidade do segundo. Eis aí a assimetria lógica entre falseamento e confirmação que levou Popper a pensar que a experiência podia servir como instância falseadora das teorias científicas, mas não como instância verificadora.

Contudo, esse falseamento pode ser menos concludente do que à primeira vista parece. Até em um caso tão simples como aquele que acabamos de analisar podemos encontrar vários recursos argumentais para defender nossa hipótese inicial: poderíamos questionar nossos critérios ou métodos para a identificação de *nativos* ou poderíamos justificar o nosso fiasco argumentando que os *ilhéus* são muito tímidos e se esquecem do alemão quando são entrevistados por desconhecidos. Claro, nossa hipótese é tão obviamente falsa e nossos argumentos em sua defesa são tão fracos que ninguém os levaria a sério; mas o fato de que tais argumentos sejam logicamente possíveis nos faz pensar que o falseamento instantâneo ou conclusivo de uma proposição pode ser tão quimérico como a sua verificação conclusiva.

Por outro lado, em contextos teóricos mais complicados, pensemos em uma discussão sobre física subatômica ou sobre biologia evolucionária, a possibilidade de defender uma teoria frente a uma possível evidência falseadora pode vir a se apoiar em argumentos muito mais legítimos e razoáveis do que aqueles de nosso exemplo. Aí, quase qualquer instância de falseamento poderia ser recusada apelando sempre às *boas razões*; e isto parece esvaziar a experiência desse poder crítico que Popper lhe atribuía. Por isto, para superar essa dificuldade, Popper nos propõe ir para além da análise puramente lógica e ingressar no domínio, muito mais útil e esclarecedor, da reflexão metodológica. Trata-se, segundo ele, de propor um conjunto de regras de procedimento que proíbam ou limitem a possibilidade de proteger uma teoria ameaçada, apelando a argumentos que desautorizem ou desprezem as suas instâncias falseadoras.

Popper não desconhecia que esses argumentos *imunizadores* eram logicamente possíveis e, portanto, logicamente legítimos. Sua análise lógica da falseabilidade assim o tinha mostrado: sempre se podem procurar argumentos para proteger uma teoria ameaçada pela evidência empírica. Por si própria, a experiência nunca tem a última palavra; e sempre se podem recusar as hipóteses auxiliares ou os recursos experimentais usados na produção de dados contrários a uma teoria. Mas esse modo de proceder, dizia Popper, é contrário ao desenvolvimento e ao progresso da ciência porque nos inibe da possibilidade de descobrir os erros de nossas teorias. Por isso, na medida do possível, entre defender a teoria e atender ao veredicto da experiência, teríamos que tender a preferir esta última alternativa. Assumindo a falibilidade e o caráter conjetural do conhecimento científico, a metodologia falseacionista nos chama a exercer o máximo de rigor crítico sobre o nosso pretenso saber sem nos deixar tentar pelas atitudes dogmáticas que podem malograr as oportunidades de descobrir os erros escondidos nas malhas de nossas teorias mais respeitadas e melhor sucedidas.

Assim, ao adotar a perspectiva metodológica, Popper se situa em um plano de reflexão totalmente diferente daquele no qual se tinham situado os positivistas lógicos: no lugar de discriminar entre enunciados ou sistemas de enunciados, procurando estabelecer seu estatuto intrínseco de cientificidade, as regras metodológicas popperianas nos incitavam a julgar nossos modos de proceder frente a esses sistemas de enunciados. Já não são estes os que terão que ser considerados primariamente científicos ou não científicos, mas serão nossos modos de tratá-los os que inicialmente merecerão essas qualificações. Esses modos de proceder serão o que acabará definindo o caráter científico ou não científico dos enunciados por eles afetados. Em última instância, os enunciados serão ou não contrastáveis em virtude do que nós fazemos com eles; e, ao dizer que na ciência só devem ser admitidos enunciados contrastáveis, estaremos dizendo que nenhum enunciado deve ser protegido ou imunizado face à evidência observacional.

Quando um enunciado começa a gozar dessa questionável prerrogativa, dirá Popper, ele fica automaticamente excluído do domínio da ciência empírica; e isto não é mais do que um outro modo de dizer que este enunciado ficou fora do alcance de qualquer tentativa de falseamento. Assim, melhor que dizer que o marxismo é uma teoria pseudocientífica, seria dizer que os marxistas não procederam cientificamente com ela. Isso é o que efetivamente Popper diz em *A sociedade aberta e seus inimigos*: não é que o marxismo não seja científico em si, são os marxistas, ou a tradição marxista, que virou não científica por se negar a revisar os seus pressupostos à luz da experiência histórica. Mas cuidado: esta resposta metodológica que Popper propõe para superar os limites lógicos do falseamento não está, tampouco ela, isenta de dificuldades, e algumas delas podem ser compreendidas à luz do que o próprio Popper nos diz da experiência: para ele não existia nada semelhante a enunciados básicos, empíricos, indubitáveis. A experiência era para ele também uma trama de conjeturas passíveis de serem submetidas à crítica: tratava-se, como vimos, de enunciados provisoriamente aceitos como válidos por uma comunidade de pesquisadores. Assim, a própria epistemologia popperiana contempla a possibilidade de revisar e recusar os enunciados empíricos.

Por outro lado, a máxima segundo a qual temos que ser críticos impiedosos de nossas teorias, preferindo sempre as instâncias de falseamento à preservação de nossas teorias, pode ser contestada com base em muitos exemplos históricos. Toda teoria, poderíamos dizer, lembrando

Imre Lakatos, nasce e se desenvolve sempre rodeada por um mar de anomalias; quer dizer, assediada por uma multidão de problemas que ela não pode resolver e ameaçada por evidência empírica que aparentemente a contradiz. Mas a ciência avançou, e conseguiu os seus feitos, não só pela audácia que os cientistas mostraram para inventar novas teorias e desprezar as velhas, mas também pela perseverança que eles mostraram na hora de defender as teorias com que estavam trabalhando. Nem a física clássica, nem a física relativista, nem a mecânica quântica teriam conseguido os resultados que obtiveram se os seus cultores tivessem desistido delas diante da primeira dificuldade encontrada; e o mesmo se pode dizer da biologia evolucionária darwinista: sem uma saudável dose de dogmatismo por parte dos defensores da teoria da seleção natural nunca se teria chegado à *nova síntese*.

O problema, do qual Popper era consciente, mas ao qual nunca conseguiu dar uma resposta satisfatória, é o de saber quando ser dogmático e até que ponto ser crítico; e o mais seguro é que não seja possível dar uma resposta metodológica geral, *a priori*, para essa questão: as decisões metodológicas só podem justificar-se *a posteriori*, *après coup*, em função de suas consequências em domínios e em situações concretas de pesquisa. É digno de ser sublinhado, por outro lado, que quando os cientistas tomam esse tipo de decisões, fazem-no na base de razões teóricas que, em dado contexto específico, podem resultar perfeitamente racionais e justificáveis: seria ingênuo pensar que quando um pesquisador insiste em conservar uma teoria frente à evidência empírica que surge em sua oposição, ele esteja atuando assim por pura tenacidade ou por alguma fé cega de que mais tarde as coisas se arrumarão. É o contexto teórico geral o que o está compelindo a agir desse modo, e exigir ao cientista que atue *popperianamente* seria o mesmo que lhe exigir que ponha entre parênteses a sua capacidade de julgamento: seria lhe pedir que atue irracionalmente.

Mas deixemos agora essas dificuldades de lado e analisemos outra característica singular da metodologia popperiana: o seu caráter preeminentemente negativo. A metodologia de Popper fala, primariamente, sobre modos de proceder em relação a teorias já dadas; mas pouco ou nada parece nos dizer sobre os procedimentos envolvidos na construção ou no descobrimento dessas teorias. Dizemos que se trata de uma metodologia negativa porque sua preocupação fundamental parece ser a de propor regras que nos sirvam para descobrir enganos, e não regras para os evitar ou para gerar novas teorias que possam resultar confiáveis. Não é que Popper negue que os cientistas contem, em cada domínio disciplinar, com procedimentos mais ou menos padronizados para a produção de dados que possam ser considerados confiáveis. Tampouco ele nega, ou ignora, que existam regras de inferência, mais ou menos implícitas, para produzir hipóteses plausíveis a partir desses dados. Mas esses procedimentos e essas regras são para ele parte do próprio conhecimento científico e não parte dessa guardiã da racionalidade que viria a ser a metodologia geral da ciência.

Assim, reconhecendo que essas regras e procedimentos são parte do próprio conhecimento científico, estamos dizendo que elas encontram neste conhecimento a sua fonte de legitimação e, portanto, são tão falíveis e revisáveis quanto o próprio corpo de conhecimento que lhes dá sustentação e sentido. Quer dizer: para Popper, não há procedimentos para a formulação de teorias que não estejam, por sua vez, teoricamente comprometidos e que sejam mais infalíveis ou mais seguros que essas teorias sobre as quais e apoiam. Não existe, tampouco, nenhum procedimento para produzir dados empíricos que não esteja teoricamente comprometido; e, portanto, não existe informação empírica que possa ser produzida independentemente de nossas teorias. Não há, de modo algum, dados ou enunciados observacionais puros; todo enunciado observacional já é uma construção teórica e, portanto, conjectural e revisável. Uma medição de temperatura, por exemplo, só é *confiável* na medida em que aceitamos a teoria física que explica o funcionamento do termômetro; e o mesmo se aplica a toda técnica ou instrumento de medição.

E o que dizemos dos dados observacionais se estende também às conclusões que possamos inferir a partir deles. Elas estão também teoricamente fundadas e compartilham a fragilidade e a falibilidade das teorias em que se apoiam. Se depois de observar que várias populações de uma espécie particular de pássaros se acasalam em uma determinada época do ano, um biólogo conclui que todos os membros dessa espécie o fazem nessa época, o seu raciocínio não é uma mera indução incompleta: ele está apoiado na presunção contrastável, e talvez falsa, de que as espécies animais têm períodos homogêneos de reprodução. Há, claro, boas razões, empíricas e teóricas, para pensar que isso seja efetivamente assim; mas essas razões são, por sua vez, hipóteses sujeitas à revisão. A vigilância falseacionista deve por isso também se estender a essas regras (teorias) que permitem inferir conclusões gerais a partir do observado. Essa é a essência da crítica popperiana à chamada *metodologia indutivista*.

Para Popper, em síntese, não existe um contato originário e puro com a experiência. Sempre chegamos à experiência, e sempre a interpretamos, a partir de uma constelação instável de teorias preestabelecidas. Mas a experiência pode, não obstante isso, nos ajudar a retificar e a descobrir enganos nessas teorias. E é por isso que o falseacionismo faz recomendável o pluralismo teórico: se o nosso universo conceitual for excessivamente homogêneo seria mais difícil descobrir esses enganos. Necessitamos sempre de teorias alternativas que entrem em competição mostrando-nos os enganos de suas rivais. Onde os consensos se instalam, a racionalidade adormece e as teorias começam a gozar do duvidoso privilégio da inquestionabilidade: elas viram de fato irrefutáveis e começam a se afastar do espaço da ciência. Podem vir a ser pressupostos de nossas pesquisas e discussões, mas já não são o seu assunto.

Pode-se dizer, de qualquer forma, que a metodologia popperiana exclui da sua área de interesse um assunto que ela mesma reconhece como muito importante: para ela toda pesquisa parte de teorias prévias, mas, ao mesmo tempo, ela não nos dá nenhuma indicação de como essas teorias devem ser construídas. O problema, entretanto, talvez seja menos importante do que parece: a realidade é que sempre há teorias. Quer dizer: sempre que analisamos ou reconstruímos um processo concreto de pesquisa constatamos que ele parte de um universo teórico predeterminado. Nunca nos encontramos com o cientista explorando o mundo sem que essa exploração não esteja guiada por algumas pressuposições com relação a esse mundo; e, quando analisamos o processo no qual uma teoria nova é formulada, vemos que ela sempre é proposta como alternativa para superar uma dificuldade que teorias prévias não podiam resolver. Essa nova proposta, por sua vez, se constitui a partir da reformulação, e inclusive da distorção, de elementos conceituais e de evidências empíricas já presentes no universo teórico dentro do qual esses problemas emergiram.

O que de fato Popper subestimou é a coerção que esse universo teórico preexistente exerce na nossa *liberdade* de conjeturar. A esfera do que pode ser pensado, à margem do conjeturável, está sempre restrita pelo já pensado e pelo saber instituído. Para que uma hipótese possa ser considerada como digna de um teste empírico, como merecedora de discussão e não como um simples disparate indigno do menor exame, é mister que ela resulte plausível à luz do estado atual de nosso conhecimento. Antes de enfrentar o tribunal da experiência, uma hipótese deve passar pelo crivo de certos critérios teóricos de plausibilidade e satisfatoriedade e estes critérios podem nos levar a desestimar a hipótese sem que para isto necessitemos de qualquer exame empírico.

Na biologia contemporânea, por exemplo, nenhum pesquisador se ocupará em contrastar empiricamente uma tentativa de explicação para um fenômeno orgânico qualquer que, explícita ou implicitamente, postule a existência de forças ou princípios vitais contrários ou alheios ao repertório de forças ou efeitos previstos pela física vigente. Na fisiologia atual – não, claro, na do século XVIII – uma hipótese vitalista, já antes de ser julgada adequada ou inadequada empiricamente, permaneceria exilada do espaço do disputável, e é difícil de aceitar que a reflexão metodológica possa deixar de avaliar e de discutir como é que esses critérios devem pautar nossos modos de proceder com as teorias.

A exigência básica do falseacionismo, isto está claro, é a de evitar o dogmatismo. Mas perante um conflito entre uma nova conjetura e esses critérios de plausibilidade surgirá a dificuldade de saber se, neste caso, o dogmatismo consiste em atender o veredicto destes critérios, o que de fato pode ser um empecilho para a inovação teórica; ou se, pelo contrário, a atitude dogmática, e talvez pseudocientífica, consistiria no fato de propor hipóteses cuja formulação suponha ignorar ou desestimar estes critérios de plausibilidade. A pesquisa científica, segundo Popper, pode ser entendida como um processo de *variação injustificada* e *retenção seletiva* de alternativas viáveis; isto é, como um processo de tentativa e erro, no qual permanentemente vão surgindo hipóteses alternativas e somente vão ficando aquelas que resistem ao escrutínio crítico. Mas seria simplista pensar que este escrutínio, esta *retenção seletiva de variantes* se reduz à experiência. Antes dela operam outros crivos que a epistemologia não pode negligenciar e cujo funcionamento a metodologia deveria avaliar.

Popper nunca deixou de sublinhar, de todo modo, o fato de que na ciência não há criação do nada: toda teoria científica surge da transformação e da reformulação de teorias anteriores. Isto pode ser considerado como um reconhecimento tácito de que nossa capacidade de criar novas teorias, nossa capacidade de inventar soluções para os problemas não resolvidos pelas teorias preexistentes, depende e está limitada por este mesmo universo teórico que queremos reformular e alargar. É este universo, por outro lado, o que dá sentido ao empenho em formularmos novas hipóteses ou teorias: estas nunca são inventadas pelo simples prazer de dizer algo novo, elas são propostas sempre para tentar resolver alguma dificuldade das teorias preexistentes ou para superar alguma limitação nelas. Uma teoria, para Popper, é sempre uma alternativa de solução para um problema; mas os problemas não surgem do nada, eles são sempre perguntas suscitadas pelas contradições e pelas limitações de um saber já constituído. Isto é, não há teoria que não seja uma tentativa para resolver um problema, tampouco há problemas se não há teorias prévias que apresentem dificuldades, que suscitem dúvidas ou que resultem insatisfatórias ou insuficientes em qualquer sentido.

As silhuetas dos problemas científicos sempre se perfilam no horizonte de um universo teórico já existente. Esse universo, por sua vez, não é mais do que o resultado dos esforços já feitos para resolver outros problemas suscitados por um horizonte teórico anterior. Mas isto não tem porque nos levar a um regresso infinito. Popper sempre teve uma resposta pronta para a pergunta pela origem da primeira teoria científica: para ele, a primeira teoria científica teria surgido no momento em que uma cosmologia metafísica, ou uma parte dela, deixou de ser discutida só na base de argumentos verbais e começou a ser discutida também por argumentos observacionais. E não teríamos que temer tampouco a pergunta pela origem das teses metafísicas: aí também a resposta de Popper se imporia. Elas surgiram quando os mitos deixaram de ser narrados para serem simplesmente aceitos como verdadeiros e começaram a ser discutidos como respostas possíveis para uma determinada questão.

Como vimos, quando analisamos o conceito de *falseabilidade*, o que define o estatuto epistemológico de um enunciado ou sistema de enunciados não é nada intrínseco a eles, mas sim o que nós fazemos, ou deixamos de fazer, com eles. A epistemologia popperiana é uma epistemologia pragmática, relativa aos nossos modos de proceder com os sistemas de enunciados. Se nossas ideias sobre a origem do mundo são examinadas criticamente, elas viram filosofia; se essa crítica se exerce apelando progressivamente a argumentos observacionais e experimentais, essas ideias vão entrando no domínio desse tipo particular de filosofia que, para Popper, é a ciência.

O que pode se tornar difícil de compreender, o que pode ser interpretado como uma traição ao seu próprio falibilismo, é o fato de que Popper tenha pretendido fundar sua metodologia na clássica concepção da verdade como correspondência entre nossas teorias e uma realidade transcendente a toda construção conceitual. Entretanto, embora possamos seguir pensando que este vínculo não seja necessário, pode-se tentar compreender quais foram as razões que promoveram essa aproximação de Popper ao que ele chamou de *realismo metafísico*. A chave da questão está na ideia de que tanto o ato de propor uma hipótese como a própria vigilância crítica sobre ela (quer dizer: a insistência em não excluir e em procurar uma instância de falseamento) pressupõem um valor de verdade independente da evidência empírica disponível para avaliar essa hipótese em uma conjuntura dada da pesquisa.

Quando propomos ou aceitamos uma hipótese não o fazemos, com efeito, pelo mero fato de considerar que ela se ajusta satisfatoriamente à evidência disponível e aceita até o momento; se assim fosse, tratar-se-ia de uma simples hipótese *ad hoc*. Quando propomos uma hipótese o fazemos porque presumimos que ela talvez poderia se ajustar, não somente a toda evidência futura, mas também a toda evidência possível; e é por isso que a própria busca de nova evidência empírica para avaliá-la cobra sentido. Quer dizer: tanto o fato de propor uma hipótese como o ato de criticá-la supõem que a validez dessa hipótese está determinada por algo que está sempre para além de qualquer evidência ou elemento de juízo com o qual efetivamente possamos contar em qualquer momento de nossa pesquisa. Se assim não fosse, não teria sentido perseverar na busca de novas instâncias de avaliação. Se a verdade fosse relativa aos nossos recursos teóricos disponíveis, quando uma teoria consegue satisfazer a evidência disponível, a pesquisa se deteria e não teríamos por que insistir nas nossas tentativas de procurar nova evidência ou de gerar teorias alternativas a partir das quais poderíamos criticar a teoria já estabelecida.

Por isso, o falseacionismo, ainda negando a existência de qualquer critério de verdade, precisa de uma definição absoluta de verdade; e a definição clássica de verdade possui justamente a virtude de ser criteriologicamente nula. Ela diz o que é a verdade; mas não pretende dizer como a reconhecer. A verdade funciona assim como um ideal regulador que dá sentido a essa busca sem fim que é a pesquisa científica: procuramos a verdade como alpinistas que procuram alcançar o cume de uma montanha perpetuamente afundada na névoa. Nesse caso, ao topar com uma nova ladeira poderemos saber que o cume está em algum lugar mais acima. Mas ao sentir que chegamos a um ponto onde pareceria que não há por onde seguir subindo, não teríamos por que cantar vitória: poderíamos ainda suspeitar que somente atingimos um pico secundário que, mais do que nos aproximar, nos afastou do caminho ao pico principal.

Ou seja, mesmo tendo chegado a uma verdade, nunca poderíamos estar seguros de nossa conquista, e o trabalho crítico deveria continuar. Por isso, para que essa analogia proposta por Popper, que gostava de alpinismo, seja perfeita, não teríamos que imaginar uma montanha infinitamente alta. Trata-se de algo pior: teríamos que imaginar uma montanha cujo cume principal se encontra rodeado de infinitos picos secundários também envolvidos perpetuamente pela bruma. Ali, cada caminho de ascensão que escolhemos pode ser um descaminho; todo êxito aparente pode não ser mais do que uma ilusão. A imagem pode parecer de pesadelo, mas se gostamos de escalar, ou gostamos de pesquisar, ela se transforma na promessa de uma aventura sem fim. Ou, para dizê-lo de uma forma menos otimista: na metodologia popperiana a definição clássica de verdade não opera como a promessa de um ponto final para nossas pesquisas, ela serve, pelo contrário, para explicar por que é que este ponto-final nunca poderia ser conquistado.

 **Conceito-chave**

"A crença nunca é racional: o racional é suspender a crença": essa magnífica afirmação que Popper faz na página 69 de sua autobiografia intelectual pode ser considerada como o *leitmotiv* de toda a sua filosofia, inclusive de sua filosofia política. Mas nela também está cifrada a *tensão essencial*, talvez não resolvida, de sua epistemologia. Para compreender por que isto é assim temos que traduzir essa frase em uma linguagem mais rigorosamente popperiana. Popper nunca foi um epistemólogo da crença, nem tampouco da descrença: para ele os conteúdos mentais subjetivos podiam ser objeto de um estudo psicológico, mas não motivo de análise epistemológica. Para ele, a filosofia da ciência tinha que analisar o *conhecimento no sentido objetivo*, ou seja: o conhecimento enquanto realidade pública intersubjetivamente acessível. E, se quisermos interpretar esse *leitmotiv* à luz deste *objetivismo*, teríamos que o reformular assim: "O consenso nunca é racional; o racional é questionar o consenso". O racional, tanto em termos epistemológicos quanto em políticos, nunca é o estabelecido e o dado como aceito; o racional é pôr o estabelecido sempre sob suspeita e sob controle crítico.

Assim, sempre que uma teoria científica ou um enunciado dentro dela é dado por estabelecido, sempre que a sua verdade deixa de ser discutida e passa a ser tácita ou explicitamente reconhecida por toda uma comunidade de pesquisadores, estamos diante de um adormecimento da razão em que a vigilância crítica se relaxa permitindo que apareçam os monstros do dogmatismo; e é aí que cobra maior sentido a metodologia falseacionista: ela nos chama a questionar o consenso e inclusive a quebrá-lo reabrindo a discussão, despertando a racionalidade dessa sesta dogmática. Mas cuidado: o próprio objetivismo popperiano põe algumas exigências para essa atitude crítica. Não se trata de simplesmente suspender a crença em um sentido subjetivo, pessoal, íntimo; tampouco de uma simples descrença diante do estabelecido. A atitude crítica é uma atitude ativa, que se exerce no plano público da argumentação, e é aí que reside uma dificuldade a qual talvez Popper nunca deu a devida importância: um argumento, para ser relevante, para ser pertinente, para ser atendível e eficaz, tem que se apoiar em um saber também preestabelecido e conjunturalmente considerado válido.

A atitude crítica nos exige mostrar que temos *boas razões* para duvidar daquilo que estamos questionando. Não se trata de simplesmente insistir em que todas nossas teorias são falíveis e que, portanto, sempre terminarão por surgir dificuldades insolúveis para elas. Essas dificuldades têm que ser efetivamente apontadas. Não adianta dizer que há muitas coisas que ainda ignoramos e que, uma vez conhecidas, poderiam nos mostrar que uma teoria é falsa. Um argumento não é construído a partir da ignorância, argumenta-se sempre desde um saber; isto é, mostrando que entre as coisas que sabemos, ou supomos saber, já há elementos de julgamento suficientes para nosso questionamento. A dúvida legítima é sempre uma dúvida razoável, e sua razoabilidade depende de que tenhamos *boas razões*, razões atendíveis, para duvidar. Não se trata, claro, de que essas razões sejam irrebatíveis ou definitivas: todo o nosso saber é falível e questionável, e assim também serão os fundamentos de nossa dúvida e de nossos argumentos; mas essas razões têm que poder ser encontradas dentro daquilo que, conjunturalmente, supomos saber. Esse é o limite de nossa *racionalidade*, de nossa capacidade de duvidar.

Popper nos recomendou a vigilância falseacionista como resposta à constatação falibilista de que nossos meios de prova são sempre limitados e insuficientes para produzir uma justificação concludente de nossas teorias; mas ele não deu a devida importância ao fato de que os recursos dessa vigilância são também limitados. Nossa capacidade de argumentação crítica, nossa *margem de dúvida*, está limitada pelo mesmo saber conjetural que limita nossos recursos de prova. Essa limitação alcança, inclusive, o repertório de questões que podemos levantar. A pertinência delas também depende desse saber. Se duvidar é argumentar e levantar questões insidiosas, porém pertinentes, então não podemos duvidar de tudo porque nosso saber é condição e limite de nossos argumentos e interrogações. Eis aí o aparente paradoxo de que quanto mais prescindimos desse saber, menos perguntas e dúvidas podemos colocar. Não podemos ser mais críticos, mais racionais, do que permitido pelo estado atual do conhecimento; e, para sermos críticos e racionais, temos que aceitar, pelo menos parcialmente, esse mesmo conhecimento. Um racionalismo realmente crítico deveria estar consciente dessa limitação.

Por outro lado, se pensarmos especificamente no caso da filosofia da ciência, poderemos ver que esta atitude preeminentemente crítica e negativa recomendada pela metodologia falseacionista, parece um pouco inadequada para dar conta disto que chamamos de *descoberta científica*. Pesquisamos, como já dissemos, para resolver problemas, mas também para acrescentar algo a um saber que consideramos limitado: nem sempre pesquisamos para dirimir conflitos entre teorias ou entre teorias e experiência. Na maioria das vezes, somente queremos descobrir algo novo, somente queremos estabelecer um novo dado, e seria mentira dizer que o fazemos *só para contrariar* teorias preexistentes. Quando alguém procura identificar um vírus ou uma estrela, não está querendo refutar nada: nestes casos o que se procura é acrescentar um tijolo a uma estrutura que se considera sustentável e digna de ser completada; e, para *legitimar* este novo tijolo, ele apela para procedimentos e para teorias que supõe confiáveis. Sem pressupor esta saudável dose de dogmatismo não dá para entender esta dimensão tão importante da ciência que é a acumulação de descobertas e resultados, isto é, a sua dimensão baconiana.

 ## Percursos e influências

A maior gravitação do pensamento popperiano teve lugar, não cabe dúvida, no domínio da filosofia da ciência: a sua filosofia política, malgrado o seu interesse e originalidade, foi em geral desconsiderada pelos especialistas dessa área. Mas, até no caso da filosofia da ciência, se levamos em conta somente as referências às suas obras que encontramos na literatura atual, também poderíamos concluir que essa influência é escassa: suas teses, em todo caso, são em geral citadas como representativas de um modo de fazer filosofia da ciência já superado e arquivado. Diferentemente de um autor como Wittgenstein, Popper não parece ser uma referência muito presente na filosofia atual. Pode-se até mesmo dizer que o próprio Popper chegou a ser contemporâneo do seu próprio eclipse. Nos anos 1980, sua influência já tinha declinado bastante; e daí para frente sua figura foi mais uma ocasião para a comemoração do que motivo para a controvérsia. Situação que contrasta muito com o que acontecia nos anos 1950, 1960 e 1970.

Naquela época, Popper foi o grande nome da filosofia da ciência: ele era o ponto de referência a partir do qual se definiam as posições na maior parte das polêmicas. Em cada questão particular, estava-se com Popper ou contra Popper, perto ou muito longe de suas posições. Sua figura, além disso, se projetava muito além do campo da filosofia profissional, e suas teses eram citadas e defendidas pelos próprios cientistas. Pode-se dizer, inclusive, que no século XX nenhum outro filósofo da ciência foi mais lido e invocado pelos cientistas que Karl Popper. Prêmios Nobel como Konrad Lorenz, Peter Medawar, Jaques Monod e John Eccles reivindicaram as suas teses; e os promotores de novas linhas de pesquisa em disciplinas tão diferentes como a Epidemiologia e a Sistemática Biológica apelaram ao *falseacionismo* para legitimar os seus objetivos e procedimentos.

A clareza e o escasso uso de tecnicismos filosóficos que caracteriza os escritos popperianos foram em grande parte os responsáveis por esse eco favorável na comunidade científica e no público culto em geral. Era mais fácil ler Popper que Carnap; e se este fato, por si próprio, não depõe a favor do valor filosófico das ideias do Popper, com certeza ele tampouco depõe a favor das de Carnap. Mas, além destes assuntos quase anedóticos, surge ainda a questão crucial de compreender por que uma filosofia que goza desse prestígio e influência durante 30 anos, cai no eclipse ao qual aludíamos mais acima; e a resposta a esse interrogante tem a ver com o papel crucial, mas muito peculiar, que Popper teve na transição entre dois modos de entender a filosofia da ciência: aquele claramente representado pelo *Círculo de Viena* e esse outro que surgiu como efeito do impacto produzido pela obra de Thomas Kuhn.

Popper gostava de reivindicar para si o mérito de ter matado o positivismo lógico. Trata-se, entretanto, de uma pretensão excessiva: se na ciência não há argumentos definitivos e concludentes, menos ainda os há na filosofia. Nenhuma tradição filosófica morre por não poder responder uma ou duas objeções, por mais sérias que elas sejam: uma tradição filosófica se esgota quando os seus pressupostos e os seus recursos analíticos resultam insuficientes, ou funcionam como obstáculo, para resolver a agenda de problemas que ela própria se propõe, e esse foi o caso do Positivismo Lógico. A crítica de Popper à ideia de que um enunciado científico pudesse ter uma verificação concludente, como suas posições sobre a possibilidade de que exista algo assim como enunciados protocolares, podem ter sido um bom diagnóstico dessas dificuldades; mas é óbvio que se tratava de dificuldades que os próprios positivistas lógicos já conheciam e tentavam resolver. Além do mais, suas críticas ao indutivismo foram menos importantes e demolidoras do que mesmo Popper parecia supor.

A ideia de que os cientistas procedem *indutivamente*, ascendendo paulatinamente de observações a generalizações sem estar já antes guiados por teorias, é uma tese que nenhum filósofo, nem Bacon, nem Stuart Mill, nem Carnap, nunca defendeu seriamente. É possível encontrar, aqui e lá, alguns comentários destes e outros autores que nos poderiam fazer pensar que era essa efetivamente a sua posição; mas eles não se oporiam à ideia de que sempre alguma presunção, conjetura ou hipótese, ordena ou serve como pano de fundo de nossas explorações do mundo fatual. Esse empirismo ingênuo que Popper se permitia atribuir a seus velhos amigos vienenses só o poderemos encontrar explicitamente defendido nas primeiras páginas de algum velho manual de introdução a uma ciência ou em algum livro velho de divulgação científica. Por outro lado, a ideia de que a evidência empírica possa oferecer algum grau de apoio positivo a uma hipótese, e o árduo desafio de sopesar de algum modo esse apoio, tampouco morreu com o *Círculo de Viena*. A própria ideia popperiana de *corroboração* poderia ter qualquer coisa de *indutivista* nesse sentido menos pueril do termo.

Contudo, malgrado esses mal-entendidos suscitados pelo próprio Popper, a influência do falseacionismo na filosofia da ciência foi crucial: com ele se produziu a *mudança de tema* que permitiu que uma obra como *A estrutura das revoluções científicas* (publicada por Kuhn em 1962) tenha podido ser lida como um texto de filosofia da ciência e não simplesmente como a obra de um historiador ou de um sociólogo. É que, ao deixar em um segundo plano a análise lógica das teorias e enunciados científicos, e ao nos propor entender a filosofia da ciência como uma reflexão metodológica interessada em caracterizar e avaliar a racionalidade de nossos modos de proceder com as teorias, Popper colocou no centro da pauta da filosofia da ciência um tema que estava ausente nas discussões anteriores: o problema da mudança e da eleição de teorias. Popper foi a dobradiça entre duas filosofias da ciência: a do positivismo lógico e aquela na qual sobressaíram autores como Thomas Kuhn, Paul Feyerabend, Imre Lakatos e Larry Laudan. Por isso seu impacto, mas por isso também o seu esquecimento.

Popper propiciou uma mudança de tema na qual surgiu uma nova constelação de problemas para cujo tratamento o seu próprio enfoque, puramente metodológico e refratário às análises históricas, era mais um obstáculo do que um recurso. Assim, quando ainda não tinha deixado de comemorar a sua suposta *vitória* sobre o positivismo lógico, os ventos gerados pela sua façanha acabaram por gerar uma tempestade que, se não fez naufragar sua filosofia da ciência, pelo menos a obrigou a ficar no porto. Mas talvez o próprio Popper não tenha sido totalmente alheio a essa situação. Por algo, já em *Conhecimento objetivo: um enfoque evolucionário*, aparecido em 1972, os temas metodológicos começam a ter um lugar secundário e aparecem outros projetos.

Um deles, aquele que explica o subtítulo dessa obra, é o de desenvolver uma *teoria evolutiva do conhecimento*: o que agora chamaríamos uma *epistemologia evolucionista*. Popper faz isto nos dois sentidos que hoje costumamos dar a essa expressão: por um lado, propõe uma clara analogia entre o processo de evolução por seleção natural e a evolução científica; mas também insiste na tese de que a origem de nossas faculdades cognitivas deve ser entendida como um resultado da própria evolução biológica de nossa espécie. Quer dizer: Popper propõe uma *epistemologia evolucionista de teorias* e uma *epistemologia evolucionista de mecanismos*; e sua proposta foi aceita e retomada por Donald Campbell. Este, em 1974, na sua contribuição à obra organizada por Paul Schilpp, *The Philosophy of Karl Popper*, publica o ensaio "Evolutionary Epistemology": hoje um verdadeiro clássico e uma referência obrigatória nesse tipo de estudos. Por essa mediação, podemos dizer, agora Popper está outra vez presente nos debates sobre filosofia da ciência. As epistemologias evolucionistas que floresceram nos últimos anos são, em certa medida, uma invenção popperiana.

 **Obras**

1934. *Logik der Forshung*. Viena: Springer.

1945. *The Open Society and its Enemies*. London: Routledge and Kegan Paul. Tradução portuguesa: *A sociedade aberta e seus inimigos*. Trad. de Milton Amado. Belo Horizonte/São Paulo: Itatiaia/Edusp, 1987.

1957. *The Poverty of Historicism*. London: Routledge and Kegan Paul. Tradução portuguesa: *A miséria do historicismo*. Trad. de Leonidas Hegemberg e Octanny Silveira da Motta. São Paulo: Cultrix/Edusp, 1980.

1959. *The Logic of Scientific Discovery* (trad. revisada de *Logik der Forshung*). London: Hutchinson. Tradução portuguesa: *A lógica da pesquisa científica*. Trad. de Leonidas Hegemberg e Octanny Silveira da Motta. São Paulo: Cultrix/Edusp, 1972.

1963. *Conjectures and Refutations*. London: Routledge and Kegan Paul. Tradução portuguesa: *Conjecturas e refutações*. Trad. de Sérgio Bath. Brasília: UnB, 1972.

1972. *Objective Knowledge*. Oxford: Oxford University Press. Tradução portuguesa: *Conhecimento objetivo*: uma abordagem evolucionária. Trad. de Milton Amado. Belo Horizonte/São Paulo: Itatiaia/Edusp, 1975.

1974. *Intellectual Autobiography*. In: SCHILPP, P.A. (org.). *The Philosophy of Karl Popper*. The Library of Living Philosophers. Vol. XIV, Book 1. La Salle, Open Court. Tradução portuguesa: *Autobiografia intelectual*. Trad. de Leonidas Hegemberg e Octanny Silveira da Motta. São Paulo: Cultrix/Edusp, 1977.

1974. *Replies to My Critics*. In: SCHILPP, P.A. (org.). *The Philosophy of Karl Popper*. The Library of Living Philosophers. Vol. XIV, Book 2. La Salle: Open Court.

1977. *The Self and Its Brain* (em colaboração com John Eccles). Berlim: Springer.

1978. *Lógica das ciências sociais*. Trad. de Estevão Rezende Martins, Apio Cláudio Muniz Acquarone Filho, Vilma de Oliveira Moraes e Silva. Rio de Janeiro/Brasília: Tempo Brasileiro/UnB.

1979. *Die beiden Grundprobleme der Erkenntnistheorie*. Berlim: J.C.B. Mohr.

1982. *Offene Gesellschaft – offenes Universum* (em colaboração com Franz Kreutzer). Viena: Franz Deuticke Verlag.

1982. Realism and the Aim of Science. Vol. I of *The Postcript to The Logic of Scientific Discovery*. Londres: Hutchinson.

1982. The Open Universe. Vol. II of *The Postcript to The Logic of Scientific Discovery*. London: Hutchinson.

1982. Quantum Theory and the Schism in Physics. Vol. III of The *Postscript to The Logic of Scientific Discovery*. London: Hutchinson.

1985. *Die Zukunft ist offen* (em colaboração com Konrad Lorenz). Berlim: Piper Verlag. Tradução portuguesa: *O futuro está aberto*. Trad. de Teresa Curvelo. Lisboa: Fragmentos, 1990.

1990. *A World of Propensities*. Bristol: Thoemmes. Tradução portuguesa: *Um mundo de propensões*. Trad. de Teresa Barreiros e Raul Feijó. Lisboa: Fragmentos, 1991.

1992. *In Search of a Better World*. London: Routledge and Kegan Paul. Tradução portuguesa: *Em busca de um mundo melhor*. Trad. de Teresa Curvelo. Lisboa: Fragmentos, 1989.

1994. *Language & the Body-Mind Problem*. London: Routledge and Kegan Paul.

1994. *The Myth of the Framework*. London: Routledge and Kegan Paul.

 **SELEÇÃO DE TEXTOS**[1]

A demarcação entre ciência e não ciência[2]

I

Quando recebi a lista de participantes deste curso e me dei conta de que me haviam pedido que falasse para colegas filósofos pensei, depois de algumas vacilações e consultas, que os senhores prefeririam que eu me referisse àqueles problemas que mais me interessam e com cujo desenvolvimento me encontro mais intimamente familiarizado. Por isso, decidi fazer o que nunca havia feito antes: oferecer aos senhores um informe acerca de meu próprio trabalho na filosofia da ciência a partir do outono de 1919, época em que comecei a abordar o seguinte problema: *"Quando deve ser considerada científica uma teoria?"* ou *"Há um critério para determinar o caráter ou status científico de uma teoria?"*

O problema que me ocupava na época não era "Quando é verdadeira uma teoria?" nem "Quando é aceitável uma teoria?" Meu problema era diferente. Eu *queria distinguir entre a ciência e a pseudociência*, sabendo muito bem que a ciência frequentemente se equivoca e que a pseudociência por vezes encontra a verdade.

Conhecia, evidentemente, a resposta comumente aceita para meu problema: que a ciência se distingue da pseudociência – ou da "metafísica" – por seu *método empírico*, que é essencialmente *indutivo*, ou seja, que parte da observação ou da experimentação. Mas essa resposta não me satisfazia. Pelo contrário, formulei meu problema, várias vezes, como o de distinguir entre um método genuinamente empírico e um método não empírico ou até pseudoempírico, isto é, um método que, embora se utilize da observação e da experimentação, não atinge as normas científicas. Este último método pode ser exemplificado pela astrologia, com sua enorme massa de dados empíricos baseados na observação, em horóscopos e em biografias.

Mas, dado que não foi o exemplo da astrologia o que me levou a colocar esse problema, talvez seja conveniente que descreva a atmosfera na qual surgiu meu problema e os exemplos pelos quais foi estimulado.

Após o colapso do Império Austríaco, produziu-se uma revolução na Áustria: a atmosfera estava carregada de lemas e ideias revolucionárias e de teorias novas e audaciosas. Entre as teorias que me interessavam, a teoria da relatividade de Einstein era, sem dúvida, a mais importante. Outras três eram a teoria da história de Marx, a psicanálise de Freud e a chamada "psicologia do indivíduo" de Alfred Adler.

Popularmente, falavam-se muitas coisas absurdas sobre essas teorias, especialmente acerca da relatividade (como ocorre ainda hoje), mas tive sorte de encontrar pessoas capazes, que me introduziram ao estudo dela. Todos nós – o pequeno círculo de estudantes ao qual eu pertencia – estávamos comovidos pelos resultados das observações efetuadas por Eddington acerca do eclipse de 1919, que levaram à primeira confirmação importante da teoria da gravitação de Einstein. Foi para nós uma grande experiência, que teve uma influência duradoura sobre meu desenvolvimento intelectual.

As outras três teorias que mencionei eram também muito discutidas entre os estudantes. Eu mesmo entrei em contato pessoal com Alfred Adler e até cooperei com ele em seu trabalho social entre crianças e jovens dos bairros proletários de Viena, onde ele havia criado clínicas de orientação social.

Durante o verão de 1919, comecei a sentir-me cada vez mais insatisfeito com essas três teorias, a teoria marxista da história, a psicanálise e a psicologia do indivíduo; comecei a ter dúvidas acerca de seu pretensioso caráter científico. Inicialmente, minhas dúvidas tomaram uma forma simples: "O que está errado com o marxismo, a psicanálise e a psicologia do indivíduo? Por que são tão diferentes das teorias físicas, da teoria de Newton e, especialmente, da teoria da relatividade?"

Para esclarecer este contraste devo explicar que poucos de nós, na época, afirmaram acreditar na *verdade* da teoria einsteiniana da gravitação. Isto mostra que não eram minhas dúvidas acerca da *verdade* destas outras três teorias o que me preocupava, mas alguma outra coisa. Mas também não significava que eu simplesmente tivesse a sensação de que a física matemática era mais *exata* que as teorias de tipo sociológico ou psicológico. Assim, o que me preocupava não era o problema da verdade – pelo menos nesta etapa –, nem o problema da exatidão ou mensurabilidade. Era, sim, o fato de que eu sentia que essas três teorias, mesmo que se apresentassem como ciências, tinham, de fato, mais elementos em comum com os mitos primitivos do que com a ciência; que se assemelhavam mais à astrologia do que à astronomia.

Percebi que meus amigos admiradores de Marx, Freud e Adler estavam impressionados com uma série de pontos comuns às três teorias, em especial com seu aparente *poder explicativo*. Estas teorias pareciam poder explicar praticamente tudo o que acontecia dentro dos campos aos quais se referiam. O estudo de qualquer uma delas parecia ter o efeito de uma conversão ou revelação intelectuais, que abria os olhos a uma nova verdade oculta para os não iniciados. Uma vez abertos os olhos, viam-se exemplos confirmatórios em todas as partes: o mundo estava cheio de *verificações* da teoria. Tudo o que ocorria a confirmava. Assim, sua verdade parecia manifesta e os incrédulos eram, sem dúvida, pessoas que não queriam ver a verdade manifesta, que se negavam a vê-la, ou porque estava contra seus interesses de classes, ou por causa de repressões ainda "não analisadas" e que exigiam tratamento urgentemente.

Pareceu-me que o tratamento mais característico desta situação era a incessante corrente de confirmações e observações que "verificavam" as teorias em questão; e este aspecto era constantemente destacado por aqueles que a elas aderiram. Um marxista não podia abrir um jornal sem encontrar em cada página provas confirmatórias de sua interpretação da história; não somente nas notícias, mas também em sua apresentação – que revelava o preconceito de classe do jornal – e, especialmente, por suposto, no que o jornal *não* dizia. Os analistas freudianos afirmavam que suas teorias eram constantemente verificadas pelas suas "observações clínicas". No que diz respeito a Adler, fiquei muito impressionado com uma experiência pessoal. Uma vez, em 1919, informei-lhe acerca de um caso que particularmente não me parecia adleriano, mas ele não encontrou dificuldade alguma em analisá-lo em termos de sua teoria dos sentimentos de inferioridade, mesmo sem sequer ter visto a criança. Experimentei uma sensação um pouco chocante e lhe perguntei como podia estar tão seguro. "Devido a minha experiência de mil casos", respondeu; ao que eu não pude evitar contestação: "E com este novo caso, suponho, sua experiência se baseia em mil e um casos".

O que eu pensava era que suas observações anteriores podiam não haver sido muito melhores que esta nova; que cada uma delas, por sua vez, havia sido interpretada à luz de "experiências prévias" e, ao mesmo tempo, considerada como uma confirmação adicional. "O que é o que confirmam?", perguntei a mim mesmo. Somente que um caso pode ser interpretado à luz de uma teoria. Mas isto significa muito pouco, refleti, pois todo caso concebível pode ser interpretado tanto à luz da teoria de Adler como da de Freud. Posso ilustrar isto com dois exemplos diferentes de condutas humanas: a de um homem que empurra uma criança à água com a intenção de afogá-la e a de um homem que sacrifica sua vida na intenção de salvar uma criança. Cada um dos dois casos pode ser explicado com a mesma facilidade pela teoria de Freud ou pela de Adler. De acordo com Freud, o primeiro homem sofria uma repressão (por exemplo, de algum componente de seu complexo de Édipo), enquanto que o segundo havia feito uma sublimação. De acordo com Adler, o primeiro homem sofria sentimentos de inferioridade (que lhe provocavam, talvez, a necessidade de provar a si mesmo que era capaz de cometer um crime), e o mesmo se dá com o segundo homem (cuja necessidade era demonstrar a si mesmo que era capaz de resgatar a criança). Não posso imaginar nenhuma conduta humana que não possa ser interpretada em termos de qualquer das duas teorias. Era precisamente este fato – que elas sempre se adequavam aos fatos, ou sempre os confirmavam – o que aos olhos de seus admiradores constituía o argumento mais forte em favor destas teorias. Comecei a suspeitar que esta força aparente era, em realidade, sua fraqueza.

Com a teoria de Einstein, a situação era notavelmente diferente. Tomemos um exemplo típico: a predição de Einstein justamente confirmada naquela época pelos resultados de Eddington. A teoria gravitacional de Einstein conduzia à conclusão de que a luz devia sofrer a atração dos corpos pesados (como o Sol), precisamente da mesma maneira em que são atraídos os corpos materiais. Como consequência disto, podia calcular-se que a luz de uma estrela fixa distante cuja posição aparente é próxima ao Sol chegaria à Terra a partir de uma direção tal que a estrela pareceria estar deslocada um pouco em relação ao Sol; em outras palavras, pareceria como se as estrelas próximas ao Sol se distanciassem um pouco deste e uma da outra. Trata-se de algo que normalmente não pode ser observado, pois durante o dia o brilho do Sol torna invisíveis tais estrelas; em contrapartida, durante um eclipse é possível fotografar este fenômeno. Caso se fotografe a mesma constelação de noite, é possível medir as distâncias sobre as duas fotografias e comprovar se se produz o efeito previsto.

O mais impressionante no caso mencionado é o risco envolvido em uma predição desse tipo. Se a observação mostra que o efeito previsto está claramente ausente, então a teoria simplesmente é refutada. A teoria é *incompatível com certos resultados passíveis de observação*, em nosso caso com resultados que todos esperariam antes de Einstein. Esta situação é muito diferente da descrita anteriormente, quando resultava que as teorias em questão eram compatíveis com as mais divergentes condutas humanas, de modo que era praticamente impossível descrever conduta alguma da qual não se pudesse alegar que é uma verificação destas teorias.

As considerações anteriores me levaram, durante o inverno de 1919-1920, a conclusões que reformularei da seguinte maneira:

1) É fácil obter confirmações ou verificações para quase qualquer teoria, se são confirmações o que buscamos.

2) As confirmações somente contam se são o resultado de predições arriscadas; isto é, se, não esclarecidas pela teoria em questão, esperarmos um acontecimento incompatível com a teoria e que a teria refutado.

3) Toda "boa" teoria científica implica uma proibição: proíbe que sucedam certas coisas. Quanto mais uma teoria proíbe, tanto melhor ela é.

4) Uma teoria que não é refutável por nenhum sucesso concebível não é científica. A irrefutabilidade não é uma virtude de uma teoria (como se acredita com frequência), mas um vício.

5) Todo teste genuíno de uma teoria é uma intenção de desmenti-la, de refutá-la. A testabilidade equivale à refutabilidade. Mas há graus de testabilidade: algumas teorias são mais testáveis, estão mais expostas à refutação do que outras. Correm mais riscos, por assim dizer.

6) Os elementos de juízo confirmatórios não devem ser levados em conta, *exceto quando são o resultado de um teste genuíno da teoria*; ou seja, quando pode ser oferecida uma tentativa séria porém infrutífera de refutar a teoria. (Em tais casos, falo de "elementos de juízo corroboradores".)

7) Algumas teorias genuinamente testáveis, quando se revelam falsas, seguem contando com a sustentação de seus admiradores, por exemplo, introduzindo algum suposto auxiliar *ad hoc*, ou reinterpretando *ad hoc* a teoria de modo que escape à refutação. Sempre é possível seguir

tal procedimento, mas este resgata a teoria da refutação somente ao preço de destruí-la ou, ao menos, rebaixar seu *status* científico: (Posteriormente, chamei a tal operação de resgate uma "distorção convencionalista" ou um "estratagema convencionalista".)

É possível resumir todo o anterior dizendo que *o critério para estabelecer o status científico de uma teoria é sua refutabilidade ou sua testabilidade*.

III

Hoje eu sei, naturalmente, que este *critério de demarcação* – o critério de testabilidade ou de refutabilidade – está longe de ser óbvio. Naquela época, em 1920, parecia-me quase trivial, ainda que resolvesse, para mim, um problema intelectual que me havia preocupado profundamente e que tinha, também, óbvias consequências práticas (políticas, por exemplo). Mas não havia captado suas implicações nem sua significação filosófica. Quando o expliquei a um colega, estudante do Departamento de Matemática (que é agora um distinto matemático, residente na Inglaterra), sugeriu-me que o publicasse. Nessa época pensei que era absurdo, pois estava convencido de que meu problema, posto que era tão importante para mim, devia haver comovido muitos cientistas e filósofos, que seguramente já haviam chegado a minha óbvia solução. Inteirei-me de que isto não era assim através da obra de Wittgenstein e do modo como foi recebido; por isso publiquei meus resultados 13 anos depois na forma de uma crítica ao *critério de significação* de Wittgenstein.

Como todos sabem, Wittgenstein tratou de demonstrar no *Tractatus* (ver, por exemplo, suas proposições 6.53, 6.54 e 5) que todas as chamadas proposições filosóficas ou metafísicas, em realidade, não são proposições ou são pseudoproposições: carecem de sentido ou significado. Todas as genuínas proposições (ou significativas) são funções de verdade das proposições elementares, ou atômicas, que descrevem "fatos atômicos", isto é, fatos que, em princípio, são verificados pela observação. Se chamarmos "enunciado observacional" não somente ao enunciado que expressa uma observação real senão também àquele que expressa algo que se poderia observar, deveremos afirmar (de acordo com o *Tractatus*, 5 e 4.52) que toda genuína proposição é uma função de verdade de enunciados observacionais e, portanto, dedutível destes. Qualquer outra aparente proposição será uma pseudoproposição carente de significado; na verdade, não será mais que um conjunto de palavras desarticuladas, sem sentido algum.

Wittgenstein usou a ideia mencionada para caracterizar a ciência em oposição à filosofia. Assim, lemos (em 4.11, por exemplo, onde se apresenta a ciência natural como oposta à filosofia): "A totalidade das proposições verdadeiras corresponde à ciência natural total (ou à totalidade das ciências naturais)". Isto significa que as proposições que pertencem à ciência são as dedutíveis a partir de enunciados observacionais *verdadeiros*; são aquelas proposições que podem ser *verificadas* mediante enunciados verdadeiros. Se pudéssemos conhecer todos os enunciados observacionais verdadeiros, também saberíamos tudo o que a ciência natural pode afirmar. Isto equivale a um tosco critério de demarcação baseado na verificabilidade. Para torná-lo um pouco menos tosco, o modificamos desta maneira: "Os enunciados que, possivelmente, podem entrar no âmbito da ciência são aqueles que, talvez, podem ser verificados por enunciados observacionais; e estes enunciados, por sua vez, coincidem com a classe de *todos* os enunciados genuínos ou com significado". De acordo com este enfoque, pois, *a verificabilidade, a significatividade e o caráter científico coincidem.*

Pessoalmente, nunca estive interessado no chamado problema do significado; pelo contrário, sempre me pareceu um problema verbal, um típico pseudoproblema. Somente estava interessado no problema da demarcação, ou seja, o de encontrar um critério para estabelecer o caráter científico das teorias. Foi este interesse o que me permitiu ver imediatamente que o critério do significado baseado na verificabilidade de Wittgenstein pretendia desempenhar também o papel de um critério de demarcação; e o que me permitiu compreender, do mesmo modo, que, como tal, era completamente inadequado, mesmo que se dissipassem todas as incertezas acerca do duvidoso conceito de significado. Pois o critério de demarcação de Wittgenstein – para usar minha própria terminologia neste contexto – equivale à verificabilidade, ou à deducibilidade de enunciados observacionais. Mas este critério é demasiado estreito (e demasiado amplo): exclui da ciência praticamente tudo o que é, de fato, característico dela (enquanto que não alcança excluir a astrologia). Nenhuma teoria científica pode ser deduzida de enunciados observacionais nem ser descrita como função de verdade de enunciados observacionais.

Tudo o que foi dito anteriormente assinalei, em diversas ocasiões, aos seguidores de Wittgenstein e a membros do Círculo de Viena. Em 1931-1932, resumi minhas ideias em um extenso livro, lido por vários membros do Círculo, mas que nunca foi publicado, ainda que tenha incorporado parte do mesmo em minha *Lógica da investigação científica*; em 1933, publiquei uma carta ao diretor de *Erkenntnis*, na qual tratei de resumir em duas páginas minhas ideias sobre o problema da demarcação e o da indução. Nesta carta e em outras partes qualifiquei o problema do significado como um pseudoproblema, em contraste com o problema da demarcação. Mas minha contribuição foi classificada por membros do Círculo como uma proposta para substituir o critério verificacionista do *significado* por um critério refutacionista do *significado*, o qual, efetivamente, mudava o sentido de minhas concepções. Meus protestos de que eu estava tratando de resolver, não seu pseudoproblema do significado, mas o problema da demarcação, foram inúteis.

No entanto, minhas críticas à teoria da verificação surtiram certo efeito. Rapidamente levaram os filósofos verificacionistas do sentido e do sem-sentido à mais completa confusão. A tese original da verificabilidade como critério de significado era, ao menos, clara, simples e eficaz, o que não acontecia com as modificações e substituições introduzidas. Devo dizer que, agora, isto é visto até por seus proponentes. Mas, como sou habitualmente citado como um deles, desejo repetir aqui que, embora tenha criado a confusão, nunca participei dela. Eu não propus a refutabilidade nem a testabilidade como critérios de significado; e mesmo que eu possa confessar-me culpado por haver introduzido ambos os termos na discussão, não fui eu quem os introduziu na teoria do significado.

As críticas ao meu alegado ponto de vista se difundiram muito e tiveram grande êxito. Mas ainda não encontrei uma crítica às minhas concepções. A testabilidade, por enquanto, tem sido amplamente aceita como critério de demarcação.

O método científico: problemas, soluções e verdade[3]

Quarta tese: Na medida em que se torna necessário falar que a ciência ou o conhecimento começam em algum ponto, tem validade o seguinte: o conhecimento não começa com percepções ou observação ou com a coleção de dados ou de fatos, senão com problemas. Não há conhecimento sem problemas – mas tampouco há problema sem conhecimento. Isto significa que este começa com a tensão entre saber e não saber, entre conhecimento e ignorância: nenhum problema sem conhecimento, nenhum problema sem ignorância. Porque todo problema surge do descobrimento de que algo não está em ordem em nosso suposto saber; ou, logicamente considerado, no descobrimento de uma contradição interna entre nosso suposto conhecimento e os fatos; ou expressado talvez mais adequadamente, no descobrimento de uma possível contradição entre nosso suposto conhecimento e os supostos fatos. [...]

Quinta tese: [...] Deste modo, pois, o ponto de partida é sempre o problema; e a observação unicamente se converte em uma espécie de ponto de partida quando desvela um problema; ou, em outras palavras, quando nos surpreende, quando nos mostra que há algo em nosso conhecimento – em nossas expectativas, em nossas teorias – que não está em ordem. As observações somente conduzem, pois, a problemas, na medida em que contradizem algumas de nossas expectativas conscientes ou inconscientes. E o que em tal caso se converte em ponto de partida do trabalho científico não é tanto a observação em si quanto a observação em seu significado peculiar – isto é, a observação geradora de problemas. [...]

Sexta tese (tese principal):

a) O método das ciências sociais, do mesmo modo que o das ciências da natureza, consiste em experimentar possíveis soluções para seus problemas – isto é, os problemas com os quais iniciam-se nossas investigações e aqueles que surgem durante a investigação.

Soluções são propostas e criticadas. No caso em que uma proposta de solução não seja acessível à crítica objetiva, é preciso excluí-la, mesmo que provisoriamente, pelo fato de que não pode ser considerada científica.

b) Caso seja acessível a uma crítica objetiva, tentamos refutar a solução; porque toda crítica consiste em tentativas de refutação.

c) Se uma proposta de solução é refutada por nossa crítica, buscamos outra.

d) Caso resista à crítica, aceitamo-la provisoriamente; e, desde já, a aceitamos principalmente como digna de seguir sendo discutida e criticada.

e) O método da ciência é, pois, o da tentativa de solução, o da proposta (ou ensaio, ou ideia) de solução submetida ao mais estrito controle crítico. Não é nada mais do que uma prolongação crítica do método de ensaio e erro (*trial and error*).

f) A chamada objetividade da ciência repousa na objetividade do método crítico; o que quer dizer, sobretudo, que não há teoria que esteja liberada da crítica, e que os meios lógicos dos quais se serve a crítica – a categoria da contradição lógica – são objetivos.

A ideia básica que subjaz em minha tese principal também poderia ser sintetizada do seguinte modo:

Sétima tese: A tensão entre o conhecimento e a ignorância conduz ao problema e às propostas de solução. Mas a tensão nunca é superada, dado que é claro que nosso conhecimento não consiste senão em tentativas, em propostas provisórias de solução [...].

Décima segunda tese: O que pode ser qualificado de objetividade científica repousa única e exclusivamente na tradição crítica, esta tradição que, apesar de todas as resistências, permite criticar um dogma dominante. Expressado de outra maneira, a objetividade da ciência não é assunto individual dos diversos cientistas, senão o assunto social de sua crítica recíproca, da divisão hostil-amistosa de trabalho entre cientistas, de seu trabalho em equipe e também de seu trabalho por caminhos diferentes e, inclusive, opostos entre si. Decorre daí que dependa parcialmente desta vasta série de relações sociais e políticas que tornam a crítica possível.

Vigésima tese: O conceito de verdade é indispensável à abordagem crítica aqui desenvolvida. O que criticamos é a aspiração à verdade. O que como críticos de uma teoria tentamos mostrar é, por suposto, que sua aspiração à verdade não é justificada, que é falsa.

A ideia metodológica fundamental de que aprendemos com nossos erros não pode ser entendida sem a ideia reguladora da verdade: o erro que cometemos consiste, precisamente, em não poder estar de acordo com o padrão ou critério de medida da verdade, a meta que nos havíamos proposto. Dizemos que uma proposição é "verdadeira" se coincide com os fatos ou se as coisas são tal e como ela as apresenta. Este é o conceito absoluto ou objetivo da verdade, conceito que cada um de nós utiliza constantemente. Um dos resultados mais importantes da lógica moderna está em sua decidida e inatacável reabilitação deste conceito absoluto da verdade.

1. Os trechos foram selecionados pelo autor do ensaio, Gustavo Caponi, e traduzidos por Jaqueline Engelmann, doutora em filosofia pela PUC-Rio e professora do CAp – UFRGS (N. do E.).
A tradução foi feita a partir dos textos originais cotejados com as traduções portuguesas, *Conjecturas e refutações*. Trad. de Sérgio Bath. Brasília: UnB, 1972. • *Lógica das ciências sociais*. Trad. de Estevão Rezende Martins, Apio Cláudio Muniz Acquarone Filho, Vilma de Oliveira Moraes e Silva. Rio de Janeiro/Brasília: Tempo Brasileiro/UnB, 1978. • Tradução castelhana "La logica de las ciencias sociales" (p. 101-119). In: *La disputa del Positivismo em la sociologia alemana*. Por Theodor W. Adorno, Karl R. Popper, Ralf Dahrendorf, Jürgen Habermas, Hans Albert e Harald Pilot. Trad. de Jacobo Muñoz. Barcelona/México: Grijalbo, 1973 (N. do T.).

2. Partes primeira e terceira do capítulo primeiro ("Ciência: *Conjecturas e Refutações*") de Conjecturas e refutações. Este capítulo é o texto de uma conferência que Popper ministrou em Cambridge no verão de 1953 (N. do A.).

3. Seleção de algumas das teses de a *Lógica das ciências sociais*. Esse texto foi originalmente apresentado como conferência de abertura das Jornadas da Sociedade Alemã de Sociologia (Tubingen, 1961) e foi publicado pela primeira vez na *Kölner Zeitschrift für Soziologie und Sozialpsychologie*, 14ª série, 1961, Caderno 2, p. 233-248 (N. do A.).

CULTURAL

Administração
Antropologia
Biografias
Comunicação
Dinâmicas e Jogos
Ecologia e Meio Ambiente
Educação e Pedagogia
Filosofia
História
Letras e Literatura
Obras de referência
Política
Psicologia
Saúde e Nutrição
Serviço Social e Trabalho
Sociologia

CATEQUÉTICO PASTORAL

Catequese
Geral
Crisma
Primeira Eucaristia

Pastoral
Geral
Sacramental
Familiar
Social
Ensino Religioso Escolar

TEOLÓGICO ESPIRITUAL

Biografias
Devocionários
Espiritualidade e Mística
Espiritualidade Mariana
Franciscanismo
Autoconhecimento
Liturgia
Obras de referência
Sagrada Escritura e Livros Apócrifos

Teologia
Bíblica
Histórica
Prática
Sistemática

VOZES NOBILIS

Uma linha editorial especial, com
importantes autores, alto valor
agregado e qualidade superior.

REVISTAS

Concilium
Estudos Bíblicos
Grande Sinal
REB (Revista Eclesiástica Brasileira)
SEDOC (Serviço de Documentação)

VOZES DE BOLSO

Obras clássicas de Ciências Humanas
em formato de bolso.

PRODUTOS SAZONAIS

Folhinha do Sagrado Coração de Jesus
Calendário de mesa do Sagrado Coração de Jesus
Agenda do Sagrado Coração de Jesus
Almanaque Santo Antônio
Agendinha
Diário Vozes
Meditações para o dia a dia
Encontro diário com Deus
Guia Litúrgico

CADASTRE-SE
www.vozes.com.br

EDITORA VOZES LTDA.
Rua Frei Luís, 100 – Centro – Cep 25689-900 – Petrópolis, RJ
Tel.: (24) 2233-9000 – Fax: (24) 2231-4676 – E-mail: vendas@vozes.com.br

UNIDADES NO BRASIL: Belo Horizonte, MG – Brasília, DF – Campinas, SP – Cuiabá, MT
Curitiba, PR – Florianópolis, SC – Fortaleza, CE – Goiânia, GO – Juiz de Fora, MG
Manaus, AM – Petrópolis, RJ – Porto Alegre, RS – Recife, PE – Rio de Janeiro, RJ
Salvador, BA – São Paulo, SP